内容简介

本书尝试对科技传播与普及进行理论探索，对我国科技传播与普及实践进行总结。本书探讨了科技传播与普及的基本概念和相关理论问题，分析了我国近年来科技传播与普及的发展情况，讨论了科普实践活动项目的组织实施和监测评估问题，概括了科技传播与普及的发展特点和趋势，提出了科技传播与普及研究的重要方向和课题。

本书内容主要有：科技传播与普及的历史发展、概念理解、基本构成、基本渠道、当代需求、当代发展，我国的全民科学素质行动计划以及我国公民科学素质建设，科普资源能力建设、科普政策、科普人才、科普基础设施、科普产业、科普实践活动的项目策划和监测评估等。

本书可供科技传播与普及管理工作者、实践工作者、理论研究者以及科学技术工作者、科技管理工作者、科技新闻工作者、科技服务工作者、大众媒体从业者、科普设施从业人员、科学技术类专业的师生了解科技传播与普及参考使用，也可作为高等学校科技传播普及、科学技术教育、科学技术哲学、新闻传播等专业的研究生和本科生教材以及科普人才培训的参考教材。

全国高层次科普专门人才培养教学用书

Advanced Textbooks for Science Popularization Practitioners

科技传播与普及概论 （修订版）

Communication and Popularization of Science and Technology（Revised Edition）

任福君　翟杰全　著

中国科学技术出版社

·北　京·

图书在版编目（CIP）数据

科技传播与普及概论／任福君，翟杰全著．—修订
本．—北京：中国科学技术出版社，2014.8
全国高层次科普专门人才培养教学用书
ISBN 978 - 7 - 5046 - 6684 - 0

Ⅰ.①科… Ⅱ.①任… ②翟… Ⅲ.①科学技术—传
播—教材 ②科学普及—教材 Ⅳ.①N4

中国版本图书馆 CIP 数据核字（2014）第 180579 号

出 版 人	苏 青
策划编辑	王晓义 徐扬科
责任编辑	王晓义 吕 鸣
封面设计	耕者设计工作室
责任校对	韩 玲
责任印制	张建农

出 版	中国科学技术出版社
发 行	科学普及出版社发行部
地 址	北京市海淀区中关村南大街 16 号
邮 编	100081
发行电话	010 - 62173865
传 真	010 - 62179148
投稿电话	010 - 62176522
网 址	http://www.cspbooks.com.cn

开 本	720mm×1000mm 1/16
字 数	390 千字
印 张	20.75
印 数	1—8000 册
版 次	2014 年 10 月第 1 版
印 次	2014 年 10 月第 1 次印刷
印 刷	北京中科印刷有限公司

书 号	ISBN 978 - 7 - 5046 - 6684 - 0/N・192
定 价	42.00 元

修订说明

当代科学技术的飞速发展和广泛应用，促进了经济社会的快速变化，改变了人民的日常生活，也促进了科技传播与普及需求的普遍增长，从而引发了科技传播与普及实践的活跃创新。特别是随着一系列新技术在科技传播与普及领域的应用和普及，互联网、新媒体成为科技传播与普及的新平台、新渠道、新媒介，博客、微博、微信也成为科技传播与普及的新手段、新途径、新形式，从而促进了传播理念和传播模式的变革，也引发了传播方式和传播关系的改变。科技传播与普及需求的普遍增长，科技传播与普及领域的各种变化，需要科技传播与普及研究不断与时俱进。

当代科技传播与普及已经发展成为利用多样化渠道、传播多样化内容、达成多样化目标的一个活跃的社会传播系统。政府部门、科研机构、高等学校、科技团体、公司企业、大众媒体乃至各类专业组织积极参与各种科技传播和普及活动，积极探索促进公众理解科学的各种有效形式，推动当代科技传播与普及事业发展到一个新的阶段。在这个新阶段上，科普实践更加活跃，科普形态更加多样，科普内容更加丰富多彩，促进了公众科学素质的提升，推动了社会创新文化的培育，科普成为科技工作中与科技创新相辅相成的重要方面。

在我国，自《科学素质纲要》颁布实施以来，公民科学素质建设成为政府引导实施、全民广泛参与的社会行动，受到社会各界的广泛关注和普遍重视，政府出台了促进科普发展的系列政策，组织了影响广泛的众多科普活动项目，带动了社会各界对科普工作的积极参与，提升了公民科学素质，促进了科普事业的全面发展。随着《科学素质纲要》进入"十二五"实施阶段，我国重点人群科学素质行动不断深化，重点基础工程建设不断推进，社会各界积极探索适应新时期特点的科普新实践、新形态、新手段，带动并提升了我国科普体系化发展水平，使我国科技传播体系显露端倪。

近年来，无论是在国际，还是在国内，科技传播与普及理念、模式、实践正在发生重大变化，科技传播与普及理论也面临着重要突破。2012 年和 2013 年，美国科学院就连续举办了两届"The Science of Science Communication"论坛，目的是考察科技传播研究的发展现状，促进科技传播领域的学科融合，探讨科技传播的发展策略，寻找科技传播的有效方法。科技传播学正在成为一个广受关注的全新学科。分析当代科学技术及其传播普及实践提出的问题，总结科技传播与普及实践的经验，探索科技传播与普及的理论体系，已成为当前科技传播与普及理论与实践界的重要任务。

2012 年初，在中国科学技术出版社的大力支持下，我们出版了《科技传播与普及概论》一书，讨论了国际科技传播与普及的发展问题，思考了科技传播与普及的理论问题，总结了我国科技传播与普及的实践，分析了我国公民科学素质建设取得的重要进展，也探讨了目前科技传播与普及发展方面面临的一些重要理论和实践任务。作为一部概论性的著作，《科技传播与普及概论》受到了国内科技传播与普及理论和实践界的关注，其英文版 *Communication and Popularization of Science and Technology in China* 也已由中国科学技术出版社和世界上著名的科技出版社之一斯普林格（Springer）合作出版。

撰写一部探讨科技传播与普及理论与实践问题的概论性著作，是我们的初步尝试。著作出版后，许多专家、学者、朋友、同行给予热情的鼓励，在文字表达、结构安排、内容观点等方面给我们提出了许多宝贵的建议。科技传播与普及理论和实践本身的发展，同行们的热情鼓励和有益的建议，使我们决定对部分内容进行修订。修订过程中，我们根据同行们的建议对原来的部分内容做了修改，对部分章节结构也做了调整。在原来的第五章之后增加了概述和总结当代科技传播与普及发展的内容（第六章），将原来的第六章分解为第七和第八章，以使全书的逻辑结构更为合理。

本书第一章简要回顾了科技传播与普及的历史发展，第二章至第五章分别讨论了科技传播与普及的概念理解以及科技传播与普及的基本构成、基本渠道、当代需求，第六章概述了当代科技传播与普及的发展特征和推进策略，第七章介绍了我国《科学素质纲要》的出台背景、基本内容和组织实施特点，第八章讨论了我国针对重点人群的科学素质建设工作，第九章和第十章分别分析了我国科技传播与普及的资源、能力、条件建设方面的进展，第十一章讨论了科普实践活动的策划设计及组织实施问题，第十二章探讨了我国当代科技传播与普及发展及推进科技传播与普及研究的重要课题。

当代科技传播与普及是一个快速发展的实践领域，目前关于科技传播与普及的任何结论都有可能被未来发展修正、突破甚至是否定。感谢在本书修订过程中给予我们建议、指导与帮助的专家、学者、朋友和同行，同时也真诚希望专家、学者、朋友和同行们继续给予批评指正，希望读者能就书中的内容与问题与我们讨论交流，共同推进我国科技传播与普及理论研究的不断进步，推进我国科技传播与普及事业的不断发展。

作　者
2014 年 6 月于北京

前　言

（第一版）

　　20世纪是人类文明史上最波澜壮阔的发展阶段，其间人类社会几乎所有的重要方面都被推到了一个前所未有的高度，取得了无比巨大的辉煌成就，经济社会繁荣发展，工业化全面推进，信息化威力渐显，知识经济初见端倪。所有这些巨大成就在很大程度上都应归功于科学技术发展的推动。科学技术的迅猛发展和广泛应用，深刻改变了社会生产方式、经济发展方式和人们的社会生活方式，推动社会迈入依靠科技创新驱动的轨道。科技创新成为经济社会发展的基本驱动力，科学技术在社会发展中的作用日益突出，使得科学技术创造、传播、扩散、应用的规模和速度不断提高，对社会发展的作用和重要性也不断增强。

　　科学技术与经济社会、社会生活之间关系的日益紧密，对国民素质的提升也提出了更高的要求。作为国民素质重要组成部分的科学素质因而受到了前所未有的重视。美国从20世纪70年代就开展了公民科学素质调查，80年代启动了旨在提升全民科学素质的"2061"计划，90年代将"提高全体美国人的科学技术素养"列为科技政策的国家目标之一。欧洲则在20世纪80年代中期掀起一场公众理解科学运动，具备科学素养被视为对当代公众的必然要求。科学技术教育、传播、普及是提升公民科学素质的基本途径，在近年来世界发达国家确立的科技发展战略中，科学技术教育、传播、普及已被列为重要内容，有的国家甚至将科技传播作为国家创新体系建设的核心内容之一。

　　在科技创新驱动经济社会发展的时代，需要开展广泛的科学技术教育、传播与普及，不断提升全民科学素质，营造激励创新的环境。胡锦涛同志在纪念中国科协成立50周年大会上的讲话中指出，科技工作包括创新科学技术和普及科学技术这两个相辅相成的重要方面；普及科学技术，提高全民科学素质，既是激励科技创新、建设创新型国家的内在要求，也是营造创新环境、培育创新人才的基础工程。

　　科技传播与普及不仅对提升公民科学素质、服务科技创新和经济发展具有重要价值，而且对促进社会文化的繁荣也具有基础性的作用。近年来，文化在综合国力竞争中的地位和作用不断凸显，文化问题受到世界各国的高度重视，许多国家纷纷制定本国的文化发展战略，加强文化"软实力"建设，促进文化产业的发展。日本早在20世纪90年代中期就提出了"文化立国"的口号。科学技术教育、传播、普及具有重要的文化功能，不仅有助于促进科学文化、创新文化在社会中的示范和建设，而且有助于促进国民思想认识、价值观念和行为方式的变革，改善公众的文化生活和精神生活，推动社会思想文化和精神文明的进步。

科技传播与普及工作需要在促进我国文化事业的大发展、大繁荣方面承担重要职责，扮演重要角色。通过开展丰富多彩的科技传播与普及实践活动，加强科普基础设施建设，健全科普公共服务体系，推进科普文化服务均等化，可以更加广泛地向社会和公众传播普及科学技术知识、方法、思想、精神；同时，通过推进科普文化产业发展，促进形成公益性科普事业和经营性科普产业并举的发展体制，丰富科普文化产品，满足公众多样化的科普需求，提升科普文化服务的整体能力。科技传播与普及工作需要并且也可以为提高全民族的科学文化素质、促进人的全面发展、增强国家文化软实力、建设社会主义文化强国做出贡献。

20世纪以来，在全球范围内，社会变革的强力推动、社会需求的巨大牵引、传播技术应用的全面促进之下，科技传播与普及在各个方面都取得了巨大发展，科技传播理念和观念发生变革，途径和渠道得到拓展，手段和形式不断创新。当代科技传播与普及已经发展成为一个由政府机构、教育组织、大众媒体、工业部门、科学共同体、科普团体、科普设施等社会主体共同参与的实践领域，呈现出参与主体多元化、传播关系复杂化、社会功能高级化、传播途径多样化、传播手段现代化的新特点，提高公众科学素质、促进公众理解科学、服务公众参与科学事务、服务科学技术创新成为科技传播与普及的重要目标。当代科技传播与普及已经进入一个全新的发展阶段。

在我国，科技传播与普及工作历来受到国家和政府的高度重视，"普及科学和技术知识"早在20世纪50年代就被写进中华人民共和国第一部宪法，在近几十年来的国家发展和社会建设中，科技传播与普及工作一直被视为一项重要的工作。特别是自20世纪90年代以来，中共中央、国务院发布了《关于加强科学技术普及工作的若干意见》，2002年国家颁布了《中华人民共和国科学技术普及法》（以下简称《科普法》），2006年《全民科学素质行动计划纲要（2006—2010—2020年）》（以下简称《科学素质纲要》）工作全面启动，推动了我国科技传播与普及事业的整体发展和各项工作的全面开展，科普环境得以优化，政策体系不断完善，科普能力有所增强，科普局面更加活跃，科技传播与普及迎来了新的繁荣发展期。

目前，在我国科技传播与普及领域，尽管还存在着许多亟待解决的深层次问题，科普工作的管理模式和组织模式需要深化改革，科普工作方式方法需要进一步创新，但科普工作的观念和理念有了提升，科普投入不断增加，科普渠道和设施建设取得较大进展，科普组织和科普队伍不断壮大，以信息技术为依托的现代科普手段也不断出现与应用，各类科普实践活动更加贴近民生和发展需求，大联合、大协作的社会化科普工作新机制和政府推动、社会各界参与的科普工作新局面正在形成。顺应时代发展趋势、针对我国国情需要、学习和借鉴发达国家经验、推进科普工作创新也已经成为近些年来我国科技传播与普及事业发展的重要主题和鲜明特点。

科学技术与经济社会发展的强烈需求，科技传播与普及事业的快速发展，促进我国近年来的科技传播与普及研究迈上了新台阶和新阶段。特别是近十余年来，我国科技传播与普及理论与实践研究变得异常活跃，研究深度和研究广度都有了重要突破，初步明确了科技传播与普及领域的一些基本问题，初步形成了一些重要的研究方向，发现了许多新问题，提出了许多新概念，取得了一些重要的理论和实践研究成果，为国家和政府制定相关政策提供了有力的研究支撑。未来的科技传播与普及理论与实践研究需要在此基础上继续深化，积极学习国际先进科技传播理论和方法，深入分析我国面临的问题和任务，寻找中国科技传播问题的解决之道。

科学技术的传播、扩散和普及正如社会的其他现象一样，是受其内在规律制约的。只有认识和把握了这种现象的特性和规律，我们才有可能驾驭这种现象，我们的实践才会有正确的方向，努力才会富有成效，作出的决策和规划才会富有远见。科技传播与普及实践的良好发展有赖于基础理论研究对科技传播与普及规律的科学揭示，科技传播与普及政策的制定也需要科技传播与普及研究的理论指导。面对当代科技创新、经济社会、国家发展以及国家、社会、公众等层面提出的各种科普需求，持续深化科技传播与普及理论与实践研究，建立科技传播与普及理论体系，对促进我国科技传播与普及事业的发展、政策的制定、工作的推进都具有基础性的价值和作用。

本书试图在推进我国科技传播与普及研究方面做些有益的尝试。在梳理国际和国内科技传播与普及实践和研究领域发展成果的基础上，本书讨论了科技传播与普及的一些理论问题，例如科技传播与普及的基本理解、基本结构、基本渠道、当代需求；总结了近些年来（特别是《科学素质纲要》颁布以来）我国科技传播与普及实践领域取得的最新进展，包括科技传播与普及的资源和能力建设以及我国科普政策、科普人才、科普基础设施建设和科普产业发展问题；同时，本书还研究了科技传播与普及实践活动的项目策划、组织实施、监测评估问题，分析了我国当代科技传播与普及的发展特点、未来趋势，提出了科技传播与普及研究需要重点关注的课题。

本书是对科技传播与普及进行理论探索、对我国科技传播与普及实践进行总结的一本著作，期望能够促进读者了解国内外科技传播与普及理论与实践的发展情况，关注国内外科技传播与普及领域正在发生的一些变化，思考科技传播与普及理论和实践领域的现实与未来问题。第一章简要回顾了科技传播与普及的历史发展；第二章至第五章分别讨论了对科技传播与普及的概念理解以及科技传播与普及的基本结构、基本渠道、当代需求；第六章概述了我国公民科学素质建设工作的基本内容；第七章至第八章分析了我国科技传播与普及的资源、能力和条件建设工作的进展；第九章研究了科普实践活动的组织实施与监测评估问题；第十章概括了我国当代科技传播与普及的发展特点、趋势和重要课题。

需要特别说明的是，本书选择使用"科技传播与普及"作为讨论问题的基础术语。这是因为我们认为，在当代科学技术与社会发展背景下，科技传播与普及涉及多层面的问题，包含多层面的任务，使用更具包容性和整合性的术语和概念更能反映当代科学技术与社会发展提出的要求，更符合当代科学技术传播与普及的发展实际，也更便于我们去讨论科学技术普及、公众理解科学、科学传播关注的各类问题。在本书的许多地方，我们也使用"科普"作为"科技传播与普及"的简称，但这里的"科普"并不是仅仅指普及科学技术实用知识，而是指超越了传统"科普"的现代"科普"。

本书能够完成并且顺利出版，首先要感谢中国科学技术出版社和中国科普研究所的同事。中国科学技术出版社长期致力于科普研究成果和科普图书的出版工作，为我国科普理论和实践、科普出版事业的发展做出了贡献。在本书的出版过程中，苏青社长、颜实总编辑和徐扬科主任给予我们极大的支持和热情的鼓励，他们对于本书的许多专业性的看法和意见也使我们受益匪浅。中国科普研究所作为我国目前唯一的国家级科技传播和科普理论研究机构，为我国科技传播与普及理论和实践研究做出了贡献，本书在撰写过程中使用了中国科普研究所研究人员提供的大量材料。

同时，还要感谢多年来领导、组织、支持和关心科技传播与普及工作的徐善衍、程东红等领导，他们不仅身体力行地为推进我国科技传播与普及事业发展做出了贡献，也在科普实践工作和科普理论研究方面给予我们许多具体的指导，从而奠定了我们今天写作此书的基础。还要感谢本书参考文献中所提到的各位专家、学者，他们的著述让我们学习到了许多新知识和新理论，他们的观点也给我们许多重要的启发，从而使我们能够顺利完成本书的写作。

科技传播与普及是一个快速发展的实践领域，随着科学技术和经济社会的发展以及传播新技术的应用，科技传播与普及在传播模式、传播途径、传播方式、传播手段等方面正在发生重要的变革，目前关于科技传播与普及的任何结论性的观点都有可能在未来被发展、修正、突破甚至是否定。科技传播与普及研究也是一个包括许多复杂问题、复杂任务的研究领域，由于我们学识水平有限，书中难免有疏漏之处，希望专家、学者、同行、读者能给予批评指正，以期共同推进我国科技传播与普及研究的发展。

作　者
2011 年 11 月于北京

目　　录

第一章　科技传播与普及的历史发展 ……………………………… 1

一、科技传播与普及的早期历史 ………………………………… 1

　1. 科技传播与普及的早期孕育 ……………………………… 2

　2. 科技传播与普及在近代的兴起 …………………………… 4

二、科技传播与普及的现代形态 ………………………………… 9

　1. 科学交流的成熟 …………………………………………… 9

　2. 科技教育的发展 …………………………………………… 11

　3. 科学普及的兴起 …………………………………………… 13

三、科技传播与普及的当代发展 ………………………………… 15

　1. 科技与社会的关系发生变革 ……………………………… 16

　2. 科学与公众的关系提出挑战 ……………………………… 17

　3. 传播新技术的促进 ………………………………………… 19

四、中国科技传播与普及发展简史 ……………………………… 20

　1. 中国古代的科技传播与普及 ……………………………… 21

　2. 中国近代的科技传播与普及 ……………………………… 22

　3. 民国时期的科技传播与普及 ……………………………… 23

　4. 红色苏区和延安时期的科学普及 ………………………… 24

　5. 新中国成立后的科普发展 ………………………………… 26

　6. 新时期科技传播与普及的繁荣 …………………………… 28

第二章　科技传播与普及的概念理解 …………………………… 32

一、对科技传播与普及的理解与界定 …………………………… 32

　1. 国外学者对相关概念的理解与界定 ……………………… 33

　2. 国内学者对相关概念的理解与界定 ……………………… 39

　3. 科技传播与普及概念的定义 ……………………………… 44

二、科技传播与普及的基本目标 ………………………………… 46

　1. 科技传播与普及的公众目标 ……………………………… 47

　2. 科技传播与普及的社会目标 ……………………………… 49

第三章　科技传播与普及的基本构成 …………………………… 53

一、传播现象的结构与模型 ……………………………………… 53

1. 传播现象的结构与过程模型 ·················· 53

2. 传播现象的互动与系统模型 ·················· 55

3. 传播现象的基本要素和复杂系统 ·················· 58

二、科技传播与普及的结构要素 ·················· 59

1. 科技传播与普及的基本要素 ·················· 60

2. 科技传播与普及的参与主体 ·················· 62

3. 科技传播与普及的传播内容 ·················· 68

4. 科技传播与普及的传播渠道 ·················· 75

三、科技传播与普及模式问题 ·················· 78

1. 基于时空特征的模式分类 ·················· 78

2. 基于传播载体的模式分类 ·················· 79

3. 基于流程特性的模式分类 ·················· 80

4. 基于综合属性的模式分类 ·················· 81

第四章　科技传播与普及的基本渠道 ·················· 83

一、科技教育：基于教育过程的科技传播与普及 ·················· 83

1. 科技教育的发展及其当代体系 ·················· 83

2. 当代科技教育的素质和能力转向 ·················· 86

3. 科技教育渠道建设 ·················· 89

二、设施传播：基于科普基础设施的科技传播与普及 ·················· 90

1. 科普基础设施的发展及其当代体系 ·················· 91

2. 基于科普基础设施的科技传播与普及 ·················· 93

3. 科普设施传播渠道的建设 ·················· 95

三、媒体传播：基于传播媒体的科技传播与普及 ·················· 97

1. 传播媒体及其科技传播与普及 ·················· 97

2. 传统媒体和网络媒体 ·················· 102

3. 传播媒体的科技传播能力建设 ·················· 107

四、活动传播：基于公众科普活动的科技传播与普及 ·················· 108

1. 大型公众科普活动 ·················· 108

2. 形式多样的其他科普活动 ·················· 110

第五章　科技传播与普及的当代需求 ·················· 113

一、当代"科技—社会"发展和科技传播社会需求 ·················· 113

1. 当代科学技术发展的基本特征 ·················· 113

2. 当代"科技—社会"发展中的科技传播需求 ·················· 116

二、创新型国家建设和科技传播国家需求 ················· 118

　　1. 当代"创新驱动发展"特征和创新型国家建设战略 ··· 118

　　2. 创新型国家建设中的科技传播需求 ··············· 120

三、当代"科学—公众"关系和科技传播公众需求 ········· 121

　　1. 当代"科学—公众"关系中的科技传播公众需求 ··· 121

　　2. 科学与公众关系领域的几个模型 ················· 123

四、当代科技传播与普及的整合模型和多重任务 ··········· 131

　　1. 科技传播与普及的整合模型 ····················· 132

　　2. 科技传播与普及的多重任务 ····················· 135

第六章　科技传播与普及的当代发展 ····················· 138

一、当代科技传播与普及的社会形态与发展特征 ··········· 138

　　1. 当代科技传播与普及的社会形态 ················· 138

　　2. 当代科技传播与普及的发展特征 ················· 140

　　3. 当代科技传播与普及的"碎片化"特性 ··········· 143

二、当代科技传播与普及的推进策略 ····················· 144

　　1. 提升公民科学素质：目标牵引手段 ··············· 145

　　2. 科普资源和渠道建设：重点建设手段 ············· 148

　　3. 科普保障条件建设：基础保障手段 ··············· 150

三、当代科技传播与普及的"公益—产业"并举体制 ······· 154

　　1. 发展科普产业的基本依据 ······················· 154

　　2. 科普产业的多样业态 ··························· 157

　　3. 建立科普事业的"公益—产业"发展体制 ········· 159

第七章　我国的"全民科学素质行动计划" ··············· 161

一、"全民科学素质行动计划"提出的时代背景 ··········· 161

　　1. "全民科学素质行动计划"提出的国际发展背景 ··· 162

　　2. "全民科学素质行动计划"提出的国内发展背景 ··· 164

　　3. "全民科学素质行动计划"提出的科学素质国情背景 ··· 165

　　4. 《科学素质纲要》的颁布实施 ················· 167

二、"全民科学素质行动计划"的基本内容 ··············· 169

　　1. "全民科学素质行动计划"的基本方针与目标 ····· 170

　　2. "全民科学素质行动计划"的基本任务与策略 ····· 171

三、"全民科学素质行动计划"的组织实施 ··············· 177

　　1. 《科学素质纲要》实施的工作机制 ··············· 177

2. "十一五"期间《科学素质纲要》实施的工作主题 ……………… 179

第八章　我国重点人群的科学素质建设工作 …………………………… 182

一、未成年人群体的科学素质建设 ……………………………………… 182

　　1. 我国未成年人科普历程和"未成年人科学素质行动" ………… 182

　　2. 面向素质提升的科学教育改革 …………………………………… 184

　　3. 青少年校外科技活动和社会实践 ………………………………… 185

二、农民群体的科学素质建设 …………………………………………… 188

　　1. 我国农村科普发展历程与当前面临的挑战 …………………… 188

　　2. 新时期面向农村和农民的科普工作 …………………………… 191

三、城镇劳动者群体的科学素质建设 …………………………………… 194

　　1. 提升城镇劳动人口科学素质的迫切性 ………………………… 194

　　2. 近年来城镇劳动人口科学素质建设工作 ……………………… 195

四、领导干部和公务员群体的科学素质建设 …………………………… 197

五、社区居民的科学素质建设 …………………………………………… 199

　　1. 社区居民科学素质行动的目标任务 …………………………… 199

　　2. 近年来社区居民的科学素质建设 ……………………………… 200

第九章　我国科技传播与普及资源和能力建设 ………………………… 202

一、我国科技传播与普及资源和能力建设现状 ………………………… 202

　　1. 科技传播与普及资源概念及其构成 …………………………… 203

　　2. 我国科技传播与普及资源建设现状 …………………………… 205

　　3. 我国科技传播与普及能力建设的目标任务 …………………… 208

二、我国科技传播与普及内容资源建设 ………………………………… 211

　　1. 我国科技传播与普及内容资源建设的现状 …………………… 211

　　2. "科普资源开发与共享工程"及其实施成效 ………………… 213

　　3. 科普内容资源建设中的几个重要问题 ………………………… 216

三、我国科技传播与普及渠道资源建设 ………………………………… 217

　　1. "科学教育与培训基础工程"及其实施成效 ………………… 218

　　2. "大众传媒科技传播能力建设工程"及其实施成效 ………… 221

　　3. "科普基础设施工程"与科技传播设施渠道建设 …………… 227

第十章　我国科技传播与普及保障条件建设 …………………………… 232

一、我国的科技传播与普及政策 ………………………………………… 232

　　1. 我国科普政策的简要回顾 ……………………………………… 232

　　2. 我国目前的科普政策体系 ……………………………………… 234

二、我国的科普人才队伍建设 ………………………………………… 236

　　1. 我国科普人才队伍建设现状及面临的任务 ………………… 237

　　2. 我国目前的科普人才队伍建设 ……………………………… 239

三、我国的科普基础设施建设和科普产业发展 ……………………… 242

　　1. 我国近年来的科普基础设施建设 …………………………… 242

　　2. 推进我国科普产业的发展 …………………………………… 244

第十一章　科技传播与普及实践活动的策划与实施 ……………… 248

一、科普活动及其策划与设计 ………………………………………… 248

　　1. 科普活动及其类型 …………………………………………… 248

　　2. 科普活动策划的基本问题 …………………………………… 250

　　3. 科普活动策划的基本原则 …………………………………… 253

　　4. 科普活动策划的关键内容 …………………………………… 256

　　5. 科普活动策划设计方案的编制 ……………………………… 258

二、科普活动的实施和评估 …………………………………………… 259

　　1. 科普活动的组织实施 ………………………………………… 260

　　2. 科普活动的评估 ……………………………………………… 263

第十二章　我国当代科技传播与普及的发展和研究课题 ………… 272

一、我国当代科技传播与普及的发展 ………………………………… 272

　　1. 科技传播与普及理念的突破与提升 ………………………… 273

　　2. 科普政策法规体系的形成和完善 …………………………… 276

　　3. 科技传播与普及事业的全面拓展 …………………………… 277

　　4. 科技传播与普及工作的创新与发展 ………………………… 279

　　5. 与公民科学素质建设互动关系的新发展 …………………… 281

　　6. 科技传播与普及领域的国际化新趋势 ……………………… 282

　　7. 科技传播与普及理论研究和学科建设的新突破 …………… 284

二、推进我国科技传播与普及研究的发展 …………………………… 285

　　1. 我国科技传播与普及研究的简单回顾 ……………………… 286

　　2. 推进科技传播与普及基础理论研究 ………………………… 288

　　3. 推进我国公民科学素质建设研究 …………………………… 289

　　4. 深化科技传播与普及基本关系研究 ………………………… 290

　　5. 深化科技传播与普及关键问题研究 ………………………… 292

参考文献 ……………………………………………………………… 297

索引 …………………………………………………………………… 309

第一章　科技传播与普及的历史发展

　　科技传播与普及伴随科学技术的产生而出现，伴随科学技术的发展而演进，与科学技术具有同样悠久的历史。最初，科技传播与普及从属于人类知识与技能传承的一部分，并为人类的知识累积和技能增长奠定了重要基础。近代之后，伴随着近代科学革命的发生和发展，科技传播与普及踏上了相对独立的发展道路。经过几个世纪的发展，在科学技术进步的促进下，科技传播与普及手段不断成熟，途径不断分化，科学普及也受到社会关注。在人类社会进入20世纪时，现代科技传播与普及的基本体系已经确立下来。

　　20世纪下半叶以来的科技传播与普及发展受到多种因素的共同促进，进入一个新的发展阶段。科学技术的加速发展和广泛应用，引起科学、技术、社会之间的关系发生重大变化，经济社会越来越走上依靠科学技术的发展道路，不仅促进了科技传播与普及需求的普遍增长，提升了科技传播与普及在社会发展中的地位，而且也引起了科学技术与公众之间的关系发生一系列微妙而复杂的变化。科学技术的应用、经济社会的需求，再加上以互联网为代表的一系列传播新技术的应用和普及，使当代科技传播与普及获得了新的发展动力，也遇到了前所未有的挑战。当代科技传播与普及正面临面向未来的重大转型。

一、　科技传播与普及的早期历史

　　利用传播符号和传播工具互通信息是人类群体的一种普遍现象，人们通过信息互通来共享信息、影响他人、建立关系，形成特定的群体秩序结构，并采取协调一致的行动。随着人类文明程度的不断提高和社会行为的不断分化，社会传播领域逐渐分化出政治传播、经济传播、文化传播、科技传播等不同分支。科技传播与普及是与科学技术活动紧密相连的社会传播现象，它服务于科学技术知识的传播与扩散，促进社会成员对科学技术知识的分享，与科学技术知识创新及其应用共同构成科学技术领域的三大基本现象，始终如影随形地伴随在人类的科学技术活动中，与科学技术相伴而生、一同成长。

1. 科技传播与普及的早期孕育

在人类文明发展的早期，当原始人类敲击石块打制石器、刀耕火种种植作物、搭建草屋抵御风寒时，人类就已经掌握了一些超越动物的生存技能和经验知识。而当拥有这些技能和知识的人向族群中的其他成员传授与示范，或是那些不掌握这些技能和知识的族群成员通过观察模仿而学习的时候，人类文明中特有的知识传播现象就发生了。正是在这种知识传播的过程中，孕育了人类最早的科技传播与普及现象。当然，这一时期的科学技术还处于萌芽与朦胧的阶段，人们拥有的知识也是简单和粗糙的，科学技术及其传播普及都不可能成为一种独立的社会活动。我们可以将这一时期的科技传播与普及称为"前科技传播与普及"阶段。

处于这一阶段的科技传播与普及，传播普及的内容主要是涉及经验性知识和生存性技能，虽然看起来简单粗糙，但对人类文明的发展却具有非凡的价值与意义。正是伴随着这种经验性知识和生存性技能的传授与扩散，人类的知识得以传承，生存技能得到增长，摆脱了"与动物为伍"的境地，踏上了创造文明的道路。不仅如此，这种知识与技能的传承也为科学技术的发展开辟了道路、奠定了基础。正是由于那些经验的、粗糙的知识和技能的不断累积，人类逐渐发展出了比较专门化（例如制陶、冶炼、纺织等）的各种技术，积累了一些专门知识。

"古代科学知识的传播，再加上劳动技能、生产经验的交流，就构成了古代的科学普及。"① 在前科技传播与普及阶段，经验性知识、生存性技能的传授，甚至是专门化技术的传播，都还没有成为独立的社会活动，通常都是伴随着生产实践中的示范和学习过程自然实现的。这一阶段的科技传播与普及阶段通常在科技传播与普及发展史的著述中只能占到很短的篇幅，但它是整个科技传播与普及的最初源头。

人类的知识传播迈向独立的一个重要转折，发生在人类社会出现了最早的一批"知识分子"和专门传授知识的"学校"机构之后。随着人类文明程度和社会生产水平的不断提高，也随着累积下来的知识不断丰富，社会群体中慢慢出现了这样一批特殊人物：他们因学识丰富、聪明智慧而在族群中享有特殊地位，甚至成为族群知识技能传承的核心。这就是人类历史上最早的一批"知识分子"和"知识传播者"。再后来，随着人类知识的进一步丰富，知识传播有了建立专门场所的需要，学校这种专门传授知识的机构便出现了，科技传播与普及由此也搭上知识传播的"便车"。

---

① 周孟璞，松鹰. 科普学 [M]. 成都：四川科学技术出版社，2007：16—17.

专门传授知识的学校机构在古代几大文明中差不多是同时出现的。古埃及最早的学校是专门教授读写与计数的"文士"学校。古埃及人对数学知识的发展做出过独特的贡献，教师在学校里教授学生计算三角形、四边形、圆形的面积。古埃及的科学甚至远播海外，当时希腊相当多的学者都曾到埃及学习数学和天文学知识。古希腊的贤哲们曾开办各种"学园"，许多学园都非常重视数学和科学教育，据说柏拉图就在他创办的"柏拉图学园"门口挂着"不懂几何者不得入内"的牌子。柏拉图的学生亚里士多德是古代最伟大的哲学家、科学家、教育家，是许多科学学科（如逻辑学、心理学、物理学、植物学等）的创始人。在他创办的"吕克昂学园"里，科学教育就是重要的内容之一。

中国最早的学校产生于夏代，在商代得到发展，到周代时已经建立了较为完备的官学系统，教育内容包括礼、乐、射、御、书、数，合称"六艺"。"数"的教育是中国最早的科学教育。春秋以后，列国纷争，大国称霸，旧有的社会秩序遭到破坏，"学在官府"的教育体制走向衰落，以孔子、墨子为代表的一批新型知识分子以新的办学形式，聚徒讲学，开私学之风，私学自此成为中国学校制度的重要组成部分。私学之风促进了学术的下移，推动了教育的发展，也极大地扩展了知识的社会传播。当时的墨家就不仅积极宣传其政治主张，还在帮助一些国家守城抗敌的过程中将其掌握的先进技术扩散到各地。

学校机构的产生标志着组织化教育传播的诞生，科学在其中虽未获得独立地位，但有些科学知识（特别是数学、天文等）已成为这种组织化教育的一类重要内容。在这一阶段上最具有典型意义的科技传播与普及形态是利用科学著作进行传播。科学大师们撰写了在科学发展史和科学传播史上影响深远的一批经典著作，其中最为著名的就是《几何原本》。《几何原本》的作者是古希腊著名的数学家欧几里得，他一生写过不少数学、物理学和天文学著作。《几何原本》是在总结前人几何学知识的基础上，对几何学进行了系统化的整理，提出了28个定义，列出了5个公设和5个公理，推演出一系列几何定理。这是最早使用公理方法建立科学演绎体系的典范。

作为那个时代最为重要的科学著作和最为成功的科学教科书之一，《几何原本》所包含的科学思想、方法、知识通过广泛传播，对后世数学科学乃至整个科学的发展都产生了不可估量的影响。阿基米德将其方法用于力学研究，建立了阿基米德力学理论；托勒密将它用于研究天文学，建立了托勒密天文学体系。甚至到了近代，包括伽利略和牛顿在内的科学巨匠都依然在"模仿"欧几里得，牛顿所出版的那本标志着近代科学诞生的划时代巨著——《自然哲学的数学原理》在整个理论建构的方式上与《几何原本》如出一辙。

《几何原本》与同时代的其他科学著作一起开启了西方科技传播与普及史上

以科学著作为载体传播科学的先河。而在东方的古代中国，同样也出现了一些重要的科学著作。其中，最为重要的当属与《几何原本》差不多同时出现的《墨经》和《考工记》。《墨经》是记述墨家学派科技成就的著作，包含着丰富的几何学、力学、光学等科学知识。从《墨经》所包含的科学知识及其达到的高度看，墨家科学是一个重理论、重实验、重逻辑、重因果研究的科学类型，墨家尝试建立的知识体系和使用的科学方法也与希腊科学极其相似。然而，由于复杂的历史文化原因，墨家科学自汉代以后就成为一种绝学①。

《考工记》是记述先秦官府手工业技术规范的一部典籍，亦包含丰富的科学技术知识。但《考工记》的目标是指导手工业者生产制作特定的器械器物，包含的知识带有明显的技能化、实用化、经验化特征。在汉代实行独尊儒术政策后，《考工记》被补作《周礼》散佚的"冬官"篇，成为儒家经典《周礼》的一部分。《考工记》附于《周礼》，跻身于经书，在社会传播扩散中由此获得了好"运气"，被胼手胝足的工匠奉若经典，也为皓首穷经的士人俱诵不已，对后世中国科学技术发展产生了潜在却深远的影响。

科学通过著作文献的传播可以被视为古代科技传播与普及最具象征意义的传播形态，这种传播形态对科学的发展产生了深远的影响，不仅能使科学跨越时空远播天下，而且促进了科学知识的传承、累积和方法的示范，保存了科学的方法和传统。不过，就整体而言，由于科学技术在社会发展的早期并未获得独立的社会地位，科学知识虽被视为人类知识的一部分，但其重要性还远不能和逻辑、法律、人文知识相比。科学知识传播和教育在当时也难以获得独立的社会地位，只是作为知识传播的一部分而存在。

2. 科技传播与普及在近代的兴起

欧洲文明在经过长达几个世纪的中世纪之后，迈入全面变革的近代发展阶段，开始了社会制度的大变革和思想文化的大革命。社会的变革与思想的解放为科学的发展提供了新的社会环境和文化氛围，促进了科学的复兴和发展。特别是在16—18世纪，科学和技术取得了一系列重大突破。在科学领域，爆发了人类历史上第一次科学革命。这场革命始于16世纪近代天文学和近代医学革命，以牛顿在17世纪创立经典力学体系为标志。到18世纪，科学已经在多个领域获得

---

① 关于墨家科学所取得的科学成就，可参阅：方孝博. 墨经中的数学和物理学［M］. 北京：中国社会科学出版社，1983；钱临照. 古代中国物理学的成就 I［J］. 物理通报，1951（3）：97—102. 关于墨家科学概要性的评论及其历史命运的一个分析，可参阅：翟杰全. 墨家科学思想及其历史命运［J］. 自然辩证法研究，1995（1）：51—57.

重大进展，伴随着微积分的创立、电磁现象的揭示、燃烧理论的建立、化学元素的发现，数学、物理学、化学等学科快速发展。

在近代科学发展阶段，科学建立了自己独有的方法和原则，逐渐摆脱神学"婢女"的地位，获得了某种相对独立的社会地位。科学家也慢慢成长为一个特殊的社会群体，普通公众对科学的兴趣也大为增强。17 世纪中叶，欧洲一些国家出现了科学学会、科学院等科学组织，英国皇家学会于 1660 年在伦敦成立，法兰西科学院于 1666 年在巴黎建立。随着科学家队伍的不断增长以及社会中对科学感兴趣的人不断增加，服务于科学交流的科学杂志出现了。1665 年在法国巴黎和英国伦敦同时诞生了两份世界上最早的科学杂志：《学者杂志》（le Journal des Savants）和《哲学汇刊》（Philosophical Transactions of the Royal Society）。

而在技术领域，18 世纪中叶以后在英国开始了以蒸汽机的发明和应用为标志的第一次技术革命。它首先促进了纺织工业的机械化，然后又扩展到其他工业部门，从而推动了社会的产业革命。科学知识的运用和技术发明的推广，为追求财富的新兴资产阶级带来了切实的好处。这激起他们对科学技术的兴趣与需求，使科学技术和科学技术教育受到重视，科学和技术知识开始被引进学校教育。阿基米德和欧几里得的著作成为学校的教材，满足建筑业、造船业、海外贸易发展需要的数学、力学、物理学、天文学乃至地理学、动植物学成为学校教学的内容。

在这一时期，学校成为了科学技术知识传播的重要阵地。即使是那些原来只限于教授神学、逻辑、古文、语法、法律、人文的旧式大学也受到了影响，例如，剑桥大学（创建于 1209 年）在 1663 年设立了卢卡斯数学教席，1702 年设立了化学教席，1704 年设立了天文学教席；牛津大学（创建于 1168 年）也于 1669 年设立了植物学教席。大学也开始成为新科学的孕育之地。在牛顿 1661 年进入剑桥大学的时候，那里还弥漫着中世纪经院哲学的浓厚氛围，讲授的是古代史、神学等经院式课程，牛顿于 1665 年获得的就是文学士学位。但新气象正在出现，卢卡斯在 1663 年开办了讲授物理、天文和数学课程的讲座。讲座的第一任教授伊萨克·巴罗是位博学的科学家，这位独具慧眼的学者看出了牛顿敏锐的观察力和理解力，不仅将自己的数学知识全部传授给他，把他引向自然科学研究，而且为提携他还于 1669 年辞去教授之职，自此 26 岁的牛顿晋升为数学教授。

科学技术的发展和社会需求的增长不仅推动了学校教育的变革，也推动了科技传播与普及的转型，科技传播与普及逐渐摆脱了依附于知识传播的状况，慢慢成长为社会传播的一种特殊形态。首先是科学家群体内的交流传播获得了很大程度的独立，科学领域许多正式的和非正式的交流渠道在这一时期均已出现，包括利用科学著作的知识传播、利用互通信函的私人交流、利用科学杂志的专业交流等。科学著作在这一时期仍然在推动科学发展、传播科学知识中扮演着重要角色。近代科学发展阶段出现了一系列伟大的科学著作，哥白尼的《天体运行论》和维萨里的《人体的构造》两部著作于同一年（1543 年）出版，分别在两个最为"神秘"的领域内实现了突破，从而揭开了科学革命的序幕。而牛顿划时代巨著《自然哲学的数学原理》的出版，则标志着近代科学方法和理论基础的确立。

出版科学著作、发表单篇论文、举办科学讲座在当时是科学家向同行和社会传播新理论、新学说、新知识的基本途径。《天体运行论》提出并论证了颠覆宗教神学基础的新理论"日心说"，它最初以拉丁文发表，并没有产生广泛的影响，但布鲁诺和伽利略随后用他们自己的著作和论文广泛传播这一理论。布鲁诺出版了《论无限性、宇宙和诸世界》一书，宣传并发展了哥白尼的新学说；伽利略发表了著名的《关于托勒密和哥白尼两大世界体系的对话》，运用更为充分的论据阐述了哥白尼的新理论。两位伟大的科学家也都为宣传和传播新科学付出了代价，布鲁诺于 1600 年 3 月被教会烧死在罗马鲜花广场，伽利略则被教会两次传讯并被判处终身监禁。

科学著作的出版在当时仍会遇到许多困难，譬如著作撰写出来后先要找到有钱的资助者给予资助，牛顿那部标志经典力学体系建立的科学巨著《自然哲学的数学原理》就是依靠好朋友、天文学家哈雷的私人资助于 1687 年正式出版的。因此，作为非正式交流的私人拜访、信函互通在科学家之间的交流中也承担着重要的功能。科学家利用这种方式通报各自在科学上的新发现，对新发现进行讨论，寻求同行对新发现的认可，等等。当时在欧洲各国科学家之间、欧洲科学家与到其他大陆的欧洲旅行者或传教士之间，经常利用互通信函保持科学上的密切联系。

当然，这类交流手段有其固有的缺陷。例如，私人拜访只能限于相距并不遥远的少数科学家之间，信函往来可能要花上很长时间（几个月乃至更长）。这导致后来在非正式交流领域出现了一些重要的变化，例如在私人拜访扩大范围的基础上出现了科学家（也包括那些对科学感兴趣的普通人）聚会，科学家的信函有时由雇用的"抄写员"誊写数份，分发给其他一些感兴趣的人。于是，在这种科学家聚会和信函交流的基础上，"无形学院"这种特殊现象出现了。作为科学共同体的早期形式，"无形学院"实际上是作为科学家交流网络的形式而出现的。

"无形学院"与科学交流形成了一种相互促进的关系，科学交流网络的形成促进了"无形学院"的出现，而"无形学院"又作为一种特殊的机制进一步刺激了科学交流的活跃。正是在这样的背景下，欧洲一些国家开始出现科学学会、科学院这类科学组织，出现了专门服务科学交流的科学杂志。科学杂志的出现应该说是这一时期科技传播与普及领域发生的最具有标志性的事件。因为科学杂志并不是原来就有的知识传播媒体，它完全是基于科学交流需要而出现的一种全新媒体。这标志着科技传播与普及形态获得了进一步的独立。

早期的科学杂志一般都是编辑者在科学家互通信函的基础上编辑而成的。例如，《哲学汇刊》就是编辑者奥尔登伯格与英格兰和欧洲的许多自然科学家通信联系，征集他们关于新发现或观察到的新现象的信函，然后将这些信函编印成小册子。我国最早的科学杂志《吴医汇讲》（首刊于 1792 年）也是由清末江苏医家唐大烈通过征集同行的来函、来信汇集成册的。当然，科学杂志在欧洲最初的一个多世纪内主要刊载的是新闻通讯、新书消息及其摘要，科学交流的功能并不像今天这样强大。科学发现成果在当时主要还是通过著作或专题论文来公布和发表。

科学技术在 16—18 世纪获得了重要的发展，科学家也已经可以依靠科学上的成就赢得世人的敬重，科学技术和科学家的社会声望都得到了提高，科学家队伍的规模也在不断壮大。科学家之间频繁的交流和"无形学院"的发展对科技传播与普及产生了推动作用，私人交流、互通信函、出版著作和论文以及利用科学杂志成为科学家交流和传播科学知识的基本途径，与科学家群体交流相关的传播形态逐渐成熟起来，并涌现出了大批在科学普及方面做出过重要贡献的科学家和思想家，从而促进了面向社会的科学普及的发展。科学家伽利略和哲学家狄德罗就是其中杰出的代表。

伽利略被公认为实验科学的创始人和打开近代科学大门的第一人，他做出的许多重大贡献为后世科学奠定了基础。伽利略也可以被认为是近代科学普及之父[①]。伽利略用观察到的大量事实证明了哥白尼学说，并出版了《星际信使》以及《关于太阳黑子的通信》等著作，但科学的理论遭到禁绝，他本人也被传讯到罗马，受到教皇的警告。为此，他花了几乎整整 5 年的时间，撰写了著名的《关于托勒密和哥白尼两大世界体系的对话》。这是一本让所有人都可以看得懂的书籍，它不是用当时学者惯用的拉丁文，而是采用意大利语和最通俗的"对话体"体裁（以三人对话辩论的形式）。"对话"于 1632 年一问世就被抢购一空，人们争相传阅。这是近代科学史上第一部重要的科普巨著，它对传播普及哥白尼学说起了巨大的作用。英国科学史家梅森曾在《自然科学史》中评价道："从历史上看，伽利略在他同时代人中间传播哥白尼学说，比开普勒成绩大，他使更多

---

① 周孟璞，松鹰. 科普学 [M]. 成都：四川科学技术出版社，2007：34.

的公众看到了比较简单的证明。"

1636 年，72 岁高龄的伽利略完成了他一生中第二部重要的代表作，这就是《关于两种新科学的对话》。伽利略在书中总结了自己毕生的物理学研究成果，包括摆的研究、自由落体运动、力的合成，以及牛顿第一、第二运动定律的基本思想。这本书为近代实验科学开辟了道路，被公认为"现代物理的第一部伟大著作"。但这部著作同时也是一本科普著作，同样采用的是"对话体"，在第一本"对话"中的三个人物又再次披挂上阵，围绕亚里士多德物理学和新物理学展开对话。"作为一位探求真理、发现真理的科学家，伽利略是伟大的；作为一位宣传真理、传播真理的科普家，伽利略同样名垂千古。他给后世留下的两部不朽的《对话》，直到 300 多年后的今天，仍然闪耀着不灭的光辉！"①

不仅像伽利略这样的科学家在传播普及新科学方面做出过重要贡献，许多哲学家和思想家也热心于传播新知识、宣传新思想。例如，法国哲学家狄德罗及其领导的法国"百科全书派"在传播与普及新科学方面就做出过重要的贡献。自 17 世纪以后，"百科全书"成为面向社会传播新科学的一种重要手段。英国科技史家亚·沃尔夫曾指出："18 世纪里，知识空前广阔地在知识界狭小圈子以外传播。这个时期的特征是拉丁语迅速为国语所取代。整个著作家队伍把普及知识包括科学知识作为自己的使命，以推进启蒙运动的事业。传播知识的媒介包括百科全书、期刊和普通书籍。"②

近代第一部百科全书是 1695 年在荷兰阿姆斯特丹出版的两卷集《历史与批判辞典》，尽管科学内容在此书中只占很小部分，但出版后很受欢迎。这反映了人们对新知识、新思想的渴求。此后，百科全书如雨后春笋般涌现，诸如英国的《技术词典》（1704 年）和《钱伯斯百科全书》（1728 年），德国的《艺术和科学百科全书》（1721 年），意大利的《新科学和宗教——世俗奇闻辞典》（1746—1751 年），法国"百科全书派"编写的《百科全书》（1751—1777 年），在爱丁堡出版的《英国百科全书》（1771 年），等等。以狄德罗为首的法国"百科全书派"编写的《百科全书》提倡实验科学，传播工业技术知识，以大量的篇幅叙述人类已经取得的自然科学知识、技术和工艺过程，在传播和普及科学技术方面产生了巨大的影响。

当然，如果从整个社会的范围看，直到 18 世纪，科学由于刚刚摆脱神学"婢女"的地位，科学和科学的传播都还没有实现最终的彻底独立，面向整个社会的科学传播（包括那些对公众开放的演讲和讲座）仍然从属于新知识、新思

① 转引自：周孟璞，松鹰. 科普学 [M]. 成都：四川科学技术出版社，2007：38.
② ［英］亚·沃尔夫. 十八世纪科学、技术和哲学史 [M]. 北京：商务印书馆，1997：13.

想传播的一部分。从牛顿那本划时代科学巨著仍然冠以"自然哲学"的名字来出版，我们就可以体会到这一点。另外值得注意的是，科学家之间的科学交流与面向公众的科学传播并没有像在今天这样有着比较明显的界线。这一时期"所有伟大的科学家就其科学知识而言都是自学出来的"[①]，对科学有兴趣的普通人也可以通过阅读科学书籍或其他途径获得科学知识并自学成才。

二、 科技传播与普及的现代形态

现代科技传播与普及的基本形态孕育于 19 世纪，成熟于 20 世纪上半叶。随着科学技术的不断发展和科学家数量的不断增加，科学家群体内的交流传播得到快速发展，基本体系得以逐步确立。随着科技知识的不断增长和知识"复杂度"不断上升，面向普通大众的科学普及工作也受到社会的关注。从 19 世纪开始到 20 世纪中叶之前的这一时期，是科技传播与普及不断走向成熟的时期，手段不断成熟，途径不断分化，科技传播与普及的现代体系逐步建立起来。

1. 科学交流的成熟

19 世纪的科学发现了热力学三定律、能量守恒与转化定律、化学元素周期律，建立了化学原子论、达尔文进化论和细胞学说，电磁学的基本理论确立下来，遗传学也获得重要进展，现代科学的基本构架已经初步显现，近代科学体系已经日臻成熟，各门类的理论体系也初步建立。19 世纪的技术随着电力的应用和内燃机的发明实现了第二次工业革命，促进了农业、工业、交通的大发展，使人类社会跨入了电气时代。在 19 世纪，科学、技术、生产也开始出现一种特殊的互动关系，这种互动关系与资本主义发展所产生的社会需求，给科学技术发展注入强大动力，科学技术进入高歌猛进的大发展时期。

在 20 世纪上半叶，科学领域实现了一次新的革命性突破。爱因斯坦于 1905 年提出狭义相对论，揭开了第二次科学革命的序幕，随后原子结构理论、量子力学逐步成熟起来。20 世纪，科学在全新的理论、方法和思想的指引下取得了重大进展，整个现代科学的基本构架到 20 世纪中叶时便基本确立下来。20 世纪上半叶的科学也进入到更宏观和更微观的超经验领域，科学知识"复杂度"明显上升，科学发展也呈现出"按指数规律增长"的特征，学科高度分化而又不断综合，孕育出一系列新的分支学科和综合学科。

---

① ［英］J. D. 贝尔纳. 科学的社会功能［M］. 陈体芳，译. 北京：商务印书馆，1982：120.

　　科学与技术的互动关系到 20 世纪上半叶时变得更加明显，科学已经在很多领域走在了技术的前头，引导并决定着技术发展的方向（其中最典型案例是核裂变研究与原子弹的制造）。科学研究所提供的理论指导、社会发展所产生的技术需求以及两次世界大战给科学应用和技术进步带来的特殊刺激，使 20 世纪的技术发展呈现高速增长的新局面，机电加工技术、电子技术、核能技术、计算机技术、宇航技术等许多重大技术都孕育于 20 世纪的上半叶，各种新技术也在社会生产和人们日常生活得到应用，人们逐渐认识到科学技术已成为社会发展进步的重要基础，科学技术的社会功能因此受到社会的广泛关注。

　　科学技术作为"一种在历史上起推动作用的革命的力量"得到了世人的认可。1945 年美国总统科学顾问布什（Vannever Bush）在给总统提交的一份关于政府战后如何推动科学发展问题的研究报告中就特别阐述了这样一个基本观点：基础科学研究是技术进步的"先行官"，可以产生巨大的实用价值，能极大地提升公众健康、促进国家安全、推动产业发展、加快农业进步。[①] 应该说，这种观点反映了 20 世纪上半叶科学与技术关系正在发生的变化，也集中代表了当时人们对这种变化的一种认识。

　　科学的日新月异以及技术的巨大进步让当时的人们对科学技术充满了憧憬，公众对科学技术的热情也空前高涨。伯特兰·罗素（Bertrand Russell）在 1923 年就曾说，"归根到底，是科学使得我们这个时代不同于以往的任何时代。科学能为人类创造一个比以往任何时候都要美好得多的环境"[②]。特别是在两次世界大战的特殊刺激下，各国政府对科学技术给予高度重视，大量的科学技术成果被应用于社会生产和军事领域。这些因素促进了科学技术建制化的发展，提升了科学技术的职业化水平，也推动科学技术领域的交流（科学共同体内的传播）逐步走向成熟。

　　首先，基于科学交流需要而产生的科学杂志逐渐演变成现代意义上的科技期刊，并成为科学家交流的基本媒介和科学家发表最新成果、获取最新信息的首选媒体。在这一时期，科技期刊在数量规模上增长迅速。在 1800 年的时候，科技

---

　　① 这就是科学政策发展史上有名的"布什报告"。在"二战"还未完全结束的时候，富有远见的美国总统罗斯福就委托科学顾问布什（Vannever Bush）对战后政府如何推动科学发展问题进行研究。研究报告于 1945 年呈给总统，报告强调了基础科学研究的重要性，阐明了政府支持科学研究的基本原则，提出了许多具体的政策建议。"布什报告"对战后美国科技政策产生了重大影响，被喻为美国战后科技政策制定的"蓝图"。报告后来以 *Science—The Endless Frontier* 发表，中译本见《科学——没有止境的前沿》（张炜，解道华，赵佳苓，译. 范岱年，校. 中国科学院政策研究室编辑，1985）。

　　② 转引自：华林，梅杨. 二十世纪科学技术的进展［M］. 北京：科学普及出版社，1981：1—2.

期刊约为 100 种，1850 年达到约 1000 种，到 1900 年则增长到了约 1 万种，20 世纪中叶猛增到 10 万种。几乎所有重要的科学技术领域都有了自己的专业期刊。

其次，科技文摘杂志作为科学杂志的一种特殊类型在这一时期也迅速发展。现代意义上的第一本科技文摘杂志《化学总览》于 1830 年在德国问世，1884 年美国出版了《工程索引》（EI），1899 年英国出版了《科学文摘》，1907 年美国化学学会文摘社编辑出版了《化学文摘》（CA）。科技文摘类杂志在 20 世纪发展尤为迅速，由原来的 20 多种增加到 2000 余种，并在此基础上逐渐发展出以"三大索引"——《科学引文索引》（SCI）、《工程索引》（EI）、《科技会议录索引》（ISTP）为代表的一大批检索与评价工具。

科技文摘类杂志的发展、科技检索工具的出现以及在此基础上发展起来的科技情报工作，标志着服务科学共同体的传播交流体系逐渐走向成熟。科技期刊、文摘杂志、检索工具、专业化的情报服务以及科学家个人参与的各种交流活动，各以不同的功能和定位，满足着科学家多样化的信息需求。伴随着这一体系的不断成熟，科技出版、文献服务产业也在不断壮大，各种情报文献信息服务机构和科技情报研究机构大量涌现，并在 20 世纪后半叶催生了专门研究科技情报产生、加工、传递、利用规律的一门新学科——"科技情报学"的诞生。

2. 科技教育的发展

科学技术自 19 世纪开始进入快速发展和体系化的阶段，科学技术新知识大量增加，许多新知识也在社会生产和生活中得到快速应用，科学技术的实用价值得到了人们的认同。随着资本主义工商业的不断发展，科学技术应用和科技人才培养也受到社会重视。这些因素从内外两个方面共同促进了科技教育的发展。在欧美一些资本主义国家，经过 19 世纪的教育改革和新大学运动，到 20 世纪初叶，现代科技教育体系已经基本建立起来，并逐渐发展成为社会教育体系的一个基本组成部分。

欧美资本主义国家的教育改革和新大学运动始于 19 世纪，基本特征包括强调"实科教育"①，增加科技内容，开办新式学校，创办新式大学，设立工程技术专业。英国的"新大学运动"发生在 19 世纪 20—80 年代，新兴资产阶级不满意牛津、剑桥这些旧式大学脱离社会的绅士学风，要求创建培养实用人才的新型大学。用募捐的 15 万英镑建立起来的"伦敦大学"于 1828 年开课，学校不仅学

---

① 实科教育是产生于近代欧美以强调实用内容、面向职业需要、实行分科教育为特征的一种教育，教学内容以数学、物理学、化学、生物学、经济学以及机械、地理、绘图、法律等实用学科、实用技能为主，包括中等教育和高等教育两个层次，科技教育在其中占有重要位置。

费低廉，而且讲授实科课程。此后，英国各地陆续在资本家捐助和公众赞助下开办了一些这类地方大学。这些新式大学重视科学和商业课程，开设了不少工程技术专业①。例如，伯明翰大学设立了机械制造专业，诺丁汉大学设立了乳制品专业，谢菲尔德大学设立了玻璃制造专业，利物浦大学设立了建筑专业等。

大洋彼岸的美国在这一时期也开始了创办新式学校的热潮。美国作为一个新兴的移民社会，从一开始就比较重视包括科学技术课程在内的实科教育。独立后的美国更是重视实用人才的培养，由著名科学家、政治家富兰克林创建于18世纪的新型中等学校——学园，就在19世纪30年代之后获得了极为快速发展，到1850年，全美已有了6000多所学园。和以前的拉丁学校不同，这种学园包括文科和实科，负有升学和就业的任务。学园里开设的基本课程有代数、几何、天文、植物、化学、测量、英语、历史等，教学内容注重实际。

在19世纪60年代，美国国会通过了支持新式大学发展的"莫里尔联邦赠地法案"。法案以法律形式规定联邦政府给每位议员121.4平方千米（3万英亩）土地，用以在各州免费提供土地建立农业或农业机械学院，条件是兴建的这类学院要以传授农业、农业机械知识为主。正是在这一法案的支持下美国各地陆续创办了百余所农业和理工学院，这就是后来演变成美国州立大学系统的所谓"赠地大学"。在这一时期，美国各地还陆续建立了一些理工学院，如创建于1861年的麻省理工学院，创建于1876年的约翰·霍普金斯大学等②。新型学园和新式大学的大量创办有力地促进了美国科技教育的发展，使美国教育很快跨越了其他国家几个世纪的路程，也为美国后来走上强国之路奠定了重要基础。

随着发达资本主义国家教育改革的不断推进，科技教育逐渐成为学校教育的重要组成部分，学校教育逐渐成为科学技术社会扩散的重要途径。经过19世纪的发展，到20世纪初期，一个规模庞大的科技教育体系已经基本建立起来，科技教育课程成为学校课程的主体。在初等教育领域，数学、物理、化学、生物等内容成为学校课程的基本内容；在高等教育领域，与科学技术工程有关的各类专业成为大学教育的重要组成部分；科技教育甚至延伸到正规教育之外，成为各种职业教育、技能培训、成人教育的重要内容。

科技教育的大发展培养了大批掌握科学技术知识的专门人才，并通过这些专门人才将科学技术带到社会生产的各个领域。科技教育为科技传播与普及奠定了重要的基础，促进了科学技术在社会领域的应用和传播扩散。特别是那些高水平的大学（如研究型大学）凭借自己的科学研究和人才培养优势，成为重要的知

---

① 周寄中，梁捷. 科技教育谈［M］. 北京：科学出版社，1992：70.
② 周寄中，梁捷. 科技教育谈［M］. 北京：科学出版社，1992：75.

识创新和知识传播机构。它们一方面通过培养大批科技人才，另一方面通过与公司企业、政府部门的合作，不断向产业领域转移科学技术成果，在社会技术创新体系中扮演了极为重要的角色。

3. 科学普及的兴起

科技传播与普及领域在这一时期最值得关注的变化，应该说是科学普及的产生和独立。科学普及在这一时期产生，源于两个基本的原因：一是公众对科学技术的兴趣前所未有地高涨起来，对了解科学技术有了特别强烈的需求；二是科学技术已经走上专业化的发展道路，科学家与公众的"知识鸿沟"开始出现。当然，这两种因素都与科学技术在这一时期的发展有关。科学在 19 世纪得到快速发展且体系日趋成熟，科学家们研究了力、热、声、光、电、磁等各种现象，构建了力学、声学、热学、光学、电磁学理论体系，认识了构成世间万物的 80 几种元素，似乎也找到了构成整个物质世界的"宇宙之砖"——原子。到 19 世纪结束的时候，科学似乎已经为人们身处其中的世界构建了一幅近乎完美的图景，并为解释这个世界提供了一整套的科学知识。

科学上一系列的新发现也激励了技术领域诞生一系列的新发明。例如，电能应用的迅速扩大引发了电报、电话、电视、无线电通信等各种新奇发明，内燃机的不断改进使汽车、机车、轮船这些新的交通工具得以出现。新技术与新发明被很快应用于社会生产和日常生活中，为人们的生产和生活提供了方便，这一切都极大地激发了公众对科学技术的兴趣，拉近了公众与科学技术的距离。公众对科学技术兴趣的高涨使 19 世纪成为一个造就发明家的时代，就连许多普通人都非常热心于靠不断摸索、不断试验来搞发明。伏特、贝尔、爱迪生就是从这些热心发明的普通人中脱颖而出的传奇发明家。

科学技术的日新月异让社会和公众对科学技术充满了无限的憧憬，激发了科学家、工程师向公众传播科学技术的热情，也激发了公众了解和学习科学技术的兴趣。许多热衷于科学技术知识普及的科学家、工程师、发明家、职业演说家，通过撰写文章、发表演说、演示表演，用通俗易懂的方式向社会大众宣传普及科学技术知识，向公众展示科学技术的美好前景。科学和发明甚至在公众群体中成为一种"时尚"，上流社会在举办晚餐聚会时都可能找一位科学家来做演讲。科学普及自 19 世纪开始进入一个十分活跃的时期。例如在美国，从 1829 年到 1860 年，"职业演说家们在全国周游，讲演'科学方面的'论题，并常常演示其精心制作的、令人惊叹的科学景象"①。

---

① Walter E. Massey. *Science Education in the United States*：*What the Scientific Community Can Do.* Science，Vol. 245，1 September，1989：915.

公众对科学技术兴趣的高涨为科学普及的产生和发展提供了来自于社会需求的外在动力，科学技术的专业化和职业化则为科学普及的产生和发展提供了来自科学技术本身的内在动力。随着科学理论体系的不断完善和科学研究的不断深入，科学研究领域呈现出明显的专业化发展趋势，科学新知识的获得越来越经常性地使用不为外行所熟悉的方法，科学新知识的表达越来越依靠特殊的专业术语，科学研究也越来越成为那些拥有丰富知识和技能、掌握科学方法和语言、受过专门训练的人才可从事的专门职业。科学的专业化和职业化适应了科学发展的需要，但却带来这样一个后果：对那些没有受过专门训练的公众而言，理解那些用专业语言表达的复杂知识变得越来越困难了。科学家与公众之间的"知识沟"开始慢慢出现。

科学家尽管可以通过撰写文章、发表演说甚至是晚餐会后的闲谈引发公众对科学的兴趣，但要真正向公众精确地解释科学、让公众准确地理解科学就不那么轻松了。于是，科学普及作为一种具有特殊价值的社会活动受到社会关注。出现于 18 世纪末期、表达"普及"含义的英文单词"popularize"（意思是"使……通俗化"），在 19 世纪 40 年代前后开始被用于科学与技术。1986 年，联合国教科文组织出版了一期《科学对社会的影响》，在其序言中说："这个词（popularize）最早用于 1797 年，而它的'以通俗形式表现技术科目'的意思是在 1836 年首次出现的。"[①]

至少从 19 世纪初开始，科学论文里就充满了只有大学者们才看得懂的技术词汇。"到 1820 年，化学和数学的专业化已经超出了外行人所能理解的深度；到 1830 年，植物学也是这样；到 40 年代，其他学科也不行了"[①]。"随着专业化的进展，到 19 世纪中期，大多数的科学知识已经发展到超出一般大众所能理解的范围……一种新的职业正在开拓，那就是科学普及者（popularizer of science）和科学作家"。乔治·H·丹尼尔斯在《杰克逊时代的美国科学》一书中也说："正是在 19 世纪 40 年代，'普及者'（popularizer）一词开始被反复使用。"[①]科学发展走向专业化是促使科学普及得以产生的重要原因。

进入 20 世纪之后，科学专业化和职业化得到了前所未有的加强，科学知识的"复杂度"也进一步增长，普通民众与科学的距离似乎变得更大，特别是以原子结构理论、相对论和量子力学为标志的第二次科学革命，彻底将科学推进到一个超经验的领域。以这三大科学理论成为基础发展起来的新科学，给人们展示的是一个很难用经验理解的新世界，有着与经验世界不同的时空概念和运动规律，超经验的科学理论越来越超出普通公众能够用经验知识和经验思维来理解的

---

① 转引自：石顺科. 英文"科普"称谓探识 [J]. 科普研究，2007（4）：63—66.

范围。伴随着科学本身的这种发展，科学普及在 20 世纪因而获得了更快的发展，更多的科技专家、科学作家、科学记者加入到科学普及队伍中来。

20 世纪的社会对科学普及重要性的认识有了更大的提高，科学技术在经济发展、产业提升、军事实力增长等方面日益显现的重要作用，让社会看到了发展科学普及工作的重要价值，科学普及工作开始引起社会更为广泛的关注和重视。如果说 19 世纪的科学普及主要是科学家和科普家出于个人兴趣，利用科普读物和科学演讲等途径向普通民众宣传介绍科学知识、帮助人们理解新发现与新发明的话，那么 20 世纪的科学普及则逐渐发展成为科学家群体、科学组织、大众媒体积极参与的一项社会事业，专门服务于科学普及的媒体（如科学广播、科普杂志、报纸的科学栏目等）和设施（如科技馆、天文馆、展览馆等）也得到快速发展。

当然，在科学普及发展的历史上，这一时期的科学普及基本上还属于"传统科学普及"阶段。其基本特征是：科学技术的发展让人们认识到了科学普及的重要性，科学家和科普工作者利用各种途径向公众通俗地"讲授"科学，目标是帮助公众更多地了解科学；普及的内容主要是科学的理论与知识；普及的过程基本是从科学家到公众的单向流动；对科学充满敬意的公众从科学家那里听到的也都是对科学的赞美和憧憬。贝尔纳《科学的社会功能》一书中关于科学普及的观点比较典型地反映了这一阶段人们的基本看法：随着科学技术重要性的不断增长，有必要在全社会范围内进行广泛的科学普及工作，通过科学的普及将科学知识普及到人民中间去，让普通大众明白科学家在做些什么，理解科学的成果、方法、前景以及科学所起的作用、对人类生活可能产生的影响，增加人们对科学重要性的全面认识，帮助人们消除对科学的误解和偏见，并给科学家的工作提供所需的支持[①]。

三、 科技传播与普及的当代发展

科技传播与普及的现代形态和基本体系在 20 世纪上半叶的时候就已经建立起来，科学交流体系和科技教育体系已经比较完备，面向公众的科学普及受到社会的重视，广播、报纸、杂志成为科学普及的重要媒介，包括科技馆、天文馆在内的各种科普设施也得到快速发展。科技传播与普及在 20 世纪下半叶的发展实际上包括两个基本的方面：一是沿着 20 世纪上半叶开辟的道路不断发展成熟，

---

① ［英］J. D. 贝尔纳. 科学的社会功能［M］. 陈体芳，译. 北京：商务印书馆，1982：398—418.

完善各种传播途径，丰富科技传播与普及手段，服务科学技术的发展和应用；二是在应对科学技术与社会、科学技术与公众的关系变化提出的一系列挑战过程中，在尝试应用最新发展起来的一系列传播新技术的过程中，不断探索新的传播模式，寻求新的传播理念。20世纪下半叶的科技传播与普及进入到当代发展阶段。

1. 科技与社会的关系发生变革

进入20世纪下半叶，科学技术全面进入"大科学时代"，呈现出爆发式增长的新特点。科学领域的专业分工不断细化，学科加速分化而又不断交叉渗透，新学科不断涌现，知识更新速度加快，新理论和新发现呈激增之势。据有人估计，当代人所掌握的科学知识90%是20世纪后半叶取得的，20世纪70年代以来的科学成果在数量上超过了过去2000年的总和。而在技术领域，科学理论方面的一系列重要发现、"二战"前后出现的一系列新技术，引发了战后技术发展与应用的大跃进，最终促成了一场以信息技术为核心的新技术革命的爆发，推动人类社会迈入电子化、信息化的新时代。

爆发于20世纪后半叶的这场新科技革命并不是像前几次那样由科学技术个别领域的重大突破引发、以某些重大的理论成就或技术发明为标志，而是以"群状突破"的方式实现的。特别是在技术领域，获得突破的不是某种单一的技术，而是一个技术群落的全面突破，包括微电子技术、信息技术、新能源技术、新材料技术、新制造技术、激光技术、生物技术、航空航天技术、海洋开发技术等，而且不同技术之间还通过交叉、融合、渗透、集成而相互促进，形成不断加速发展的态势。随着新科技革命的爆发，科学与技术的界限也变得更加模糊，科学技术化、技术科学化、科学技术一体化成为科学技术发展的鲜明特征。

新科技革命的爆发不仅改变了科学与技术的传统关系，也深刻影响了20世纪后半叶社会发展的基本面貌。随着一系列新技术在社会生产、管理与生活中的广泛应用，科学技术越来越成为推动生产技术进步的基本动力。科学、技术、生产不断走向一体化，科技成果应用的速度越来越快，商品化的周期越来越短，产品的科技含量也变得越来越高。与此同时，传统产业得到改造，新兴产业不断产生，社会的产业结构、经济增长越来越受到科学技术发展的直接影响，社会发展模式已经被导引到"科技驱动"的轨道上来，技术创新成为经济增长的基本动力，社会经济发展迈入知识经济时代。

知识经济是一种高度依赖知识和信息的生产、扩散和应用的经济形态，知识的创新与应用成为知识经济的主导动力。知识经济时代的这样一种发展特征不仅极大地提升了科技传播与普及在社会发展中的地位和作用，而且也给科技传播与普及提出了更高的要求。作为传播扩散科学技术知识信息的科技传播与普及，可以给知识创新群体和创新组织提供快捷及时的知识信息服务，提高他们的知识创新效率和质量；可以给知识应用组织和机构及时输送知识信息，促进对知识信息资源的开发和利用。在"科技驱动"和知识经济发展的时代，广泛普及科学技术知识，不断提升普通民众的科学素质，也将变得比以往任何时候都更加重要。

基于科学技术与社会发展的这样一种基本趋势和基本要求，发达国家的政府在促进科学技术与工业创新、推进国家创新体系建设的同时，也给予科技传播与普及以高度的重视。例如，加大投入支持科技传播与普及事业和产业的发展，强化产学研合作机制的建设；积极开展公众科学素养调查，支持科学教育改革；加强科普基础设施建设，组织科技节、科普周等重大科普活动。科学技术的传播普及在许多国家已被列入科技战略和科技政策的重要议题，美国政府在 90 年代就将"提高全民科学素质"列为发展科学事业的"国家目标"之一，提出"美国应当成为一个科学知识普及的社会"①。

2. 科学与公众的关系提出挑战

如果说 20 世纪后半叶的科学技术与社会之间的关系变化对科技传播与普及发展而言是一种重要推动的话，那么科学技术与公众之间关系在这一时期的变化则构成一种重要的挑战。20 世纪中叶之前的公众对科学充满敬意与敬仰，而在 20 世纪中叶之后，公众对科学的态度和看法似乎变得复杂多了。在 20 世纪 50—60 年代，大规模杀伤性武器（如原子弹等）、环境污染问题引起科学界和公众的广泛讨论，人们意识到科学技术有时也会带来危险和威胁。80 年代后，基因工程、器官移植、克隆技术、信息技术等领域的快速发展与应用，更是引发了许多关于科学技术与生命健康、人类尊严、社会伦理、个人隐私关系的社会争议，人们对应用这些技术可能带来的潜在风险有了更多的担心与忧虑。

原来对科学技术满怀敬意的公众似乎渐渐被一种不安的情绪所笼罩，欧共体以及英国、美国等国的科学团体和政府部门在 20 世纪 70—80 年代对公众进行的广泛调查似乎也证实了正在发生的这种变化：尽管公众对科学仍有浓厚的兴趣，并希望更多地了解科学，相信科学在未来会继续造福人类，但公众明显失去了对科学的赞赏态度，支持程度也在变化，公众对与日俱增的潜在风险有了更多的忧虑，甚至不少公众认为科学技术也会失控并威胁社会②。在科学技术促进社会发

---

① 刘为民. 试论"科普"的源流发展及其接受主体 [J]. 科学学研究，2000（1）：75—78.
② ［英］英国皇家学会. 公众理解科学 [R]. 唐英英，译. 北京：北京理工大学出版社，2004：11, 1, 3.

展、经济增长、国家繁荣方面的作用日渐显著的背景下，公众的这种态度变化显然让政府部门和科学团体很是担心。

在政府部门和科学团体看来，公众对科学技术的担忧与不安源于公众对科学存在一些误解，公众对科学的理解是不充分的。为此，英国皇家学会于 1985 年发布了著名的《公众理解科学》报告，积极倡导科学共同体、大众传媒、工业部门、学校教育共同促进公众对科学的理解。报告认为，科学技术与产业发展、国家繁荣息息相关，科学技术在人们的日常生活中也发挥着举足轻重的作用，人们比以往任何时候都需要更多地理解科学，包括对科学事实、科学方法、科学活动、科学的成就、科学探索的本性、科学技术深入现代生活的方式的理解，也包括在认同科学的实际功用与社会价值的同时认识到科学的局限性以及风险和不确定性①。

《公众理解科学》报告引起了人们对公众理解科学问题的广泛关注，发达国家采取了许多推进公众理解科学的具体措施。尽管这场公众理解科学运动在整个 80 年代搞得轰轰烈烈，但科学与公众的紧张关系并未得到有效改善。公众对科学技术潜在风险的担忧到 20 世纪 90 年代之后，在某些国家逐渐演变成对科学技术的"信任危机"。英国上议院科学技术特别委员会于 2000 年发表的《科学与社会》报告就承认，科学与社会关系已经变得十分紧张，出现了对科学的信任危机，特别是公众对生物工程和信息技术等领域的迅速发展表现出了担忧和不安。报告因此就如何改善公众理解科学实践、如何传达科学风险和不确定性等问题提出了许多建议，呼吁要通过改革促进公众对科学的理解，创设良好的"对话"氛围，增进科学与公众的对话②。

20 世纪 80 年代之后的公众理解科学运动将科学普及推进到一个新阶段——现代科学普及阶段，科学普及在内容、功能、目标以及工作机制等方面发生了重要转变。传统科学普及强调的是知识普及和公众对知识的掌握，重视的是科学家和普及者在科学普及中的作用；现代科学普及则强调增进公众对科学的全面理解，推进科学领域的对话交流与公众参与，重视发挥政府部门、科学教育、大众媒体、工业机构、科学共同体、科普组织、科普设施等各方面的作用。公众理解科学运动推动现代科普发展成为一个由科学家、公众、媒体、政府、工业部门等多元主体共同参与的活跃的社会实践领域，科学普及工作也因此具有了更多公众传播特性，被赋予了更多的社会职责。

---

① ［英］英国皇家学会.公众理解科学［R］.唐英英，译.北京：北京理工大学出版社，2004.

② ［英］英国上议院科学技术特别委员会.科学与社会［M］.张卜天，张东林，译.北京：北京理工大学出版社，2004.

3. 传播新技术的促进

20 世纪后半叶科技传播与普及发展的另一个重要推动力来自于传播新技术的发展、应用和普及。20 世纪的信息传播技术突飞猛进，并引发了两次重大的媒介革命——电视革命和互联网革命。电视的发明尽管已有较长的历史（最早可以追溯到 1883 年德国电气工程师尼普柯夫使用机械扫描方法发射图像的实验），但电子通信技术、光纤通信技术、卫星通信技术、数字通信技术等一系列传播技术的应用，才最终使电视走进千家万户并逐渐成为大众传播的主导媒介。电视的普及将大众传播推进到影像传播和电子传播的时代，对包括科学普及在内的许多社会传播领域都产生了深刻影响。国内外许多调查都表明，电视至今仍然是公众获得科技信息最重要的渠道之一。

而由电子计算机技术、网络通信技术、信息处理技术催生的互联网革命，对人类社会的信息传播产生了更为深远的影响，从根本上改变了人类社会传播的基本形态和基本格局。目前，互联网技术的快速发展和广泛普及，已经使互联网发展成为一个全新的传播新媒介、新平台，基于互联网的传播也成为一个具有多种优势的传播新途径、新渠道。而且互联网还具有极强的整合功能，成为面向大众的扩散式传播和人际之间的互动式交流的共用渠道，成为信息发布、知识获取、个人观点表达（如博客）的公共平台，现实生活中包括私人交流和公共传播的各种过程都可以很方便地被"移植"到互联网上。

互联网利用有线或无线的方式，把许许多多的电脑或大大小小的网络互相连接起来，实现异地计算机间数据、信息的交换与传输，拥有强大的信息集散功能和传统传播手段所不具备的诸多优势。它以超媒体方式组织信息，跨越时空，双向交互，成为一个集信息承载、加工、服务、传播于一体的平台①。基于互联网的信息传播具有高度的开放性和交互性、即时性和远程化的特点，可以实现多媒体和超文本、大容量和高速度的信息传输，并拥有极好的便捷性和集成性，可以让不同类型、不同需求、不同地点的用户，非常方便快捷地收集、获取、检索、处理、传送、交流所需信息。

基于互联网的信息传播目前已经被广泛应用于科技传播与普及领域，网络科普也已经成为科技传播与普及的一种全新形态，未来互联网还会给科技传播与普及带来更为深刻和广泛的影响，现有科技传播与普及所有形式和手段也会因为借助互联网、新媒体以及信息技术的各种新成果而得到巨大提升。目前，基于互联

① 翟杰全，郑爽. 网络时代的科技传播 [J]. 北京理工大学学报（社会科学版），2000（3）：48—50.

网的科技传播将不同知识连接起来，实现了大容量和高速度、即时性和远程化的传播，突破了传统传播的版面"容量"限制，扩展了科技传播的范围，现代各种信息技术的应用也正在使科学技术知识的传播变得更加生动形象，移动互联和新媒体的发展使人们知识获取变得更加方便快捷。传播新技术正在全面改造传播的手段和形态、提升传播的效率和质量、影响传播的方式和效果、扩展传播的空间和作用。

自 20 世纪下半叶以来，科学技术与社会之间关系方面出现的新变化、科学技术与公众关系方面提出的新问题、快速发展的传播技术领域提供的一系列新成果，为当代科技传播与普及的发展提出了新需求、新压力、新手段，给当代科技传播与普及的发展注入了新动力、新活力、新魅力，将科技传播与普及推进到一个全新的发展阶段。科技传播与普及越来越转向以"公众"为中心，促进公众理解科学、提升公众科学素质、服务公众参与和科学对话、服务科技创新和社会发展成为科技传播与普及关注的新目标。科技传播与普及相关的许多问题也被置于科学技术与社会、科学与公众关系的背景下，成为科学技术创新、科技发展战略、科学技术决策的重要议题。

在社会需求和传播技术的推动之下，科技传播与普及出现了参与主体多元化、传播关系复杂化、社会功能高级化、传播途径多样化、传播手段现代化等一系列新特点。科技传播与普及也不再仅仅涉及科学家与公众这种单一的关系，而是变成了科学共同体、媒体、公众、政府、产业界等多元主体积极参与的一个领域；不再仅仅局限于知识普及这一个方面，而是更强调促进公众理解科学、提高公众科学素质、推动社会的科技创新。当代科技传播与普及正在面临一个塑造新理念、构建新体系、发展新手段、探索新模式、建立新理论的重要转型期。

四、 中国科技传播与普及发展简史

中华民族在科学技术方面曾有过辉煌的过去，拥有独具特色的科学技术传统，科学技术的许多重要成就曾在世界范围内广泛传播和扩散，为世界科学技术的发展和世界文明的进步做出过重要而独特的贡献。但直到近代发展阶段，科学技术的传播与普及并没有实现独立的发展。中国近代的科学技术传播与普及实际上是在鸦片战争国门洞开之后，有识之士有感于西方船坚炮利、为寻找富国强兵之道尝试引进西方思想和西方科技的背景下产生并发展起来的。现代意义上的中国科学技术传播与普及应该说是从"五四运动"时期新文化运动开始的，新文化运动高举民主和科学两面大旗，积极传播和普及新思想、新理论和新科学，极大地推动了中国社会的思想解放和科学的传播。自 20 世纪初的新文化运动至今，中国科技传播与普及形成了"五四运动"前后、新中国成立之后、20 世纪 80 年代之后 3 个重要的繁荣发展期。

1. 中国古代的科技传播与普及

中国古代在科学技术的一系列重要领域中都做出过重要贡献，许多重大技术成就曾经通过传播扩散而对世界文明产生重大影响。弗兰西斯·培根在《新工具》一书中曾对"印刷术、火药、磁石"这三大发明的巨大影响发出这样的赞叹："这三种发明已经在世界范围内把事物的全部面貌和情况都改变了：第一种是在学术方面，第二种是在战事方面，第三种是在航行方面；并由此又引起难以数计的变化来。"马克思在《1861—1863 年经济学手稿》中也对这三项发明作出过高度评价："这是预兆资产阶级社会到来的三项大发明。火药把骑士阶层炸得粉碎，罗盘针打开了世界的市场，并建立了殖民地，而印刷术却变成新教的工具，并且一般地说，变成科学复兴的手段，变成创造精神发展的必要前提的最强大的推动力。"这三项发明最初都源于古代中国，在 12—14 世纪辗转传到欧洲。

中国科技史家李约瑟的巨著《中国科学技术史》以及柯林·罗南改编的《中华科学文明史》都曾专门介绍过中国和欧洲之间的科学传播，并列举了中国古代科技西传的大量实例①。但直到近代，科学技术的传播与普及在中国并没有实现独立的发展。从整体上看，中国古代的科学技术体系是基于传统农耕文明的需要发展起来的，先进的科学技术也主要体现在与农耕文明相关的天文、历法、算学、农学、水利、医学以及各种手工业技术，并以经验化、实用化、技能化为主要特点。这就使中国传统的科学技术难以实现超越自身的理论化和体系化，难以形成类似于西方文明的那种知识传统及其传播制度。例如，中国古代关于农业的著述数量之多，可谓居古代世界各国之冠，包括已散失的，已知有 370 多种，但这些著述基本上都是对各种农业生产经验的记载②，理论性的概括和总结甚少，并没有达到形成系统的农学理论的程度。

中国古代科学技术的传播与普及更多的是依靠生产实践过程本身、依赖"人—人"（如师传徒受）之间的经验传递，科学技术知识和百工技艺也主要是在民间、在实践中通过观察模仿、师传徒受、甚至是"传子不传女"的家族传承来传播。中国古代虽然也曾出现与科学技术有关的大量著作，但这些著作更多的是在记载早已流传于生产实践中的经验和知识，在传播普及科学技术方面的功能是相当

---

① 参见：柯林·罗南. 中华科学文明史（卷一）［M］. 上海：上海人民出版社，2001：64—84.
② 科学技术普及概论编写组. 科学技术普及概论［M］. 北京：科学普及出版社，2002：3.

有限的。中国古代有发达的学校教育体系，但这一体系主要是为满足儒家经典教育而发展起来的，与科学技术有关的知识既不是主要内容，也不受重视。再加上受到中国传统文化及其制度（例如科举制等）的影响，中国古代的科技传播与普及既未得到社会的重视和支持，也难以形成实现相对独立的发展。

2. 中国近代的科技传播与普及

中国近代的科技传播与普及实际上受到了西学东渐的强烈影响。西学东渐始自明末清初，包括明末清初和晚清民初两个重要时期。明末清初，西方开始有传教士受耶稣会指派来到中国这片神秘土地播撒基督教义，经过最初的受阻之后，传教士开始探索借科学来传教的方式，尝试通过介绍西方科学技术赢得中国士大夫的好感和皇帝的允许。1582年来到中国的利玛窦就利用掌握的科技知识博得官员的信任，并获得了觐见皇帝的机会。1619年来到中国的汤若望还因精通天文历算，曾在明代供职于钦天监，在清代被封为"光禄大夫"。在明末清初的第一次西学东渐浪潮中，利玛窦、汤若望、邓玉函、南怀仁等一批传教士在传教的同时，向中国介绍了大量西方科学技术知识，与中国知识分子合作翻译了大量西学著作，如《几何原本》《崇祯历书》《数理精蕴》《远西奇器图说》等。西学东渐中的科学传播虽然远未普及到大众层面，但对科学传播在中国的发展还是起到了促进的作用。

明末清初的西学东渐以西方传教士和中国部分知识分子译介西方科学著作为主，这次译介西学的高潮到清代雍正时期因禁教政策而趋于衰落。西学东渐的第二次高潮始于鸦片战争、国门洞开之后。经过两次鸦片战争后，清政府已经内忧外患，受西方坚船利炮威胁和被动挨打的刺激，清政府和部分当权者开始寻找富国强兵之道，特别是其中的洋务派积极主张发展工业、增强国力，积极倡导学习西方科学技术、引进机器生产体制。在积极推行洋务"新政"的过程中，洋务派兴办新式学校，设立翻译机构（如1862年创办的京师同文馆等），培养科学、军事、翻译人才，促进了译介西方科学技术的活动再次活跃起来。

洋务派对西方科学技术虽然采取的是"中体西用"的态度，以强烈的"工具主义"眼光来看待和理解科学技术，关注的是知识层面的科学技术以及科学技术的工具价值，但促进科学技术传播活动开始逐渐下移。到19世纪90年代，康有为、严复、梁启超等一批知识分子受中日甲午战争失败的刺激，提出变法维新、救亡图存。这些维新派人物不仅政治上要求改革，引进西方政治法律思想和学说，而且主张学习西方科学技术，倡导科学教育，开办新式学堂，将早期主要以引进和传播西方科学技术为主的西学东渐运动推进到新的阶段。

正是从晚清到民初的这第二次西学东渐高潮中，中国近代科技传播与普及孕育出了体系化的雏形，其中包括出现了中国历史上第一批致力于翻译和传播科学技术的官方或民间机构（如同文馆、江南制造局翻译馆、墨海书馆等）、第一批致力于宣传科学技术的学术团体（如中国药学会等）、热心传播科学技术的一批知识分子队伍，也出版了一大批影响广泛的科学书籍、报纸杂志（如《格致汇编》《农学报》《新学报》《实学报》《亚泉杂志》等），不仅引进和传播了近代科学技术，而且促进了科技传播进一步下移，并为中国培养了第一批了解近代科学技术的人才，为科技传播与普及在中国后来的发展奠定了重要基础。

3. 民国时期的科技传播与普及

经过明末清初和晚清民初两次西学东渐，近代科学技术在中国这块古老的大地上生根发芽，而且西方政治思想的传入刺激了 19 世纪末到 20 世纪初中国社会的思想变革和社会变革。1911 年，辛亥革命爆发，结束了中国两千多年的封建帝制，中国的历史由此过渡到中华民国时期。如果说西学东渐促进了中国科技传播与普及的缓慢转型，以译介西方科技为特点，那么民国时期的科技传播与普及则是在科学技术体制化和本土化的背景下得到发展的，产生了现代意义上的科技传播与普及，确立了科技传播与普及的初步体系，特别是面向社会和公众的科学普及受到社会的广泛重视。

真正现代意义上的中国科技传播与普及始于新文化运动。这是爆发于 20 世纪初期（1915—1920 年）的一场文化启蒙运动。尽管新文化运动存在着激进民主主义倾向，并在最初主要局限于知识分子的圈子里。但新文化运动高举民主和科学两面大旗，推动了中国社会的思想解放和科学的传播，在社会上掀起了一场思想启蒙与科学普及的浪潮，并产生了广泛而深远的社会影响，包括引发了著名的"五四运动"，传播了马克思主义学说等，使中国知识分子受到了西方民主和科学思想的洗礼。

正是在新文化运动的影响下，"五四运动"前后国内出现了许多以推进科学研究与普及科学为宗旨的科学社团，如 1915 年成立的中国科学社、1917 年成立的中华农学会、1922 年成立的中国天文学会、1927 年成立的中华自然科学社、1932 年成立的中国物理学会、1934 年成立的中国动物学会、1935 年成立的中国数学会等。这些科学社团自成立之初就将科学普及列为自己的宗旨之一。例如，中国物理学会的目标就是"一方面谋物理学本身的进步，一方面把已得的物理知识尽量的向大众普及"，中国数学会也"以谋数学之进步及其普及为宗旨"①。

科学普及在这一时期因而受到科学界和教育界的高度重视，创办了一批科普

---

① 科学技术普及概论编写组．科学技术普及概论 [M]．北京：科学普及出版社，2002：10.

期刊，出版了不少科普书籍，也涌现了一批具有开创性的科普译著者、出版家和科普活动家。例如，被誉为人民教育家的陶行知就提出了"把科学下嫁给儿童"、"下嫁给大众"的口号，并且身体力行地邀请科学家一起组织科普活动，创办自然科学园，主编《儿童科学丛书》，组织儿童科学通讯学校，向人民大众普及科学知识；被誉为中国近代科普开拓者的任鸿隽不仅参与创办了中国第一个科学团体"中国科学社"和中国第一本综合性科学杂志《科学》，而且一生都在为科学救国积极地奔走呼号，热情宣传科学知识、科学精神和科学方法。

"科学大众化"在这一时期成为一场轰轰烈烈的社会运动，出现了一大批影响巨大的科普期刊，如中国科学社创办的《科学》《科学画报》以及中国天文学会创办的《宇宙》等。商务印书馆、开明书店等出版机构也出版了大量影响广泛的科普读物。其中，王云五主编的《万有文库》堪称一部中国式的百科全书，这套书中科普图书就多达 500 种，既有世界科学名著经典（如严复译的《天演论》、牛顿的《哲学原理》等），也有中国古代科学典籍（如《梦溪笔谈》《天工开物》等），更有国内科学家撰写的科普著作（如竺可桢的《气象学》、李四光的《地球的年龄》等），在拓展民智、普及科学方面产生了重要影响。

1931 年"九一八事变"后，知识界普遍发出了科学救国的呼声，一批科学家、教育家和部分政要有感于国民科学知识贫乏而于 1932 年发起了一场旨在推进科学化民众、科学化社会的运动——"中国科学化运动"。他们成立"中国科学化运动协会"，创办《科学的中国》刊物，提出了"科学社会化、社会科学化"的思想。他们还利用报刊和广播发表关于科学化的观点，讨论的内容涉及科学知识、科学方法、科学精神。"中国科学化运动"可以说是当时带有一定政府号召特点的科学普及运动，对促进科学普及的发展也产生了重要影响。

4. 红色苏区和延安时期的科学普及

红色苏区和延安时期的科学普及在时间上属于民国时期科技传播与普及的一个组成部分，但却对中国后来的科技传播与普及发展产生了非常重要的影响。中国共产党及其领导的政府在这一时期逐渐形成的对科学普及重要性的认识、科学普及工作的基本模式直接影响到后来新中国成立之后科普工作的开展。中国共产党从创始之初就非常重视科学普及，中国共产党最初的领导者大都是新文化运动的中坚分子。在后来创立的根据地或解放区，中国共产党及其领导的政府发展了一系列别具特色的科普工作。

例如，在 1931 年于江西瑞金建立的第一个红色革命政权——中华苏维埃共和国时期，就紧密结合增加工农业生产、工农群众的文化教育，开展了灵活多样、丰富多彩的科普活动。列宁小学、职业学校以及各种夜校、扫盲班都开设有普及科学常识和实用技术的课程，文艺工作者创作了"科技进我家"、"破除迷信"等戏剧演出，中央出版局出版了百余种科普书籍，各种报刊也都开辟有科普专栏，中央农产品展览所也定期举行大规模农产品展览会等①。

在后来的陕甘宁边区、晋察冀边区时期，中国共产党把开展"自然科学大众化运动"当成一项革命工作。在延安，中共中央和边区政府非常重视科学普及工作。毛泽东同志谈到科普问题时就说，科学普及很重要，革命队伍里的人，都要懂得一点自然科学，要向干部普及科学知识，还要向边区群众普及科学知识，帮助群众提高生产技术、懂得讲卫生的重要，提高他们的科学文化水平②。1940 年成立的延安自然科学研究会，就把开展"自然科学大众化运动"当成一项重要任务。

《陕甘宁边区自然科学研究会宣言》就明确指出："开展自然科学大众化运动，进行自然科学教育，推广自然科学知识，使自然科学能广泛地深入群众，用一般自然科学基本知识教育群众，普及防毒、防灾、防疫、医药卫生等必需的科学常识。破除迷信，并反对复古盲从等一切反科学反进步的封建残余物，使民众的思想意识和风俗习惯都向着科学的进步的道路上发展，从自然科学运动方面推进中华民族新文化运动的工作。"延安自然科学研究会是当时科普工作的一支基本力量，研究会通过下设的医学、电学、化工等分会，开展了多种形式的科学技术普及工作。

面对日本帝国主义和国民党在军事和经济上的包围和封锁，党中央在延安发出了"用自然科学粉碎敌人经济封锁，打击敌人的文化政策"的战斗口号，在延安和陕甘宁边区、晋察冀边区，开展了卓有成效的科学普及工作，有力地支持了战争的需要和边区经济社会的发展。把科学技术普及和发展边区经济、满足群众需要与战争需求紧密结合是这一时期科普工作的基本特点之一。科学工作和科普的任务就是解决生产实际的需要，解决边区经济建设中急需的科学和技术问题，发展边区的各项工业和农业生产。通过普及科学知识和应用技术，边区不仅解决了工农业生产中的许多技术问题，增加了边区的生产能力，促进了边区经济发展，而且为边区培养了大批技术工人和红色专家（如恽子强、李强、沈鸿等）。

在当时的延安，有刊登科普知识的《科学季刊》《中国文化》《群众月刊》等杂志，出版的《解放日报》也辟有《科学园地》《卫生》等副刊以及《自然界》《知识问答》《急救常识》等栏目。当时的边区科技工作者一方面组织、指

---

① 刘小毛. 中央苏区科普工作特点及其启示 [J]. 党史文苑（学术版），2008（24）：13—14.

② 温济泽. 忆毛主席的几次谈话 [EB/OL]. [2004—06—23]. http：//www.people.com.cn/GB/shizheng/8198/30446/30450/2209919.html.

导、帮助边区广大人民学习农业技术、普及生活卫生知识，解决人民生活中遇到的各种实际问题，同时也通过举办各种科普报告会、展览会、科普活动，向边区人民群众宣传和普及科学技术知识。边区政府各类机构仅在 1941 年 4 月—1942年 4 月一年的时间里，就组织过 30 多次科普报告会；1941 年还利用日食现象发生的机会举办了日食讲座和实地观察；1942 年利用伽利略逝世 300 周年和牛顿诞生 300 周年的时机，召开了纪念大会，举办了纪念讲座。

当时，边区科普工作的另一个重要特点是把科普工作当成宣传和传播马克思主义自然观、科学观和方法论的重要手段。边区政府自 1940 年起就在广大干部中开展了自然发展史和社会发展史的普及教育，目的是使边区广大干部以及八路军战士"获得先进的宇宙观、社会观与人生观，获得自然和社会发展规律的知识与民族解放、社会解放的知识。"于光远在讲授《自然与自然发展史》过程中就以大量实例生动地讲述了自然界由宏观到微观、从无机到有机辩证发展的图景和人类认识自然发展的历史过程。徐特立、于光远、温济泽等专家都曾担负向边区广大干部进行"自然科学概论"、"最新自然科学简介"的巡回演讲任务①。

5. 新中国成立后的科普发展

新中国成立后的科普工作在许多方面都继承了苏区和边区时期科普工作的传统。新中国成立后，当时分管科教文卫的副总理、中国科学院院长郭沫若就在《科学的普及与提高》一文中激情满怀地阐述了科学普及的任务与功能："人民的中国正集中大部分的力量来促进生产，我们需要大量的科学技术家，大量的近代熟练工人和大量的有科学知识的农民大众。""科学家们以前是不能和生产实际配合，而今天不能不配合；以前是不能和人民生活联系，而今天是不能不联系"。"我们的普及又是提高指导下的普及，普及科学知识也就是提高人民的文化水平。普及一步便提高一步，提高一步又普及一步"。"这样不断地迈步前进，我们的科学文化会达到这么一个标准，便是所有的工农生产者都是优秀的科学技术家，所有进步的科学技术都浸润到了一切的生产部门"②。

新中国的成立为科技传播与普及事业的发展开辟了新的天地。如果说五四运动时期新文化运动的科学传播与普及属于科学的启蒙阶段，目标是启发民智、救亡图存、解放思想，根据地和解放区的科普工作是为了发展生产、服务大众，那么新中国建立之后的科普工作则走上了建制化的发展阶段，并为后来的繁荣发展奠定了坚实的基础。在直到 20 世纪 60 年代中期之前的十几年中，新中国的科普

① 申振钰. 中国科普历史考察（连载）[N]. 大众科技报，2003 – 02 – 18—2003 – 3 – 18.
② 申振钰. 中国科普历史考察（连载）[N]. 大众科技报，2003 – 03 – 20.

工作获得了全面快速的发展，形成了近代以来科普工作第二个重要的繁荣发展期，特别是科学普及工作被纳入了国家建设纲领之中，得到政府和社会各界的高度重视，成立了全国性的科普协会和科普工作领导机构，完善了科学普及工作的管理体制，建立了国家和地方的科普组织机构，培养了大批科普工作者，建立和完善了各种科普设施，为科普工作创造了良好的条件①。

早在新中国成立前夕召开的中国人民政治协商会议上，根据科学家们的建议，"努力发展自然科学，以服务于工业、农业和国防建设，奖励科学的发现和发明，普及科学知识"被写进具有临时宪法作用的《中国人民政治协商会议共同纲领》（以下简称《共同纲领》）中。根据《共同纲领》的规定，中央人民政府在文化部设立了科学普及局，作为科学普及事业的管理机构。在1950年8月召开的中华全国自然科学工作者代表会议上，成立了中华全国自然科学专门学会联合会（简称"全国科联"）和中华全国科学技术普及协会（简称"全国科普协会"）两大团体。全国科普协会"以普及自然科学知识，提高人民科学技术水平为宗旨"，面向人民群众开展广泛的科学普及活动，并承担了原来文化部科学普及局推动和组织科学普及工作的职能①。

1954年9月20日，中华人民共和国第一届全国人民代表大会第一次会议通过的《中华人民共和国宪法》总纲中第20条明确规定："国家发展自然科学和社会科学事业，普及科学和技术知识，奖励科学研究成果和技术发明创造。"在这一时期，科学普及工作受到党和政府的重视，在全国科普协会领导下，全国形成了全民办科普的热潮，先后有27个省、市、自治区成立了科学普及协会，县级科学普及协会也达到2000多个，组织起一支浩大的科学普及大军，涌现出一大批科普积极分子，在全国范围内开展了轰轰烈烈的科学普及活动。1956年10月，由全国科普协会和全国总工会联合召开了全国第一次职工科普工作积极分子代表大会，表彰了1000多名开展科普工作的积极分子，提高了全社会对科普工作的认识，对动员科技界人士积极参加科普工作产生了深远影响，此次大会的召开是新中国成立后科普高潮到来的标志。

据有关资料统计，1950年8月—1958年9月，全国科普协会在全国范围内共开展科普讲演7200万次，举办了大小科普展览17万次，放映电影、幻灯13万次，参加人数达10亿人次。此外，这一时期还出版了全国性科学期刊《科学大众》《科学画报》《知识就是力量》《学科学》《天文爱好者》《无线电》以及以《十万个为什么》为代表的一大批影响巨大的科普书籍。《十万个为什么》丛

① 任福君.科学就在你身边——谈谈我国的科普政策与科普事业［M］//周立军，等.名家讲科普.北京：中国出版集团中国对外翻译出版公司，2009：124—142.

书由少年儿童出版社出版，全套 8 册，收入相关科学问题 1000 余个，到 1964 年就印了 580 万套，成为当时最畅销的科普读物。

1958 年 9 月，中华全国自然科学专门学会联合会和中华全国科学技术普及协会联合召开全国代表大会，合并成为中华人民共和国科学技术协会（简称"中国科协"）。中国科协作为科学技术工作者的群众组织，由全国性的科学技术学会、协会、研究会和各地方科协组成，宗旨是团结和动员科学技术工作者，促进科学技术的繁荣和发展，促进科学技术的普及和推广。1962 年春，周恩来总理参加在广州召开的全国科学技术工作会议时曾明确要求中国科协的任务是一手抓学术活动、一手抓科学普及。中国科协在成立之初就根据确定下来的工作任务和国家的要求，开展了一系列服务生产建设的科学普及推广活动，成为我国科学普及事业的重要组织者和领导者。

当时的中国科协及各级地方科协特别重视围绕群众性试验研究活动、先进技术总结推广、科学技术知识宣传普及、专业技术人才培训等内容开展形式多样的科学普及活动。例如，在 1961 年 4 月召开的全国工作会议上，中国科协就特别要求针对农、林、牧、副、渔生产需要，广泛组织开展群众性农村科学实验活动经验总结以及技术培训和技术上门等科普活动。在中国科协的广泛号召和不断推动下，在 1963 年召开的全国农业科学技术工作会议的鼓舞下，全国各地农村普遍掀起了建立群众科学实验小组的热潮。到 1965 年的时候，农村科学实验小组达到 100 多万个，成员达到 700 万人，有力地推动了当时的农村科普工作。

在"文化大革命"之前的十几年间，我国的科学普及工作围绕党和政府的中心任务，先后开展了爱国卫生知识、农业生产知识、破除迷信等宣传普及活动；配合国家提出的逐步实现社会主义工业化的目标，在全国范围内广泛开展了以广大干部为对象的工业化科学知识讲座，以产业工人为对象的各种工业技术知识讲座；配合农业合作化运动和农业科技的推广应用，编印出版了大量农业科普读物和宣传资料，在农村广泛开展了群众性科学实验活动；配合国家提出的"12 年科学发展规划"，举办了自动化、计算机、半导体、高分子、超声波等大量讲座，传播普及了新兴科学技术知识，使科学普及工作在各个层面都得到了繁荣发展①。

6. 新时期科技传播与普及的繁荣

我国科技传播与普及第二次繁荣发展期随着"文化大革命"的开始而结束。

---

① 任福君. 科学就在你身边——谈谈我国的科普政策与科普事业 [M] // 周立军, 等. 名家讲科普. 北京：中国出版集团中国对外翻译出版公司，2009：124—142.

"文化大革命"期间，科普工作遭受严重破坏，中国科协被停止活动，面向社会的各种科普活动几乎全部停止。直到"文化大革命"结束，科学普及工作才得到全面恢复。1977 年 9 月 18 日，中共中央发出《关于召开全国科学大会的通知》。"通知"明确要求科学技术协会和各专门学会积极开展工作，大力做好科学普及工作。1978 年 3 月 18 日，全国科学大会在北京召开，邓小平同志在开幕式上作了重要讲话，重申了"科学技术是生产力"这一马克思主义观点，强调大力发展科学研究事业和科学教育事业。这次大会不仅标志着我国科学春天的到来，也给科普工作带来了春风，揭开了新时期科技传播与普及工作繁荣发展的新序幕。

1978 年 12 月 18—22 日，中国共产党召开了具有重大历史意义的十一届三中全会，确立了改革开放的重大决策，从此我国进入了改革开放的历史新时期。改革开放为我国各项事业的发展提供了活力，也极大地推动了我国科学技术教育、传播和普及事业的发展。20 世纪 70—80 年代是新科学技术革命在世界范围内迅猛发展的时期，科学技术各领域快速发展并对经济和社会产生了巨大的推动。针对这种新的发展形势以及我国现代化建设的实际需要，我国逐步确立了大力发展和运用科学技术的基本国策，并重新给予科普工作以高度重视，科普工作由此进入一个新的繁荣发展时期。

据统计，1979—1988 年的 10 年间，全国出版了 2 万多种科普图书，科普杂志也由"文化大革命"前的百十来种猛增到 247 种。在 80 年代初期，面向农村的"科技报"更是异军突起，不仅全国各省、自治区、直辖市都有"科技报"，而且发行量十分巨大。许多省、市的科技报发行上百万份，例如《湖南科技报》发行曾经达到 180 万份，《山东科技报》达到 200 万份。这些报纸对改革开放后实行家庭联产承包责任制的生产发展，对传播农业科学技术新成果，普及先进适用技术，培养农民技术骨干，推动农村技术进步，发挥了巨大的推进作用①。

20 世纪 90 年代之后，科学技术传播与普及受到党和国家的高度重视，并逐步被提到国家战略的高度，科学普及政策法规体系也逐步建立起来。1994 年 12 月，中共中央、国务院发布了新中国成立以来第一个科普工作的纲领性文件《关于加强科学技术普及工作的若干意见》，明确了科普工作的任务要求，提出了推动科普工作的具体措施。文件强调指出，科学技术的普及程度是国民科学文化素质的重要标志，事关经济振兴、科技进步和社会发展的全局；科普工作是国家基础建设和基础教育的重要组成部分，是一项意义深远的宏大社会工程，必须从社会主义现代化事业的兴旺和民族强盛的战略高度来重视和开展科普工作②。

---

① 申振钰. 新中国迎来第二次科普高潮［N］大众科技报，2003 - 06 - 12.

② Ren，F. J，Zhai，J. Q.，*Communication and Popularization of Science and Technology in China*. Heidelberg：Springer Press & China Science and Technolgy Press，2014.

　　根据文件要求，国务院于 1996 年 4 月建立了以国家科委（现科技部）为组长单位的国家科普工作联席会议制度，由国家科普工作联席会议负责统筹管理和组织协调全国的科普工作。随后，国家和政府有关部门先后出台了《关于加强科普宣传工作的通知》《关于进一步组织好科技下乡活动的通知》《2001—2005 年中国青少年科学技术普及活动指导纲要》《2000—2005 年科学技术普及工作纲要》等一系列重要的政策文件，组织开展了一系列重要的科学普及活动①。全国许多省、自治区、直辖市自 90 年代中期之后也先后制定和颁布了地方性的科普条例。

　　2002 年，全国人民代表大会通过并颁布了《中华人民共和国科学技术普及法》，首次以法律的形式对科学技术普及工作的任务和属性，国家机关、社会团体、企业事业单位、基层组织及其他组织以及公民在科普工作方面的权利和义务，各级政府及其科学技术行政部门、科学技术协会在科普工作中的管理职责，科技机构、高等院校、科技场馆、科学团体等社会各界的社会责任都做出了明确规定②。

　　2005 年年底，国务院颁布实施《国家中长期科学和技术发展规划纲要（2006—2020 年）》（以下简称《中长期科技规划纲要》），不仅对我国科学技术的未来发展做出了系统规划，而且明确提出了实施全民科学素质行动计划、加强国家科普能力建设、建立科普事业的良性运行机制，提高全民族科学文化素质，营造有利于科技创新的社会环境。随后，国务院于 2006 年年初颁布《全民科学素质行动计划纲要（2006—2010—2020 年）》，并成立了全民科学素质工作领导小组。《科学素质纲要》是我国科普政策历史上又一个具有里程碑意义的重要文件，不仅对 2006—2020 年全民科学素质建设工作做出全面规划，提出了全民科学素质行动计划的方针目标，确立了全民科学素质行动计划的主要行动、基础工程、保障条件与组织实施，而且成为我国科普政策中另一个基础性和纲领性的政策文本，使公民科学素质建设工作自此成为一项国家行动③。

　　正是在这一系列重要政策和措施的推进之下，我国在近十几年中逐步形成了独具特色的科学普及工作体系，建立了一个包括全国（中国科协及其所属协会）、地方、基层在内，覆盖农村、城市、学校、企业等各方面的、规模庞大的组织网络体系和科普工作队伍。在科学普及理论和实践研究、中国公众科学素养调查、农村科

　　① 任福君. 科学就在你身边——谈谈我国的科普政策与科普事业［M］//周立军，等. 名家讲科普. 北京：中国出版集团中国对外翻译出版公司，2009：124—142.

　　② Ren Fujun. *Science Communication in China—Current status and effects*［M］//Patrick Baranger and Bernard Schielke. Science Communication Today. Nancy：CNRS Editions，2012：282—301.

　　③ 任福君. 新中国科普政策的简要回顾［N］. 大众科技报，2008 - 12 - 16.

学普及（例如科技下乡、科普示范推广等）、城市科普创新（例如科普示范区、科教进社区等）、少数民族地区和西部地区科普工程以及青少年科技教育活动等方面成效斐然[①]。群众性的科学普及活动（例如，科技周、科普日）也蓬勃发展，经常性、群众性的科普活动丰富多彩，全国性的大型科普活动不断向纵深发展[②]。

从 2001 年开始，我国每年 5 月的第三周都举办"全国科技活动周"，分别围绕"科技在我身边"、"科技创造未来"等主题，开展声势浩大的科学普及活动[③]。为全面贯彻《科普法》，中国科协从 2003 年开始组织"全国科普日"活动（每年 9 月的第 3 个周末）。在每年的全国科普日前后，各地科协都围绕年度科普活动的主题（如节约能源资源、保护生态环境、保障安全健康、促进创新创造等），向广大青少年和公众普及科学知识、倡导科学方法、传播科学思想、弘扬科学精神，促进广大人民群众科学素质的提高[②]。

近些年来，围绕《科学素质纲要》确定的未成年人科学素质行动、农民科学素质行动、城镇劳动人口科学素质行动、领导干部和公务员科学素质行动、社区居民科学素质行动，以及科学教育与培训基础工程、科普资源开发与共享工程、大众传媒科技传播能力建设工程、科普基础设施工程、科普人才队伍建设，政府部门和全国各地组织开展了许多有针对性的工作，强化了科普基础设施建设，促进了科普资源的开发，推进了科学教育改革，举办了针对各类重点人群的科技培训，使我国科普服务能力整体上得到了极大提高。各方面科普工作的快速发展，也使我国公民科学素质水平得到显著提升。中国科协进行的我国公民科学素质调查显示，我国公民具备基本科学素质的比例在 2010 年达到了 3.27%，基本上达到了国际主要发达国家和地区 20 世纪 80 年代末、90 年代初的水平[④]。

① Ren Fujun, Zhang Xiaomei. *Development Strategies of Science Popularization in the Minority Area of China*, PICMET'09, 2009, VOLS 1—5: 230—237.

② 任福君. 科学就在你身边——谈谈我国的科普政策与科普事业 [M] //周立军，等. 名家讲科普. 北京：中国出版集团中国对外翻译出版公司，2009：124—142.

③ 科学技术普及概论编写组. 科学技术普及概论 [M]. 科学普及出版社，2002：7—31.

④ 任福君，等. 中国公民科学素质报告（第一辑）[M]. 科学普及出版社，2010；任福君，等. 中国公民科学素质报告（第二辑）——第八次中国公民科学素养调查 [M]. 科学普及出版社，2011；任福君，高宏斌，等. 中国科技传播与普及报告——中国科普研究进展报告 [M]. 中国科学技术出版社，2013.

第二章 科技传播与普及的概念理解

自 20 世纪 80 年代以来，科技传播与普及逐渐成长为一个活跃的研究和实践领域及重要的政策议题，科技传播与普及实践变得更加丰富多彩，从业者和研究者队伍规模也在不断壮大。但到目前为止，人们对科技传播与普及领域的许多基础问题的理解还不甚一致，许多关键术语的使用也不甚统一。英国关于科学传播的调查也表明，即使是那些组织或参与科学传播活动的人们，对科学传播的理解也有许多差异，科学传播的定义仍是一个争论的话题①。澳大利亚的学者也曾感叹，科学传播以及科学素质领域中使用的许多术语因缺乏清晰明了的含义而让人苦恼不已②。目前，科技传播与普及仍处于快速发展过程中，准确界定科技传播与普及概念也许并不现实，但理解的差异和定义的缺乏会给科技传播与普及研究和实践造成许多困扰。因此，在研究和分析科技传播与普及相关问题之前，有必要对科技传播与普及的基本概念及其理解做些初步讨论。

一、 对科技传播与普及的理解与界定

在近些年来国内外科技传播与普及研究领域，常见的术语有"科学技术普及"（或"科学普及"，国内通常简称为"科普"）、"公众理解科学"（public understanding of science）、"科学传播"（science communication）等，"科技公共传播"（或"公众科技传播"，public communication of science and technology）近些年来也频繁出现在学术文献和学术讨论中。除此以外，在探讨和研究科学技术传播普及现象的各种著述中，也不时可以看到"scientific communication"、"technical communication"、"science and technology communication"这类用法。术语使用

---

① *Science and the Public：Mapping Science Communication Activities*，Prepared by Research International；*Science and the Public：A Review of Science Communication and Public Attitudes to Science in Britain*. A Joint Report by the Office of Science and Technology and the Wellcome Trust，October 2000.

② T. W. Burns，D. J. O'Connor，S. M. Stocklmayer. *Science communication：a contemporary definition* [J]. Public Understanding of Science. 2003（12）：183—202；T. W. 伯恩斯，D. J. 奥康纳，S. M. 斯托克麦耶. 科学传播的一种当代定义 [J]. 李曦，译. 科普研究，2007（6）：19—33. 以下所引伯恩斯观点均出自此文。

的差异与人们对相关问题的不同理解有一定关系，但这些术语对应的实践领域都属于科学技术的传播和普及，可以用"科技传播与普及"来包容上述不同的术语。

1. 国外学者对相关概念的理解与界定

英国著名科学家和科学社会学家贝尔纳（John Desmond Bernal, 1901—1971 年）是最早关注并研究科技传播与普及现象的学者之一。在 1939 年出版的《科学的社会功能》一书中，他利用一章的篇幅专门讨论了科技传播（scientific communication）的问题，分析了科技传播领域存在的问题，提出了改进科技传播的建议①。在 20 世纪 80 年代之后的"公众理解科学"运动和"科学传播"研究中，学者们尝试对"科学传播"等概念进行界定，其中比较有代表性的是英国《科学与公众》报告给出的描述性定义以及澳大利亚学者 T. W. 伯恩斯等人提出的"AEIOU 定义"。

（1）贝尔纳的"scientific communication"概念

在 20 世纪上半叶的英国科学界，贝尔纳可谓是一个传奇人物，他不仅在科学上做出过许多重要贡献，而且关注科学的社会功能和科学的社会问题。在科学研究方面，他研究过蛋白质、氨基酸、维生素、液体结构、大陆漂移等许多问题，在结晶学、分子生物学等领域都做过奠基性的工作，提出过许多前沿性的课题和天才的思想。在科学的社会功能研究方面，他积极倡导并推动"科学学"（science of science）研究，开创了科学社会学研究的英国传统，是科学社会学的创始人之一。贝尔纳所处的时代是科学社会功能大发现的时代，受当时苏联科学事业快速发展的鼓舞，贝尔纳相信政府通过有组织的措施可以推动科学事业的发展，更好地发挥科学的社会功能，让科学更好地服务于人民。

在《科学的社会功能》一书中，贝尔纳全面阐述了科学在社会中所起的作用以及所能起的作用，并对与发展科学事业相关的一系列问题做了非常广泛的讨论。在这部名著的第十一章，贝尔纳系统讨论了有关科技传播的问题。他认为，当时的"科学情报（scientific information）数量之多已使其传播成为巨大问题"，"需要极为认真地考虑解决科技传播（scientific communication）的全盘问题，不仅包括科学家之间交流的问题，而且包括向公众传播的问题"，"这个问题可以

---

① 《科学的社会功能》的第十一章，标题为"Scientific Communication"（科技传播），国内中译本译为"科学交流"。参见 J. D. Bernal. *The Social Function of Science*. First M. I. T press Paperback Edition, March 1967：292—308；中译本：（英）J. D. 贝尔纳. 科学的社会功能 [M]. 陈体芳，译. 北京：商务印书馆，1982 年. 本节引文主要引自该书中译本的第 398—418 页，个别用语根据原文做了调整。

划分为提供专门资料和提供一般资料两个部分：第一部分涉及科学出版物本身的职能和科学家之间个人联系的其他手段，第二部分涉及科学教育（scientific education）和科学普及（popular science）工作"。

贝尔纳还认为，"按照过去关于科学的概念，交流是科学家之间唯一的桥梁"，科学成果的发表主要依靠科学期刊，但这是一种"效率低下的方法"。"目前出版的东西过多，科学工作者读不胜读，甚至连和自己眼下的研究有关的一部分资料也读不完"。为了使"每一个工作者理应可以得到一切有关的资料，而且资料数量还和相关的程度成比例"，贝尔纳建议建立一个更加完善的交流制度，"以发行服务机构来取代期刊"，让编辑和分发机构代替现有的期刊编辑部，把科学资料送到恰好需要它的科学工作者那里。"这就意味着要建立一个系统，或者说服务体系，来对科学情报进行记录、归档、协调和分配"。

贝尔纳强调科学教育和科学普及工作的重要性，认为科学教育与科学普及对推动科学的发展和应用具有重要作用：科学教育和科普工作有助于让公众理解科学所起的作用，了解科学对人类生活可能产生的影响。他认为，假如我们不在发展科学研究和科学交流的同时，"使对科学的真正了解成为我们时代普通人生活的一部分的话，增进科学家对彼此工作的了解就毫无用处"；"对科学的理解的基础在于改革教育，不过几乎同样重要的是使成年人有机会理解科学今天所起的作用，以及了解这种作用对人类生活可能产生什么影响。传播这种知识的自然媒介是报纸、无线电和电影院"。贝尔纳还特别对科学普及书籍出版、科学新闻报道等问题做了分析，建议建立完备的科学新闻机构，通过无线电和电影院来传播科学知识。

从贝尔纳关于"scientific communication"的讨论可以看出，科技传播是影响科学研究与应用的一个重要因素，包括科学家之间的交流、科学教育和科学普及3个方面。科学家之间的交流影响着科学研究的效率，而科学教育和科学普及则影响着公众对科学所起作用的理解。在贝尔纳看来，随着科学技术重要性的不断增长，科学家与公众之间的鸿沟不断加深，需要在全社会范围内进行广泛的科学普及，将科学知识普及到人民中间去，让普通大众理解科学的成果、方法、前景以及科学所起的作用、对人类生活可能产生的影响，提高人们对科学重要性的全面认识，帮助人们消除对科学的误解和偏见，并给科学工作提供所需要的支持，促进科学的发展与应用。

《科学的社会功能》一书包含着许多极富启发和极有远见的观点。例如，强调报纸、广播、出版等媒体对科技传播的作用，重视公众对科学作用、科学方法的理解，甚至还提出"群众参与科学工作"（popular participation in science）的主张。贝尔纳说，"如果不让全体公民在一生的某些时间和许多公民在其终生都亲自积极参加科研工作，科学就永远也不会真正普及起来"。"科学的事实内容固然重要，然而这还是不够的。对大多数人说来，科学方法只能在应用中加以掌握"。当然，在贝尔纳眼里，科学普及和科学理解的目标很明确，就是让群众支持科学工作、获得科学带来的好处，"除非普通大众……明白科学家在做些什么，否则就不可能期望他们向科学家提供他们的工作所需要的支援，来换取他们的工作可能为人类带来的好处"。"从长远看来，显然只有能够理解科学的好处的全部意义并且加以接受的社会才能得到科学的好处"。

贝尔纳将科技传播区分为科学家之间的交流和面向大众的科学普及的思想，实际上成为后来科技传播领域一个非常通行的理解。在国际科技传播研究领域有影响的专业期刊 Science Communication 就将自己定义为"专门研究专家之间和面向公众的科学技术传播的一份国际性、多学科的社会科学杂志"[1]，期刊主题范围包括共同体内的传播（communication within research communities）研究、面向公众的科学技术信息传播（communication of scientific and technical information to the public）研究、科学技术传播政策（science and technology communications policy）研究等[2]。

（2）英国《科学与公众》报告对"science communication"的界定

《科学与公众》报告是英国科技办公室和维尔康信托基金（Wellcome Trust）于 2000 年发布的一份关于英国科学传播活动的调查报告，报告提出了关于"科学传播"的描述性定义。公众理解科学问题自 20 世纪 80 年代开始在发达国家引起科学家和政府部门的重视，政府部门组织科技周（节）等多种科普活动，科学家积极参与各类传播活动，媒体也加大了对科学技术内容的报道。但公众理解科学运动似乎并未达到预期的目标，反而在 90 年代出现了公众对科学的信任危机。英国议会科技特别委员会为此在 2000 年发表了著名的《科学与社会》报告，报告分析了公众理解科学实践中遇到的新问题以及科学与公众关系的新发展，提出了建立科学与公众对话的新战略。

基于同样的背景，英国科技办公室和维尔康信托基金对英国公众对待科学技术的态度以及英国国内组织开展的科学传播活动进行了调查，目的是了解公众对待科学技术的态度、识别科学传播活动的类型、确定是否需要对科学传播进行改进并通过改善科学传播政策和实践来推进科学争论中的公众合作（public engagement）。调查结果最终以《科学与公众：英国科学传播及公众科学态度评论》为

---

① http：//www. sagepub. com/journals/Journal200892/aimsAndScope.

② http：//www. sagepub. com/journalsProdDesc. nav？ prodId = Journal200892.

题发布①。报告分析了在英国范围内开展的各种科学传播活动，概括了英国科学传播活动的类型（图 2-1）。报告同时也分析了英国公众对待科学的态度，并强调了科学对话的重要性，认为当代科学发展是如此重要，需要在国家层面进行广泛讨论，充分吸收公众的意见，科学家和政治家不能在没有公众参与讨论的情况下做出决策，科学传播应该充分利用媒体促进公众的科学参与，让公众参与到科学对话中来。

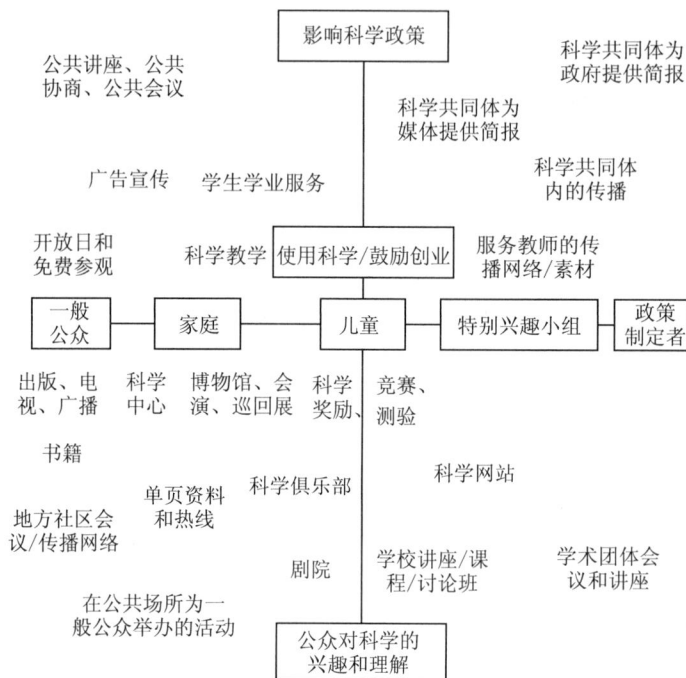

图 2-1 科学传播活动类型

资料来源：*Science and the Public：Mapping Science Communication Activities*，*Prepared by Research International*，1999.

《科学与公众》报告认为，科学正在通过多种方式推进和改变着我们的生活，科学给我们带来了许多积极的后果，但也产生了许多让人担心的问题；媒体

---

① Office of Science and Technology And Wellcome Trust. *Science and the public：A review of science communication and public attitudes to science in Britain*，（London：2000）［EB/OL］. http：//www. wellcome. ac. uk/stellent/groups/corporatesite/@ msh_peda/documents/web_document/wtd003419. pdf. 该报告的主要内容于 2001 年发表在 *Public Understanding of Science* 上。参见：Office of Science and Technology And Wellcome Trust. *Science and the public：A review of science communication and public attitudes to science in Britain* ［J］. Public Understanding of Science，2001（10）：315—330.

中的科学报道正在增加，但媒体中也充斥着耸人听闻和误传的科学。调查发现：包括学术团体、大学、工业公司、媒体组织、地方政府、科学中心、博物馆、公众群体等在内的许多组织和群体积极参与科学传播活动，科学传播活动类型呈现出复杂多样的特点，但人们对科学传播的理解仍然存在着相当大的差异，对科学传播目的的看法也不尽相同，例如，有人认为科学传播的目的是向公众传播科学知识，也有人认为目的是让公众对科学有积极的态度，还有人强调科学传播要促进公众认识科学对社会经济的影响。

《科学与公众》报告给出了一个关于"科学传播"的描述性定义，"科学传播"被界定为："发生于这样一些群体或组织之间的传播：科学共同体内的群体（包括学术界和工业界中的群体）、科学共同体和媒体、科学共同体和公众、科学共同体和政府或其他权力权威部门、科学共同体和政府及其他影响政策的机构、工业界和公众、媒体（包括博物馆和科学中心）和公众、政府和公众。"①若从定义理论和定义方法的角度看，《科学与公众》给出的这个定义并没有说明科学传播的内在特征，只是描述了科技传播的形态和范围。正如有学者所批评的那样，这就像把"教书"定义成"教师所做的事情"一样，本身没有错误，却不能提升人们的理解②。

（3）澳大利亚学者的"AEIOU"定义

近些年来，国际上有学者尝试基于任务目标的视角来理解和定义科学传播，例如有学者将科学传播定义为"……对公众理解科学的促进……"③比起上述描述性定义，这种定义方法更有助于我们认识和理解科技传播的某些特征。在这类基于任务目标视角的定义中，最具代表性的是澳大利亚科学传播学者 T. W. 伯恩斯、D. J. 奥康纳、S. M. 斯托克麦耶于 2003 年给出的"AEIOU 定义"。在他们发表的《科学传播：当代定义》一文中，3 位学者通过概括科学传播活动可能引发的个人反应，分析科学传播与公众科学意识、公众理解科学、科学素质、科学文化的关系，给出了"科学传播"的定义："使用适当的方法、媒介、活动和对话来引发个人对科学的这样一种或多种反应：意识（awareness）、愉悦（enjoyment）、兴

---

① Office of Science and Technology And Wellcome Trust. *Science and the public*：*A review of science communication and public attitudes to science in Britain*［M］. London：2000.

② 这类描述性定义在科学传播文献中还有很多，甚至有学者就直接将"科学传播"定义为"专业传播者（新闻工作者、公共信息官员、科学家自身）的活动"，参见：D. Treise and M. Weigold. *Advancing science communication*：*a survey of science communicators*［J］. Science Communication，2002（3）：310—322.

③ 转引自：T. W. Burns，D. J. O'Connor，S. M. Stocklmayer. *Science communication*：*a contemporary definition*［J］. Public Understanding of Science. 2003（12）：183—202.

趣（interest）、意见或观点（opinion）、理解（understanding）"①。如果用 A、E、I、O、U 这 5 个英语元音字母分别代表科学传播在个人（传播对象或者说受众）身上可能激发出来的反应，这一定义可以被简称为科学传播的"AEIOU 定义"。

其中的 A 指"意识"。科学意识本身具有不同的层次，最基本的科学意识是能够意识到科学技术的重要性，了解科学技术的某些发展状况；而较高层次的科学意识意味着更高的科学素质和对科学技术的理解。提高公众的科学意识是科学传播人员的重要职责，所有的科学传播活动都要通过传播过程让公众熟悉科学技术的新发展，认识到科学技术与个人生活的密切联系。

E 指"愉悦"。公众可以像欣赏艺术品一样欣赏科学，并得到相应的感受和体验。对科学的愉悦可以引发公众对科学的积极态度，这种态度随后可以带来更为深刻的体验，从而促进公众对科学的积极学习。激发公众对科学的愉悦是科学传播追求的重要目标，无论这种愉悦是公众在参观科学展示或博物馆过程中获得的"浅层体验"，还是通过阅读科学书籍或参与科学活动获得的"深层满足"。

I 指"兴趣"。科学传播可以使用不同的方式方法来激发公众对科学的兴趣，有效的传播应该像阅读一本伟大的作品那样鼓舞人，像听一首美妙的音乐那样令人愉悦，或者像喜爱的体育运动那样激发人的参与和热情。科学传播可以引发公众的多种反应，兴趣就是其中一种重要的反应，科学传播活动应该能够促进公众（特别是年轻人）对科学的积极兴趣以及学习和参与科学的热情。

O 指"观点"。科学传播不仅要提高公众的科学意识、引发公众的愉悦体验、激发公众的参与兴趣，还要促进公众形成自己对待科学的态度、意见、看法和观点，或者使公众能够改变原来对待科学的态度、意见、看法而形成新的观点。如果科学传播促使公众形成了自己的观点与态度，或者使他们肯定、反思、重塑了原有的观点和态度，那么这样的科学传播就是最有力的传播。拥有自己的观点与态度是公众参与科学问题讨论的一个重要基础。

U 指"理解"。科学传播的重要目标是促进公众理解科学，理解科学的知识内容，理解科学探究的过程，理解科学的应用及其对个人和社会的影响。公众对科学的理解并不意味着公众要拥有全面知识，而是强调公众对科学内容、科学方法、科学进展、科学应用及其实质的认识和理解。公众对科学的理解是公众提高其科学素质的先决条件，也是社会培育科学文化的重要基础。

"AEIOU 定义"虽然还没有更好地说明科学传播的过程特征，但仍然是一个

① T. W. Burns, D. J. O'Connor, *S. M. Stocklmayer. Science communication：a contemporary definition* [J]. Public Understanding of Science. 2003（12）：183—202；T. W. 伯恩斯，D. J. 奥康纳，S. M. 斯托克麦耶. 科学传播的一种当代定义 [J]. 李曦，译. 科普研究，2007（6）：19—33.

内容丰富的科学传播定义，阐明了科技传播可能引发的个人反应，说明了科学传播的基本目标，从而将科学传播与公众科学意识、公众科学素质、公众理解科学等概念区别开来而又联系起来。根据这一定义，科学传播的基本目标是公众科学意识、公众科学素质、公众理解科学，利用各种科学传播手段和科学传播活动促进公众提高对科学的意识、形成科学的观点、加深对科学的理解，从而让公众能有"对科学的兴趣，谈论科学的信心，以及随时随地参与科学的意愿"。

澳大利亚学者给出的"AEIOU定义"，突出强调了科学传播引发出来的公众个人反应（对科学的意识、愉悦、兴趣、观点和理解），并且认为如果有足够数量的人们展示了这些反应，那么这些反应就可以被看作属于公众群体的反应。他们还用"登山"来比喻科学传播：登山是一种活动（活动），需要利用攀援技巧（方法），借助攀登工具（媒介），需要有人为其鼓劲加油。科学传播也一样，需要利用适当的传播方法、传播媒介、传播活动，也需要科学文化和科学对话的鼓舞和激励。伴随着科学传播的进行，公众个人对科学的意识、愉悦、兴趣、观点或理解不断提高，公众科学意识、公众理解科学以及科学素质水平也不断上升①。

2. 国内学者对相关概念的理解与界定

目前，在国内科技传播与普及领域，最常用的术语仍然是"科学技术普及"、"科学普及"，通常简称为"科普"。国内有学者曾认为"科学普及"完全是中国化的称谓，国际上并没有这样的说法。事实上，"科学普及"的称谓起源于西方。袁清林的《科普学概论》一书②、石顺科的《英文"科普"称谓探识》一文③，都曾指出，科学普及的说法大约出现于1836年，意思是"以通俗的形式讲解技术问题"。近些年来，随着科技传播研究在国内的不断活跃，"科技传播"、"科学传播"这些说法流行起来，学者们也尝试对这些概念进行定义。同样，"科学普及"、"科学传播"、"科技传播"尽管在使用方式上存在差异，但实质上都属于科技传播与普及的范畴。

（1）国内学者对"科学普及"的定义

正如我们在本书第一章中所谈到的，中国现代意义上的科学技术传播与普及实际上始于20世纪初的新文化运动，新文化运动推动了中国科学技术传播和普及的发展，形成了中国科技传播与普及历史上第一个发展高潮。新中国成立之

---

① T. W. 伯恩斯，D. J. 奥康纳，S. M. 斯托克麦耶. 科学传播的一种当代定义［J］. 李曦，译. 科普研究，2007（6）：19—33。

② 袁清林. 科普学概论［M］. 北京：中国科学技术出版社，2002：2.

③ 石顺科. 英文"科普"称谓探识［J］. 科普研究，2007（4）：63—66。

后，科学技术普及工作被列入国家和政府的一项重要工作，国家将普及科学技术知识的内容写入宪法，政府设立科普工作管理机构，成立了"中华全国科学技术普及协会"，"科学技术普及"、"科学普及"由此在国内成为一个重要的常用概念。

20世纪80年代以来，理论界和实践界先后给"科学普及"提出了一些不同的定义。《科学技术普及概论》一书将这些定义概括为法律上的定义、倚重传播学的定义、系统角度的定义等几种不同的定义方法。例如，"法律上的定义"指的是依据《科普法》相关规定界定"科学普及"的定义方式，认为科学普及是国家和社会采取易于公众理解、接受、参与的方式，普及科学技术知识、倡导科学方法、传播科学思想、弘扬科学精神的活动。"倚重传播学的定义"通常将"科学普及"界定为以提高公众科学文化素质为目的的科技传播活动。"系统角度的定义"通常综合系统科学、传播学、社会学、教育学的理论，将科学普及视为通过多种有效的手段和途径向社会公众传播科技知识、科学精神、科学思想、科学方法，不断提高公众科学文化素质的系统过程①。

周孟璞、松鹰在《科普学》一书中详细列举并分析了国内学者给出的各种代表性的"科学普及"定义②：

章道义在1983年出版的《科普创作概论》一书中较早尝试对"科学普及"进行定义，书中将"科学普及"定义为"把人类已经掌握的科学技术知识和技能（包括各门科学技术的概念、理论、技术、历史发展、最新成果、发展趋势及其作用、意义）以及先进的科学思想和科学方法，通过各种方式和途径，广泛地传播到社会的有关方面，为广大人民群众所了解，用以提高学识，增长才干，促进社会主义的物质文明和精神文明。它是现代社会中某些相当复杂的社会现象和认识过程的总的概括，是人们改造自然，造福社会的一种有意识，有目的的行动"。

郭治在1996年出版的《科技传播学引论》一书中，从传播学的角度对科学普及作了这样的界定："从传播学的角度来看，科普工作是一种促进科技传播的行为，它的受传者是广大公众，它的传播内容有3个层次，包括科学知识和实用技术、科学方法和过程、科学思想和观念。科普工作要通过大众传播、组织传播和人际传播，引起科普对象（受众）头脑中的内向传播，从而达到提高公众科学素质的效果。"

国内有不少学者把科学普及视为科学传播活动。2002年，袁清林在《科普学概论》一书中认为："科普是在一定背景下，以促进公众智力开发和素质提高

---

① 科学技术普及概论编写组. 科学技术普及概论［M］. 北京：科学普及出版社，2002：45—46.
② 周孟璞，松鹰. 科普学［M］. 成都：四川科学技术出版社，2007：115—122.

为使命，利用专门的普及载体和灵活多样的宣传、教育、服务形式，面向社会，面向公众，适时适需地传播科学精神、科学知识、科学思想和科学方法，实现科学的广泛扩散，转移和形态转化，从而取得预想的社会、经济、教育和科学文化效果的社会化的科学传播活动。"

杨文志在《科普是一门学问》一文认为，"科普是把人类在认识自然和社会实践中产生的科学技术知识、科学方法、科学思想、科学精神，通过多种有效的手段和途径向社会公众传播，为公众所理解和掌握，并不断提高公众科学文化素质的系统过程"①。

早在 20 世纪 80 年代前后就呼吁建立"科普学"的周孟璞等学者在《科普学》一书中综合科普界的各种定义，给出了这样一个定义："科普是科学技术普及的简称。是指以通俗化、大众化和公众乐于参与的方式，普及科学技术知识、倡导科学方法、传播科学思想、弘扬科学精神、树立科学道德，以提高全民族的科学文化素质和思想道德素质"②。

从国内科普界关于科学普及的理解以及学者们给出的定义，大体上可以得到这样一些共识性的看法：科学普及的内容包括科学技术知识、科学方法、科学思想、科学精神；面向的对象是社会公众；科普的目的是通过有效的手段和途径，提高公众的科学文化素质。这些看法和观点事实上早就反映到了国家的一些科普政策中。例如，2002 年颁布的《科普法》就规定了科普法适用的范围是"国家和社会普及科学技术知识、倡导科学方法、传播科学思想、弘扬科学精神的活动"；2006 年颁布实施的《科学素质纲要》也将"公民具备基本科学素质"界定为"了解必要的科学技术知识，掌握基本的科学方法，树立科学思想，崇尚科学精神，并具有一定的应用它们处理实际问题、参与公共事务的能力"。

（2）国内学者对"科技传播"的理解

科技传播研究近些年来受到国内学者的关注，并发展成为颇为活跃的一个研究领域，出现了基于社会发展和科技创新视角的"科技传播"研究、基于科学文化视角的"科学传播"研究等重要的研究方向③。在术语使用上，有些学者常用"科技传播"，也有学者习惯于用"科学传播"，关于术语使用也曾有过一些争论。如果就科技传播与普及领域的这个基础概念而言，使用"科技传播"还是使用"科学传播"，并不应该有本质上的区别④。

---

① 居云峰，雷绮虹. 2003 年中国科普报告 [M]. 北京：科学普及出版社，2003.
② 转引自：周孟璞，松鹰. 科普学 [M]. 成都：四川科学技术出版社，2007：115—122.
③ 翟杰全. 国内科技传播研究：三大方向与三大问题 [J]. 自然辩证法研究，2007（8）：68—71.
④ 任福君，陈玲，等. 中国科普研究进展报告（2002—2007）[M]. 北京：科学普及出版社，2009.

　　从目前国际公众理解科学和科学传播文献术语使用看，"科学"（science）远比"科技"（science and technology）更为常用，但这种用法主要是因为用语习惯，并不涉及实质性区别。例如，美国科学促进协会在其发布的《面向全体美国人的科学》报告中，就专门对标题中的"科学"做出解释："科学"是指基础的自然科学和社会科学、基础的和实用的数学、工程和技术以及那些相互交叉的学科，之所以选用"面向全体美国人的科学"，而不是使用"面向全体美国人的社会（科学）与自然科学、数学和技术"这个名称，是出于一种（语言使用）经济的考虑①。也就是说，使用"科学"而非"科技"或其他更复杂的表达，完全是为了简洁表达的需要。

　　为了避免读者望文生义的理解而造成误解，国际上许多与科学技术政策、公众理解科学有关的政策文本、研究报告，通常都要对其中的"科学"进行定义。英国皇家学会1985年发布《公众理解科学》报告时就特别申明，"我们所理解的'科学'（science）是广义的'科学'：它包括数学、技术、工程和医学"②。英国上议院科学技术特别委员会2000年发布《科学与社会》报告，也对报告中的"科学"进行定义，"科学"指的是生物科学、物理科学以及它们的技术应用，包括工程、技术和医学③。当然，也有许多政策文本、研究报告干脆引进并使用这样一些缩写：S&T（science and technology，科学与技术）、S&E（science and engineering，科学与工程）、SME（science, mathematics, and engineering，科学、数学与工程）、SET（science, engineering, and technology，科学、工程与技术）、STEM（science, technology, engineering and mathematics，科学、技术、工程与数学）。

　　澳大利亚T. W. 伯恩斯等学者在《科学传播：当代定义》一文中认为，在分析已有文献对"科学"的各种定义之后，"科学"一词在大多数情况下或明或暗地具有比"纯科学"更宽的含义，科学传播语境中的"科学"被认为包括了"纯科学"、数学、统计学、工程学、技术、医学以及相关的领域④。因此，"科学传播"中的"科学"并非单指与"技术"相对的"科学"，而是一个广义的

　　① 美国科学促进协会. 科学素养的基准［M］. 中国科学技术协会，译. 北京：科学普及出版社，2001：247.

　　② ［英］英国皇家学会. 公众理解科学［M］. 唐英英，译. 北京：北京理工大学出版社，2004：2.

　　③ ［英］英国上议院科学技术特别委员会. 科学与社会［M］. 张卜天，张东林，译. 北京：北京理工大学出版社，2004：11—12.

　　④ T. W. Burns, D. J. O'Connor, S. M. Stocklmayer. *Science communication*: *a contemporary definition*［J］. Public Understanding of Science. 2003（12）：183—202；T. W. 伯恩斯，D. J. 奥康纳，S. M. 斯托克麦耶. 科学传播的一种当代定义［J］. 李曦，译. 科普研究，2007（6）：19—33.

"科学"概念，包括与技术相关的内容。在科技传播与普及研究与实践领域，"科学传播"与"科技传播"不应有实质上的区别。

事实上，从近些年来国际科学传播实践来看，与技术相关的内容以及技术应用问题的讨论已成为科学传播关注的热点问题，例如转基因食品、基因疗法、转基因作物、基因检测、克隆技术、信息技术、纳米技术等。甚至从某种意义上说，正是由于这类与技术相关的社会和政策问题的出现，才使科学传播的价值受到了社会的关注，并促进了科学传播研究和实践的发展[1]。因此，无论是从概念术语的使用，还是从研究和实践的实际发展看，使用"科技传播"都应是一个更好选择[2]。

目前，国内学术界引用得比较多的"科技传播"定义有两种：其一是吴国盛所强调的"多元、平等、开放、互动"的科学传播概念，将科学传播分为3个层面：科学界内部的传播、科学与其他文化之间的传播、科学与公众之间的传播[3]；其二是翟杰全对"科技传播"的界定，科技传播被定义为"科技知识信息通过跨越时空的扩散而使不同的个体间实现知识共享的过程"，承担着把科技知识从其拥有者传送到接受者，使接受者了解和分享同样知识信息的任务，科技传播包括专业交流、科技教育、科学普及等[4]。

黄时进在《科学传播导论》一书中对科学传播概念进行了广义和狭义的区分。将"广义的科学传播"界定为"包括科学共同体内部交流、正规的科技教育、非正规的科技教育及科普工作、技术传播等在内的促进科技知识通过有效的传播媒介在多元的传播者与受众之间进行沟通与交流的实践"；将"狭义的科学传播"界定为"在传统科学普及的基础上强调科学与公众之间'平等'与'互动'的民主时代理念和实践"。黄时进在扬弃伯恩斯等人"AEIOU定义"的基础上将"科学传播"概念进一步界定为：科学共同体和公众通过"平等"与"互动"的沟通，通过各种有效的媒介，将人类在认识自然和社会实践中所产生的科学、技术及相关的文化知识，在包括科学家在内的社会全体成员中传播与扩散，引发人们对科学的兴趣和理解，来倡导科学方法、传播科学思想、弘扬科学精神，并促进民主理念的启蒙[5]。

---

① 翟杰全. 科学传播和技术传播 [J]. 科普研究，2009（6）：5—9.

② Ren Fujun. *The Connotation and Goal of Science Popularisation in Modern China* [J]. Journal of Science Temper, Vol. 1, 2013（1）：29—45.

③ 转引自：黄时进. 科学传播导论 [M]. 上海：华东理工大学出版社，2010：17.

④ 翟杰全. 论科技传播 [N]. 光明日报，1998-09-04.

⑤ 黄时进. 科学传播导论 [M]. 上海：华东理工大学出版社，2010：17—18.

3. 科技传播与普及概念的定义

自 20 世纪 80 年代以来，科学技术传播普及发展成为一个活跃的实践领域。正如英国《科学与公众》报告所强调的那样，与科学技术相关的学术团体、政府部门、大学和科研机构、公司企业、媒体组织以及科学中心、科技博物馆等许多组织都在积极参与各种科学技术传播普及活动，科学技术传播普及活动呈现出丰富多彩、形式多样的特点，其中既有面向公众普及科学技术知识的活动类型，也有促进公众理解科学的活动类型，还有鼓励普通公众参与科学技术议题讨论的对话活动（例如"共识会议"① 等）。因此，基于当代科学技术传播普及领域发展的实际，也考虑到国内外学者对科学技术传播普及的理解，我们选择使用"科技传播与普及"概念，并用以整合和包容科学技术普及、公众理解科学、科学传播、科技传播所包括的含义。我们可以将"科技传播与普及"简称为"科普"，但作为"科技传播与普及"简称的"科普"不是传统意义上的"科普"，是超越了传统科普的现代科普②。

贝尔纳对"scientific communication"、《科学与公众》报告对"science communication"的界定，描述了科技传播与普及的形态和范围；澳大利亚学者提出的"AEIOU 定义"强调了科技传播与普及的目标特征；翟杰全将"科技传播"定义为科技知识信息通过跨越时空的扩散而使不同个体间实现知识共享的过程，突出了科技传播在过程上跨时空扩散的特征和在结果上实现知识共享的特征。借鉴国内外学者给出的各种定义，我们这里将"科技传播与普及"定义为："科技传播与普及是指利用适当的传播方法、媒介、活动，通过科学技术知识、科学方法、科学思想、科学精神以及科学技术与社会发展信息的传播普及，促进科学技术的扩散和公众对科学技术的分享，激发公众个人、群体、社会组织对科学技术的意识、体验、兴趣、理解、意见的过程。"

科技传播与普及的基础是传播者（个人或组织）使用适当的技能、方法、工具和媒介以及各类传播活动（包括科学对话），促进科学技术在社会范围内的

---

① 共识会议（Consensus Conference）最早起源于丹麦，丹麦技术委员会于 1987 年举办了第一次共识会议。所谓共识会议，通常是针对敏感且有争议的科学技术问题，组织由公众、专家、利益相关方共同参与对话讨论的会议，公众代表在会议上可以向专家及相关方提出疑问，然后通过充分的交流讨论，达成共识性意见，最后由公众代表撰写共识报告，并对社会公布。共识会议的主要特点包括针对有争议的科学技术问题，通过公众参与达成某种共识，公众和专家可以充分交流和对话。自 1987 年以来，此类共识会议在世界范围内已举办过几十次，会议主题涉及转基因食品、基因疗法、转基因作物、基因检测、克隆技术、信息技术、纳米技术等。

② 任福君，陈玲，等. 中国科普研究进展报告（2002—2007）［M］. 北京：科学普及出版社，2009.

广泛扩散，实现公众个人、群体以及社会组织对科学技术的分享，并激发他们对科学技术的反应（意识、体验、兴趣、理解、意见等）。适当的传播方法、媒介、活动是整个科技传播与普及的基础，它们充当着科技传播与普及的"工具"。没有适当传播方法和媒介的使用，没有各类传播活动的开展，科学技术知识信息就无法扩散，无法被公众分享，当然也就无法引发公众的个人或群体反应。公众个人、群体和社会组织对科学的反应（对科学的意识、体验、兴趣、理解、意见等）是科技传播与普及的结果。

科技传播与普及的传播对象（受众）是公众个人、群体以及传播媒体、政府部门、公司企业等社会组织。传统科学普及强调公众个人和群体对科学技术的学习与掌握，传播关系被简化为科学家或专业人士对普通公众和科学外行的关系；当代科技传播与普及强调公众对科学技术的学习、理解、参与，传播关系中不仅包含相关的社会组织，而且包含更多平等交流的特征。科学家群体、传播媒体、政府部门、工业界和公众群体都是科学对话的重要参与者，科技传播与普及虽然以"公众"为关键词，但如果仅仅强调公众个人的反应，在理解上仍是简单和狭隘的。

激发公众个人、群体或社会组织对科学技术的意识、体验、兴趣、理解、意见，是科技传播与普及要完成的重要任务和达成的基本目标。意识、体验、兴趣、理解、意见之间不是"并且"的关系，而是"或者"的关系。正如科学传播的"AEIOU定义"所强调的那样，科学传播可能引发公众"一种或多种反应"，某些活动可能只影响公众的意识和兴趣，而另一些活动可能影响公众的意见和理解。就一般情形而言，意识、体验、兴趣、理解、意见存在某种递进的关系，公众拥有更好的科学意识和体验，有助于增加他们的兴趣，影响他们的态度；公众一旦对科学技术有了自己的认识和理解，就可以形成了关于科学技术的意见。公众拥有自己的理解和意见是参与科学议题讨论、科学政策对话的基础。

科技传播与普及在过程上包括关系密切的两个子过程：科学技术知识或信息的扩散过程和公众对这些知识和信息的分享过程。扩散是分享的基础，分享是扩散的结果。知识扩散和公众分享过程是所有科技传播与普及活动得以展开并取得效果的基础，只有通过知识扩散和公众分享，科学技术才能进入公众生活和意识的视野，才能成为公众体验和兴趣的对象，才能引发公众的理解和思考，最终得到公众的认同、使用（或质疑、反对）。科技传播与普及的实践效果体现在参与传播过程的公众个人或群体对科学的意识、体验、兴趣、理解、意见，科技传播与普及的社会效果则取决于扩散的范围和共享的程度，科学技术知识的力量依赖于它是否被传播以及传播的深度和广度。

知识扩散与公众分享对科技传播与普及的重要性，是与科学技术的本性紧密联系在一起的。所有的科学技术知识、方法、思想从其本性上来说最初都属于个人智慧的产物，科学技术知识、方法、思想的获得有赖于发现者的聪明才智，具有"个人性"和"私有性"。因此，科学技术知识、方法、思想只有通过社会扩散和公众分享过程才能为人知、为人用，才能转化为社会共享知识，拥有社会特性，发挥社会功能。在社会范围内扩散科学技术、促进公众对科学技术的分享，将"私有知识"转化为"共享知识"，是科技传播与普及的基本任务，也是科技传播与普及的价值所在。

伴随着科技传播与普及中的社会扩散和公众分享过程，科学技术的知识、方法、思想会逐渐实现外部化、社会化、共享化：首先从发现者那里被传递出来，然后被社会中的其他人学习；而一旦有相当数量的人们掌握了这种知识、方法、思想，它们便拥有了社会性，转化成为社会共享知识。科学技术知识、方法、思想的外部化、社会化、共享化可以带来多种重要的社会后果，包括促进科学技术的资源化、服务社会的科学技术创新、推进知识资源的社会利用，等等。科技传播与普及研究和实践更关心的是，如何通过科学技术的社会扩散和公众分享，有效激发公众个人、群体和社会组织对科学技术的意识、体验、兴趣、理解、意见。

二、 科技传播与普及的基本目标

科技传播与普及所要实现的任务目标是决定科技传播与普及和其他人类传播现象差异，反映科技传播与普及内在特征的重要方面，因而在形成我们对科技传播与普及的基本理解时，需要明确科技传播与普及的基本目标。在目前科技传播与普及研究和实践领域，术语使用以及概念理解方面的许多争论实际上都与对科技传播与普及的简单化理解有关。许多研究者和实践者往往基于自己学术研究或实践工作的背景，习惯性地将科技传播与普及理解为单一的形态、单一的目标，而事实上，当代科技传播与普及包括一个广阔而宏大的领域，拥有不同的形态和类型，拥有多样化的内容和目标①。

在社会范围内扩散科学技术知识，促进公众对科学技术的分享，将"私有知识"转化为"共享知识"，是科技传播与普及的基本功能和基本任务。但科技传播与普及并不能仅仅停留在扩散知识和促进分享的层次上，科技传播与普及还需

---

① 翟杰全. 当代科技传播的任务分层［J］. 北京理工大学学报（社会科学版），2013（2）：139—145.

要通过利用适当的方法、媒介、活动和对话，引发公众对科学技术的意识、愉悦、兴趣、意见、理解，提升公众的科学意识和科学兴趣，改善公众对科学技术的态度和理解，从而提高公众科学素质并培育社会的科学文化，发展科学领域的民主对话并促进公众参与科学事务，服务社会的科技创新和经济社会的发展。科技传播与普及的基本目标可以区分为公众目标和社会目标两个基本方面①。

1. 科技传播与普及的公众目标

在科技传播与普及多样化的任务目标中，提升公众的科学意识和科学兴趣，改善公众对科学技术的态度和理解，促进公众理解科学和提高公众科学素质，主要涉及科技传播与普及对公众个人或群体可能产生的作用和影响，属于科技传播与普及在公众层面所要达成的基本目标。

伯恩斯等学者在《科学传播：当代定义》一文中指出，"科学传播是一个过程，可它不仅仅是一个过程。科学传播绝不应该因为它自己的缘故……要让科学传播有效……它就必定总是有一个预定的、合适的目的"，"科学意识、理解、素质以及文化的目的，可以被概括成 5 种广义的对科学的个人反应"，"这些个人反应可以被归纳在标记 AEIOU 之下：对科学的意识；对科学的愉悦或者其他情感反应；对科学的兴趣；形成、重塑或者确认与科学相关的观点或态度；对科学的理解"②。公众科学意识、公众理解科学、科学素质这些概念可以被用来说明科技传播与普及在公众层面所要达成的目标。

"公众科学意识"（public awareness of science，PAS）是不太容易精确定义的一个用语，甚至有学者将其看作"公众理解科学"的同义语。公众科学意识主要指的是公众对科学技术的一种积极的心理倾向。普通公众可能并不拥有丰富的科学技术知识，但如果他们拥有学习科学技术的积极意愿，能够意识到科学技术的重要性，意识到科学技术对社会生产与生活的价值，遇到不解的现象能想到寻求科学的方法来解释，遇到暂时无法解决的难题能想到寻找科学的手段来解决，遇到某些观点或理论能用已知的科学理论和思想做出判断和评价，那么我们就应该承认他们拥有相当程度的科学意识。

提高公众科学意识是科技传播与普及的重要目的和目标之一，科技传播与普及首先就要利用适当的传播方法、媒介、活动，丰富公众对科学技术的感受和认识，让科学技术在公众的知识结构中占据重要位置，让公众在遇到问题时能想到

---

① 本书第五章将从分层的视角讨论科技传播与普及的任务目标问题，参见本书131—137页。
② T. W. 伯恩斯，D. J. 奥康纳，S. M. 斯托克麦耶. 科学传播的一种当代定义 [J]. 李曦，译. 科普研究，2007（6）：19—33.

科学技术，相信科学技术可能会帮助他们解决问题。具备科学意识这种积极心理指向，对公众提高科学素质和科学理解的水平具有重要作用，科学意识可以赋予公众学习科学技术知识、尝试运用科学技术解决问题的意愿、信心和信念，引发他们对科学技术的积极态度，激发他们对科学技术的理解和思考，"可以被看作公众理解科学和科学素质的先决条件，实际上也是后者的根本组成部分"①。

"公众理解科学"（public understanding of science，PUS）是国际学术界广泛使用的一个术语，也经常被用于不同的语境中，例如，用于指20世纪下半叶特别是80年代以来在英国、美国等国家活跃起来的、旨在促进公众理解科学的一种社会运动；用来概括面向公众开展的各类促进公众理解科学的实践活动（例如组织科学展览展示等）；用以描述和说明科技传播与普及活动的目的、目标与任务，等等。"公众理解科学"可以被简单地定义为"非专家人士对科学问题的理解"②，但更为常见的解释是公众对科学概念和知识的理解、对科学方法和本性的理解、对科学的社会作用以及科学与社会之间关系的理解等。

国际学术界至今没有对"公众理解科学"和"科技传播"（或"科学传播"）这两个术语的关系给予清晰的表述，许多学者将二者视为可以交替使用的同义语。国内比较流行的一种观点认为面向公众的科学传播包括3个阶段：传统科普、公众理解科学、有反思的科学传播③，这实际上是将科学传播视为公众理解科学的高级阶段。但正如有些学者将"科学传播"定义为"对公众理解科学的促进"，科技传播（科学传播）与公众理解科学之间更是一种手段与目的的关系，"公众理解科学"概念含有更强的目的性和目标性的内容——"提高公众对科学的理解"。科技传播与普及需要利用适当的方法、媒介和活动，帮助公众理解科学的概念和知识、科学的方法和本性、科学的社会作用和影响，增加公众对科学技术的理解程度，提升公众对科学技术的理解水平。

公众科学素质（scientific literacy，SL）是20世纪下半叶受到广泛关注的一个热点问题，对科学素质的解释近些年来也发生了一些重要的变化，从最初指公众拥有阅读和理解与科学相关的文章的能力，到目前强调对科学原理及其在日常生活中的应用的理解。早期的科学素质定义往往会列出一个需要公众具备的、长长的技能清单，20世纪70年代学者们提出实用科学素质、公民科学素质、文化

① T. W. 伯恩斯，D. J. 奥康纳，S. M. 斯托克麦耶. 科学传播的一种当代定义 [J]. 李曦，译. 科普研究，2007（6）：19—33.

② Third Report：Science and Society，The Select Committee appointed to consider Science and Technology. [EB/OL]. House of Lords. 2000 http：//www. publications. parliament. uk/pa/ld199900/ldselect/ldsctech/38/3805. htm.

③ 刘华杰. 科学传播读本 [C]. 上海：上海交通大学出版社，2007：5—7.

科学素质概念，尝试通过分层更精准地讨论科学素质问题。所谓"实用科学素质"指的是公众拥有能够用来解决实际问题的科学知识，"公民科学素质"指的是作为一个公民应该拥有能够参与政策议题讨论的科学知识和科学认识，"文化科学素质"则指公众能够将科学看作人类卓越的文化成就。

20世纪80年代以来的科学素质研究和调查受到美国学者米勒（J. D. Miller）提出的科学素质三维模型的深刻影响，该模型将公民科学素质概括成3个基本的方面：①对基本科学术语的理解，理解这些术语可以让公众看懂相关报道的内容；②对科学探究方法、过程或本质的理解；③对科学技术在个人和社会方面的影响具有一定层次的理解。科学素质对所有的公民来说都是重要的，它有助于公民了解科学技术的发展，参与科学议题的讨论，质疑某些所谓的科学结论，识别政府科技政策的对错，在某些科学事务方面形成自己的观点，理性地做出自己的判断。

学校科学教育（特别是义务教育阶段的科学教育）的状况对公民科学素质具有基础性的作用。但国内外的相关调查也表明，科学共同体、大众媒体、政府机构以及工业组织开展的各种科技传播与普及活动，对公众获取科学技术知识和信息、提高公众科学素质起着非常重要的作用。持久活跃的科技传播与普及活动是影响公民科学素质的一个重要途径。特别是在科学技术飞速发展和广泛应用的背景下，终身学习对任何公民来说都变得非常重要。科技传播与普及活动扩散科学技术，促进知识共享，提升公众对科学的理解，影响公众的科学素质，是制度化的科学教育之外提高公众科学素质的重要途径。

科技传播与普及和公众科学意识、公众理解科学、公众科学素质之间具有双向促进的关系。活跃的科技传播与普及活动有助于提升公众的科学意识、科学理解和科学素质；反过来，公众较高的科学意识、科学理解和科学素质水平，可以让公众对科学技术有较为积极的心理指向、更愿意参与各种科普或科学对话活动，这有助于激励科技传播与普及活动的开展，并提升科技传播与普及活动的效果。伴随着科技传播与普及的持续开展，这种互动关系会使科技传播与普及与公众科学意识、公众理解科学、公众科学素质之间实现螺旋式的上升①。

2. 科技传播与普及的社会目标

在社会领域培育科学文化和创新文化，在科学领域发展科学对话和公众参与，进而为社会的科技创新和经济发展提供服务，属于科技传播与普及在社会层

---

① 任福君，陈玲，等. 中国科普研究进展报告（2002—2007年）［M］. 北京：科学普及出版社，2009.

面上要达成的任务目标。科技传播与普及在社会中的作用存在这样一个"链式反应"：科技传播与普及活动首先影响到参与传播活动的公众个人，引发个人的一系列反应；然后影响到公众群体，如果有足够数量的个人展示了某种个人反应，那么它们就可以被看作属于公众群体的反应；一旦在社会中有足够数量的公众群体（或在社会中占据主导地位的某个群体）对科学技术展示了某些重要的反应，科技传播与普及便影响到了整个社会的思想认识和文化氛围。因此，科技传播与普及的社会目标涉及科学文化、创新文化、科学对话、公众参与、科技创新等多个方面。

"科学文化"（scientific culture，SC）有时被用于指称"存在于科学共同体内的一套价值规范和精神风貌"，对科学文化概念的这种用法通常被用来分析和讨论科学技术在文化上的特征。更多学者将"科学文化"视为拥有这样一种特质的社会文化：在拥有科学文化的社会中，公众能够较好地理解科学技术，理性地看待和支持科学技术，公众具有较高的科学素质，能对科学技术的发展作出独立的判断；科学技术能够繁荣发展，科学技术创新拥有活力，科学技术的社会运行具有一种良性机制。这种意义上的"科学文化"概念实际上涉及科学与社会交互作用的文化环境和文化氛围。

健康的科学文化应该拥有一整套促进和规范科学技术发展与创新的价值观念和社会规范。在这种价值观念与社会规范的激励和影响下，公众有追求和支持科学技术、提高个人科学素质的意愿，社会有激励科学技术创新的动力和机制；公众愿意学习科学技术知识、参与科技传播与普及活动，有兴趣思考科技问题、参与科技事务。科技传播与普及和科学文化建设具有非常密切的关系，科技传播与普及的充分活跃有助于科学文化的培育，而科学文化则可以给科技传播与普及以正确的价值导向，并给科技传播与普及活动以有力的激励和促进。国内有学者甚至认为，科学文化是基于严谨的科学知识、规范的科学方法、理性的科学思想而形成的文化体系，科学文化的传播是当代科学传播的核心任务[1]。

科学对话（scientific dialogue，SD）和公众参与（public participation，PP）是科技传播与普及另一个重要的服务目标。当代科学技术与社会的关系已经发展到一个重要的转折阶段，科学技术的飞速发展及其广泛应用带来了激动人心的后果，但许多技术（例如与基因工程相关的许多技术）的发展与应用也引起了人们的担忧和激烈的社会争议，科学技术发展与应用政策越来越受到公众感受与意见的直接影响，社会已经充分认识到与科学技术相关的许多发展政策都需要在国

---

① 张玉玲. 科学文化：当代中国科学传播的核心内容［J］. 河南大学学报（自然科学版），2005（3）：123—126.

家和社会层面上进行广泛的讨论，科学技术决策需要充分吸收公众的意见和建议，开展广泛的科学技术对话，建立科学技术事务的民主决策机制。

科技传播与普及在建设这种科学决策机制的过程中扮演重要的角色，通过多种途径服务社会科学对话和公众参与，譬如利用各种可能的渠道和媒介，向公众广泛传播和普及科技知识，促进公众对科技知识的分享，给公众提供参与科学对话的知识基础；激发公众对科学技术的思考与理解，提升公众参与对话的实际能力，保证公众能够切实地参与到科学对话和科学事务中来；在科学对话过程中为公众提供与对话议题相关的信息和背景知识，服务公众对相关议题做出自己的判断，等等。在科学技术高度专业化的发展背景下，如果没有科技传播与普及给公众输送必要的知识、信息和服务，公众实际上很难切实参与到科学对话中来。

自 20 世纪 90 年代以来，信任危机、合作对话、公众参与成为公众理解科学、科学传播关注的焦点问题之一，服务公众参与对话和科学事务成为科技传播与普及的一大基本任务。英国上议院 2000 年发布的《科学与社会》报告就特别强调了科学对话的重要性，倡导在科学技术领域建立对话文化，发展对话氛围，实施对话战略，发展公众参与科学事务的新模式。而在公众理解科学的实践中，许多国家也开始尝试采用共识会议、圆桌讨论、公民评判委员会（citizen juries）、公众参与技术评估等更加互动和开放的方式，吸引公众参与科学事务的讨论。

进入 21 世纪之后，建立更加透明和民主的科学事务决策机制成为"科学技术与社会"领域关注的重要议题，推进科学对话也被当作解决科学与公众紧张关系的重要手段，科技传播与普及由此被赋予了更为重要的社会职责。人们希望科技传播与普及能成为重要的对话工具，通过活跃的科技传播与普及将公众吸引到科学对话中来，将公众意见带进科学政策决策中来，促进科学事务方面的公众合作。当然，科学对话和公众参与本身并不是最终目的，如何通过科学对话和公众参与，建立民主决策机制，制定更为周全的科技发展政策，促进科学技术创新的良性发展，才是最终目的。

在当代社会与科技发展背景下，科技传播与普及和科技事务民主决策机制建设、科技发展政策、科学技术创新问题有了更为密切的关系，科技传播与普及因而也拥有了公共传播的特征。科技传播与普及需要通过培养科学文化和创新文化、发展科学对话和公众参与、促进科技决策对话机制的建设等社会目标的达成，激励、促进、引导、规范科学技术的发展、应用和创新，使科学技术真正成为服务于人的事业。当代科学技术与社会发展的特征，决定了只有在最广大的人民群众和社会公众中实现了科学技术的充分传播和普及，增加了社会对科学技术的理解和认识，提高了公众运用科技知识解决问题和参与公共事务的能力，科学技术成果才能更好地为全社会所掌握、所应用，才能发挥推动社会发展的最大效用，科学技术才能沿着正确的轨道和方向发展及应用。

胡锦涛同志于 2008 年 12 月 15 日在纪念中国科协成立 50 周年大会上的讲话中指出，"科技工作包括创新科学技术和普及科学技术这两个相辅相成的重要方面。普及科学技术，提高全民科学素质，既是激励科技创新、建设创新型国家的内在要求，也是营造创新环境、培育创新人才的基础工程，必须作为国家的长期任务和全社会的共同任务切实抓紧抓好"。科技工作者和社会各界都应该把普及科学技术、促进人民群众深入了解科学技术作为义不容辞的社会责任，通过多种渠道、多种方式向公众介绍科研最新发现、展示科技创新成果，帮助他们了解必要的科技知识、掌握基本的科学方法、树立正确的科学思想、崇尚崇高的科学精神，为科技进步和创新奠定深厚的社会基础。

科技传播与普及是通过适当的传播媒介和传播活动，促进科学技术的社会扩散和公众分享，提高公众科学意识和科学理解的社会现象、社会过程和社会活动。科技传播与普及促进公众了解必要的科学技术知识，掌握基本的科学方法，树立科学思想，崇尚科学精神，引发公众对科学技术的意识、意见、理解，提高公众科学意识、公众科学理解、公众科学素质水平，并赋予公众应用科学技术处理实际问题、参与公共事务的一定能力，对于培育健康的科学文化、发展有公众参与的科学对话、建设科学事务民主决策机制、促进科学技术创新具有非常重要的意义和价值。科技传播与普及的发展不仅有助于让社会全体公民充分享用科学技术带来的好处，而且有助于解决科学技术与社会领域遇到的一系列重大问题，从而建立更有活力的科技创新发展机制。科技传播与普及 "是一个富有意义的事业，它值得我们继续实践和研究"①。

---

① T. W. 伯恩斯，D. J. 奥康纳，S. M. 斯托克麦耶．科学传播的一种当代定义［J］．李曦，译．科普研究，2007（6）：19—33.

第三章　科技传播与普及的基本构成

科技传播与普及利用适当的方法、媒介和活动，促进科学技术知识和信息的社会扩散和公众对科学技术知识和信息的分享，属于人类传播现象的一个特殊分支。科技传播与普及虽然看起来比人类社会中的其他传播现象要简单，传播的内容和传播的目标似乎更加单纯，但对公众理解科学和科学素质的研究结果表明，科技传播与普及同样也受复杂因素的影响，并涉及复杂的传播关系。在研究传播现象的传播学领域，传播学家利用模型方法为传播现象建立了许多不同的"传播模式"，用于分析传播现象的结构与过程。传播学的这种方法对研究科技传播与普及现象也大有助益，科技传播与普及研究可以借鉴传播学的理论与方法，分析科技传播与普及现象中的结构要素及其基本关系。

一、　传播现象的结构与模型

所有的人类传播现象都具有结构性、过程性、系统性的特点，都由一些结构要素组成，包含一些过程环节，执行信息扩散的社会功能。对于传播研究来说，析出其中的基本要素、结构、传播关系，并在此基础上研究其系统功能和复杂规律，是传播学理论建构的基本逻辑。为了进行结构分析和过程研究，传播学家引进了模型方法和"传播模式"的概念。模型方法是研究复杂现象的一种基本方法，可以帮助人们通过对复杂现象的适当简化把握现象中的基本关系。"传播模式"就是传播学家们利用模型方法为传播现象建立的简化模型，传播学史上出现过许多不同的传播模型，包括揭示传播结构与过程的传播模型、强调互动与系统特点的传播模型等不同类别。

1. 传播现象的结构与过程模型

谈到传播学的传播模型，首先应提到拉斯韦尔（Harold D. Lasswell）的"五W模式"（图 3 - 1）。五 W 模式最初形成于 1939—1940 年，但直到1948 年才正式发表于《社会传播的结构与功能》一文中。在拉斯韦尔看来，传播现象包括5 个基本要素：谁（who）、说什么（say what）、对谁说（to whom）、通过什么渠道（in which channel）、有什么效果（with what effect）。后来，英国传播学家 D. 麦奎尔按照一定的结构顺序对这 5 个要素进行排列，便形成著名的"五 W 模式"。

| 谁
传播主体 | → | 说什么
传播内容 | → | 通过什么渠道
传播渠道 | → | 对谁
传播对象 | → | 有什么效果
传播效果 |

图 3 - 1　拉斯韦尔的五 W 模式

五 W 模式简明而清晰地概括了传播过程的 5 个基本成分：传播主体、传播内容、传播渠道、传播对象和传播效果。五 W 横式在传播学史上第一次将人们每天都在进行却又难以解释清楚的传播活动从结构上做了分析，为人们理解传播现象和传播过程提供了重要的基础和出发点。其最重要的价值在于明确了传播现象的基本要素，对复杂的传播现象进行了结构性解剖。五 W 模式是传播学发展史上最早产生的一个结构模型，不仅具有开创性意义，为传播学的独立奠定了重要基础，而且是传播学最早和最基本的一个研究范式，在很长时间内引领了传播学的发展。传播学被区分为控制研究、内容分析、媒介分析、受众分析、效果分析这五大领域，就是基于五 W 模式确立下来的（图 3 - 2）。虽然过去了 70 余年，五 W 模式至今仍产生着重要的影响，对传播现象的许多研究，特别是对那些实证性的研究，仍然有很强的指导意义。

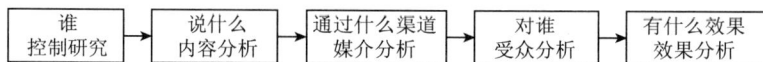

| 谁
控制研究 | → | 说什么
内容分析 | → | 通过什么渠道
媒介分析 | → | 对谁
受众分析 | → | 有什么效果
效果分析 |

图 3 - 2　五 W 模式与传播学研究领域

当然，对五 W 模式的批评也从来没有停止过。例如，有学者就批评五 W 模式忽略了传播过程中的目的和环境要素，没有考虑到传播是为了何种目的进行、在什么环境中发生的，也忽略了传播过程之外的社会系统对传播的影响。1958 年，苏联学者布雷多克就在五 W 模式的基础上增加了"传播现象发生的具体环境（在什么情景下）"和"传播者发送信息的意图（为了什么目的）"这两项因素，将"五 W 模式"发展成了"七 W 模式"。就揭示传播过程的构成要素而言，七 W 模式比五 W 模式更符合现实中传播现象的实际。

还有一些批评认为，五 W 模式将传播现象简化为一个单向的直线模式，没有提供一条反馈渠道，也没有揭示传播中的双向性和互动性，而且五 W 模式似乎暗示任何信息的传播总是有效果的，这有可能助长过高估计传播效果的倾向。基于这样一些考虑，后来的传播学家（例如，施拉姆、马莱兹克等）建立了突出强调互动性、系统性的传播模式。

传播学史上另一个著名的结构与过程模型是香农（Claude Shannon）和韦弗（Warren Weaver）基于信息传输研究而提出的"香农—韦弗模式"（图3－3）。香农是信息论及数字通信理论的奠基人，被尊称为"信息论之父"。1948年，他与同事韦弗发表了长篇论文《通信的数学理论》[①]，提出了描述信息传输过程的一个模型。在这个模型中，信息传输被描述为一种线性的单向过程，包括信息源、发射器、信道、接收器、信息接受者（信宿）以及噪声（源于噪源）等基本因素。发射器和接收器分别起编码和译码的功能；信息传输起始于信源发出信息（讯息），发射器将信息转换为可传送的信号，经过信道的传输，信号由接收器接收，并被还原为信息（讯息），最后传给信宿；信息传输可能会受到噪声干扰，产生衰减或失真。

图3－3 香农—韦弗模式

"香农—韦弗模式"本来是为描述信息传输过程而提出的一个模型，但信息传输与传播过程的特殊关系，使这一模式在传播学领域得到广泛应用，成为传播学研究经常引用的著名传播模式之一。"香农—韦弗模式"的重要价值在于注意到了信息与信号之间的转换问题，并引入了"噪声"的概念。"噪声"可能来源于机器本身，也可能来自外界环境，对正常的信息传递会造成干扰。这些看法对人们认识传播现象有重要的启示：传播效果受到复杂因素的影响，使用的传播符号（例如，言语、文字等）是否适当、信息表达是否准确、信息与信号之间的转换编码是否正确，都会直接影响到传播效果。

2. 传播现象的互动与系统模型

传播学的另一类重要模型是互动与系统模型，其特点是关注传播过程中的互动性和系统性。其中，比较有代表性的模型包括施拉姆提出的循环互动模式、赖利夫妇提出的系统模式、马莱兹克提出的系统模式等。

施拉姆（Wilbur L. Schramm）是一位在传播学发展史上做出过杰出贡献的学

[①] 《通讯的数学理论》（*A Mathematical Theory of Communication*）被认为是信息论的奠基性论文和现代通信理论的经典论文之一。国内传播学界有学者将其译为"传播的数学理论"，这实际上是误译。英语中的"Communication"尽管可以对应汉语中"通讯"、"传播"、"交通"等多种含义，但香农并不是传播学家，他关心的是通信技术问题而非社会传播现象。

者，他将分散于新闻学、社会学、心理学、政治学等领域的传播研究成果加以整理、归纳、总结、综合，勾勒出了传播学的核心问题和基本框架，使传播学实现了真正的独立。传播学史家们因而尊称他为"传播学之父"。施拉姆曾在传播学史上创造了多个"第一"：在世界上建立了第一个传播学研究机构，编撰了第一本传播学教科书，授予了第一个传播学博士学位，也是第一个获得传播学教授头衔的人。

1954 年，施拉姆在《传播是怎样运行的》一文中，以奥斯古德（C. E. Osgood）的观点为基础，提出了"循环互动模式"（图 3 - 4）。与拉斯韦尔和香农提出的线性模式不同，施拉姆提出的循环互动模式强调了传播过程的循环性和互动性，强调了传受双方的相互转化。循环互动模式中甚至没有固定的传播者和受传者，传受双方都是传播行为的主体，通过信息的传与收处于"你来我往"的相互作用之中。该模式的重点不在于解析传播渠道中的要素与环节，而在于解析传受双方的角色与功能，参加传播过程的每一方会在不同阶段扮演编码者（执行符号化和传达功能）、译码者（执行接收和符号解读功能）、释码者（执行意义解释功能）的角色。

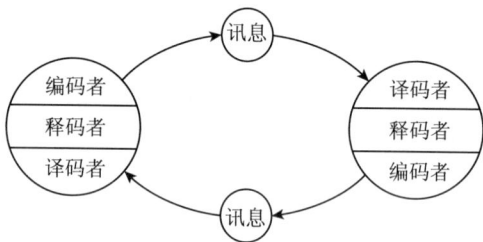

图 3 - 4　施拉姆的循环互动模式

施拉姆的循环互动模式强调了传播过程的互动性，也注意到了传播参与者的多重角色，但这一模式更适合于描述那些传受双方平等交流的传播现象（例如，面对面交流），而且也没有深入到社会系统的层面分析传受双方的角色。后来的传播学家非常注意将传播过程置于社会大系统中进行分析，提出了强调传播过程系统性特点的"系统模式"。

1959 年，美国学者赖利夫妇（J. W. Riley，M. W. Riley）提出的"系统模式"认为，任何传播过程都表现为一种系统活动，多重结构是社会传播系统的本质特点；传播活动的参与者双方都是一个个体系统，每个个体系统各有自己的内在活动（即人内传播）；某个个体系统与其他个体系统相互连接形成人际传播；个体系统并不是孤立的，而是分属于不同的群体系统（可形成群体传播）；群体系统的运行又是在更大的社会结构和总体社会系统中进行的，与社会的政治、经济、文化、意识形态的大环境保持着相互作用的关系。赖利夫妇认为，以报刊、广播、电视为代表的大众传播，也不外乎是现代社会传播系统中的一种。很显然，赖利夫妇的系统模式（图3-5）将包括大众传播在内的各种传播类型都整合到了一个模型中。

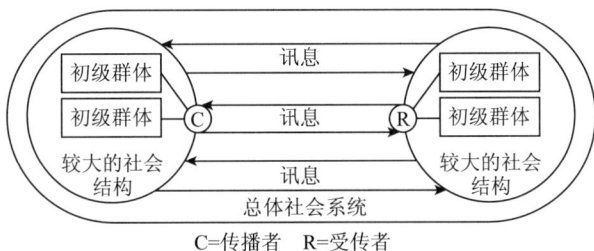

C=传播者 R=受传者

图3-5 赖利夫妇的系统模式

从这个模式可以看到，社会传播系统的各种类型，包括微观的、中观的和宏观的，既有相对的独立性，又与其他系统处于普遍联系和相互作用之中；每一种传播活动，每一个传播过程，除了受到其内部机制的制约之外，还受到外部环境的广泛影响；这种结构的多重性和联系的广泛性体现了社会传播是一个复杂的综合系统。以这一模式的观点看，线性模式和循环模式关注的都是传播系统内部的微观结构，并没有将传播放到社会系统的大环境中加以考察，也没有发现传播现象与社会系统之间的复杂关系。

德国学者马莱兹克（G. Maletzke）在1963年出版的《大众传播心理学》一书中提出了另一个系统模式。在这个系统模式中，马莱兹克把大众传播看作是包括社会心理因素在内的各种社会影响力交互作用的一个"场"。其中包括：

1）影响和制约传播者的因素——传播者的自我印象、人格结构、同僚群体、社会环境、传播者所处的组织、来自信息本身以及媒介性质的压力或约束力，等等。

2）影响和制约受传者的因素——受传者的自我印象、人格结构、受传者作为所属群体成员的身份、受传者所处的社会环境、信息内容影响、来自媒介的约束力，等等。

3）影响和制约媒介与信息的因素——主要来自两个方面：一方面是传播者对信息内容的选择和加工，这种选择和加工也可以说是传播者背后的许多因素起作用的结果；另一方面是受传者对媒介内容的接触与选择，这种选择当然也是基于受传者本身的社会背景和社会需求做出的。此外，制约媒介的另一个重要因素是受传者对媒介的印象，而这种印象是基于平时的媒体接触经验形成的。

马莱兹克关于大众传播过程的系统模式（图 3 - 6）说明，社会传播是一种极其复杂的活动和系统，其中的每个主要环节都是一系列复杂因素产生影响力的集结点；评价任何一种传播活动，解释任何一个传播过程，即便是单一过程，都不能轻易地简单下结论，而必须对涉及该活动或过程的各种因素或影响力进行全面系统的分析。

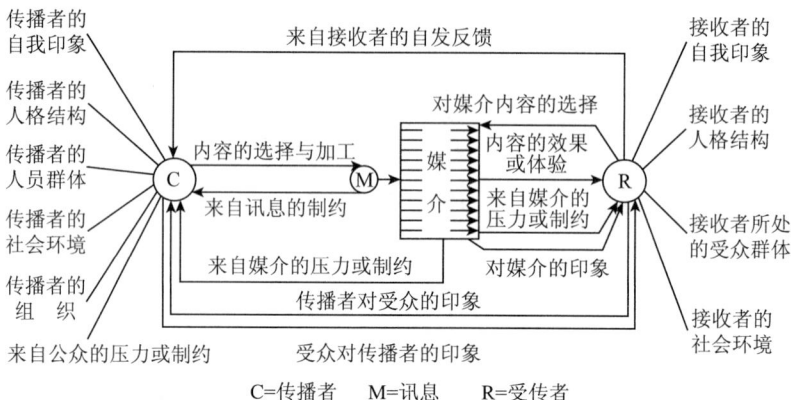

图 3 - 6 马莱兹克关于大众传播过程的系统模式

3. 传播现象的基本要素和复杂系统

传播学领域还有其他一些重要的传播模型（模式），即便仅从这几个模型，也可以体会到传播现象的某些基本特点：

首先，任何传播现象的发生都会涉及一些重要的结构要素，它们相互作用并组成一个执行传播功能的系统。拉斯韦尔认为包括五大要素，布雷多克认为包括七大要素，系统模式将传播现象描述成更复杂的系统。若从传播过程发生的角度看，传播主体、传播内容、传播渠道和传播对象是传播过程的四大基本要素，有了这四大基本要素，传播过程实际上就可以发生了。传播环境、传播意图、传播效果涉及传播过程发生的环境或后果，但对传播过程的发生来说并不是必备要素。"四要素模型"可以成为描述传播结构的最简单的模型。

事实上早在 1960 年，传播学家贝罗（David K. Berlo）就在《传播的过程》一书中提出了这种"四要素模型"（图 3 - 7）①。贝罗认为，传播过程包括信源、信息、通道和接收者 4 个基本要素。传播的效果并不是由其中任何一个要素决定的，而是由 4 个要素以及它们之间的关系共同决定的。影响信源和接收者的因素

---

① David K. Berlo. *The Process of Communication* ［M］. New York：Holt, Rinehart, and Winston, 1960.

包括传播技巧、态度、知识、社会和文化背景，影响信息的因素包括要素、结构、内容、处理和符号等，而信息的内容、符号及处理，又会影响通道的选择。

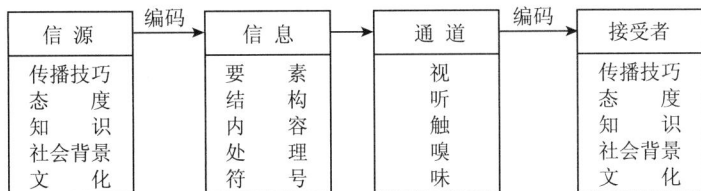

图 3-7　贝罗的四要素模型

其次，传播现象具有明显的过程性，包括一系列重要的过程环节。传播者在传播信息的时候，需要对信息进行编码，使用符号表达信息，这是一个符号化的环节；然后再利用一定的媒介和通道将信息发送出去；受众首先接收到的是符号，然后进行解码，赋予符号以意义解释，从中解读和获取信息。传播的过程可能还包括重要的反馈环节，受众在获得信息之后会产生某种反应，并反馈给传播者。传播者对信息的编码与发送、受众对符号的解释与理解，会影响传播能否成功、效果如何，现实生活中许多误解往往就产生于此。

最后，现实的传播现象会受到多种内外因素的复杂影响，呈现出明显的系统性。互动模式和系统模式揭示了传播现象的这种系统性，施拉姆的循环互动模式说明了传播过程参与者可以双向互动、角色互换，而赖利夫妇和马莱兹克的系统模式则分别说明了传播现象的层级结构以及受到的复杂影响。从这些系统模式中可以看到，发生于社会系统之中的传播现象，不仅会受到社会的政治、经济、文化、意识形态大环境的影响，而且也会受到与传受双方有关的个人因素、群体关系、社会文化背景的影响。传播现象的这种系统性特征提醒人们不能对任何传播过程进行简单化的理解，即使是那些看起来相对简单的传播过程。

二、　科技传播与普及的结构要素

对于科技传播与普及现象的研究，我们同样需要从基本构成要素和复杂系统这两个方面开始。首先明确科技传播与普及的基本构成要素有哪些，其间的基本关系如何；然后分析作为复杂现象的科技传播与普及到底受到哪些内外因素的影响，这些因素会对传播效果产生怎样的作用。目前，学者们已经对科技传播与普及的基本构成做了一定研究，大体明确了科技传播与普及的基本结构及其关系。但到目前为止，对科技传播与普及现象中的复杂因素、复杂关系、复杂过程的研究还有待深化，未来需要借鉴传播学等学科的理论，通过对各种类型的科技传播与普及现象进行定性与定量的、案例与模型的研究，建立描述科技传播与普及复杂性的理论，为科技传播与普及实践的设计提供理论的指导。

1. 科技传播与普及的基本要素

自 20 世纪 80 年代以来，科技传播与普及实践变得更加活跃、传播形态变得更加多样，政府部门、公司企业、传播媒体、科研机构和大学、科学中心、博物馆以及与科学技术相关的各类社会组织等多元主体积极参与科技传播与普及实践活动，参与主体多元化、受众对象细分化、传播内容分层化、传播渠道多样化、传播手段现代化、传播形态丰富化、任务目标和社会功能高级化成为当代科技传播与普及发展的鲜明特征。当代科技传播与普及已经完全改变了过去那种仅仅依靠媒体科技宣传、群众性科普活动、通俗科普读物等传播普及科学技术基础知识和常识知识的发展局面，呈现出一幅绚烂多姿、异彩纷呈的发展新图景①。

当代科技传播与普及已经和人类社会的其他传播现象一样变得复杂多样，涉及科学知识、科学方法、科学思想、科学精神以及科学的社会作用、科学发展政策等多方面内容，涉及科技写作、科技出版、科技新闻以及科学交流、科学教育、科学普及等多个领域，涉及服务公众获取知识、理解科学以及提高公众科学素质、科学意识等多种目标，发展出了利用科学技术教育和培训、科普或文化设施、传统媒体和新媒体、群众性科普活动等多样化的传播渠道。当代科技传播与普及正在利用多样化的渠道和手段传播普及多样化的科技内容，类型多样、形态各异的各种传播形式正在服务于科学技术的传播和普及，科学精神的示范和培育，扩散并发展着人类的科技文明。

但类型多样、形态各异的科技传播与普及形式都包含 4 个基本构成要素：传播者、受众、传播内容和传播渠道。传播者通常是指那些熟悉科学技术发展、拥有科学技术知识、掌握科学技术信息的人或组织，他们在传播过程中扮演着传播知识、发出信息的角色。受众则是那些要利用传播过程获取科学技术知识、接收科学技术信息的人或组织。传播内容是与科学技术相关的内容，可能是科学技术的具体知识，也可能是科学技术发展的信息；可能是科学方法、科学思想、科学精神，也可能是与科学技术的社会作用或科学技术政策相关的内容。传播渠道是科学技术传播内容通达受众对象的通道和途径，起连接传播者和受众并把传播内容从传播者输送到受众的作用。

---

① 翟杰全. 科技公共传播的当代图景和内在特性［J］. 北京理工大学学报（社会科学版），2014（1）:139—142.

国内科技传播研究者经常用传播学经典的"五 W 模式"来研究和理解科技传播现象，认为科技传播包括传播者、受众、内容、渠道、效果 5 个基本要素[1][2]。传播效果是所有传播研究都高度关注的一个关键问题，但正如我们上面所指出的，传播效果是传播过程发生的结果，从发生学意义上看，它不是传播发生的必备要素。因此，在描述科技传播与普及基本构成时，我们也不把传播效果视为科技传播与普及的基本要素，而是把"四要素模型"看成描述科技传播与普及基本构成最简单的一个模型。

当然，从当代科技传播与普及复杂多样性的角度看，任何具体的科技传播与普及实践都有特定的参与者（传播者和受众）、利用特定的渠道和手段、传播特定的内容、尝试达成特定目标（公众对科学技术的意识、愉悦、兴趣、意见或理解），并受到各种复杂因素的影响。因此，在描述科技传播与普及实践具体特征或对不同的科技传播与普及实践进行区分时，我们可能需要更复杂的模型，例如用包括传播者、受众、内容、渠道、手段、目标 6 个要素的"六要素模型"[3]；或是借鉴布雷多克"七 W 模式"，以及赖利夫妇和马莱兹克的系统模式，将传播发生的情景、传播者的意图和动机、传受双方周围的复杂因素添加到模型中。

与"四要素模型"相比，"六要素模型"增加了传播手段、传播目标这两个要素。在当代科技传播与普及领域，科技传播与普及实践活动已变得丰富多彩、形式多样，即使是在同样的传播渠道内，传播实践活动的实施也可能会利用相当不同的手段。例如，基于科普设施的传播渠道有展览类和活动类（如科技讲座、科普活动）等不同的传播形式；即便是利用电视这种传统媒体的科技传播，也有科技新闻报道、深度分析、科教纪录片等不同形式。事实上，手段上的不同不仅反映科技传播与普及实践活动的一些基本特征，也会影响到内容的选择、目标的设定。如果手段选择不当，有些内容可能无法得到很好的传播，也难以完全达到预期的目的。

任何具体的科技传播与普及实践活动在实施之前通常都会对传播目标有所设定或预期，例如，期望通过传播活动促进受众对科学技术有更多了解、提升受众的科学意识和科学兴趣、启发受众对科技问题的思考、激发公众参与科技议题的讨论，或是增进受众对科学技术知识、方法、思想、精神以及科学技术社会作用的理解。科技传播与普及实践活动的目标设定反映活动的某些特征，影响活动的

---

① 林坚. 科技传播的结构和模式探析 [J]. 科学技术与辩证法，2001（4）：49—53.

② 常本瑞，谢瑞东. 从"5W"模式看科技传播 [J]. 图书馆论坛，2000（5）：19—21.

③ 翟杰全. 科技公共传播的当代图景和内在特性 [J]. 北京理工大学学报（社会科学版），2014（1）：139—142.

效果方向，并与活动对象、内容选择、手段使用等因素相互影响。如果目标设定在促进受众对科学技术有更多了解，传播活动可能会更多选择知识和信息类内容；如果目标设定在激发公众参与科技议题讨论，针对的对象可能主要是那些较为熟悉科技发展的热心公众，需要更多地利用对话交流的方式与手段。

在分析科技传播与普及某个实践活动的具体特征或区分不同实践活动的相互差异时，需要考察参与主体是谁、受众对象是谁、传播的是什么内容、利用了什么渠道、使用了什么手段、试图达到什么目标。有时甚至还要对传播普及的科学技术内容再进行细分，观察传播内容属于科学技术的哪些领域（自然、天文、生态、环境、医疗健康还是高新科技领域等）、主要属于什么内容层次（科学知识、科学方法、科学思想、科学精神还是科学技术的社会作用）。科技传播与普及的传播者、受众、内容、渠道、手段、目标，分别从不同的方面反映科技传播与普及实践活动的具体特征。

2. 科技传播与普及的参与主体

科技传播与普及活动的参与者包括传播者和受众这两大基本方面。从科技传播与普及发展的历史看，科技传播与普及的参与者经历了一个从个体到群体、再到组织的发展历程。在科学技术发展早期，直到近代科学发展阶段，科技传播与普及活动的参与者主要是以个人身份进入传播关系中的，传播者和受众角色也比较明确，传播者是科学家以及拥有知识的人，受众则是那些有兴趣学习科学知识的普通大众，知识流程基本上是从科学家到大众。科学家通过举办科学演讲、出版科学著作等方式，向普通大众传播科学知识。在知识存量规模较小、科技应用并不普遍的背景下，科技传播与普及主要是靠这种个体行为来支撑的。

随着近代科学技术发展和科学家群体的形成，科技传播与普及开始受到群体背景的影响。自19世纪开始，科学研究本身以及科学知识的表达变得越来越专业化，科学家们开始担心专业化会让公众失去对科学的了解和支持。为了吸引更多公众对科学的关注和支持，科学家、工程师、发明家共同参与到科学普及中来，积极向公众介绍和宣传科学新知识和技术新发明。群体力量由此成为科技传播与普及的支撑要素。20世纪以后，随着科学技术高度职业化、制度化、建制化的发展，科技传播与普及活动参与者带有了更强的组织背景，社会组织机构成为科技传播与普及的重要参与者。

（1）科技传播与普及的多元主体

在相当长的历史时期内，科学家群体一直是科技传播与普及的主力军。但在进入20世纪之后，至少有两方面的巨大压力使科学家群体慢慢退居科技传播与普及的"幕后"。第一个方面是来自科学内部竞争的压力，科学技术高度专业化的发展增加了科学技术研究的难度，科学技术职业化的发展也提高了职业竞争的程度，科学家越来越难以有更多的时间和精力从事科学普及工作；第二个方面的压力来自知识普及难度的增加，随着科学技术的专业化和"纵深化"发展（朝向更微观和更宏观的研究领域），科学知识越来越"难懂"，面向公众普及科学知识的难度大大增加，科学家越来越感到"力不从心"。在科学家群体慢慢退居科技传播与普及"幕后"的同时，大众媒体开始进入科技传播与普及领域，科普工作者和专业的科技记者承担了越来越多的科技传播与普及任务。

20世纪科学技术和社会的发展不仅将媒体组织引入科技传播与普及领域，也将政府部门和工业机构吸引到科技传播与普及领域。科学技术的广泛运用在推动社会产业和生产进步方面显示出的巨大作用，引起了政府部门对科学技术和科学普及的关注。工业机构因为要推销其高科技含量的产品而发现了科学普及的价值，并成为科技传播与普及的活跃参与者。在当代科学技术与社会发展的背景下，科技传播与普及变得更加活跃，传播关系变得更加复杂，参与主体变得更加多元化，科学家群体（包括科学团体与科学组织）、公众、媒体组织、政府部门、工业机构、专业组织（与科学技术相关的非营利组织、非政府组织、公共卫生机构等）各自出于不同的动机与需要，共同参与到科技传播与普及中来，组成了一个活跃的互动传播网络①。当代科技传播与普及参与主体及其基本关系见图3-8。

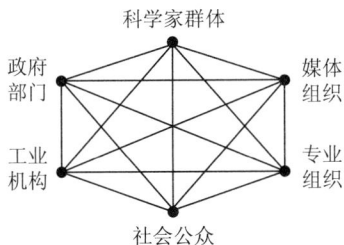

图3-8 当代科技传播与普及参与主体及其基本关系

就当代科技传播与普及的一般情况看，科学共同体、政府、工业部门由于在科学技术领域拥有某些特殊资源，经常处于科学技术传播者的位置，而公众群体经常处于传播受众的位置；传播媒体、科普设施、专业组织属于科技传播与普及的"第三方"，担当科学技术知识信息传播的"中介"和"渠道"（当然，在具体传播活动中，他们也扮演着传播者的角色）。传播媒体、政府部门、工业机构、专业组织对科技传播与普及活动的积极参与，活跃了科技传播与普及局面，扩展

① 关于科学家群体、公众群体、媒体组织、政府部门、工业机构参与科技传播的复杂动机，可参阅翟杰全．科技公共传播的传播主体及其参与动机 [J]．北京理工大学学报（社会科学版），2005（5）：13—16．

了科技传播与普及范围，推动了科技传播与普及事业的发展，同时也使科技传播与普及中的传播关系和微观机制变得更为复杂，更具有博弈色彩，并产生了更多需要我们给予特别关注的问题。

当代科技传播与普及的参与者不仅具有多元化的特点，而且在微观层面上也具有多样化的特点。例如，仅就科技传播与普及实践中的传播者而言，他们可能是职业化的，也可能是非职业化的。当代科技传播与普及已经拥有了一支职业化的传播队伍，他们广泛分布于公司企业、科学团体、研究机构、媒体组织、专业组织、科技场馆等机构中，专门从事与科学技术相关的知识信息采集、制作、编辑、传播工作，成为科技传播与普及的中坚力量。除了这些职业化的科技传播与普及者，还有数量众多、规模巨大的非职业人群，例如非政府组织的工作人员、医院里的医生、科技企业的员工等。他们虽然不是职业化的传播者，但他们在当代科技传播与普及中所起的作用却不可低估。

参与主体的多元化以及传播互动网络的形成使当代科技传播与普及越来越成为一个具有"自服务"特点的传播系统，科学家群体、政府部门、公司企业、传播媒体、社会组织等参与主体既是传播参与者，也是传播受益者，都能作为受众从参与科技传播的过程中获得有益的信息和知识。即使是在传统传播关系中被视为受众对象的社会公众，现在也成了一类特殊的参与主体。公众日益增长的需求不仅成为引导科技传播与普及发展的关键因素，而且随着传播新技术的应用和互联网互动传播的出现，公众也可以通过微博、微信、跟帖、发帖等，成为科技传播链中的重要一环。因此，在当代科技传播与普及发展的背景下，我们需要把所有参与科技传播与普及的参与者都看作是平等的参与主体。

（2）社会公众的群体分层

社会公众在科技传播与普及的传统关系中基本上处于受众的位置，传统意义上的社会公众也主要指那些远离科学的社会大众、对科学缺乏了解的外行群体。但在当代科技传播与普及发展的背景下，科技传播与普及中的传播关系已经发生了根本性的变化。社会公众不仅在许多情况下（如共识会议中）与作为传播者的科学家处于一种事实上的平等对话关系，而且出于关注科学技术发展、监控科学技术应用的需要，公众需要主动地了解各种相关信息，积极参与科技事务，成为科技传播的重要主体。当代科技传播与普及在坚持"主体多元论"的同时，还需要特别坚持"公众主体论"的理念。

当然，科技传播与普及的产生与发展主要还是基于社会公众对科学技术的需要，社会公众是科技传播与普及首先要服务的对象。当代科技传播与普及理论对社会公众持有的一个重要理念是公众群体内也存在着差异化的特征和需求，因此，科技传播与普及在实践操作层面上需要对公众群体进行必要的区别或分层。英国皇家学会在 1985 年发布的《公众理解科学》报告中就曾将公众群体细分为：追求个人满足与幸福的私人个体、作为民主社会成员履行公民职责的个体公民、从事技术及半技术性职业的人群、从事中层管理工作和专职性工作及商务活动的人士、在社会中负责制定政策或做出决策的人员 5 个群体①。我国 2006 年颁布的《科学素质纲要》也从公众群体中选择出未成年人、农民、城镇劳动人口、领导干部和公务员 4 个重点人群，并提出要以重点人群科学素质行动带动全民科学素质的整体提高。

现代科技传播与普及已经不再像早期那样将所有公众都同样视为对科学缺乏了解的外行，也不再将公众群体视为整齐均一的同质群体，而是认为公众群体是异质多样的、可以分层的。有重要指导意义的一个分层理论是将公众群体分为热心公众、感兴趣公众和一般公众。这一理论源于美国政治学家阿尔蒙德（G. A. Almond）在公共政策研究中提出的"热心公众模型"。后来，米勒等学者将其引入科学素质研究中，用于考察科学技术领域中的公众分层问题，并利用实际调查测量了公众对科技政策的关注程度和兴趣水平，建立了科学技术领域的"公众分层模型"（图 3 - 9）。该模型认为科学技术政策形成过程中涉及 5 个群体：决策者、政策领导者、热心公众、感兴趣公众、一般公众②。

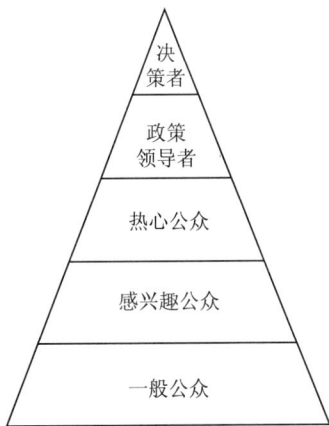

图 3 - 9　科学技术领域的公众分层模型

正如有人热心于谈论政治或体育一样，社会中也有人非常热心于谈论科学技

① ［英］英国皇家学会. 公众理解科学［R］. 唐英英，译. 北京：北京理工大学出版社，2004：3.
② 所谓"政策领导者"指的是那些对政策可以施加重要影响但又不属于决策部门的人士。例如，在科学技术政策领域，权威的科学家和工程师、科技公司的领导者、重要科学机构的领导人、大学校长等，虽然他们对科学技术政策并没有实际决策权，但却可以直接影响到政府科学技术政策的决策。

术，科学技术也有其热心公众。对科学技术政策某个问题的兴趣水平较高并感到对该问题非常了解的那些公民即是该问题的热心公众（attentive public）。科学技术政策的几乎每个问题领域都有其热心公众，热心公民对该问题领域的了解比非热心公民更加详尽。对美国、加拿大、欧盟公众兴趣指数的调查表明，大约 1/10 的人对科技政策是热心的，受过较好教育的公民比受教育较差的公民更有可能热心讨论某些科技问题。在美国、加拿大和欧盟，热心科技问题的公民比不热心的公民对科技的乐观前景抱有更加积极的态度。

对公共政策形成和决策过程的相关研究表明，如果政策决策者和政策领导者高度一致，政策一般就被决定了，并没有公众的广泛参与。但如果政策领导者和政策决策者之间或政策领导者内部存在分歧，就会吸引热心公众参加到政策讨论之中，公众观点也会影响到政策的决策。科技政策学者认为，尽管科技政策的形成和科技争论的解决几乎与选举完全无关，没有任何一个国家的政府职务候选人会因为科技政策问题而赢得或失去竞选，但在任何一种政治体制下，科技政策的决策都有可能受到感兴趣的那些公民的影响①。米勒认为，热心公众关心科技政策讨论，会给公共政策出台产生压力，热心公众对科技政策的民主讨论非常重要②。一般而言，热心公众是科技传播与普及活动的热心参与者和科技传播与普及事业的积极支持者，科技传播与普及事业的发展依赖于社会能培育一支热心公众队伍。

（3）科技传播与普及的"第三方"

传播媒体、科普设施、专业组织属于科技传播与普及的"第三方"，它们在当代科技传播与普及体系中也发挥着重要作用，而且在许多科技传播与普及活动中扮演传播者的角色。从科技传播与普及发展历史来看，科技传播与普及之所以能发展成为一个颇受关注的社会领域，传播媒体、科普设施、各类专业组织的积极参与功不可没。在这些重要的"第三方"中，传播媒体、科普设施因为掌控面向公众的传播手段而在科技传播与普及体系中占据特殊位置，各类专业组织则因为其特殊的运作机制而在科技传播与普及中发挥着重要作用。

传播媒体对科技传播与普及的介入是因为科学技术的专业化发展和公众科学兴趣的高涨，最初的动机也主要是满足公众对科学技术知识和信息的需求，利用媒体向公众传播科学技术知识和信息，在科学和公众之间架起桥梁。但随着越来

---

① ［德］迈诺尔夫·迪克尔斯，等. 在理解与信赖之间：公众、科学与技术 ［C］. 田松，等，译. 北京：北京理工大学出版社，2006：70—88.

② 张晓芳. 论 Miller 的 PUS 研究思路：热心公众理论—科学素养概念—公众科学素养测量 ［J］. 科学学与科学技术管理，2003（11）：57—60.

越强势的介入，媒体慢慢走到了科技传播与普及的前沿，成为了科技传播与普及的一大主力。近些年来的调查表明，我国有超过 80% 的公众是通过电视获取科学技术信息的。在当代科技传播与普及体系中，传播媒体已经成为科学技术知识信息向社会扩散、科学技术知识信息流向公众的基本通道之一，成为科学与公众关系中各个参与方互动、交流、对话的重要中介、渠道和平台①。

当然，随着传播媒体在科技传播与普及领域地位的不断上升，媒体也不再仅仅将自己定位于"转述"科学家的知识，而是有了自己的"独立人格"和特定的态度，有时甚至会通过议程设置功能，发动对科技发展与应用问题的讨论，促进公众对某些科学技术问题的特别关注，引导社会和公众对科技议题的思考，甚至给公众"灌输"媒体所理解的"科学"概念，对政府、对公众、对科技政策决策施加特定影响。另外，基于传播流程和自身利益的需要，为了吸引公众并制造新闻效果，媒体中的科技传播也经常充满对科学的"误读"或"歪曲"。但无论如何，现代媒体已经成为科技传播与普及中一支不可忽视的重要力量，对科技传播与普及的发展产生着不可忽视的影响。

包括自然博物馆、科学技术馆、天文馆等在内的科普设施是专门服务科学技术传播与普及的设施。从发达国家科技传播与普及的经验看，科普设施在科技传播与普及中发挥着极为重要的作用，公众通过参观科技场馆不仅可以了解许多有价值的科学技术信息，学习大量有用的科学技术知识，而且能够直接接触、体验科学甚至是参与到科学中来。科技场馆在发达国家已经成为公众学习科学技术的重要场所，甚至成为青少年科学教育的第二课堂。在当代科技传播与普及体系中，科普设施已经实现了体系化的发展，包含形态多样、功能各异的多种设施，其中尤以科技类博物馆在科学普及与传播中的作用最为显著。

科技类博物馆是伴随着科学技术发展而产生的一类特殊博物馆，最早产生的科技类博物馆类型是以收藏、研究、陈列标本实物为主的自然历史博物馆，19世纪之后出现了以展示人类技术成就和创造发明为主的工业技术类博物馆。进入20世纪以后，科技类博物馆在整个世界范围内蓬勃发展，强调科学技术展示展览与教育功能的现代场馆大量兴建，不仅数量急剧增加，且呈现出多元发展的特征，出现了通信、地质、化工、航空、航天、铁路等各种专业博物馆，强调观众参与、科学体验的"科学中心"也受到社会各界的高度重视。当代科技类博物馆已经成为一个数量庞大的博物馆大家族。

---

① 任福君，陈玲，等. 中国科普研究进展报告（2002—2007）［M］. 北京：科学普及出版社，2009；任福君，高宏斌，等. 中国科技传播与普及报告——中国科普研究进展报告［M］. 北京：中国科学技术出版社，2013.

强调促进公众学习、启发公众思考、激发公众兴趣、提高公众科学探索意识与能力，已成为当代科技类博物馆的基本理念。与强调收藏、研究、陈列、展示的早期博物馆不同，当代科技类博物馆更强调博物馆的科普教育功能，除设有大量的常规展示展览外，还经常组织各种特色专题展览、互动式的科学展示、热点科学话题的讨论、各类兴趣活动小组、科学课程培训、科学技术讲座、科学技术竞赛等，利用多种手段和多种途径，普及科学技术知识，展开科普教育活动，并积极采取措施吸引公众参与，培养公众兴趣。特别是当代"科学中心"，强调通过公众参与来提高科普教育综合效果，通过实践性、体验性、参与式科学探究项目的设计，促进公众对科学的体验与理解。

科技传播与普及"第三方"中的"专业组织"主要指的是那些与科学技术关系密切的、采用专业化运行的社会组织，特别是那些业务范围与科学技术相关的非营利组织（NPO）、非政府组织（NGO）以及公共卫生机构、文化教育机构等。非营利组织、非政府组织具有民间性、非营利性、志愿性、公益性等特点，在当代社会的公共事务和公共管理领域扮演着重要角色，被认为是当代社会结构中政府部门、私营部门之外的"第三部门"和"第三种力量"。非营利组织、非政府组织涉及的领域相当广泛，例如环境保护、社会救济、医疗卫生、文化教育、科学研究、技术推广、社区发展等。

与科学技术关系密切的非营利组织和非政府组织在从事公益性活动时，通常都需要动员各种社会力量的参与与支持，因而非常重视科学技术知识的传播、普及和宣传。例如，在我国环境保护领域里，就活跃着一批非政府组织，其中比较著名的有自然之友、北京地球村、绿色家园志愿者、中国小动物保护协会、中华环保基金会、北京环保基金会、中国野生动物保护协会、北京野生动物保护协会、中国绿化基金会等。他们面向社会和公众积极开展环境意识的宣传教育活动，推动环境保护领域的公众参与活动，资助有关自然资源和环境保护项目，开展环境保护科学技术的研究和普及，在推动中国环保事业中发挥着重要作用，也极大地活跃了与环保相关的科学技术普及传播活动。

3. 科技传播与普及的传播内容

传播内容不仅是传播的结构要素，也是传播得以发生的基础，所有传播活动都是为了传播某种内容。在科技传播与普及的范围内，传播的内容是流动在传播过程中、与科学技术相关的内容，可以按不同标准加以分类，比如，分为原创性的和非原创性的，或者分为科学的、技术的、工程的知识和信息等。对科技传播与普及以及公众科学素质、公众理解科学研究来说，更有意义的一个分类方法是将传播内容区分为科学技术知识、科学方法、科学思想、科学精神、科学技术社会发展信息等①。

（1）科学技术知识

"科学技术知识"主要指的是科学技术领域的各种具体知识和基础信息（如科学数据等）。人们通常从"系统知识"的角度来定义"科学"和"技术"，例如，"科学"被定义为关于自然、社会和思维规律的系统知识（或知识体系）②；"技术"被定义为反映在发明、设计、管理、服务中的系统知识，可用于制造某种产品、实施某个工艺或提供某项服务。将"科学"和"技术"定义为知识的方法符合科学技术的知识性特征：科学技术以获得某种知识为目标，知识是科学技术最基础的组成部分，科学技术具有知识特性。科学技术的这种知识性决定了科学技术具有可传播性，科学技术领域有传播学的问题。

科学领域中的知识有不同的表现和表达形式，例如，科学数据、科学概念、科学事实、科学定理、科学观点、科学理论或已获得某种承认的科学假说等。在科学数据、科学事实、科学概念、科学定理、科学观点的基础上，可以形成具有某种内在逻辑关系的科学理论。科学理论是科学知识的高级形态。技术领域内的知识则有技术的原理知识、设计知识、操作知识、标准知识等不同类型。现代科学技术已经发展成为一个门类繁多、纵横交错、相互渗透、彼此贯通的知识网络体系，仅自然科学一类就包括了数千门学科。在这样一个庞大的知识网络体系中，每天还会有大量的新知识不断被发现。

自英国生物物理学家、哲学家波兰尼（Michael Polanyi）在1958年出版的《个人知识》一书中首次提出"隐性知识"概念以来，显性知识和隐性知识的分类方法受到了人们的重视。科学技术领域也有显性知识和隐性知识两种不同的类型。一般认为，显性知识是可用正式和规范的语言或编码方式清晰表达的知识。显性知识可被记录存储、详尽论述、严格定义，可以写成报道、形成报告、载于报刊，可以利用书籍、手册、说明书等各种载体正式、方便地在人们之间传递、交流和共享③。记载在著作、教材、期刊、论文中的科学技术知识基本上都属于显性知识的范畴。尽管我们日常所见所听的知识大部分是显性知识，但专家们估计"显性知识"只占人类知识的一小部分，大约只有20%，另外80%的知识是

① 任福君，陈玲，等.中国科普研究进展报告（2002—2007）[M].北京：科学普及出版社.2009；任福君，高宏斌，等.中国科技传播与普及报告——中国科普研究进展报告[M].北京：中国科学技术出版社，2013.

② 科学有广义与狭义之分。例如，广义的科学包括自然科学、社会科学、思维科学等。科技传播领域的"科学"一般指的是狭义的科学，包括自然科学、数学、医学等。

③ 郭瑜桥，和金生，王咏源.隐性知识与显性知识的界定研究[J].西南交通大学学报（社会科学版），2007（3）：118—121.

深藏于人们内心、很难被公式化的隐性知识①。

隐性知识是难以用文字语言清晰表达、具有高度个性化特征的知识。隐性知识源于个人经验或组织习惯，存在于个人头脑和组织行为中，表现为个人经验、技能技巧、技术诀窍等。隐性知识难以公式化和明晰化，不易用语言表达和传播②。长时间的观察与模仿、体验与领悟、实践与练习是获得隐性知识的基本途径。有专家估计，一个集成电路设计工程师往往需要 5 年甚至更长时间才能获得足以独当一面的设计经验③。隐性知识具有高度的内隐性和个人依赖性，隐性知识的传递和学习并不像显性知识传播那样容易，例如，研究人员之间只能通过个人之间的正式与非正式接触和交流才能分享研究的经验。但正因为隐性知识难传递、难模仿、难复制，获得和掌握隐性知识有助于使个人或组织拥有特定的竞争优势。科技传播与普及在传统上更关注显性知识的传播与普及，增加公众在科学技术方面的隐性知识事实上也是科技传播与普及一个重要方面。当代科技类博物馆的交互式、参与式、体验性展览就可以对公众的意识、兴趣、体验以及隐性知识产生作用，针对青少年组织的科学探究活动也会增加青少年在科学方面的隐性知识。

科学技术知识每天都在利用科技期刊、学术著作、科研报告、学术研讨会或个人交流等多种不同的媒体和途径，从科学研究机构、大学等知识组织中传播出来，在社会传播大系统中汇集成一个巨量的知识流，然后再通过科学技术教育、传播、普及的各种渠道流向社会。向公众传播输送科学技术知识和信息是科技传播与普及的第一要务，公众利用科技传播与普及获取所需知识和信息也是他们在科学技术方面的第一需求。科技传播与普及通过向公众传播普及科学技术知识，提高公众的知识水平和科学素质。公众则通过了解和掌握科学技术知识，更好地理解自身和身外的世界，提高生活与劳动的技能，增强运用科学技术知识处理实际问题的能力，从而更好地适应社会环境、改善生活质量、参与公共事务。

（2）科学方法

科学方法是服务于科学技术研究的基本工具，是帮助科学家发现科学技术知识的基本手段。科学方法对科学技术知识的获得有导引、规范的作用和功能，是比科学技术知识更高级的科学技术要素。尽管某些重要的科学方法最初源于某种科学知识或理论的发现，但对科学知识与理论的理解和掌握并不能替代对科学方

① 曹建东，潘杰义，司公奇. 组织内隐性知识传播的影响因素及其量化研究 [J]. 情报杂志，2007（8）：69—72.

② 周城雄. 隐性知识与显性知识的概念辨析 [J]. 情报理论与实践，2004（3）：127—129.

③ 汤超颖，周寄中，刘腾. 企业隐性技术知识吸收模型研究 [J]. 科研管理，2004（4）：41—50.

法的理解和掌握。中国古人早就强调过方法的重要性，认为"授人以鱼，不如授人以渔"。对科学方法的理解和掌握，有助于更好地理解知识是怎么来的，从而更好地理解科学技术本身，提高科学判断力和运用科学的能力。对科学研究方法的掌握和理解，是理解科学、灵活运用科学的重要条件。

随着科学技术不断向纵深化、专门化发展，科学研究对科学方法的依赖性越来越强，新的研究方法也不断被发展出来，科学技术现已拥有一个庞大的方法体系。譬如在自然科学领域，既有大量通用性较强的一般方法，如观察方法、实验方法、数学方法、调查方法、模型方法、统计方法、系统论方法、控制论方法、信息论方法等，也有只适用于具体学科领域的具体方法，如量子力学中的重整化方法、生物学中的同位素示踪法等。当然，所有的科学方法都有其特定的适用条件和适用范围，也各有其特定的局限性。

对科学方法的准确掌握和精准运用是科学研究人员应该具有的基本技能和基础素质，面向公众的科学方法普及重在让公众对科学方法有一定的认识和了解，从而能够理解科学结论是以什么样的方式获得的，在日常生活和工作中能选择适当的方法解决遇到的问题。科技传播与普及对科学方法的关注是非常重要的，公众一旦对科学方法有了基本的了解与掌握，那么他们就能够更加深刻理解相关的科学知识，就能根据相关的科学方法来辨别科学与非科学。著名科普作家卡尔·萨根曾说过，如果我们不向公众说明严格的科学研究方法，人们又怎么能够分辨出什么是科学、什么是伪科学呢？

（3）科学思想

科学思想是具有思想性特征的科学技术构成要素，它不同于具体知识和具体方法，科学思想是蕴藏于知识和方法背后的关于研究对象的总体性看法及相应的思想观念。科学思想来源于科学研究实践活动，从研究实践活动中获得，又对后续的科学研究实践有指导作用。科学思想通常有两种存在状态，其一是未及清晰提炼和表达的隐性状态，是科学家在科学研究中实际应用但未得到清晰化的思想观念；其二是经由科学家本人或他人加以提炼并予以清晰表达的显性状态。科学思想也有不同的层次之分，有些科学思想可能只针对某类具体对象，例如，遗传学思想、量子力学思想等；有些则可能针对某一大类对象，例如，物理学思想、系统论思想等；当某种科学思想针对整个自然或是针对整个客观世界，则它就进入到哲学思想的层面。

科学家经过大量的科学研究实践以及对研究对象的深入体悟，都会得到或拥有某种科学思想，只不过对相当多的科学家而言，这种科学思想可能没有被明确意识到并得以清晰表达。那些在科学技术领域做出过重要贡献的科学家不仅有丰富的科学思想，而且也都比较善于提炼并表达自己的科学思想。例如，爱因斯坦不仅创造性地提出了相对论等一系列重大理论，推动了 20 世纪的科学革命，成为奠定当代科学大厦的基石，而且还发表了许多有关科学思想的演讲和文章。《爱因斯坦文集》就收录有爱因斯坦关于相对论、物理学、科学等方面的许多书信、演讲和文章，这些书信、演讲和文章包含丰富的科学思想和哲学思想。

科学思想是立足于科学实践和科学认识而产生的关于科学对象的总体看法，它被用以指导科学研究的方向、过程以及方法的设计和运用，因而是比具体的知识、理论、方法"更高级"的科学要素。科学思想的提炼与总结要依赖对科学知识、理论和方法的概括和提升，但一旦提炼出相应的科学思想，从科技传播与普及的角度看，反倒可能比具体知识理论更容易传播，因为严格严密的科学知识通常包含更多的专业概念、术语、公式、定理，而科学思想在表达和传播时通常可以不需要太多的专业语言，因而也更容易为公众所理解。例如，要公众学习"大爆炸"理论可能并不是一件容易的事，但要上升到思想层面，告诉公众宇宙起源于"大爆炸"，让公众立足于"大爆炸"理论看宇宙的起源和演化，就可以让公众认识到宇宙是物质演化的结果。

对于普通的社会公众而言，在科学技术飞速发展的今天，不要说在一系列重要的科学技术领域，就是在自己比较感兴趣的某个科学技术领域，都已经很难全面掌握其中出现的各种知识与理论，因此，"对公民要求过多的具体知识是不切实际的，但是他们对思想性的东西，还是可以理解和把握的"①。而且从某种意义上说，科学思想比具体知识有更高的概括层次，公众对科学思想的理解与掌握更有利于公众把握科学的本质与精神，提升内在的科学素质，增长辨别能力。毛泽东同志在其创刊的《湘江评论》上就曾说过，国人"迷信神鬼，迷信物象，迷信命运，迷信强权……这是科学思想不发达的结果"②。

（4）科学精神

科学精神包含对科学及其实践本质的认知，并对人类科学认识的方向和科学实践的过程具有约束、规范、指导作用。关于科学精神内涵与要素，国内外学者提出了许多观点。科学史上较早对科学精神进行系统研究的是美国科学社会学家默顿，他在 1942 年发表的文章中首次提出"科学的精神气质"概念。默顿认为，科学的精神气质是带有感情情调的一套约束科学家的价值和规范的综合，现代科学的精神气质有四个方面：普遍性、公有性、无私利性和有条理的怀疑精神。科学的精神气质是默顿科

---

① 刘立. 我国公民科学素质的基本内涵与结构［C］// 全民科学素质行动计划制定工作领导小组办公室. 全民科学素质行动计划课题研究论文集. 北京：科学普及出版社，2005：55.

② 转引自：刘立. 我国公民科学素质的基本内涵与结构［C］// 全民科学素质行动计划制定工作领导小组办公室. 全民科学素质行动计划课题研究论文集. 北京：科学普及出版社，2005：56.

学社会学的重要基础①。默顿关于科学精神的研究属于科学社会学的视角，主要研究的是科学共同体内内化于科学家行为或者说科学家应该坚持的基本规范。

但许多关于科学精神内容的概括是在更宽广的视野中进行的，科学精神的这些内容不仅适用于指导和约束科学家的科学实践，而且也是每个社会成员都应该坚持和遵循的。基于这种视角的科学精神内容在表述上不尽相同，本质上却是相容并互补的。例如，有人概括为：探索求真的理性精神、实验取证的求实精神、开拓创新的进取精神、竞争协作的包容精神，执著敬业的献身精神；有人概括为：客观求实精神、不断求知精神、追求真理精神、科学怀疑精神、团队协作精神；有人认为是：求真精神、理性精神、批判精神、平等精神、协作精神；也有人认为是：实事求是、探索真理、崇尚真理、勇于创新、反对迷信、反对盲从、解放思想、追求真理、与时俱进等②。

科学精神是基于近代科学技术发展而产生的、具有普遍性的科学规范，不仅科学家需要拥有并遵守，而且全体社会成员也都需要学习、理解和掌握，并能在科学精神的指导下观察和处理各种问题。科技传播与普及需要在培育科学精神方面承担重要职责，通过普及科学知识、传播科学思想，为公众理解、体认、掌握科学精神提供重要的基础；通过对提炼出来的科学精神内容的传播普及，帮助公众学习、理解、掌握科学精神。当然，公众对科学精神的真正掌握，还需要公众自身的内化过程，将借助于传播过程的学习认识成果内化在思想意识的深处③。

（5）科学技术与社会关系的内容

科学技术存在于社会大系统，影响到社会其他系统的发展，也受到社会其他系统的影响。了解科学技术与社会之间的基本关系，有助于公众更好地理解科学技术及其在社会中的作用。因此，科技传播与普及的内容不仅包括科学技术的知识、方法、思想、精神这些"内部要素"，还应该给予科学技术与社会的关系这类"外部要素"以高度的重视，将科学技术"外部要素"作为科技传播与普及的重要内容，例如科学技术发展的历史与当代发展特点、科学技术与社会各领域的互动关系、国家科学技术发展的重要动态信息、科学技术某些领域的重要进展信息，等等。

了解科学技术的发展历史、当代特点、发展现状、未来趋势以及反映科学技术历史与发展的科技人物、科技事件，有助于公众全面认识科学技术的发展历程，获得对科学技术发展的整体认识，认识科学技术发展的某些规律，明确科学技术领域中那些重大的发现与发明产生的社会背景，从而形成对科学技术发展的

① 彭炳忠. 论科学精神［J］. 自然辩证法研究，1998（10）：25—29.
② 任福君，陈玲，等. 中国科普研究进展报告（2002—2007）［M］. 北京：科学普及出版社. 2009.
③ 任福君，高宏斌，等. 中国科技传播与普及报告——中国科普研究进展报告［M］. 北京：中国科学技术出版社，2013.

正确认识，并理解科学技术在人类文明中的重要作用。了解科学技术与经济、政治、文化、教育等诸多社会因素的互动关系，了解科学技术在解决资源、生态、环境、社会问题中的重要作用，了解科学技术对个人生活、产业进步、经济增长的影响及其影响方式，了解科学技术可能产生的复杂影响，有助于帮助公众正确认识科学技术在社会发展中的作用及其作用方式，形成对待科学技术的理性态度和基本观点，客观评价科学技术的作用和后果。这对于提高公众的科学素质和科学理解水平具有极为重要的价值和意义。

科技传播与普及还需要帮助公众了解国家的科学技术发展战略和基本政策，明确这些战略和政策对科学技术发展、社会生活生产可能产生的影响；帮助公众了解科学技术某些重要领域的发展状况及重大进展，明确这些进展的意义以及可能产生的后果。对这些相关信息的了解有助于公众明白国家、政府、工业界、科学家在做些什么，明确科学技术可能产生的影响，增加对当前科学技术工作的全面认识，给国家和科学家的科学技术工作提供所需的支持，同时也能够在必要的时候参与到有关政策问题的协商对话中来，参与到有关科技应用问题的讨论中来。公众对科学技术事务的民主参与水平，不仅取决于公众对科学"内部要素"的理解水平，也取决于对当前发展动态信息的了解程度。

在当代大科学发展的背景下，科学技术已成为全社会必须关注和支持的一项社会事业，科技发展动态信息应该成为科技传播与普及的一类重要内容。这类信息一般通过科技新闻、成果报道、展示展览的途径来传播。与科学技术知识、方法、思想的传播相比，这类发展动态信息的传播有可能会引发公众对特定问题的关注与思考，并影响公众对相关问题的基本判断。因此，科技传播与普及者（例如媒体工作者）在传播过程中既要有科学精神，又要有人文关怀，客观、求实地分析科学技术的发展及其作用，全面、平衡地看待某些科技发现及其可能的应用后果。

当代科技传播与普及拥有一个复杂的内容体系，涉及科学、技术、工程的多个方面，涉及知识、方法、思想、精神以及科学技术与社会的关系多个层面。科技传播与普及的某些活动可能会在传播普及的具体内容方面存在差异，但凡是传播普及这些内容的活动，均属于科技传播与普及的范畴。刘华杰曾提出"一阶科学传播"与"二阶科学传播"的概念，认为科学传播包含一阶（first order）科学传播，即关于科学技术基本知识的传播，也包括二阶（second order）科学传播，即关于科学方法、科学精神、科学文化、科学的社会运作等内容的传播，并认为在当前中国有必要特别突出强调并加强二阶科学传播①。这种分层方法和观点对发展科技传播与普及的理论和实践很有指导价值。

① 刘华杰. 科学传播读本［C］. 上海：上海交通大学出版社，2007：3.

4. 科技传播与普及的传播渠道

传播学上的传播渠道通常指的是传播过程中传受双方沟通和分享信息的通道，传播学家将传播渠道区分为大众传播、组织传播、群体传播、人际传播四大基本渠道。科技传播与普及是人类传播的一个重要分支，自然也要利用这些基本渠道。但科技传播与普及又是人类传播的一个特殊分支，服务于科学技术活动，扩散科学技术内容，在利用这些传播渠道的同时，还发展出了自己的专门渠道。例如，附属于教育的科学教育、利用大众媒体的媒体传播、基于科普设施进行的传播以及通过组织群众性的科普活动进行的传播等。

（1）科技传播与普及对社会传播渠道的利用

在人类社会传播现象中，大众传播和人际传播是传播的"两极"。大众传播利用报纸、广播、电视这类大众传播媒介，其典型特点是面向非特定人群、集中快速地进行信息的大面积扩散。在当代社会的传播生态系统中，大众传播异常活跃并高度发达，已经具有了高度组织化的特征，拥有了一个庞大的传媒体系。大众传播的影响也已经延及社会的各个角落，对公众群体与社会组织的立场、观点、态度、行为产生着极为广泛的影响。人际传播则是高度分散化的，它发生于社会个体成员之间，借助于人际交往关系，遍及社会生活的各个角落和各种场合。谈话聊天、书信往来、互送电子邮件，大都属于人际传播的范畴。人际传播服务于个人之间的信息互通、思想交流，它互动性强、反馈迅速，通常会有较强的说服效果。

群体传播和组织传播是居于中间形态的传播渠道。发生于群体内部或群体之间的传播是群体传播，发生于组织内部或组织之间的传播是组织传播。群体是由一定数量的社会个体构成的相对松散的人群集合，群体聚合的动力可能源于成员的共同志向、爱好或通过成员协同才能达成的某种目标，但通常缺乏组织中那种比较严格刚性的结构、分工、制度、纪律和指挥系统。群体成员之间通常具有较高的相似性和交往的频繁性，群体传播的信息会沿着群体交往关系流动，使群体成员在观念、意识、态度、情绪、行为方面相互影响，并产生思想行为上的感染与模仿，从而出现群体性行为。组织则是基于组织目标与组织规则建立起来的，成员之间一般有相对严格的分工协作关系。组织传播对组织的建立、维系、协同以及组织目标的实现有着非常重要的作用，其基本功能是帮助组织协调成员之间的关系和行动，疏通组织内外的关系和联系。

正如人类社会的其他传播现象一样，科技传播与普及也会利用大众传播、组织传播、群体传播、人际传播这些渠道，并将这些传播渠道作为达成目标的重要手段。作为面向公众的科技传播与普及尤其会经常使用大众传播媒体和大众传播渠道。大众传播面向社会大众、快速集中传播的特点可以帮助科技传播与普及扩大知识扩散的范围，提高知识传播的速度，大众媒体熟悉公众传播语言与技巧的优势也可以帮助科技传播与普及更好地达成自己的目标。虽然大众传媒在传播科学技术的时候，经常会出现"误读"、"歪曲"的问题，但大众传播的公开性显然比私下议论更具权威性。大众传媒所拥有的一系列特殊优势已经使它成为科技传播与普及中一支不可忽视的重要力量。

科技传播与普及当然也会利用组织传播、群体传播、人际传播渠道，并在组织传播、群体传播、人际传播的层面上发生。在现代科学技术影响日趋广泛的情况下，任何组织和群体在完成其组织和群体任务时都会经常性地利用到科学技术的手段，科学技术知识的传播和普及因而会在群体和组织内外频繁发生。同样，科学技术知识也会经常流动在人际交往的过程中。科技专家在非正式场合下与普通民众谈论或介绍科学现象和科学知识，普通公众之间闲谈科技领域中的发现发明，消费者之间相互推荐最新的科技产品，都会促进科学技术知识信息在人际之间的传递。中国科协近些年来对我国公众获取科技信息渠道的调查表明，人际交谈是公众获得科技信息的重要渠道之一①。

（2）科技传播与普及的传播渠道

概括当代科技传播与普及利用的各种传播渠道，可以区分为具有公共性特征和不具有公共性特征的两大类渠道。前者主要包括利用科学技术教育的科技传播与普及、利用大众媒体的科技传播与普及、利用科普和文化基础设施的科技传播与普及、利用群众性科普活动的科技传播与普及；后者则主要包括公众群体内利用人际交流途径实现的科技传播与普及②。

在当代科技传播与普及体系中，科学技术教育不仅已成为科技传播与普及的重要渠道之一，而且对公众的科学素质水平产生极为重要的影响。世界各国的公众科学素质调查都表明，公众科学素质水平与所受教育的程度密切相关，受教育程度越高的公众群体，具备科学素质的比例越高。在现代社会结构中，科学技术教育已经成为社会教育体系一个基本的组成部分，拥有了一个包括正规的和非正规的科学技术教育在内的庞大的教育体系。目前，发达国家早已普遍实现了基础阶段的义务教育，高等教育也实现了大众化，几乎全部的公民都能接受到基础的科学技术教育，能够接受高等科学技术教育的人口比例也不断上升，极大地提升了公民群体的科学技术知识和素质水平。

---

① 参见第四章的表4-1。

② Ren Fujun, Li Zhaohui, Zheng Nian. *Study on Popularization of Science and Technology Infrastructure Development in China* [M]. PICMET'11, VOLS 1 – 5: 321 – 327, 2011.

科学技术教育在传播普及科学技术方面拥有许多鲜明的特点和优势，例如，强调知识本身的系统性和教师讲授的系统性，学生可以通过科学教育课程获得某一领域比较系统的知识，甚至学习到探索和研究科学的重要方法，为未来成为科学家或专业技术人员奠定基础。鉴于科学技术教育在科技传播与普及以及公众科学素质方面的特殊价值，世界各国都特别强调引导和促进学校科学技术教育的改革，例如，美国在1985年提出了著名的"2061"计划，制定了"面向全体美国人"的科学素质基准。同时，世界各国也不断加强对校外科学技术教育活动的支持力度，通过科学机构、科学中心、科学博物馆等设施开展了面向公众（特别是青少年学生）的"探究性"科学项目。

媒体传播是当代科技传播与普及的另一个重要渠道。我国历次公众科学素质调查结果均表明，电视、报纸等公众经常接触的大众媒体是公众获得科学技术信息的重要渠道，大众媒体已经成为影响公众科学素质水平的重要因素。无论是报纸、广播、电视这些带有传统特点的大众媒体，还是基于现代信息技术迅速发展起来的互联网等新媒体，由于拥有面向广大公众、熟悉公众语言等一系列传播优势，在传播普及科学技术、提高公众科学素质方面发挥了重要作用。在我国的《科学素质纲要》中，"大众传媒科技传播能力建设工程"就与"科学教育与培训基础工程"、"科普资源开发与共享工程"、"科普基础设施工程"一起被列为全民科学素质行动的四大基础工程之一。

而包括各种类型的科技类博物馆、青少年科普教育基地在内的科普设施同样在科技传播与普及方面发挥着重要作用。从发达国家科技传播与普及的经验看，科技馆、博物馆、天文馆、展览馆等科技场馆是科技传播、科技教育、科学普及的重要场所和重要基地，社会公众通过参观各种科技馆、博物馆、天文馆、展览馆，可以了解许多有价值的科学技术信息，学习大量有用的科学技术知识，并能够通过获取知识、体验科学、增加对科学技术的理解。基于科普基础设施的科技传播与普及具有更加灵活多样的特点，可以通过实物标本展示、专题科技展览、互动性的科学演示、探究性研究项目等多种形式和手段传播普及科学技术①。

由政府部门、科学机构、科学团体组织的群众性科普活动也是传播普及科学技术的一个重要渠道，特别是面向社会的大型科普活动历来受到各国政府和科技界的高度重视。例如，科技周就被世界各国政府和科技界视为进行科普教育的有

---

① 任福君，等. 中国科普基础设施发展报告（2009）［M］. 北京：社会科学文献出版社，2010；任福君，等. 中国科普基础设施发展报告（2010）［M］. 北京：社会科学文献出版社，2011；任福君，等. 中国科普基础设施发展报告（2011）［M］. 北京：社会科学文献出版社，2011；任福君，等. 中国科普基础设施发展报告（2012—2013）［M］. 北京：中国科学技术出版社，2013.

效方式之一，许多国家都有这类科技周、科学节活动。我国政府部门同样也对这类群众性科普活动给予高度重视，不仅组织有科技活动周、全国科普日、科技下乡等大型科普活动，各地政府、科学机构、科学团体也结合自身的特点开展各具特色的科普活动。

三、 科技传播与普及模式问题

总结和概括科技传播与普及的模式是科技传播与普及研究的一个重要内容，但到目前为止，科技传播与普及模式理论还没有很好地建立起来。科技传播与普及在长期的历史发展中，形成了许多各具特色的传播模式①。经过 20 世纪以来的繁荣发展，科技传播与普及实践活动形态也呈现出更加多样化的特点，科技传播与普及模式有了新的发展。科技传播与普及模式具有动态发展的特征，受到社会需求的牵引和传播实践的推动，科学技术与社会以及与公众之间的关系正在变革之中，传播新技术的发展和应用也正在推动社会传播革命，科技传播与普及模式在未来还会有更大的变革与创新。目前在国内研究领域，学者们初步讨论过以下一些科技传播与普及模式。

1. 基于时空特征的模式分类

林坚在《科技传播的结构和模式探析》一文中，曾将科技传播与普及的基本模式区分为历时性传播模式、地域推移模式、空间跨越模式。其中，历时性传播是指科学技术的发展和传播的历史进程，即从古代、近代到现代的传播；地域推移模式是科学技术在特定历史条件下的传播方式（由于世界地域辽阔，以前受交通工具和信息传播工具的局限，科学技术只能以地域推移的方式逐渐扩散）如中国印刷术传到欧洲，就呈现这种状态；空间跨越模式指利用电话、广播、电视、互联网的传播，这种传播突破了空间传播的障碍，全球信息网络也使信息传播得以即时实现②。

这种模式分类方法依据的是科学技术传播跨越时空的特点，对理解科技传播与普及有重要意义，也适用于研究和分析人类历史上某些重要的科学技术传播普及现象。事实上，所有的传播现象都涉及时间和空间两个方面，科

---

① 传播学领域中"传播模式"通常兼有传播样式、传播模型的含义，这里的"传播模式"更多的是指传播的类型。

② 林坚. 科技传播的结构和模式探析［J］. 科学技术与辩证法，2001（4）：49—53.

技传播与普及也不例外。如果以科学技术传播主要体现在时间轴或空间轴上的鲜明特点进行区分，可以区分为历时性传播、跨空间传播两种基本模式①。历时性传播是指科学技术在时间上的纵向传递，传播过程表现出很强的历史性特征，体现为较长时期的历史跨越；跨空间传播是指科学技术在空间上的横向扩散，传播过程表现出很强的空间跨越特征，体现在较大地域内的扩散。当然，任何科学技术的传播与普及活动都会同时涉及时间和空间两个方面，跨越时空是所有科技传播与普及活动的共有特征，历时性传播、跨空间传播只是就其主要方面而言的。

历时性传播模式对科学技术的传承与发展具有重要作用，没有历时性传播的有效支撑，科技成果无法传承下来，也无法成为后世知识创新的基础。人类今天的科学技术成就是在继承前人知识和方法的基础上不断创新的结果。跨空间传播实际上有两种形态：一种是兼有明显历时性特征的跨空间传播；另一种是相对即时性的跨空间传播。例如，在科技传播与普及不发达的古代，科学技术传播与普及常常表现出地域推移的特点，经过一个漫长的历史时期，才能逐步跨越广大的地域，中国古代四大发明向欧洲的传播就经历了从中国西部到中亚、中东再到欧洲的逐级传递，属于兼有明显历时性特征的跨空间传播。而利用电话、广播、电视、互联网则可以实现相对即时性的跨空间传播。

自从文字、纸张发明以来，人们可以利用文字和纸质媒介更好地进行历时性和跨空间的科技传播与普及。随着现代科学技术的发展及其在传播领域的运用，人们又发明了电话、广播、电视等各种电子传播媒介，发展出了远程通信技术、卫星通信技术、光纤通信技术等各种快捷的跨空间传播新技术，传播速度、效率以及便捷程度得到极大提高，跨空间传播能力也不断增强。20世纪的最后20年间，基于现代信息技术、网络技术建立起来的互联网和移动通信平台，又给人类社会提供了更为迅捷的即时传播媒介，为实现即时性传播提供了技术基础，这种新技术的应用与普及已经将整个世界变成了"地球村"。信息传播的跨越时空问题已经得到根本性的解决。

2. 基于传播载体的模式分类

如果从传播载体的角度区分科技传播与普及，大体可以分为以人为载体的科技传播与普及、以物为载体的科技传播与普及、以媒体为载体的科技传播与普及。

以人为载体的科技传播与普及依赖掌握和拥有科学技术知识技能的人（传播

---

① 翟杰全. 让科技跨越时空：科技传播与科技传播学［M］. 北京：北京理工大学出版社，2002：71.

者）的亲身参与，人是知识技能的载体，通过亲身参与，将自己拥有的知识技能传授给他人。在传播技术不发达的时代，这种传播模式很常见、也很重要。例如，师传徒受、口口相传就曾是技术传播的基本形式，古代许多重要的技术成就也经常是通过人口迁徙（或战争中俘获工匠）而实现跨地域扩散的，西方传教士在西学东渐过程中也起了重要的作用。以人为载体的传播存在着很大的局限性，容易造成知识技能的失传，但有助于传递技能型、经验型的隐性知识。

以物为载体的科技传播与普及是利用某种实物作为负载知识和信息的载体，利用实物的展示与转移带动知识和信息的扩散与传递。例如，博物馆的科技展览展示、消费者购买科技产品、不同地域之间的科技产品交易、国家之间的科技产品进出口等，都可以促进科学技术知识信息的扩散与传递。利用实物、模型、产品的科技传播与普及可以给受众以直观的感受，增加受众的体验，但传播效率通常不高。

以媒体为载体的科技传播与普及是当代最常见的一种科技传播与普及模式，现代科技传播与普及通常可以用到的媒介包括纸质媒介（例如，图书、期刊、报纸等）、电子媒介（例如，广播、电视等）、网络媒介（基于互联网的各种新媒体）等。与以人、以物为载体的科技传播与普及相比，这种科技传播与普及模式具有许多特殊的优势，例如，容易扩展传播的范围，有更高的传播效率，知识信息的可保存性和传播的可复制性相对较强①。

3. 基于流程特性的模式分类

如果从传播流程特性的角度区分，可以将科技传播与普及模式区分为扩散式、交流式、参与式等不同模式。

扩散式传播面向一定数量的受众对象，传播者和受众的角色相对比较固定，信息流动方向也相对单一，但具有扩散性强、传播范围广、传播速度快、倍增效应强的特点，有利于知识信息的大范围扩散。利用大众媒体的科学普及就属于典型的扩散式传播。扩散式传播具有单向传播的特征。当然，扩散式传播有扩散范围大小的区别，利用大众传播媒介的扩散式传播面向整个社会，而利用科技报告会、科普讲座这类形式的科技传播，扩散范围可能就相对比较小。

交流式传播是科学技术知识和信息可在传播者和受众之间双向流动的传播模式。利用人际交流的科技传播与普及就是交流式传播，传播者和受众可以在交流

---

① 任福君，等. 中国科普基础设施发展报告（2009）［M］. 北京：社会科学文献出版社，2010；任福君，等. 中国科普基础设施发展报告（2012—2013）［M］. 北京：中国科学技术出版社，2013：6.

过程中互换角色，反馈迅速及时，可以使双方就某个话题及时深入讨论，实现知识信息的交流和共享。民主模型下的科学对话也属于交流式传播，科学家、政府部门、公众之间可以就某个议题进行充分讨论，最后达成共识。交流式传播较其他传播模式有更强的互动特点，通常也会有更好的传播效果，有助于传播隐性知识，也有助于激发双方的思考。

参与式传播主要指的是公众通过参与科学过程获得某种体验或知识理解的传播模式。在当代科学技术越来越制度化的背景下，普通公众基本上被排斥在科学体制之外，很少有机会亲身参与到科学探索中来。但在某些特定的情况下，公众也可以通过参与获得科学的知识和认识，例如，在科技类博物馆中参与体验型、互动性展览展示项目，参与科学研究机构或科普组织举办的"公民科学计划"等①。通过参与过程，公众可以了解相关的科学知识，获得对科学的体验和认识，加深对科学的理解。

4. 基于综合属性的模式分类

近些年来，在公众理解科学与科技传播研究领域，有学者开始用"线性"和"非线性"的标准来区分科技传播的不同模式，认为传统科学普及是线性的传播模式，而当代科技传播强调的是多元、平等、开放、互动、民主、对话的理念，对应的传播模式是非线性的。这些学者认为，在科技传播实践发展的历程中，直到 20 世纪 80 年代之前的科学普及、早期的公众理解科学都认为公众在科学方面是无知的，公众需要掌握和理解科学知识，因而强调知识的单向传递。基于这种理念和认识的科学普及就是科学知识自上而下的单向传播过程，是由掌握知识的人向不掌握知识的人群传播的过程。

学者们还提出了与"线性模式"相应的一些传播模型，例如，约翰·杜兰特（John Durant）总结的"缺失模型"、斯蒂文·夏平（Steven Shapin）总结的"权威解说模式"等。缺失模型的主要观点是：公众缺乏科学技术知识，公众需要掌握科学技术知识，科学技术在现代生活中是至高无上的，需要提高公众对于科学技术的理解。在"权威解说模式"看来，科学事业的专业化和复杂化使外行公众难以理解，媒体需要在科学家和非科学家之间架起桥梁，运用通俗的语言把科学传播给受众。

---

① "公民科学计划"是英美国家颇有传统的一种公众科学教育形式，"公民科学计划"的研究项目通常由科研机构或科学团体提出，项目内容通常与生态、环境、气候监测或调查有关，以方便公众能够参与进来。在研究项目的实施过程中，青少年学生、普通公众可以和科学家一起监测环境数据、观察禽鸟数量、收集天气信息等。公众在参与这样的研究项目过程中，不仅可以学习相关的科学知识，也会增加对科学研究及其重要性的理解。

　　有些科技传播学者认为，早期的科学普及坚持的就是线性模型。随着科学技术的进步，科技传播的模式也在不断与时俱进，当代科技传播模式不再是线性单向的，而由多种因素共同作用，循环互动，具有非线性特征。他们认为，在非线性科技传播模式中，普通公众要求与科学家以平等的姿态进行对话，从而形成相互交流、共同合作的传播者与接受者的新型关系。与传统的线性模式相比，当代科技传播在传播形式上有了重大变化，近些年来学者们广泛讨论的"民主模型"就典型地体现了这种非线性模式①。

　　以"线性"和"非线性"特征区分科技传播模式实际上涉及一个综合性的标准，综合了科技传播的理念、传受双方的关系、科技传播的流程特性等。从反映科技传播与普及发展演变的角度看，这种区分方法是非常有价值的，科技传播与普及发展演变的不同阶段各有其代表性、主导性的传播模式，早期的科学普及更多采用的是线性模式，而科技传播在当代则认识到了科学家和公众平等交流的重要。但从当代科技传播与普及实践看，自上而下的线性模式和平等交流的非线性模式都是存在的。

① 黄时进. 科学传播导论［M］. 北京：华东理工大学出版社，2010：129—137.

第四章　科技传播与普及的基本渠道

科学技术与社会的快速发展，社会科普需求的不断增长，政府部门的积极引导和大力支持，科研机构和大学、科技团体、教育机构、大众传媒、企业、社区、各类专业组织乃至公众团体或群体等社会各方面的广泛参与，为科技传播与普及的发展提供了复合动力，推动了当代科技传播与普及事业的繁荣，使其在内容方面更加丰富多彩，在活动形式方面更加灵活多样，在传播渠道方面也逐渐形成了科技教育、科普设施传播、传播媒体传播、群众性科普活动等基本渠道，传播渠道多样化已成为当代科技传播与普及的一个显著特征。科技传播和普及渠道是科技传播与普及系统的基本要素，担负着传递科技传播与普及内容的任务，发挥着联结传播者与受众的作用。

一、　科技教育：　基于教育过程的科技传播与普及

科学技术教育（通常简称为"科技教育"、"科学教育"）是以科学技术为内容的教育活动。从广义角度理解，所有科技教育活动都和科技传播与普及有密切的关系，无论是在校内开展的科技教育还是在校外开展的科技教育，都具有传播普及科学技术的功能。特别是随着国民义务教育制度的不断推进，科技教育已经成为公众接触和学习科学技术的基础途径，成为面向社会公众传播普及科学技术的基本渠道。20世纪70年代以来，随着公民科学素质理论研究的不断深化和公民科学素质调查的不断深入，人们发现各种形式的科技教育对提高公民科学素质都有重要作用，融合校内外各种形式的科技教育因而成为科技传播与普及、提升公民科学素质的一种重要理念[1]。

1. 科技教育的发展及其当代体系

科技教育与科学技术一样拥有悠久的历史，只不过在人类社会发展的早期，

---

[1]　Fujun Ren，Xiuju Li，Huiliang Zhang & Lihui Wang. *Progression of Chinese Students' Creative Imagination from Elementary Through High School* [J]. International Journal of Science Education，Vol. 34，No. 13，September 2012：2043—2059.

科技教育一直从属于社会的文化教育和知识传承。进入近代发展阶段以后，产业革命的爆发以及科学技术体系化的发展，促进科技教育不断走上独立发展的轨道。产业革命使生产领域产生了对科技专门人才和掌握科技知识的劳动者的强烈需求，科学技术体系化使科学技术教育逐渐走上专门化的发展道路。这两种因素促进19世纪欧美资本主义国家出现了教育改革和新大学运动，学校课程中增加了科学技术内容，不少大学也开始设立工程技术类专业。在英国的"新大学运动"中，由资本家捐助和公众赞助，各地陆续开办了一些新式大学。这些大学重视科学和商业课程，开设了工程技术专业。在同时期的美国，重视实科教育的新型中等学校——学园发展到数千所，在联邦"莫里尔联邦赠地法案"的支持下，各地陆续创办了百余所农业和理工学院。

经过19世纪的教育改革和新式学校的大量创办，到20世纪初期的时候，科技教育在发达国家已经成为学校教育的重要组成部分，科技教育体系也初步建立起来。在基础教育领域，数学、物理、化学等科学课程成为学校教育的重要课程；在高等教育领域，与科学、技术、工程相关的各类专业成为大学教育的重要组成部分。到20世纪上半叶，科技教育体系在欧美国家已经比较完善地建立起来。20世纪中叶以后，随着科学技术的加速发展和广泛应用，科技创新在经济社会发展中作用的不断增强，许多国家将科技教育视为促进人力资源开发、推动科学技术发展的重要基础，从国家战略的高度给予重点支持。积极面向普通公众开展各种形式的校外教育也受到前所未有的重视，利用各种途径提高公众科学素质成为世界各国热议的话题。

尽管到目前为止，人们对科技教育的功能和内容还存在不同的看法[1]，但从科技教育的基本特征看，可以认为科技教育是以科学技术为内容的教育，是通过传授科学技术知识、科学探究方法的教育过程和训练活动，促进受教育者获得科技知识、掌握科学方法、提高知识应用能力、领会科学思想和科学精神，并在科学技术探究方面获得某种基础能力和相应训练的教育活动。科技教育实际上承担着知识传授、能力培养、素质提升等多种重要任务。在当代科技教育体系中，普及性的基础教育承担的主要是基础知识教育的任务，而专业化的高等教育则主要是为社会培养高素质的科技人才。但所有的科技教育都对在社会范围内扩散科学

---

[1] 例如，科学技术普及概论编写组编著的《科学技术普及概论》一书将科技教育定义为：通过现代科技知识及其社会价值的教学，让学生掌握科学概念，学会科学方法，培养科学态度，懂得如何面对现实中的科学与社会有关问题做出明智抉择，以培养科技专业人才、提高全民科学文化素质为目的的教育活动。周孟璞、松鹰在《科普学》一书中则认为，科技教育是一种以传授基本科学知识为手段（载体），体验科学思维方法和科学探究方法，培养科学精神与科学态度，建立完整的科学知识观和价值观，进行科研基础能力训练和科学技术应用的教育。

技术知识、提高国民科学文化素质具有重要作用。

科技教育尽管在一般语境中通常让人联想到学校教育，学校教育事实上也的确是科技教育的主体，但当代科技教育早已延伸到学校之外，拥有了一个包括多类型、多层次、多模式的校内外科技教育庞大体系，其中既有普及性的基础教育、技能型的职业教育和专业化的高等教育，也有在校内组织实施的正规教育和在校外实施的非正规教育。

科学技术正规教育通常指的是利用相对规范的组织形式，通过学校安排的科学课程及相关教学活动实施的科技教育，通常以有组织、有计划的方式进行，有较为严格的教学要求和教学规范，依托开设的科学课程和教师的讲授，组织学生学习预先设计好的科技内容，具有鲜明的集中化、系统化的特点。正规科技教育面向的对象是具有"学生"身份的社会成员，这类科技教育因而是促进学生群体（特别是青少年）了解科学知识、学习科学方法、提高探究能力的重要途径，也是提高学生群体科学素质的主要渠道，并在提升公民科学素质方面发挥着重要的作用。国内外公众科学素质的调查表明，国民科学素质水平与其所受正规教育的年限高度相关，受教育程度越高的公众具备科学素养的比例越高。

科学技术非正规教育通常指的是学校在规定的科学课程及教学活动之外或是由校外机构（如科学技术博物馆、社会化教育机构等）开展的各类科技教育活动。非正规教育通常不像正规教育那样严谨和系统，具有类型多样、形式各异、手段灵活的特点，可以依托学校的现有科技教育设施，也可以依托科技馆、博物馆、动物园、植物园等科普设施；可以采取课外兴趣小组、科学探究项目的形式，也可以由社会化教育机构以技能培训的方式来组织。非正规教育是对正规教育的有益补充和延伸，并具有独特的教育价值和优势。非正规科技教育往往在手段上更加灵活多样，在目标上更加关注受教育者的兴趣和需求，在提高科学兴趣、丰富科学知识、增长探究能力、提高科学素质等方面有重要作用，同样是提高公民科学素质的重要途径。

国外相关研究发现，经常参加校外非正规科学活动与学生对待科学的态度、对学习科学的热爱程度、深入学习科学的愿望之间有明显的正相关。参与很多校外活动的学生由于有机会运用他们已有的知识，处理实际问题的能力也比那些没有太多非正规学习经历的学生要强很多。非正规教育通常更侧重启发式的教育方法，重视对学生兴趣和能力的培养，引导学生进行有趣的探究性学习，因而在提高学生学习兴趣、完善知识结构、促进认知发展等方面作用明显。繁荣发展各种层次的正规科技教育、开展各种形式的非正规科技教育、促进各种科普类教育活动与正规教育活动的紧密结合和互相补充，是推进科技传播与普及事业发展的重要手段，也是提高国民科学素养的重要基础①。

2. 当代科技教育的素质和能力转向

人类社会自进入 20 世纪下半叶以后，科学技术本身的飞速发展及其在社会各领域中的广泛应用，推动了一场新的科技革命的爆发，不仅使科学技术领域呈现出爆发式增长和群状突破的特征，而且使科学技术成果向生产领域快速转移，促进了生产方式和社会生活方式发生巨大变革，科学技术与社会之间的关系由此也日渐紧密。科学技术与社会的这种发展趋势让人们认识到了发展科学技术事业、提高公民科学素质的重要性，也极大地促进了科技教育的理念提升和实践变革。人们认识到，当代科技教育不仅要承担培养和造就大批科技专门人才的重任，还要帮助公众提高科学素质。将正规教育与非正规教育有效结合，面向公民科学素质目标，强调培养学生群体的探究能力，促进公众更好地理解和体验科学，正在成为世界科技教育发展的一种重要趋势。

近些年来，世界科技发达国家的科技教育正在发生面向科学素质目标的重大转向。自 20 世纪 80 年代以来，美国、英国、法国、日本等国政府纷纷出台科技教育政策文件，积极推进科技教育改革，将科学课程纳入国家核心课程，从国家层面制定科学课程和教育标准，并通过实施一系列教学改革实验和行动计划，促进新的学习和教学方式改革，提高在校学生群体的科学素养水平。例如，英国议会 1988 年通过了《教育改革法案》，规定在全国中小学实施"国家课程"，科学、英语、数学被列为三大类核心课程。根据此项法案，英国政府先后发布了题为"5—16 岁儿童科技教育政策"白皮书，颁布了国家科技教育课程标准。由政府出台专门政策，颁布课程标准，这在英国历史上尚属首次。在 2000 年，经过对课程标准的不断完善，新成立的教育与就业部和资格课程委员会共同颁布了面向 21 世纪的新标准。新标准详细说明了科学课程及其内容要求，科学课程对学生学习和发展的重要意义及其实现途径，不仅针对 5—16 岁儿童和青少年科技教育提出了明确的"学习目标"，甚至对 5 岁以下的儿童也提出了相应建议。

在 20 世纪 80 年代以来的世界科技教育改革浪潮中，最具代表性的方案应该说是美国的"2061"计划②。"2061"计划是美国科学促进会联合美国科学院、联邦教育部等 12 个机构，于 1985 年 6 月在国家科学政策框架下提出的整合科技

---

① Fujun Ren，Xiuju Li，Huiliang Zhang & Lihui Wang . *Progression of Chinese Students' Creative Imagination from Elementary Through High School* ［J］. International Journal of Science Education，Vol. 34，No. 13，September 2012：2043—2059.

② "2061"计划的官方网站 http：//www. project2061. org/。

教育、提升科学素质的计划。该计划认为，美国已把"所有学生都具备良好的科学素养"作为一个既定目标，美国的下一代将面临巨大的变革，而科学、数学和技术位居变革的核心；学习科学、数学和技术的共同核心应该集中在科学素养上，而不是对各个分立学科的理解；科技教育采用的教学方法必须能反映科学本身的实际，科技教育应当把科学探究作为获取知识和认识世界的一种方法，把获取科学知识、获得科学认识、掌握科学本领作为教育的一个中心部分①。

"2061"计划强调指出，美国要想成为在全体公民中普及科学知识的国家，科技教育必须从儿童抓起，包括从幼儿园到高中12年级（相当于中国的高中三年级）的整个基础教育系统必须进行改革，尤其要对科学、数学和技术教育进行改革，并将其列入美国的头等议事日程。"2061"计划由一系列政策报告和标准文本组成，其第一篇报告《面向全体美国人的科学》，描绘了每个成年人在科学、数学和技术方面应该具备的知识和技能，回答了成年人应该具备哪些科学素养的问题。而作为其姊妹篇的《科学素养的基准》则设计了达到这种素养的具体步骤，并对每个年级学生毕业时应该知道和掌握的科学、数学和技术方面的知识和技能提出了检测建议②。可以看出，"2061"计划是一个旨在推进基础阶段科技教育改革、确定科学课程内容体系及标准、提高美国国民科学素养的计划，提高全体美国人的科学素质是"2061"计划的核心目标。

在转向科学素质教育的科技教育改革中，强调提升学生的科学兴趣，促进学生学习和探究科学，培养学生的科学探究能力成为关注的一个重点方面。近几十年来，发达国家都特别强调结合正规教育开展校外课外科学探究活动，通过组织各种科学探究性项目，让学生体验科学探究过程、提高科学探究兴趣，成为这类教育活动的重要目标。针对青少年学生群体组织科学探究项目，在发达国家尤其受到重视。美国的科学教育改革就把培育探究能力看成是学生和公众学科学的重要环节；法国的科学教育改革实验也特别强调从幼儿园和小学阶段就开始鼓励孩子们通过基于动手的探究活动来学习科学；英国也明确提出培养儿童的科学探究和科学调查能力。

在英国，皇家学会很早就有支持学校教师和学生共同完成的科学研究项目②，各研究委员会也都设立了面向学校的科普计划。例如，工程与物质科学研究委员会和粒子物理与天文学研究委员会就曾共同发起"学生—研究人员计

---

① 美国科学促进协会.科学素养的基准［M］.中国科学技术协会，译.北京：科学普及出版社，2001：序言，前言.

② ［英］英国皇家学会.公众理解科学［R］.唐英英，译.北京：北京理工大学出版社，2004：52—54.

划"，由研究人员利用最新的科技成果，开发富于启发性的科学教材和教学方法，并资助出版了一套30册的《学生研究概要》寄往英国的所有中学，帮助中学生（14—16岁）利用所学知识开展研究活动，《学生研究概要》为学生提供了"真实的"研究课题，如"燃烧问题"项目就要求学生提出减少柴油机污染物排放的研究方案。

在美国，科普教育与学校教育的配合近些年来也受到重视，美国国家科学基金会（NSF）实施的非正规科技教育计划就特别要求科普项目的设计方案、材料能被中小学教师利用，鼓励科普项目机构聘请中小学教师参与项目开发、编写科普材料工作。美国从20世纪70年代起就一直在实施"学生—科学家伙伴关系"计划，其中比较典型的有环境观测计划、森林观察计划和太平洋降雨气候实验计划等。学生们参与这样的计划项目，不仅帮助科学家收集大量的数据和宝贵的资料，而且也因能够真正参加到科学研究中（而不是仅仅在实验室中做一些验证科学定律之类的实验）感到十分兴奋。

强调让青少年学生通过实际参与科学研究来学习科学，体验科学探究的过程，发现科学探究中的乐趣，已成为近些年来发达国家青少年校外课外科技教育和科普活动的重要特征。科普专业组织、大学、研究机构、科技馆、青少年科技活动中心，为青少年提供亲自动手探究科学的场所和机会，为青少年安排科技博览会、科技设计发明比赛、见习研究，等等。特别是研究机构、大学、科技馆组织学生参与到与生活实际紧密关联的科学实验和科研项目的部分工作，如水质测定、味觉实验、室内气候测定等，既让学生们感觉到科学与生活的联系是如此紧密，同时又让学生体验到科学探究的过程和乐趣。

事实上，面向科学素质目标的重大转向不仅发生在基础教育领域，而且也影响到高等教育阶段的科学教育改革。在美国近些年来大学教育的改革方面，科学素质问题同样也被提到了议事日程。1996年，由美国科学基金会（NSF）资助完成的报告《塑造未来——对大学科技教育的新期望》就以建议的方式提请国家改革大学的科技教育。该报告强调指出，提高科学、数学、工程、技术学科的教学质量是塑造美国未来的中心任务，必须摒弃把科技教育只作为为特定职业做准备的狭隘观念，促进学生对科学、数学、工程、技术的全面理解。从原来的知识方法传授转向能力和综合素养培养，强调科学素质的提升和创新精神的塑造，目前已经成为美国大学科技教育的重心。

传统高等教育基本上属于精英教育，但随着高等教育在20世纪的大众化发展，提升国民科学素质也成为高等教育承担的重要社会责任之一。20世纪80年代以来，世界各国高等学校都在"大众教育"理念的指导下，积极推进科技教育改革，将科学素养和创新精神作为大学科技教育的基本目标，强调通过大学的科学课程，促进大学生理解科学的本质、科学的价值、科学与社会的关系以及科学在社会发展中的作用，全面提高大学生对科学技术的认识和理解，提升大学生群体的科学素养。在美国、英国、法国等科技发达国家的许多大学里，STS（science，technology and society）教育目前不仅已成为一种重要的教育理念，而且各类专业都开设有类似内容的课程，课程的基本目标就是促进学生更好地理解科学、技术和社会之间的关系，提升他们的科学素质和社会责任感。

3. 科技教育渠道建设

科技教育既包括针对未成年人的科技教育，也包括针对普通公众的科技教育与培训。科技传播与普及的这一渠道，对国民科学素质的提升起着基础性的作用。在传统理解与传统实践领域中，学校的科技教育通常与校外的非正规科技教育界限分明，校外的非正规科技教育被划入教育培训或传统科普的范畴。但从提高国民科学素质的角度看，学校内的科技教育与校外的非正规科技教育各有优势，在提升科学素质方面发挥着不同的作用。因此，正规科技教育与非正规科技教育的结合很有必要。科技教育渠道的建设应该强调体系化建设，强调两者的结合与融合，形成优势互补的科技教育体系。

学校的正规科技教育是提高国民科学素质的主渠道和主阵地，不仅有集中系统的特点，对学生群体掌握科学技术知识和方法有基础作用，而且随着义务教育制度的普遍建立和深化实施，接受基本教育已经成为国民的基本义务，其中的科技教育也因而拥有了全民价值，成为提升国民科学素质的基础支撑。因此，加强正规科技教育建设，积极推进素质教育改革，有助于推进面向青少年和学生群体的科技传播与普及，也可以为提高整个国民的科学素质奠定坚实的基础。

非正规科技教育具有多类型、多模式、形式各异、手段灵活的特点，加强非正规科技教育渠道及其体系的建设，对推进科技传播与普及、提升国民科学素质同样也有重要作用。特别是需要依托各类科普基础设施、基地和社会化的教育培训机构，利用各种非正规教育形式和手段，面向不同对象群体设计更有针对性的教育项目。例如，依托科普设施（如科技类博物馆等）与基地（如科普基地），组织各类针对未成年人和学生群体的校外课外科技活动项目；依托社会教育机构（如电视大学、职工大学及各种职业技能培训机构），面向公众群体开展科学教育和技能培训，等等。

我国政府近些年来对科技教育工作也给予高度重视，国务院2006年颁布的《科学素质纲要》将"科技教育与培训工程"列为一项基础工程，在针对未成年人、农民、城镇劳动人口、领导干部和公务员的科学素质行动中也安排了相应的科技教育内容。《科学素质纲要》提出，要加强科技教育研究，改进教学方法，促进学习方式变革，形成适应不同对象需求的教材教法；加强教学基础设施建设，充分利用现有的教育培训场所和基地，为开展科技教育与培训提供基础条件支持；加强科技教育教师队伍建设以及志愿者队伍建设，培养一支专兼结合、结构合理、素质优良、胜任各类科技教育与培训任务的教师队伍。

《科学素质纲要》同时还要求整合校外科技教育资源，建立校外科技活动场所与学校科学课程相衔接的有效机制，利用科技类博物馆、科研院所等科普教育基地和青少年科技教育基地的教育资源，为提高未成年人科学素质服务；发挥好农业广播电视学校、农村成人文化技术学校、农村致富技术函授大学等机构以及再就业培训、创业培训、农民工培训和各类从业人员的在岗培训和继续教育在科技培训中的作用，大力开展农民和农民工的科技培训，等等。《科学素质纲要》的颁布与实施在促进面向科学素质提升的科技教育体系化建设方面迈出了重要一步[①]。

科技部、中国科协等 8 部委 2007 年发布的《关于加强国家科普能力建设的若干意见》，也将科学教育体系视为国家科普能力的重要组成部分之一，将"完善中小学科技教育体系，提高科技教育水平"列为"十一五"期间国家科普能力建设的主要任务之一。提出了促进中小学科学课程的改革与发展，推进以科学探究为核心的科学教育改革；加强中小学科学教育基础设施建设，建立健全科学教育实验室；积极开展多种形式的未成年人科普活动，充分利用校外的科学教育资源，开展教学和课外科技活动等要求。正是在这些政策和措施的推动下，我国科技教育与培训工作近年来有了重要进展，体系化建设也取得了重要的进步[②]。

二、 设施传播： 基于科普基础设施的科技传播与普及

科普基础设施（通常简称为"科普设施"）是专门服务于科技传播与普及的设施，包括科学技术类博物馆（如科学技术馆、自然历史博物馆、科学中心、各类科学技术专业博物馆等）、科普教育基地（如水族馆、植物园、动物园、地质公园等）以及科普画廊、科普活动站等不同的类型。科普基础设施既是面向公众开展各种科技传播与普及活动的场所和设施，也是面向青少年开展各种科学技术非正规教育的重要平台，在科技传播与普及中扮演着重要角色，对公众科学素质

---

① Fujun Ren, Xiuju Li, Huiliang Zhang & Lihui Wang . *Progression of Chinese Students' Creative Imagination from Elementary Through High School* [J]. International Journal of Science Education, Vol. 34, No. 13, September 2012: 2043—2059.

② 参阅本书第九章第三部分。

建设也发挥着重要作用。基于科普设施的科技传播与普及主要通过各种科学技术展览展示活动以及科学技术实践活动项目来实现，拥有自身鲜明的特点，是当代科技传播与普及的另一个重要渠道①。

1. 科普基础设施的发展及其当代体系

科普基础设施是适应科学技术发展、满足科学技术普及需要而产生的一类特殊设施。其中，最具代表性的是科学技术类博物馆。按照国际博物馆协会（ICOM）对科学技术类博物馆的定义，科学技术类博物馆是以展示自然界和人类认识、保护和改造自然为内容的博物馆，包括自然博物馆、科技博物馆（如科普馆、科学中心，在中国通称为"科技馆"）、科技类专业博物馆（如航空、铁道、地质等行业博物馆）、天文馆、水族馆（如海洋馆、海底世界）等。广义理解还可以包括动物园、植物园、生态园、自然保护区等②。科技类博物馆的通常特点是利用博物馆拥有的标本、实物、装置、模型、场景等载体以及多媒体技术，通过组织科学、技术、工程内容的展示展览，展示自然的演化、科学的原理、科技的发展和人类的技术成就，或面向社会公众组织开展各类科技传播与普及活动。

科技类博物馆是作为西方资本主义启蒙思想的产物而出现的，最早可以追溯到欧洲17—18世纪。自17世纪开始，为了推进对自然历史和科学现象的认识和研究，人们收集了许多动植物的标本和化石，并将这些标本、化石加以收藏、陈列，这种收藏和陈列活动在当时主要是为了研究的目的，并不对普通公众开放，但孕育了科学技术博物馆最初的雏形。到18世纪，欧洲的一些城市和大学相继建成了以收藏、陈列和展示这类藏品的博物馆，如1716年俄国在圣彼得堡建立了矿物学博物馆，1753年英国建成了伦敦大英博物馆（早期的大英博物馆一直重视收集自然历史标本），1794年法国在巴黎建立了法国国立自然博物馆等。

在18—19世纪的欧洲，科学领域取得一系列重要发现，技术领域也出现一系列重大发明，并直接推动了产业革命的发生和发展。为了纪念人类在科学技术领域取得的这些成就，欧洲一些国家开始陆续建立以工业技术内容为主的博物馆，例如，1792年在法国巴黎建成的巴黎工业技术博物馆，1857年在伦敦建成的南肯辛顿工业艺术博物馆（伦敦科学博物馆的前身）等。伴随着科学技术发

---

① 任福君，等．中国科普基础设施发展报告（2009）［M］．北京：社会科学文献出版社，2010；任福君，等．中国科普基础设施发展报告（2010）［M］．北京：社会科学文献出版社，2011．任福君，等．中国科普基础设施发展报告（2011）［M］．北京：社会科学文献出版社，2011．任福君，等．中国科普基础设施发展报告（2012—2013）［M］．北京：中国科学技术出版社，2013．

② 转引自：任福君．中国科普基础设施发展报告（2009）［M］．北京：社会科学文献出版社，2010：56—57．

展和工业化进程的加快，公众对科学技术的兴趣也在不断增加，促进科技类博物馆在 20 世纪得到飞速发展。在 20 世纪上半叶，慕尼黑德意志科学技术博物馆（1906 年）、芝加哥科学工业博物馆（1933 年）、巴黎发现宫（1936 年）等一大批新型科技类博物馆相继建成。

科技类博物馆在 20 世纪 50 年代后已在世界许多发达国家得到相当程度的普及，许多博物馆由于拥有丰富多彩的展品、经常举办科学展览、开展各种有趣的科学活动而受到观众的欢迎，不仅成为公众获取知识、体验科学的重要场所，而且成为所在城市乃至所在国家的重要旅游目的地。目前，在西方发达国家，数量庞大的科技类博物馆也成为博物馆的一个重要分支，科技类博物馆文化也成为市民文化生活的重要组成部分。例如，美国现有各类博物馆 10000 余座，科技类博物馆占到 1/5；在英国 2000 多座博物馆中，科技类博物馆占到 1/4，英国政府不仅斥巨资建设科技类博物馆，而且每年划拨大量经费，保证其运营，伦敦科学博物馆每年 85% 以上的经费支出即来源于政府拨款。

经过 20 世纪的迅猛发展，全球科技类博物馆不但数量急剧增加，而且类型也逐渐多样化，呈现出显著的多元化发展特征。其中，既有利用标本、化石、实物、模型或现代技术手段展示自然演化和科学现象的传统自然博物馆，也有展览展示科技发展和技术成就的科学技术博物馆；既有涉及科学与技术多个领域的综合科学技术馆，也有诸如天文馆、地质博物馆、航空博物馆这类具有鲜明学科专业特点的专业博物馆；还有以强调通过互动项目和公众参与、促进公众体验科学的各类科学中心。

科普设施的另一个重要类别是面向公众定期或不定期开放、热心于传播普及科学、具有科学普及功能的科普教育基地或场所。例如，青少年科技活动中心、面向公众开放的高等学校实验室、可供公众参观的科研院所科研中心、公司企业的研发中心或生产车间以及地质公园、森林公园、自然保护区，等等。在我国，原国家科学技术委员会和中国科学院于 1996 年就确定了第一批对公众开放的科普教育基地，其中包括了中国科学院物理研究所、化学研究所、植物研究所、古脊椎动物与古人类研究所、计算机研究中心等一批国家级科研基地。

自 1999 年起，中国科学技术协会实施了科普教育基地认定和命名制度，先后制定了《全国科普教育基地认定办法》和《全国科普教育基地标准》等相关政策文件，首批认定并命名了 201 个"全国科普教育基地"。目前，全国范围内已经获得认定与命名的科普教育基地覆盖了现代农业、生物、气象、交通、航天、桥梁、水产、化学、冶金等许多学科和产业领域，包括了学校、企业、科研院所、农林基地以及许多公园、自然保护区、动植物园和一些旅游景点。这些科普教育基地各自利用自身的特点和已有的设施，组织丰富多彩的科普活动，已成为开展科普教育活动的重要场所。通过科普教育基地的认定命名工作，不仅认定命名了一大批热心于科普工作的科普基地，而且对充分调动社会科普资源、推进科普工作社会化起到了重要推动作用。

除科技类博物馆、科普教育基地以外，我国还有第三类科普设施，这就是遍布城乡各地、活跃于城镇农村的科普画廊、科普活动室（站）以及流动性科普设施。科普画廊主要是建立在城市繁华地段或街道社区、利用科普挂图进行科普宣传的科普设施。科普活动室（站）主要是建设在农村和城镇地区，服务于开展群众性的科普活动。而流动性科普设施则包括科普大篷车、科普列车等形式，是根据我国科普工作国情，面向边远地区的科普需要，专门研发的一类有较强流动性的科普设施。

科普大篷车由中国科学技术协会研制，拥有车载科技展品展览、科普展板宣传、科技影视片播放、流动科普宣传舞台等多项功能，具有机动性、灵活性的特点，可以用来举办科普展览、科普讲座、科普咨询活动，特别适合于面向边远地区的科普工作。自 2001 年投入使用以来，科普大篷车深受当地居民和公众的欢迎，被誉为"流动的科技馆"。"科普列车"是由中央精神文明办公室、铁道部、中国科协等单位于 2002 年共同打造的一种流动科普设施，科普列车主要开往西部地区和边远地区，沿途举办科普展览、科普讲座、农业技术咨询、致富经验传授、医疗技术培训等，所到之处亦广受欢迎①。

2. 基于科普基础设施的科技传播与普及

《简明不列颠百科全书》在解释"科学博物馆"时指出，科学博物馆的任务是以立体形式传达科学精神和思想，引起观众对科学的爱好，提供先进的信息，使人看到技术发展的成就，以生态和历史的观点展示自然的进化过程，帮助人们了解并保护自然和人类环境②。联合国教科文组织 1978 年制定的《科学技术博物馆的建设标准》也强调，科学博物馆是一种有效的知识传播媒介，科学博物馆或科学中心的目的主要包括：激发人们对科学和教育的关注，促使更多人对科学、工业和研究产生兴趣；展示应用于生产和人类福利的科学技术；向不同年龄和文化水平的市民普及科学技术知识，增长青年一代的创造才能等。中国科协在发布的《科学技术馆建设标准》中，也就科学技术馆向公众普及科学和技术知

---

① 任福君，等. 中国科普基础设施发展报告（2009）［M］. 北京：社会科学文献出版社，2010；任福君，等. 中国科普基础设施发展报告（2010）［M］. 北京：社会科学文献出版社，2011. 任福君，等. 中国科普基础设施发展报告（2011）［M］. 北京：社会科学文献出版社，2011. 任福君，等. 中国科普基础设施发展报告（2012—2013）［M］. 北京：中国科学技术出版社，2013.

② 简明不列颠百科全书［M］. 北京：中国大百科全书出版社，1986（2）：65.

识，传播科学的思想和方法，培育公众对科学技术的兴趣，提高公众科学文化素质等任务作了明确规定。

在当代科技传播与普及体系中，包括科技类博物馆在内的各类科普基础设施拥有强大的科技传播功能和优势，在提升公民科学素质方面扮演着重要角色，常见的科技传播与普及手段和方式包括以下几种①。

（1）常设展览和临时展览

这是科普设施（特别是科技类博物馆）最常用的传播手段。常设展览的展品可能包括标本、化石、实物、装置、模型、展板或经过艺术设计的场景等多种类型，展览的内容可能涉及某个或某些科学技术领域的科学知识、历史发展、重大成就、与社会生活的关系、对社会发展的影响等多个方面。临时性或专题性展览通常围绕某个科学技术领域或某个热点问题（如转基因作物、转基因食品等），展览方式相对比较灵活，目标通常是加深观众对该领域、该问题的了解，引导观众对问题的关注和思考。

（2）体验、互动、演示性项目

吸引公众互动参与、增加公众科学体验的重要性现已得到科学普及实践者的普遍认同，设计体验、互动、演示性科技项目因而也成为许多科普设施乐于采用的一种传播手段。例如，设计制作可以让公众体验地震现象的"地震模拟"、观众可以参与其中的"模拟飞行"、或是指导观众亲自动手做做科学实验、在现场进行科学现象的演示等，往往对公众具有极高的吸引力。观众从这类互动参与项目中不仅可以加深对科学现象的认识和理解，而且可以获得实际的感受和体验。近几十年来，西方发达国家建立了许多强调体验性、互动性、参与性、趣味性的科学中心，开发了许多观众可以参与其中的互动项目，改变了传统科技类博物馆对科技知识进行条目式的普及和学科中心式的传播模式。

（3）科学探究性活动

近些年来，发达国家的科学中心和科普组织也非常注意通过组织科学探究性活动吸引公众对科学的参与，利用科学探究性活动项目促进科学技术的普及与传播。例如，组织少年儿童、在校学生进行模型制作、标本收集、野外考察、科学调查、兴趣活动小组等，甚至组织普通公众参与到"公民科学计划"的研究项目中，与科学家一起监测环境、观测天象、收集天气信息，等等。这类科学探究性活动项目具有很强的参与性、体验性、互动性、探索性，公众从参与中不仅可以学习到许多科学知识，增加对科学的理解，而且可以体验科学研究的过程，增

① 任福君，张志敏，翟立原. 科普活动概论 [M]. 北京：中国科学技术出版社，2013.

加对科学方法的实际认识。

（4）群众性科普活动

科普设施及其机构往往也是群众性科普活动的积极参与者、组织者，他们利用自己拥有的资源和条件，组织面向公众的科学普及活动，例如，科学电影放映、科学技术讲座、科学课程或技术培训、科技知识竞赛、医疗健康咨询、热点话题报告会、科学技术会展、社区科普活动等。这些活动形式在增加公众对科学技术的了解、帮助公众获得科学技术知识、增进公众对科学技术的理解、提升公众科学素质等方面也发挥着重要作用。

随着科学技术传播普及工作的发展以及科普设施本身的不断探索，科普设施的科学技术传播手段还可能不断增加，传播方式也会有所创新。与利用报纸、电视、网络媒体的科技传播与普及相比，基于科普设施的科技传播与普及拥有许多鲜明的特点和优势。例如，科普设施的科普展览可以做得非常直观形象、生动有趣，能将枯燥抽象的知识以生动直观的形式展现出来，从而让科学能有较强的亲和力和影响力；科普设施的许多科普项目也具有较高的参与性，可以让观众感受、体验、参与，既能普及科学知识，也能让公众获得体验，既能促进对科学的理解，也能激发公众的科学兴趣，具有综合性的传播效能和教育效果。因此，基于科普设施的科技传播与普及，更容易寓教于乐，实现"快乐科普"，并通过"快乐科普"促进公众对科学的理解。

3. 科普设施传播渠道的建设

科普设施是科技传播与科普教育的重要场所和重要阵地，是国家科普资源和科普能力的重要构成部分，科普设施的发展水平也是国家科普发展水平的重要标志。建设科普设施传播渠首先要通过新建、改建和扩建等方式，建设更多运行规范、符合需求的科技场馆，并保证它们在数量上满足要求，在科普水平上不断提升。科技场馆是科技传播与普及的主阵地，是科普设施建设的重点。其次是动员社会力量，特别是促进拥有丰富资源的高等学校、科研院所和科技企业加大开放力度，加强科普教育基地的建设，规范基地建设制度，强化基地科普功能。最后是利用科普活动站、科普活动室、科普宣传栏、科普画廊以及科普大篷车等各种形式，推进面向城乡基层的科普设施和社区科普活动场所建设，特别是要加强贫困、边远地区和西部、少数民族地区的科普设施建设。

科技类博物馆（包括自然历史博物馆、科学技术馆、科学中心等）拥有一系列特殊的科技传播优势和科普教育功能，在科普设施体系中发挥着"旗舰"作用，科技类博物馆建设应成为科普设施建设中的"重中之重"。近年来，随着我国社会经济不断发展、人民生活水平不断提高以及国家实施科教兴国、创新型国家等重大战略，特别是随着《科普法》《科学素质纲要》的先后颁布，我国各级政府对科普工作的重要性有了更高的认识，科技类博物馆事业进入快速发展轨道，各地也出现建设科技类博物馆的新热潮，科技类博物馆已经基本覆盖了全国主要城市，初步形成了一个有一定规模的科技类博物馆体系。截至 2012 年年底，我国科技馆数量已经达到 364 个、科技博物馆达到 632 个（科技部 2013 年年底发布的全国科普统计数据）。

但相比于西方发达国家以及我国社会需求而言，科技类博物馆在总体规模、发展布局、办馆理念、展教水平和运行效果等方面还存在着许多亟待解决的问题。总体数量上仍然偏少、地区布局不合理、地区之间不平衡、学科结构不均衡、水准也参差不齐，特别是西部地区较东部地区存在较大差距；许多博物馆的科普教育理念、展教理念、展览模式还比较落后，策划设计意识不强；创新型展教资源数量不多，展品缺乏创新，展教活动较为刻板，对公众的吸引力不强，对公众兴趣强烈的天文科学、生命科学、材料科学、信息科学、生态环境等学科领域的最新成就展示不够；等等。因此，在科普设施建设过程中，除了继续加大建设力度外，亟须借鉴国际博物馆的成功经验和做法，更新展览展教理念，创新科普传播模式，强化策划设计意识，引进先进展教技术，全面提升科技类博物馆的综合科普教育效果。

自 1969 年弗兰克·奥本海默创建强调公众亲历科学、注重动手参与的旧金山探索馆以来，开发交互式展览展示项目，鼓励观众亲自参与、动手操作，强调交互式展览、亲历科学的展教方式，就成为科技类博物馆展教创新的一个基本动向。例如在英国，自 20 世纪 80 年代以来先后建成 30 多座独立的科学中心。即使是那些传统博物馆也一改往日静态展览方式，越来越多地引进交互式展览内容。伦敦科学博物馆于 1986 年就率先开设了常设的"发射台"交互式展馆，90年代之后又为不同年龄段的青少年儿童分别开办了"花园"、"事物"等不同主题交互式展馆，其当代科技系列展室也采用了许多交互式展教品。

随着这种创新型展教方式的出现，现代科技类博物馆突破了博物馆的传统职能，科普教育职能得到了前所未有的强化，在科普内容上也从科学技术的事实和知识扩展到科学现象、科学过程、科学应用、科学理解、科学探索的层面，观众可以通过亲自参与、动手操作，获得直观的感受和发现的体验，加深对科学技术的理解和认识。博物馆由传统理解中的"科学圣殿"变成科学的"体验中心"，极大地提升了博物馆的科普教育综合效果。近些年来，国外许多科技类博物馆和科学中心都积极尝试通过运用最新的先进技术设计开发更多的公众参与和体验项目，增加对公众的吸引力，拉近科学与公众的心理距离。

我国科技类博物馆的建设需要借鉴国内外的成功经验和做法，除了在"硬件"建设和技术手段上加大力度外，尤其需要更新展教理念，创新展教模式，强化策划意识，引进交互式展教方式，吸引公众主动参与，强化公众科学体验。充分发挥博物馆的平台优势，积极组织各类科技兴趣小组、青少年科学探究项目、科学讲座、科学表演、科学竞赛、科学营、户外活动、讨论会等丰富多彩的科普活动，提升博物馆综合教育效果。同时，要有主动走出馆门、走进学校、深入社区的办馆理念，为科技传播与普及事业做出更大贡献。

三、 媒体传播： 基于传播媒体的科技传播与普及

自 19 世纪后半叶科学普及问题受到社会关注之后，传播媒体就开始在科技传播与普及中扮演重要角色。到 20 世纪，传播媒体已经成为传播普及科学技术的一大主力。科学技术的发展、科学家的故事、科学议题的讨论等内容受到媒体的青睐，媒体也利用新闻报道、深度分析、科学故事等各种形式向公众讲述科学技术。在当代科技传播与普及中，包括报纸、电视、互联网在内的传播媒体依然扮演着十分重要的角色，它们将科学共同体和专业组织生产出来的科学技术知识和信息，转换成适于媒体表达的语言和公众易于理解的信息，传送给分布于社会各处的媒体受众，成为联结科学技术与社会组织、公众群体的重要纽带，成为公众获取科学技术知识和信息的重要途径。利用媒体的科技传播与普及是科技传播与普及的另一个基本渠道。

1. 传播媒体及其科技传播与普及

在 19 世纪，科学领域的新发现和技术领域的新发明引发了公众对科学技术的兴趣，激发了科学家和发明家向公众宣传普及这些新发现、新发明的热情，同时也引起了报纸这类大众媒体对科学技术的关注。当时的报纸经常刊登与科学技术相关的新闻和故事，发表科学家、发明家和科学普及者们撰写的通俗文章。从科学知识新发现到新奇的技术发明，从地震到实验室爆炸，都会成为报纸新闻的重要素材。无论是传播媒体对新科技内容的报道，还是科学家和发明家对传播媒体的利用，最初的动机都是相对单纯的，媒体主要是为了吸引公众注意而将科学作为报道内容，科学家主要是为了获取公众支持而利用媒体宣传科学，但结果是将大众媒体引进科技传播与普及领域，使大众媒体成为公众了解科技发现与发明、获取科学技术知识的重要渠道。

大众媒体在 19 世纪的科学普及中担当的还是一个配角，科学家、发明家、科学普及者才是主角，但媒体与科学家的这种关系在进入 20 世纪以后发生了重

大转换。随着科学研究专业化和职业化的发展，科学家遇到了"双重压力"：向公众通俗讲解专业化知识让他们感到了压力，科学研究的职业化让他们感到了研究的压力（包括同行竞争的压力），科学家们越来越觉得没有更多的时间和精力对公众做科普工作。于是，到 19 世纪末，科学家开始慢慢退出公众传播第一线，大众媒体开始走到公众传播的台前。到 20 世纪 20—30 年代，新闻界出现了首批专门的科学记者，专职科学记者和编辑逐渐发展成一个专门的职业。在当代，大众媒体已经走到科技传播与普及的中心位置，成为科技传播与普及的一大主力。

大众媒体能够在当代科技传播与普及中占据重要位置是与许多复杂的原因联系在一起的。譬如说，由于科学技术的职业化和专业化发展，科学技术研究越来越被"封闭"在科学技术系统之内，越来越远离公众视野，公众越来越难于直接了解科学技术的研究和发展，这就需要一个"第三方"在科学与公众之间扮演桥梁的角色。大众媒体不仅可以成为这样的"第三方"，而且大众媒体在面向公众的传播方面拥有一系列特有的优势。他们掌握面向公众的传播工具和渠道，拥有面向公众传播的一整套技能和经验，熟悉面向公众的传播语言和传播技巧。因此，大众媒体对科技传播与普及的深度介入实际上是"顺理成章"的事情。

大众媒体的深度介入给科技传播与普及带来巨大的促进。媒体具有强大的传播能力，拥有高度专业化的传播队伍、数量巨大的受众对象，可以广泛汇集、快速加工、及时发布信息，大批量生产、高速传播信息，影响范围可以覆盖数量极大的社会成员。现代社会结构中的大众媒体同时也是信息传播网络的重要"集汇点"和社会传播关系的"集结点"，既可以为社会的信息消费者建构一个内容丰富的"信息大市场"，也可以为社会的各类组织和群体提供一个重要的传播平台。无论是政府部门、工业机构进行对外信息传播，还是公众群体表达自己的观点意见，都可以利用大众媒体这一平台。

因此，无论是在传播普及科学技术知识、增进公众对科学技术发展的了解，还是在发动对科技议题的社会讨论、引导公众对科技发展问题的思考等方面，大众媒体都可以扮演重要角色。在科技发达国家，科学技术内容在报纸、电视节目往往都占有相当大的比重，美国、日本电视台的科技类节目所占比例可达 15%以上[1]。我国自 90 年代以来多次进行的公民科学素养调查也一再证明，大众媒体始终是公众获得科技知识信息的重要渠道，公众接触频率较高的电视和报纸是公众科技信息的最主要来源之一（表 4 - 1）[2]。

① 周孟璞，松鹰. 科普学 [M]. 成都：四川科学技术出版社，2007：185.

② 任福君，等. 中国公民科学素质报告（第一辑）[M]. 北京：科学普及出版社，2010；任福君，等. 中国公民科学素质报告（第二辑）——第八次中国公民科学素养调查 [M]. 北京：科学普及出版社，2011.

表 4 - 1　2005 年、2007 年、2010 年我国公民利用科技传播与普及渠道的基本情况

渠道利用	具体渠道	2005 年	2007 年	2010 年	说　明
我国公民获取科技信息渠道调查情况	电　视	91.0%	90.2%	87.5%	表中数值为公民利用这些渠道获取科技信息的比例
	报　纸	44.9%	60.2%	59.1%	
	人际交谈	48.7%	34.7%	43.0%	
	互联网	7.9%	10.7%	26.6%	
	广　播	22.4%	20.6%	24.6%	
	一般杂志	合并到报纸	9.7%	12.2%	
	图　书	10.2%	11.9%	11.9%	
	科学期刊	9.5%	13.2%	10.5%	
	其他渠道	7.9%	—	—	
我国公民参观科普基础设施调查情况	动物园、水族馆、植物园	30.3%	51.9%	57.9%	表中数值表示过去一年中参观此类科普基础设施的公民比例
	图书阅览室	29.2%	43.7%	54.5%	
	公共图书馆	26.7%	41.0%	50.3%	
	科普画廊、宣传栏	36.7%	46.8%	48.7%	
	科技示范点、科普活动站	30.9%	29.1%	35.5%	
	工农业生产园区	—	30.0%	34.2%	
	科技馆等科技类场馆	9.3%	16.7%	27.0%	
	自然博物馆	7.1%	13.9%	21.9%	
	美术馆、展览馆	11.2%	17.5%	26.4%	
	高校、科研院所实验室	—	2.7%	11.2%	
我国公民参加科普活动调查情况	科技周、科普日	11.9%	14.7%	23.8%	表中数值表示过去一年中参加过此类科普活动的公民比例
	科技培训	30.8%	35.2%	35.6%	
	科技咨询	30.4%	32.4%	31.4%	
	科普讲座	23.9%	25.8%	29.4%	
	科技展览	—	21.3%	25.1%	
	科普宣传车活动	11.6%	13.8%	13.7%	

资料来源："2005 年我国公民科学素养调查主要结果"：http：//scitech.people.com.cn/GB/25509/ 56813/63493/63494/4369018.htm，2006 - 5 - 12 ；" 2007 公民科学素质调查结果发布"：http：// www.cast.org.cn/n35081/n35473/n35518/10964160.html，2008 - 11 - 16；2010 年 "第八次中国公民科学素养调查结果发布"：http：//www.cast.org.cn/n35081/n35473/n35518/12451858.html，2010 - 11 - 25。

　　事实上，各种大众媒体在科技传播与普及的各个层面上都可以发挥重要作用。譬如，电视媒体利用制作科学节目、举办专家讲座，甚至组织专家讨论等多种方式，将科学技术知识与科学思想方法传送给广大观众；报纸杂志利用自己的传统魅

力，通过新闻报道、深度分析、专题栏目、问题解答等手段，以深入浅出的方式解释科技的发展，普及科学的知识；互联网现在也发展成为全球最大的一个知识库，可以让公众随时随地搜索和获取需要的知识和信息。大众媒体在宣传和解释科技发展政策、引导公众对科技问题的思考、参与科技领域的讨论等方面也可以发挥重要作用，特别是利用深度分析、集中报道等方式，将大众的目光吸引到某些特定的科技议题上，使这些议题以及与之相关的科技政策成为公共话题①。

对科技传播与普及事业的发展来说，传播媒体的积极参与具有非常重要的意义，无论是直接传播普及科学技术知识，还是对科学技术政策的宣传和解释；无论是对科学技术议题的报道，还是直接参与对这类议题的讨论，都有助于提升公众的科学知识和科学素质，引导公众对科技问题的关注与思考，提升公众对科学技术的认识和理解。这对整个科学技术事业的发展也是非常重要的。美国传播学家奎包姆（H. Krieghbaum）在20世纪60年代出版的《科学与大众媒介》一书中就表达过这样一种观点：在科学与公众的互动关系中，媒体需要把科学技术知识和信息有效地传播给公众，公众则需要理解和接受科学；民主社会和国家政策的有效性，有赖于公众的科学素养，科技决策的过程有赖于公众真正了解科技，否则我们的民主社会将会面临前所未有的危险和威胁。

当然，大众媒体对科技传播与普及的积极参与，在推动科技传播与普及发展的同时，也引出一系列需要我们关注的特殊问题。例如，随着大众媒体独立性的不断增强、"独立人格"的不断形成，科学技术传播也受到了日渐强大的媒体力量的牵制，媒体自身的本性及其操作模式有时也会对科学造成严重的"歪曲"；新媒介技术的发展，特别是互联网技术的普及，正在推动科技传播的发展和变革，但更快的传播速度、更多真假难辨的信息，也可能会使科学技术传播面对更多的不确定性。

在大众媒体与科学的复杂关系中，学者们最常议论的话题之一是媒体对科学的"歪曲"。在科学、媒体、公众关系的传统理解中，媒体是科学家和公众之间的桥梁，是科学通达公众的管道；媒体被看作是没有倾向性的，媒体的任务是尽可能精确地传播科学，如果媒体中出现了对科学的"歪曲"，那实际上是意外的错误。科学家就常常将媒体"歪曲"科学的原因归结为媒体对科学的"无知"。而实际上，媒体在科学技术传播中扮演的角色并不像传统理解的那样简单，媒体拥有自身的流程特性、操作模式、价值判断，这些因素会对媒体传播产生复杂影响。

① Ren Fujun, He Wei, Zhang Chao. *Channels and Ways for Chinese Public to Obtain Information about Science and Technology*, PICMET'08, VOLS 1—5：2305—2311，2008.

在面向公众传播科学技术的时候，媒体首先会利用自身的流程、语言和技术对科学技术内容进行"去专业化"的"转述"和加工，以便将复杂的专业知识转换成通俗易懂的信息，方便公众对信息的理解与接受。这种转述和加工过程对科学技术传播来说具有特别重要的意义和价值。但在这个加工过程中，不排除会导致某些重要的科学信息被忽视，甚至造成某些关键信息的丢失。同时，为了使科学技术内容适合媒体传播的需要，媒体记者和编辑通常需要对获得的信息进行选择和"剪裁"，凸显媒体所关注的传播要素。媒体传播不会像专业论文那样传播科学技术内容，这种选择和"剪裁"可能会导致对科学技术内容的"扭曲"。

媒体对科学技术的报道受制于传媒自身的需求和价值判断，受制于媒体自身的操作模式，相比于科学技术内在的知识与方法，媒体可能更关心科学技术的"新闻"价值，优先选择那些有轰动效应的"重大突破"，能体现"冲突"的"故事"[1]。为了更多地迎合受众的需要和口味，科学活动可能会被加工成带有情节的戏剧事件，报道的焦点可能会被集中在研究竞争上，等等。媒体不是科学的"传声筒"，媒体对科学内容的选择、判断、加工与科学家的标准并不相同。

随着媒体在科技传播中的作用日益凸显，有些学者担心媒体正在成为一种独立的力量，使科学技术传播受到媒体力量的牵制，并反过来影响公众的态度，影响到科学技术问题的讨论。例如，在对科学技术领域的有关争论的报道中，媒体的态度有时可能会成为某种决定性的因素，甚至影响到科学共同体内部的争论。当媒体报道科学问题的时候，虽然看起来并不代表媒体在起作用，似乎是让公众自己去判断，但媒体拥有的议程设置功能影响着人们思考些什么问题，也影响人们怎样思考。学者们早就注意到，媒体在许多科技政策的讨论和科学问题的争论中扮演重要角色，甚至有学者认为媒体曾左右了有关小行星和恐龙灭绝问题的争论[2]。媒体正在改变着科技传播的进程[3]。

当代媒体对科学技术传播的高度关注和积极参与，导致了科学、媒体、公众关系的复杂化，带来了许多值得关注的问题。媒体对科学的报道也未必在所有情况下都那么全面、真实、客观和平衡，公众经由媒体了解的科学也有可能会偏离科学本身的形象，从媒体中获得信息而形成的概念也有可能偏离实际的科学。但我们并不能因此而简单地排斥媒体的传播，否定媒体传播带来的重大意义，媒体对科学技术的积极传播对促进公众对科学的全面理解、提升国民科学素质有重要

---

① ［美］希拉贾撒诺夫，等. 科学技术论手册［C］. 盛晓明，等，译. 北京：北京理工大学出版社，2004：266.

② ［美］希拉贾撒诺夫，等. 科学技术论手册［C］. 盛晓明，等，译. 北京：北京理工大学出版社，2004：274.

③ 侯强，刘兵. 科学传播的媒体转向［J］. 科学对社会的影响，2003（4）：45—49.

而积极的作用。问题的解决需要在科学家与媒体之间建立更为有效的对话和沟通机制，在科学界与媒体界之间发展更为良性的互动交流、合作传播的关系。

2. 传统媒体和网络媒体

20世纪是一个大众媒体繁荣发达的时代，大众媒体获得巨大发展，先是报纸、广播实现了普及，对社会政治生活和公众个人生活产生了巨大的影响；然后是电视进入千家万户，并成为公众社会生活的一部分；20世纪80年代之后，又出现了基于计算机联网的互联网媒体，随着90年代中期之后的快速普及，最终将人类社会带入信息化时代。如今，大众媒体对整个社会的政治、经济、文化以及公众的学习、工作和生活都产生着广泛的影响，高度依赖传播媒体的信息传播已成为当代社会运行的一种基本特征，接受传播媒体的"信息轰炸"也成为当代公众的一种生活方式。科学技术传播普及领域自然也受到媒体传播的强烈影响，无论是在科学技术知识的普及中，还是在科学技术话题的社会争议中，我们都可以看到传播媒体活跃的身影。

依人们对传播媒体的基本认识，传播媒体可被区分为印刷媒体、广播媒体、影视媒体和网络媒体等基本类型。不同类型的传播媒体各有不同的特点，拥有不同的优势和局限，在整个社会传播中扮演相互有别的角色，共同构成了延及社会各个角落的传播媒体体系。在当代科技传播与普及领域，印刷媒体、广播媒体、影视媒体、网络媒体各自同样发挥着不同的作用，共同构成了基于媒体的科技传播与普及渠道，成为当代科技传播与普及体系的重要组成部分。

（1）印刷媒体

以图书、期刊、报纸为代表的印刷媒体具有便携性和易存性的优点，读者一旦拥有就可以很好地保存下来，并随时阅读其中的信息内容。印刷媒体当然也有自身的缺陷，媒体的制作和印刷有一定的时间周期，会影响传播的时效性，而且印刷媒体通常对读者的文化程度有一定的要求，读者需要具备相应的识字和阅读能力。在科技传播与普及领域，印刷媒体从来都承担着重要职责。例如，科学著作历来都是传播普及科学知识的重要载体，在保存、传承、普及科学知识方面发挥了重要作用，许多人就是因为阅读了某部科学著作而被吸引到科学殿堂的。

当印刷技术得到普及之后，科学图书成为了普及科学文明的第一种重要工具。哥白尼的《天体运行论》、维萨里的《人体的构造》曾引发了近代科学的革命，布鲁诺的《论无限性、宇宙和世界》、伽利略的《关于托勒密和哥白尼两大世界体系的对话》传播了科学的思想，牛顿划时代的巨著《自然哲学的数学原理》引导人们迈进近代科学的世界。我国数学家华罗庚的《优选法平话》和《统筹法平话》，使深奥的数学理论成为"千人万人的应用数学",在生产实践中发挥了重大作用,成为我国科普史上的创举和典范①。当代物理学家史蒂芬·霍金所著的《时间简史》,虽然令有些学者怀疑并没有多少受众真正能够读懂②,但它在全球超过1000万册的销量,让许许多多读过它的人知道了宇宙起源、大爆炸、黑洞、反物质,也让人了解了霍金这位充满传奇色彩的物理天才的科学精神及其独特的人格魅力。

科普期刊是科技传播与普及领域另一类重要的印刷媒体,无论是在世界范围内,还是就我国而言,科普期刊都曾在传播普及科学技术方面发挥过极其重要的作用。在世界发达国家,有许多影响甚广的科普期刊,例如,美国的《美国国家地理》《发现》《大众科学》等。其中,《美国国家地理》发行量超过800万份,《发现》和《大众科学》的发行量超过100万份。在我国20世纪之初,就有一批科学前辈为了传播科学而创办了《科学》等一大批科普杂志,在传播现代科学知识和方法、宣传科学思想和精神、激发大众科学技术兴趣方面产生过广泛的影响。在20世纪80年代,《知识就是力量》《百科知识》《科学画报》《大众医学》《科学生活》《无线电》的发行量也曾超过100万份。直到目前,我国仍有各类科普期刊数百种,只不过由于多种原因,大部分科普期刊发行量不高。

报纸是印刷媒体中最具代表性、影响最为广泛的媒介。报纸传播周期短、传播速度快、信息密度大、传播范围广,既经济又实惠,因而成为公众接触频率最高的印刷媒体。就科技传播与普及而言,报纸媒体中既有像《科技日报》《中国科学报》这类综合性科技报纸,也有像《中国化工报》这类专业报纸,其他非科技类的报纸(如《人民日报》《光明日报》等)绝大多数也设有专门的科技板块或栏目,对科技内容的报道也在不断增加。报纸媒体的科技传播具有综合性的特点,内容包括科学技术的知识、方法、思想以及科学技术发展、政策等多个方面,是公众获取科学知识、了解科技发展的重要渠道。

(2)广播媒体

广播媒体是利用通过无线电波或导线传送声音的传播媒体,其突出的优势是传播速度快,覆盖范围广,具有即时性的特点,甚至可以实现对突发性新闻事件的实时报道。由于使用声音和语言符号传播信息,广播媒体可以适应各种文化程度的听众,主持人还可以利用其独特的风格,形成类似于面对面交谈一样的吸引力和亲和力。特别是广播媒体可以利用音响效果与语音语调制造"高仿真"现场效果,形成极强的现场感和感染力。1938年10月30日晚,美国哥伦比亚广播

① 科学技术普及概论编写组.科学技术普及概论[M].北京:科学普及出版社,2002:186.
② 黄时进.科学传播导论[M].北京:华东理工大学出版社,2010:143.

公司播出的广播剧《火星人入侵地球》，就曾利用逼真效果使 100 多万人真的以为火星人从天而降，许多人陷入恐慌，甚至举家逃难。

广播媒体具有的这些独特优势曾使广播成为拥有独特魅力、影响广泛的传播媒体。但广播媒体的缺点也是显而易见的，声音的传播转瞬即逝，难以保存，而且听众只能顺序收听，无法选择。在科技传播与普及方面，广播媒体曾做出过重要贡献。我国中央人民广播电台从 1949 年就开始播发科普文章，广播曾是那个时代人们接受科技信息的重要渠道，特别是在广大农村、边远地区和经济不发达的地区，广播在传播农业生产知识、推广实用技术、宣传卫生与健康观念等方面发挥了特殊而重要的作用。

随着电视媒体的不断普及，广播的作用近些年来有所下降，但制作良好的科普节目仍然可以赢得大量听众，美国的"动态城超级乘务员"广播科普系列节目每周播出 1 次，有 200 万名儿童收听[①]。广播媒体还有另外两个很重要的优势，一是接受广播信号的收音机成本低廉、携带方便，二是听众在收听广播节目时只使用听觉，并不妨碍他们同时做其他相对简单的事情。因此，在户外环境下，在流动场合中，广播媒体仍然可以发挥重要作用。

（3）影视媒体

影视媒体是当代公众最常接触的媒体，也是对当代公众影响最大的媒体。影视媒体传播拥有许多优势。例如，可以利用语言、文字、声音、图像信号传送信息，具有视听兼备的特点，让受众同时接受不同符号的刺激，实现综合传送效果；可以借助声像手段动态表现事件场景，具有极强的现场感和真实感，甚至可以让观众身临其境、沉浸其中等。但影视媒体也有符号传送转瞬即逝、不易保存、难以选择等缺点。

影视媒体包括电影和电视两种基本形态。在 20 世纪的科技传播与普及中，电影曾经发挥过重要作用，"科教电影"就是承担科技传播的一个电影类型。从1920 年起，美国的一些影片公司和高等学校就开始制作教学影片，在学校或社会放映。我国的科教电影也有很长的历史。1920 年，上海商务印书馆创办国光影片公司，拍过一些无声电影，其中就有《养蚕》等科普教育片。新中国成立后，科教电影事业发展迅速，20 世纪 50—60 年代先后成立了许多科教电影制片厂，拍摄过许多优秀的科学教育、技术推广及科研纪录影片，在普及科学知识和农村实用技术方面发挥过重要的作用[②]。近些年来，科教电影开始让位于电视科

① 科学技术普及概论编写组. 科学技术普及概论 [M]. 北京：科学普及出版社，2002：189—190.
② 科学技术普及概论编写组. 科学技术普及概论 [M]. 北京：科学普及出版社，2002：190.

普，但在科技传播与普及方面仍然占有一席之地。例如，北京科教电影制片厂制作的《宇宙与人》就曾受到广泛好评，国外一些优秀的科教电影、科幻电影也经常是观众如潮。

对当今社会影响最大的影视媒体是电视，无论是对社会政治、经济、文化，还是对科技传播与普及，电视的影响力都可谓首屈一指。我国关于公众获取科技信息渠道的调查表明，公众依靠电视获得科学技术信息的比例多年来一直高居榜首。近些年来，我国许多电视台都开设了专门的科教频道或科教栏目，科普节目也受到越来越多电视台的关注和重视，许多科教栏目受到观众的欢迎，特别是科学纪录片在近几年受到越来越多观众的喜爱。电视媒体正在利用自己的特有优势，成为科技传播与普及领域最受欢迎的传播媒体之一。

在国际科学教育与科学普及范围内，运营最为成功的电视媒体是1985年创立的美国探索频道（discovery channel）和1997年成立的美国国家地理频道（national geographic channels international，NGCI）。美国探索频道拍摄制作了许多内容丰富的优秀科学纪录片，内容覆盖科学、技术、自然、探险、探究等。探索频道目前在全球140多个国家和地区有超过1亿个家庭用户。美国国家地理频道同样依托强大的制作力量，推出了许多画面精美的优秀科学节目，内容涵盖最新科学与尖端科技、历险探索、自然历史、科学、野生世界等。美国国家地理频道的节目在全球160多个国家与地区有数亿家庭用户。

（4）网络媒体

在迄今为止的传播技术发展中，互联网可以说是最具革命性的技术成就，互联网为社会的信息传播打造了一种可以联通世界的全新平台，把人类传播推进到一个新的发展高度。无论是从对当代传播格局还是从对未来传播发展的影响看，我们都需要给予互联网以及基于互联网兴起的各种新媒体以特别的关注和重视。早在1998年，联合国新闻委员会就将其称为"第四媒体"，认为互联网以超媒体方式组织信息、跨越时空、双向交互，使几乎所有的传统媒体都受到不同程度的挑战。互联网的发展与普及已经开始将人类传播带入网络传播时代，对科技传播与普及的发展也产生了巨大影响，推动了科技传播与普及的模式变革。

互联网是现代计算机技术与通信技术紧密结合的产物，是由许许多多的计算机相互联结而构成的网络，通过网络而实现相互之间的通信和资源共享。与传统的传播媒体相比，互联网具有无可比拟的开放性，大到可连接世界上所有的信息系统，成为可以跨越国界的全球媒体，让整个世界变成了一个"地球村"。自20世纪90年代中期之后，随着互联网的高速发展和迅速普及，越来越多的社会组织和普通公众成为了互联网的"网民"，互联网也对社会各方面产生了广泛而深刻的影响，政府部门利用它发布国家政策，公司企业利用它开拓市场，科研机构利用它在全球范围内开展学术交流，教育机构利用它进行远程教育，大众媒体利用它传播新闻，普通人也在利用它获取各种信息①。

从传播学角度来看，基于互联网的网络传播拥有众多特殊的优势和特性，可以将文字、声音、图片、图表、动态图像等多种符号形态整合在一个传播单元内，形成多媒体信息；可以借助全球化数字通讯通道实现方便、快捷、高速、高效、即时、远程传播，极大地扩展信息传播的范围；可以突破传统媒体固有的版面或容量限制，利用超链接等手段无限量扩充传播的信息容量；可以实现高速便捷的多点互动、双向交互传播，在大量传播者与大量受众之间建立"多点对多点"的传播关系，同时又可以实现点对点的即时交互；等等。

互联网最重要的特性也许应该说是它的综合集成性。在技术层面，可以综合集成现代各种信息、通信、数字化、计算机技术，实现对各种现代技术的集成应用；在内容层面，可以同时连接众多的网站与网页，集成新闻性、知识性、娱乐性各种内容；在信息处理方面，可以将信息的汇集、检索、处理、加工、传送集于一身，构建一个信息承载、服务、传播一体化的信息空间；在传播类型方面，可以承载点对点的私人交流（如电子邮件和聊天室）、点对面的大众传播（如各种机构网站或新闻网站），也可以承载点对群的私人媒体（如博客）、多点互动的群体平台（如论坛）等多种传播形态。

互联网拥有强大的信息处理和传播能力，是有综合性特点的传播媒体，也是有集成性特点的传播平台，可以融合从人际交流到大众传播的各种传播类型。现今社会的各种传播活动事实上都可以很方便地"移植"到互联网空间。与此同时，互联网利用拥有的技术优势，不仅已经发展出了多样化的传播新形态，例如论坛、博客、微博等，而且未来还可以利用这种技术优势、平台特性以及它属于社会基础通信网络的地位，发展更多创新的传播方式，并将各种固定的和移动的终端设备（如电脑、电视、手机等）纳入到这个大系统中，形成各式各样的"新媒体"大家族，使人们能够随时随地接受传播、参与传播。

互联网同时也实现了新的传播革命，变革了社会信息传播的体制和格局。传统媒体的信息传播是"以媒体为中心"、"以传播者为中心"，媒体组织拥有控制权。网络传播实现了信息来源多元化、信息内容巨量化、信息传播的互动化，传播组织特权被极大消解，"把关人"地位严重弱化，受众地位更加凸显。作为受众的网民不仅可以从不同网站自主选择信息，也可以成为信息发布者，参与传播

---

① Ren Fujun, He Wei, Zhang Chao. *Channels and Ways for Chinese Public to Obtain Information about Science and Technology*, PICMET'08, VOLS 1—5: 2305—2311, 2008.

过程，发表个人意见，甚至与传播者直接互动。基于互联网的传播实现了"多中心"的传播，建立了传播者和受众共同主导的传播新格局。

互联网的发展和普及同样给科技传播与普及提供了新渠道、新途径和新平台，并已经影响到科技传播与普及的各个方面，推动了当代科技传播与普及的发展。网络媒体的多媒体传播正在使科学技术知识传播变得更直观、更形象、更具艺术性，提高了科学技术传播普及的综合效果；大容量高速传播正在丰富着科技传播普及的内容，提高了传播的效率；互联网传播和移动通讯的结合扩展了传播的范围，使公众获取知识信息更加方便快捷；高互动性也使互联网发展成为公共论坛，促进了网民对科学议题讨论的参与；等等。"网络科普"正在成为快速发展的科技传播与普及新领域，并使科普成本大大降低。公众可以很方便地利用互联网阅读科学名著，到"虚拟科学馆"里参观，与科学家对话交流；科学家、科研机构、科普组织也都很方便地利用互联网发布信息、普及知识、与公众交流。网络传播的发展已经将许多可能变成了现实，在未来还会将更多的可能变成现实。

3. 传播媒体的科技传播能力建设

媒体传播是科学技术传播和普及的重要渠道，是促进科学和公众互动和交流的重要中介，也是科学技术发展与应用相关议题讨论的重要平台。关于公众科学素质的相关调查表明，传播媒体对公众科学素质有非常重要的影响，公众接触媒体的频率也与其科学素养存在显著的关系。如果将科技传播与普及比喻成一条河，那么，站在上游的是科学家团体和传播科学技术的人，中游是媒体，下游就是接受科学技术信息的公众，媒体在这条科普的河流中起着承上启下的作用[1]，或者说传播媒体本来就是河流的一部分（科学教育、科普设施属于另外的一部分）。因此，加强科学技术的媒体传播渠道建设、提高媒体科技传播能力、充分发挥媒体的优势作用，对促进科技传播与普及事业发展具有非同寻常的意义。

我国2006年实施的《科学素质纲要》将"大众传媒科技传播能力建设工程"列为全民科学素质行动计划的"基础工程"之一。近年来，我国各类报纸、广播、电视这些传统媒体发挥自己的优势，开设了更多的科普专题、专栏、专版、频道、栏目，增加了科学技术内容的版面和播出时间，科学技术媒体的作品质量和水平也明显提升，一批受众量大、知名度高的科技媒体品牌也开始形成。网络媒体和新媒体的科技传播近年来更是发展迅猛，科普网站、科普论坛、数字科技馆、科普资源库等各种网络科普、数字科普形态不断涌现，受到许多网民的

① 科学技术普及概论编写组.科学技术普及概论［M］.北京：科学普及出版社，2002：186.

关注，出现了中国公众科技网、中国科普博览、果壳网等一批知名科普网站。

在加强媒体科技传播渠道建设、提高媒体科技传播能力的过程中，除了不断提升媒体科技传播内容的质量、水平、影响，打造更多传统科技媒体和网络科技媒体品牌之外，还需要积极发展科学界与媒体界的合作交流关系，促进相互之间的理解与沟通，建立良好的互动协作机制，让媒体得到科学家们的更多帮助，让科学家获得更多传播的经验。中国科协自 2011 年就开始组织"科学家与媒体面对面"系列活动，每次活动都围绕社会科普热点，邀请科学家与媒体记者面对面交流，其目的就是在科学家与大众媒体之间建立沟通的渠道，充分发挥科学共同体、全国学会和大众媒体的作用，结合社会热点、焦点开展科普活动。

世界发达国家很早就认识到了需要在科学界与大众媒体之间建立双向交流机制，以增进彼此之间的了解和沟通。英国皇家学会的《公众理解科学》和英国上议院的《科学与社会》报告，都特别强调了科学工作者与传媒合作以及媒体平衡报道科学的重要性。英美等国科学界也非常重视发展与媒体的合作关系，并建立了一些为媒体提供专业服务的机构。例如，美国早在 20 世纪 80 年代就成立了"科学家大众信息服务社"（SIPI），负责"沟通科学家与传播媒体间的相互关系"，其新闻资料部为数万名科学家建立了档案，以便媒体在制作涉及科技知识背景的报道和制作科普节目时，能迅速方便地得到科学家们的有效帮助。

四、 活动传播： 基于公众科普活动的科技传播与普及

20 世纪 80 年代以来，科学技术的传播普及在世界范围内受到普遍重视，许多发达国家把科技传播议题纳入国家科技政策，并通过政府的政策、组织、资助和动员，吸引科研机构、专业组织、大众传媒、企业、大学参与科学传播与普及。政府部门、科技团体组织开展了诸如"科技日"、"科技节"、"科技活动周"、"科技活动月"、"科学年"等科技科普活动，国际组织也积极推进"国际海洋年"、"国际天文年"、"世界人口日"、"世界环境日"、"世界地球日"等科普宣传活动。类型多样的公众科普活动利用公众易于参与的各种形式与手段，吸引公众的关注和参与，成为科技传播与普及另一个重要渠道。

1. 大型公众科普活动

大型公众科普活动指的是各级政府部门、科技团体面向全国公众，或地方政府、科技团体面向本地居民，有组织、有计划集中开展的群众性科普活动。这类科普活动通常固定在某个时间段、集中于某个主题，面向数量巨大的公众对象，

通过组织科普展览、专家报告、科技讲座等系列活动，集中开展科学技术宣传、传播、普及。其中，影响最大、最具代表性的是政府部门、学术团体出面组织举办、动员社会各界广泛参与的"科技节"、"科技周"这类科普活动。

"科技周"最早出现在日本，因其声势浩大、影响广泛而被越来越多的国家借鉴和采用。目前，许多科技发达国家以及印度、墨西哥等一些发展中国家都举办有这类科普活动。美国、英国等国家的一些综合性或专业性协会也很热心举办全国性的大型科普活动，如美国、英国科学促进会举办的科技节和化学学会举办的化学周，美国、加拿大、澳大利亚等国家的工程师协会举办有全国工程周，等等。许多国家的科技周活动都搞得都有声有色，国家首脑或政要发信祝贺，科技名流和专家学者发表演讲，科技团体、科普场馆举办专题活动，研究机构、大学相关实验室对公众开放；活动场所往往扩展至大学、中学和小学，研究机构，企业实验室，甚至是普通公众经常光顾的大型超市；活动项目和活动形式也异彩纷呈，有科普展览、科技讲座、影视放映、科技演示、科技集市、实验室开放等。

英国是世界近代科学的发源地，英国科学界历来重视科普活动。英国政府于1994年1月授权贸易和工业部科技办公室启动了公众理解科学、工程和技术计划。在该计划资助和支持的众多项目和活动中，规模最大、影响最广的就是每年3月份举办的为期10天的"全国科学、工程和技术周"。该活动由英国科学促进会组织协调，每年都会组织数百项甚至千余项活动，吸引数十万人参加。英国科学促进会除负责组织全国科技周外，还在9月份举办科技节。科技节的活动形式同样也是丰富多彩，有公共科学讲座、发现发明展览、实验室开放、动手实验等。英国的政府部门也还举办或资助了其他一些大型活动，如贸易和工业部就举办过"工程成就年"（1997年），教育技能部举办过"科学年"（2001—2002年）等。

在我国的这类大型科普活动中，影响最为广泛的首推科技部等部门联合举办的"科技活动周"和中国科协举办的"全国科普日"。

"科技活动周"于2001年经国务院批准设立，由科技部、中宣部、中国科协等19个部门联合举办，举办的时间是每年5月份的第三周。科技活动周近年来结合全民科学素质行动需要，围绕"携手建设创新型国家"主题，在全国各地组织开展了内容丰富的科普活动。到2013年，"科技活动周"已连续举办13次，参与公众累计超过7亿人次，成为公众参与度高、范围覆盖面广、社会影响力较大的品牌科普活动。2013年，科技活动周突出"科技创新、美好生活"内容，活动内容包括大型科普博览、网络科技周、科技列车湘西行、流动科技馆进基层、青少年"未来工程师"竞赛、科研机构和大学向社会开放等，各地各部门组织的重点活动项目达到1600余项。

"全国科普日"始自中国科学技术协会 2003 年为纪念《科普法》颁布实施一周年在全国范围内举办的科普活动，从 2004 年起，中国科协决定每年开展全国科普日活动，并于 2005 年将活动时间定在每年 9 月的第 3 个公休日，并持续一周。全国科普日活动近几年围绕"节约能源资源、保护生态环境、保障安全健康、促进创新创造"主题，先后组织了保护生态环境、走近低碳生活、节约保护水资源、食品安全与公众健康等科普宣传活动，活动规模不断扩大，活动内容日益丰富。2003—2013 年的 10 年中，全国科普日期间各地累计举办的重点科普活动达 4 万多次，参与公众超过 7 亿人次，已成为植根基层、公众喜爱的全国性主题科普活动。

除"科技活动周"、"全国科普日"这两项大型群众性科普活动外，我国政府各部门、地方政府、大型科研机构还经常举办其他一些规模较大的科普活动，例如"安全科技周"（国家安监总局）、"北京科技周"（北京市政府）、"公众科学日"（中国科学院）等。许多地方政府也都举办过"科技周"、"科技节"、"科技活动月"、"科技之春"、"科普之冬"、"科普之夏"等科普活动。我国历来还有以重大纪念日为契机开展主题科普活动的传统。例如，环境保护部以及所属中国环境学会每年都以"世界环境日"、"世界地球日"、"国际生物多样性日"为契机，组织科学报告、科普展览、电视节目、知识竞赛等各种科普活动；卫生部以及所属中华医学会、中华预防医学会、中国药学会等，每年都结合"联合国糖尿病日"、"世界爱眼日"、"高血压日"、"心脏病日"，开展资料发放、义诊、讲座等科普宣传；国家气象局每年也都结合"世界气象日"组织开展气象日开放、气象科普展览、气象科普论坛、气象科普进社区等活动。

大型公众科普活动由于主题鲜明、内容丰富、社会各界广泛参与，往往声势浩大、影响广泛，不仅能吸引广大公众的热情参与，引导社会和公众对科学技术的关注，扩大科学技术的社会影响，对帮助公众获得科学技术知识、增强公众科技意识、激发公众科学热情起到良好作用，而且能搭建社会各界和全民参与的科普平台，形成一种有效的社会动员机制，成为活跃社会科普局面的一种重要手段，对带动科技教育、传播与普及活动的蓬勃开展，激发社会各方面支持和参与科普的积极性与主动性，在全社会内示范与引导新观念和新理念，起到推动作用，因而是当代科技传播与普及的一种重要形式。

2. 形式多样的其他科普活动

除了上述这类大型公众科普活动外，国内外还有许许多多由高等院校、科研院所、专业机构、科技团体、科普组织乃至城镇社区等组织举办的各种科普活动。这类科普活动形式多样、类型各异，甚至包括公园组织的科技游园会等。其影响范围虽然不及大型科普活动广泛，但在科技传播普及方面同样起着非常重要的作用。在英国，近些年来就有越来越多的专业学会和地方学会热心于利用这类形式开展科普工作。例如，英国工程理事会组织的"英国青少年工程师"竞赛就颇有影响，每年都有近千名 11—19 岁青少年参加；该委员会还推出过"社区工程师"、"开启工程之窗"（让青年工程师或技术人员到中小学校，以切身经历向学生讲述工程职业的乐趣）等多种计划。英国皇家化学学会也在全国范围内组织有面向青年学生的化学竞赛等活动，学会的地方组织也热心到学校举办各种形式的化学讲座活动。

这类科普活动在我国同样也丰富多彩，并潜移默化地影响着人们的科学素质。例如，全国各地近些年来广泛开展了面向农村的实用技术培训，"科技下乡"活动也在广大农村地区产生了广泛影响。作为我国政府推进的"三下乡"（文化下乡、科技下乡、卫生下乡）活动的重要组成部分，科技下乡包括科技人员下乡、科技信息下乡等内容，各地政府部门和科协，组织动员广大科技工作者到农村地区开展农业科技普及，进行农业技术培训，为科技兴农做出了重要贡献。近些年来，学校里的各类科技兴趣小组活动非常活跃，社区里的各种健康卫生咨询受到欢迎，科技夏（冬）令营活动在全国各地蓬勃开展，科技场馆的科普讲座也丰富多彩。

据科技部 2013 年 12 月发布的"2012 年度全国科普统计数据"，2012 年，全国举办科普（技）讲座超过 89 万次，听众为 1.71 亿人次；举办科普（技）专题展览超过 16 万次，参观人数近 2.33 亿人次；举办科普（技）竞赛 5.67 万次，参加人次近 1.2 亿；举办科普国际交流活动 2562 次，参加人数 32 万人；举办实用技术培训 91.39 万次，培训人数达到 1.23 亿。2012 年，全国科技活动周期间，共举办科普专题活动 12.15 万次，吸引了 1.12 亿人次参与①。科普活动已成为公众广泛参与科普的重要渠道。

近些年来，我国在围绕社会热点问题开展"热点科普"、结合突发事件开展"应急科普"等方面必取得了重要进展，取得了良好的科普教育效果。例如，以 2008 年北京举办奥运会和 2010 年上海举办"世博会"为契机，在全国范围内广泛开展了低碳、健康、文明生活理念的主题科普宣传活动。2008 年，汶川发生特大地震后，在全社会范围内掀起了抗震救灾科普宣传活动的热潮。2010 年，日本福岛核泄漏事故发生后，为消除公众的担心与恐慌，政府部门和科协系统也利用媒体报道、专家访谈、科普展览等各种手段，向公众广泛宣传相关知识。近年来，针对雨雪冰冻灾害、各种禽流感流行、食品安全等突发事件，政府有关部

---

① 2012 年度全国科普统计数据发布，http：//news.xinhuanet.com/tech/2013 – 12/26/c_ 125916310.htm。

门都及时编印相关科普宣传资料，举办科普讲座和报告会，普及相关科学技术知识①。

从整个国际范围内的发展趋势看，科技传播与普及正在迈向多元化的发展方向，科技教育、设施传播、媒体传播、科普活动传播成为科技传播与普及的基本渠道。除了这些基本渠道之外，像人际交流这类渠道也一直在科技传播与普及中扮演着重要角色②。渠道多样化已经成为推动当代科技传播与普及繁荣发展的重要因素，多种渠道相互配合也成为科技传播与普及事业发展的重要基础。在当代科学技术高速发展和广泛应用以及社会科技传播需求普遍增长的背景下，科技传播与普及事业发展、公民科学素质建设不可能依靠某种单一的渠道。相对于公众多样化的需求和提升素质的多方面要求而言，任何渠道都存在着这样那样的局限和不足，需要发展多样化的渠道，搞好各渠道的协同配合，构建高效运作的当代科技传播与普及体系，这样才能更好地满足社会和公众多样化的需求，促进科技传播服务的公平普惠。

---

① Ren Fujun, Liu Xuan, Dang Weilong. *A Study on the Science Communication Models of Response to Disaster Threats with Examples from China*, PICMET'13, VOLS 1—5：139—142, 2013.

② 参见本书第 99 页表 4 - 1。

第五章　科技传播与普及的当代需求

　　科技传播与普及的存在价值根植于科学技术和社会发展的基本需要，是由它在满足科学技术和社会发展需要方面所能完成的任务决定的。20世纪下半叶以来，科学技术发展突飞猛进并在社会各领域得到广泛应用，极大地推动了经济的增长和社会的进步，改变了人类生活的面貌，科学技术与社会的关系变得前所未有的紧密。在当代科学技术和社会关系的背景下，社会发展越来越依赖科学技术的应用，经济发展越来越依靠技术创新的驱动，社会生活也越来越受到科学技术的广泛影响，科技传播与普及在当代的重要性已经和社会发展、国家战略、公众需求紧密联系在一起。社会需求、国家需求和公众需求成为当代科技传播与普及发展的基本驱动力。

一、　当代"科技—社会"发展和科技传播社会需求

　　科学技术在20世纪下半叶实现了重大突破，涌现出一系列重大的科学理论和技术成就，引发了迄今为止最为重要的一次科技革命。科技革命改变了科学技术本身的发展特征，也改变了科学技术与社会的基本关系，变革了社会发展的基本特征，促进社会进入到高度依赖科学技术的阶段，推动社会过渡到知识经济时代。科技创新成为经济增长的基本推动力，高度依赖科技知识和信息的生产、传播和应用成为社会发展的基本特征。在"创新驱动发展、科技推动增长"和知识经济发展时代，科技传播与普及在社会发展中拥有了重要而特殊的地位与作用，成为与科学技术和社会发展需求紧密相关的一项社会事业。

1. 当代科学技术发展的基本特征

　　20世纪以来的科学技术呈现出一系列全新的发展特征和发展图景。

　　第一，科学技术进入到与原来完全不同的对象领域。科学研究深入到分子、原子、电子、基本粒子层次和量子领域、纳米尺度，扩展到星系、黑洞、暗物质、暗能量以及宇宙的起源和演化，正在不断向更微观和更宏观的两极发展；技术操控的对象也深入到传统"物体"之外那些看不见摸不着的分子、原子、电

子或基因。科学技术已经进入一个与人们所熟识的经验世界不同的"超经验"世界，科学技术本身的复杂性因而有了前所未有的增加，对人们理解科学理论与技术成就有了更高的要求。

第二，科学技术呈现出明显的加速趋势和"指数增长"发展特征。科学技术在20世纪下半叶全面进入"大科学时代"，社会对科学技术的需求和支持强度日益增长，推动了科学技术的加速发展，新理论和新技术爆发式增长，科学知识的更新和新旧技术的替代速度明显加快。在快速发展的计算机和网络技术领域，"摩尔定理"认为单位面积芯片的存储能力每十几个月就增加一倍，"吉尔德定理"认为主干网的带宽每几个月就增加一倍。科学技术的这种发展特征不仅加快了科学向技术、技术向产品的转化速度，也使科技与经济领域的竞争日趋激烈。

第三，科学技术高度分化而又不断综合，专业分工不断细划，分化基础上又不断交叉、渗透、融合和综合，孕育出一系列新的分支学科、交叉学科、边缘学科、综合学科。有统计表明，目前仅自然科学的学科分支已达6000余个。学科分化和交叉融合不仅产生出一系列全新的学科领域，使学科之间的关系更为复杂，学科边界更加模糊，同时也使知识和技术创新的模式出现新变化，学科交叉融合成为推进知识创新的重要方法，集成创新成为技术创新的基本模式，许多重大的技术突破往往依赖对多种技术成果的综合集成。

第四，科学技术领域的交叉融合使其内部形成复杂的互动机制，推动了科学技术的加速发展和整体进步，使"群状突破"成为当代科学技术发展的另一个重要特征。爆发于20世纪后半叶的新科技革命就是以"群状突破"的方式实现的，获得突破的不是某种单一的技术，而是包括微电子技术、信息技术、新能源技术、新材料技术、新制造技术、激光技术、生物技术、航空航天技术、海洋开发技术在内的整个技术群系。科学技术某些领域或某个方面的突破往往依赖其他领域的突破，反过来可能又会影响和带动其他方面的突破。

第五，当代科学技术的这种发展同时也改变了科学与技术之间和科学技术与社会发展之间的关系，使这些内外关系呈现出许多新特征。20世纪之前的科学和技术不仅分属于两个不同的领域，而且走过了不同的发展道路[①]。但进入20世纪特别是20世纪后半叶之后，科学和技术之间的互动日渐密切，科学与技术之间的界线日渐模糊，科学技术化、技术科学化、科学技术一体化成为科学技术的一个显著特征。而这又为科学技术向生产和产业的应用提供了可能，促进科学技术更快速、更广泛地进入社会生产领域，从而密切了科学技术和社会发展之间的关系，使科学技术越来越成为社会发展的重要动力。

---

① 翟杰全. 技术的转移与扩散［M］. 北京：北京理工大学出版社，2009：3—4.

在日常表达中，人们经常将"科学"与"技术"合并为"科学技术"，甚至简称为"科技"，但实际上"科学"和"技术"在活动内容、成果类型、目标取向乃至制度安排、文化传播等方面都有重要的区别①。例如，科学活动以知识发现为核心，目标是探索世界的奥秘、认识客观的规律，成果体现为新概念、新定律、新理论；技术活动以发明为核心，目标是获得改造和利用对象的手段、扩展人类的能力，成果体现在发明、专利、技术诀窍中。但进入 20 世纪之后，科学和技术之间的关系日渐密切，呈现出明显的科学技术化、技术科学化、科学技术一体化发展趋势。

所谓"科学的技术化"指的是科学和技术之间的界限越来越模糊，甚至在相当多的情况下已很难对科学和技术进行严格区分。科学与技术在传统上拥有不同的目标和任务，科学向技术的转化也要经过一定的时间周期，但随着科学向技术转化周期的缩短，新的科学成果往往很快转化为技术的应用，在许多科学技术领域（如计算机、信息、生物医学等），科学和技术已经没有了传统意义上的严格界线。与此同时，科学研究也越来越依靠先进技术手段的运用，研究方向越来越受到技术需求的影响，科学理论越来越依赖技术手段上的突破，从粒子加速器对物理学发展的促进、生物学对新技术的依赖这类例子，我们可以清楚地看到当代科学与技术的密切关系。

所谓"技术的科学化"指的是技术中的科学含量越来越高，新技术越来越依赖对科学的应用。在当代科学技术发展背景下，科学已经走在了技术发展的前头，引导并决定技术发展的基本方向，新技术的产生常常要经历科学理论上的突破、技术原理的产生，最后才发展出全新的技术。科学理论越来越成为技术突破的基础，技术成果越来越成为科学理论应用的结果。技术已经摆脱了主要靠经验技艺、不断"试错"来推动的旧模式，新科学、新理论成为技术发展的基本动力。人类在 20 世纪取得的许多重大技术成就（如微电子技术、原子能技术、各种生物工程技术等）无不与科学理论上的突破密切相关。

所谓"科学和技术一体化"指的是科学和技术在很大程度上已经融为一体。科学和技术的相互促进和高度融合推动了科学技术的发展，信息科学、环境科学、能源科学、材料科学、空间科学等领域的快速发展，新能源技术、新材料技术、新制造技术以及生物医学技术、航空航天技术的巨大进步无不与科学和技术的相互促进和相互融合有关。科学为技术奠定理论基础、指引发展方向，技术研究也在不断为科学开辟应用领域。科学技术的这种发展显然为科学技术成果在社

---

① 李伯聪. 科学技术工程三元论［C］//"工程科技论坛"暨首届中国自然辩证法研究会工程哲学委员会学术年会工程哲学与科学发展观论文集. 2004：24—26.

会各领域的快速广泛应用提供了可能，促进了科学技术和社会之间的关系发生重大转变。

2. 当代"科技—社会"发展中的科技传播需求

当代科学技术发展改变了科学技术的自身特征，也改变了科学技术与社会的基本关系。

首先，随着科学技术在社会生活、生产、管理等各领域大规模的广泛应用，社会发展和社会生活的基本面貌发生深刻变革，越来越呈现出高度科技化的特征，科学技术对社会发展和社会生活的影响越来越广泛、越来越深刻、越来越直接。在社会生活领域，生活环境越来越受到科技应用的影响，公众需要使用更多的科技产品，接触更多与科技相关的问题。在社会生产领域，生产过程越来越依赖高科技的生产装备，产品的科技含量也越来越高，科技应用成为推动生产进步的基本因素。在社会管理领域，管理制度及其规则的确立和实施越来越依赖科学技术的手段、受到科学技术的影响。

其次，科学技术的发展和应用促进了生产方式变革，推动了产业结构调整，改变了经济增长的传统模式，变革了社会进步的发展模式。"创新驱动发展、科技推动增长"成为当代社会发展和进步的基本特征。在生产领域，科学技术的应用拓宽了生产领域，改善了生产手段，提高了生产效率，提高了科学技术成果商品化、产业化的速度，缩短了科学技术向现实生产力的转化周期，使高度机械化、自动化、信息化成为当代主导的生产方式。在产业领域，科学技术的应用推动了产业结构的巨大变革，传统产业得以改造，新的产业不断开辟，高新技术产业成为主导性产业，产业进步和经济增长越来越依靠科学技术的推动。

如果说，在 20 世纪以前，科学、技术、生产、产业的关系模式基本上是"技术进步的动力源于生产需要的刺激（如蒸汽机的发明），技术的进步牵动科学理论的进步（如热力学原理）、推动产业的发展"，那么，当代科学、技术、生产、产业的关系模式已经发生了重大转折：科学理论不仅走在技术和生产的前面，而且引导技术和生产的发展方向，开辟新的产业领域（核能技术、生物技术及其产业的发展就是典型的例子）。因此，在当代科学技术和经济社会发展的背景下，科学研究、技术创新、产业发展、经济增长、社会进步相互促进趋势更加明显，科技知识创新、传播、应用的规模和速度不断提高，社会各领域都不可逆转地在向科学化、知识化、信息化发展。

当代科学技术与经济社会发展之间这种越来越紧密的关系，极大地提升了科技传播与普及的地位和作用，赋予科技传播与普及以更重要的社会价值，同时也使科技传播与普及需要面对更加普遍且不断增长的社会需求。正如国际公众理解科学领域的著名学者杜兰特曾经说过的，生活在复杂科学技术文明中的人们应该具有一定的科学知识水平，政府需要高素质的公民参与政治，实业家们需要具备技术素养的劳动力加入到他们的生产大军，科学家们需要更多具有科学素质的公众支持他们的工作；许多公共政策的决议也都含有科学背景，只有当这些决议经过具备科学素质的公众的讨论，才能真正称得上是民主决策①。

科学技术与经济社会越来越密切的关系，使科学技术影响社会的各个重要领域和重要方面，影响社会的各类重要组织和重要群体，这就使得来自科学共同体（包括科学团体、科研机构和大学等）、政府部门、工业机构、媒体组织以及各类专业组织、公众群体等社会组织和群体的科技传播需求不断增长，也使来自普及科学技术知识、增进公众对科学技术的理解、促进公众参与科学、服务科学技术创新等各层面的科技传播需求不断增长。社会各方面、各层面的科技传播需求普遍增长，已经成为当代科技传播与普及发展的一个重要特征。

例如，当代科学技术的高度分化使科学家的研究往往局限于相对狭窄的领域，但科学技术的交叉融合和集成创新又需要不同领域的科学家彼此交流和相互协作。因此，在科学共同体的范围内，不仅高效的专业交流变得愈加重要，针对科学家的科普（即所谓"高级科普"）也越来越受到重视。而在社会范围内，当科学技术快速发展、广泛应用，而科学又越来越不为普通公众所熟悉、所了解的时候，作为创造新知识和新技术的科学家群体显然也需要做更多面向社会和公众的科学普及工作，帮助公众了解科学技术进展，理解现代科学技术。

对于政府部门而言，当代许多公共政策都涉及很多复杂的科学技术问题，政策的实施也需要应用更多科学技术的手段，政府部门需要通过科技传播与普及，帮助公众更好地了解相关的问题和背景，理解相关的政策和决策。这对政府部门赢得公众对政策和决策的支持、促进公民参与相关政策和决策的讨论显然具有重要意义。而对公司企业来说，积极参与科技传播与普及的重要性同样是显而易见的，公司企业可以利用科技传播获取可用于改善生产与管理的知识和信息，也需要利用各种传播手段让消费者认识和接受新产品和新技术。

在当代科学技术和经济社会发展的背景下，社会结构中的各类机构、组织和群体（包括各类公众群体）都会受到科学技术发展的更多影响，利用科技传播过程获得需要的科学技术知识和信息、认识当代科学技术的特点和作用、适应高度科技化的社会环境，从而更好地促进自己的生存和发展，自然也就成为这些机构、组织和群体的一种普遍需要。当代科学技术和经济社会的发展，推动了科技

---

① 转引自：李正伟，刘兵. 公众理解科学的理论研究：约翰·杜兰特的缺失模型［J］. 科学对社会的影响，2003（3）：12—15.

传播与普及社会需求的普遍增长。

二、 创新型国家建设和科技传播国家需求

科技传播与普及的国家需求与当代发展背景下国家应采取的发展战略和策略有关。在创新驱动发展、科技推动增长的时代，科技传播与普及事业已成为一项基础性的社会工程，科技传播与普及事业的繁荣发展、国家科技传播能力的不断提高可以给建设创新型国家、转变经济发展方式、提高国民科学素质、培育创新文化提供基础性支撑。如果科技传播与普及事业出现问题，科学技术成果的传播和应用就会遇到阻碍，国家创新体系的运行质量和效率就会降低。很难想象在一个科技传播与普及并不活跃的国度里，科学技术成果能够得到广泛传播和快速应用，国家创新体系能够高质量运行，经济发展能够转型为知识经济，[①] 创新型国家的建设目标能够实现。

1. 当代"创新驱动发展"特征和创新型国家建设战略

从广义上理解创新概念，创新实际上包括许多不同的方面，例如生产创新、产品创新、管理创新、制度创新、体制创新以及科技创新、文化创新、产业创新，等等。在当代科学技术和经济社会发展背景下，科技创新显然具有非同寻常的价值和作用。自20世纪80年代以来，科学技术领域出现一系列重大突破，以信息科学、生命科学为标志的现代科学突飞猛进，高技术及其产业快速发展，给世界生产力的发展带来巨大推动，引发了生产方式的变革，改变了经济发展的方式，使经济发展方式实现了从资源依赖型、投资驱动型向创新驱动型为主的转变。科学技术及其创新已经成为经济社会发展的主要驱动力。在未来，科学技术领域还会继续出现一系列重大创新，并推动世界生产方式、产业结构、经济增长进一步深刻变革，引起全球经济格局进一步深刻调整，这将给整个世界科学技术、经济社会、综合国力竞争带来深刻影响。

科学技术和经济社会领域的这种发展趋势给世界各国的国家发展都提出了重大挑战，美国、日本、欧洲等发达国家和地区近些年来纷纷顺应时代发展的潮流，将促进科技创新确立为基本国策，调整科学技术政策，加强创新体系建设，加大对电子信息、生物技术、智能机械、新材料、新能源等高新技术产业的支持，目标是充分利用本国的科技创新优势，提高国家综合实力，确保在未来的国

---

① 翟杰全. 构建面向知识经济的国家科技传播体系[J]. 科学学研究，2001（1）：8—13.

际竞争中持续占据优势地位。发展国家创新体系，建设创新型国家，充分依靠科技创新提升综合国力和核心竞争力，已成为世界许多国家政府的共同选择。

我国政府近年来在科学分析社会发展基本趋势、准确判断我国基本国情及战略需求的基础上，也提出要提高自主创新能力，建设创新型国家，实施创新驱动发展战略，并认为提高自主创新能力、建设创新型国家是国家发展战略的核心、提高综合国力的关键；科技创新是提高社会生产力和综合国力的战略支撑，必须摆在国家发展全局的核心位置。近些年来，党和国家领导人在许多不同场合多次发表重要讲话，系统阐述当代科学技术和社会发展的基本趋势及提高自主创新能力、建设创新型国家、推动产业结构优化升级、加快转变经济发展方式对我国经济社会发展的重要性[①]。

目前，学术界还没有给出"创新型国家"的严格定义，也没有提出严格的判定标准。"创新型国家"一般指的是对创新活动的投入较高、技术创新在产业发展和国家财富增长中起重要作用、技术创新已经成为经济社会发展核心驱动力的国家。目前，世界上公认的创新型国家主要包括美国、日本以及欧洲的一些科技发达国家。其共同特征是科技研发投入较高、创新综合指数较高、科技进步对经济增长的贡献率较高、自主创新能力较强、对外技术依存度较低、拥有比较完善和高效的国家创新体系。

从当代科学技术与社会发展的基本要求以及科技发达国家的实际经验看，创新型国家的建设依赖科学技术的快速发展、创新能力的不断提高、国家创新体系的不断完善，也依赖于国民科学素质的有效提升、创新环境的良好营造以及完善的保护和激励创新的机制。在创新型国家的建设中，科技创新和科学普及发挥着重要作用、扮演着重要角色。正如胡锦涛同志 2008 年在纪念中国科协成立 50 周年大会上所指出的，科技工作包括创新科学技术和普及科学技术这两个相辅相成的重要方面，普及科学技术，提高全民科学素质，既是激励科技创新、建设创新型国家的内在要求，也是营造创新环境、培育创新人才的基础工程。

事实上，在科学技术广泛渗透于社会各个领域、经济增长越来越依靠科学技术的时代，科技创新和科学普及已经如"车之两轮"和"鸟之两翼"一样成为科技工作两个相辅相成、不可或缺的重要方面。对推进创新型国家建设而言，不仅需要科学技术的原始创新、关键技术的重大突破，而且需要在全社会范围内充分普及科学技术，提高全民科学素质，培育鼓励创新的社会文化，营造激励创新的社会环境。我们需要站在国家发展的高度来理解科技传播对科学技术及其创新

---

① 例如，胡锦涛在 2008 年、2010 年两院院士大会，在全国科学大会，在中国科协成立 50 周年大会等会议上的讲话。

的基础性意义，理解发展科技传播事业对建设创新型国家的战略性价值。

2. 创新型国家建设中的科技传播需求

科技传播与普及的基本功能是服务科学技术知识的社会扩散，服务科学技术知识的公众分享。这决定了它可以给科学技术创新、创新机制与环境的建设、创新人才队伍培养、国民科学素质提升等方面提供多种重要的"服务"，从而从多个方面满足于推进科技创新、建设创新型国家提出的基本需求。在当代科学技术与社会发展的背景下，科技传播与普及已经紧密地和推进科技创新、发展知识经济、建设创新型国家等多个层面的国家战略需求联系在一起。

在创新驱动发展、科技推动增长的时代，在建设创新型国家的过程中，来自国家层面的科技传播需求主要与推进科学技术创新、建设国家创新体系、提升国民科学素质、培育社会创新文化有关。

首先，科技传播与普及事业的繁荣发展对推进科技创新、提高创新效率有直接的促进作用，可以满足科技创新提出的各种需求。科学技术知识创新及其效率依赖科技同行间的充分交流、不同领域科学家之间的相互学习、不同学科之间的交叉融合。科学技术应用及其效率依赖研究工作者和应用工作者之间的交流合作、科学技术知识向应用部门的扩散、向生产和产业领域的转移。而科技传播就是科学家之间知识交流和科技成果向社会扩散的基本途径，可以为科学技术知识创新、社会应用提供服务。没有了科技传播的有效支撑，科学技术创新就会受到阻碍；缺少了科技传播的高效服务，科学技术创新的效率就会降低。

其次，科技传播与普及事业的繁荣发展对保障国家创新体系的良好运行具有至关重要的作用。国家创新体系由政府部门、科技机构、公司企业以及承担知识扩散任务的各类组织共同构成，创新型国家的建设依赖国家创新体系的高效运行。但要保证国家创新体系的高效运行，必须首先保证体系内部的各主体之间能有知识信息的高效互享和创新的良好协同。科技传播的基本功能就是扩散、传播、普及科学技术，促进知识和信息的社会共享，因而对国家创新体系的良好运行具有重要作用。国家创新体系的高效运行需要有配套的科技传播体系提供支持，促进知识扩散与共享的科技传播体系应该成为国家创新体系机制建设的重要组成部分。

同时，创新型国家建设不仅依赖科技创新工作的良好发展以及创新机制的建设，也依赖较高的国民科学素质基础和能够激发创新的文化环境。科技传播与普及在社会范围内传播普及科学技术知识，促进公众对科学技术的理解，激发民众对科学技术的兴趣，培育民众崇尚科学的价值观念和创新意识，这显然有助于提高国民的科学素质，培育社会的创新文化。事实上，科技传播与普及和创新文化的建设具有十分密切的关系，科技传播与普及既是在社会中培育创新文化的基础手段，也是在公众中普及创新文化的基本渠道。从国家发展的长远目标看，科技传播与普及对于建设规模庞大的高素质劳动大军，确立现代经济发展方式，实现国家民族的伟大复兴有重要意义。

三、 当代 "科学—公众" 关系和科技传播公众需求

科技传播与普及的社会需求和国家需求从根本上说都与公众需求有关，因为推进科学技术创新、建设创新型国家最终是为了满足全体社会公众的需要。但值得注意的是，当代科学技术的迅猛发展及其在社会中的广泛应用，也引起了科学技术与公众之间关系的深刻变革，一方面是科学技术在公众生活中扮演了更加重要的角色，给公众生活带来了更多的便利；另一方面是科技应用后果似乎也变得更加复杂，让公众产生了更多的担心。科学技术与公众之间关系的这种复杂变化，使社会公众对科技传播的需求也变得复杂化，产生了包括获得更多科学技术知识、了解科学技术进展、参与科学对话在内的不同需要。

1. 当代"科学—公众"关系中的科技传播公众需求

直到近代科学产生之前，与人类其他文化形态相比，科学并没有享有特殊地位，科学知识是人类知识体系中一个普通的部分，当时的人们也不像今天这样离不开科学，科学与公众的关系中并不存在类似于今天遇到的突出问题。但随着近代科学的发展，情况发生了变化，科学知识开始系统化了，科学研究开始专门化了，科学知识的获得越来越依靠专业的方法和过程，科学知识的表达也越来越依靠专业的语言和术语，普通公众越来越不容易听懂、看懂那些用专门语言表达的科学知识了。特别是发展到 19 世纪，问题已经凸显出来，科学家的文章里充满了 "只有大学者们才看得懂" 的专业词汇，科学中的大多数知识都超出了普通大众可以理解的范围。于是，科学普及在 19 世纪 40 年代在欧美国家兴起，许多科学家、发明家、职业演说家撰写通俗文章、组织科学巡演，用通俗易懂而又吸引人的方式向公众宣传科学和技术。

受科学与公众关系领域产生的问题和需求的影响，科学普及在当时的任务目标十分明确，也比较单纯。那就是向公众传播普及科学技术知识，展示科学技术的美好前景，使科学技术赢得公众的热情和支持。这一时期的科学普及基本上发生于 "科学家"（包括工程师和发明家）与 "公众" 两大群体之间，传播的内容主要是科学的新知识和技术的新发明，传播中的知识流程也基本上是从科学家群

体指向公众群体。科学普及的参与者是科学家群体、公众群体以及被称为"科学普及者"的群体，社会其他群体、组织和政府还没有认识到科学普及的价值，基本上没有参与其中。

进入 20 世纪之后，科学领域新理论和新知识大量涌现，科学研究也进入更微观和更宏观的领域，科学知识在数量和复杂程度上有了快速增长，科学家与公众之间的知识鸿沟进一步扩大。随着资本主义进入比较成熟的发展阶段，社会各界（特别是政府）也认识到了科学技术和科学普及的重要性，特别是两次世界大战让人们深刻认识到政府可以通过推广和应用科学技术，快速提高国家的整体实力。对科学技术及其普及重要性认识的提高，推动了这一时期科学普及的快速发展，人们希望通过科学普及让普通大众理解科学的成果、前景和科学所起的作用，增加对科学重要性的认识，并给科学家的工作提供所需的支持。

科学与公众关系的重大转折发生于 20 世纪后半叶，并推动科学普及从传统阶段迈入现代阶段。一方面，科学技术呈现出更加快速和高度专业化的发展特征，并在社会各领域得到广泛应用，科学技术与社会的关系变得更加密切，经济社会发展更加依赖科学技术，科学技术创新与应用成为经济增长、国家繁荣的基本动力，社会对科学技术的需求和对国民科学素质的要求也变得前所未有的强烈。另一方面，科学技术应用也逐渐显现出复杂性的后果，从而引发了公众的许多担忧，大规模杀伤性武器、军备竞赛、环境污染让公众感到了威胁和危险，基因工程、器官移植、克隆技术、信息技术的发展也引起了广泛的社会争议。

20 世纪下半叶的公众已经不再像以前那样对科学技术充满敬意乃至崇拜，而是对科学技术的发展和应用有了许多的担心和疑虑。在一些政府机构和科学团体看来，公众之所以对科学技术有疑虑是因为他们对科学技术不太理解。基于这样一种认识，英国、美国等国家的政府部门和科学团体在 20 世纪 80 年代开始推动"公众理解科学"运动，倡导科学共同体、大众传媒、工业部门、学校教育积极开展各种科学普及和科学传播活动，促进公众对科学的理解，提升公众的科学素质。公众理解科学运动强调公众对科学技术的全面理解，包括对科学知识、方法和科学技术社会作用的理解，因而扩展了科学普及的内容和目标。但这一时期的公众理解科学仍然内含一些传统理念，例如，它在"科学—公众"关系中仍然强调的是科学的价值和优先地位。

轰轰烈烈的公众理解科学运动似乎并没有消除公众的担心和疑虑，问题反倒在 20 世纪 90 年代变得更为严重，似乎在某些国家已经出现了公众对科学的"信任危机"。有些学者认为，公众之所以对科学技术存在担忧和疑虑，并不是因为公众对科学缺乏理解，而是公众在科学技术议题上没有发言权。于是，在 20 世纪 90 年代，政府部门、科学团体和学者们开始提出"科学对话"和"公众参与"的议题，强调通过建立良好的对话氛围、吸引公众参与科学对话，来解决科学与公众关系中出现的问题。90 年代以后，科学对话、公众参与成为公众理解科学、科学传播关注的热点话题，成为公众理解科学、科学传播实践的重要目标。

透过历史发展的这一过程，我们可以看到，科学技术的发展及其应用、科学技术与社会的关系推动了科学技术与公众关系的演变，而这种演变又引发公众在科学技术方面的需求发生变化，促进了科技传播与普及理念和模式的变革。直到 20 世纪上半叶之前，科学与公众的关系相对而言仍是比较简单的，科学家通过科学研究发现新知识，公众出于好奇和爱好了解这些新知识，科学普及的任务目标就是让这些新知识从科学家流向公众。但到 20 世纪下半叶，科学技术通过广泛应用直接影响到社会生产和公众生活，而且带来的后果也变得复杂了，既方便了生活，也可能产生出乎意料的后果。科学与公众的关系由此变得复杂起来，公众显然不是仅仅多了解一些科技知识就可以了，科学团体认为公众需要更全面地理解科学，从公众的角度说则需要让公众参与到科学对话中来。

因此，在当代科学技术与社会发展的背景下，由于科学与公众之间的关系变得更为复杂，科技传播的公众需求因而需要包括许多不同的方面，如基于工作、生活和个人发展的需要，公众要获得更多有用的科技知识；基于理解科学技术对社会和生活的影响或是参与科学议题对话的需要，公众要了解科学家研究的方法和结果、科学技术的进展和政策、科学技术对社会的影响及其作用方式；等等。公众需求的这种变化自然给科技传播与普及提出了更复杂的要求，当代科技传播与普及需要面对分层化的任务目标，既要帮助公众学习和掌握科学技术知识，提高他们的知识水平，使他们能够运用知识分析处理生活中遇到的各种实际问题；也要促进公众更好地了解科学技术的进展，理性地思考科技发展及其带来的问题，恰当地评价科技的社会价值及其局限性；同时还要服务于公众参与社会的科学对话和科学事务，建立科学对话与公众参与科学的社会机制。

2. 科学与公众关系领域的几个模型

20 世纪下半叶的科学与公众关系推动科技传播进入公众理解科学和科学对话的新阶段，公众理解科学运动和科学对话的新理念反过来又促进人们深化了对科学与公众关系的认识，提出了理解和阐释科学与公众关系的一些新模型，如缺失模型、语境模型、地方知识模型、民主模型等。由于科学与公众关系、公众理解科学、科学传播（科技传播与普及）之间存在密切而特殊的关系，学者们也常常将这些模型视为公众理解科学或科学传播的模型。由于这些模型涉及科学与公众关系的一些不同方面，也反映出公众在科技传播与普及方面的一些不同需求，因而分析这些模型对我们认识和理解当代科学与公众关系的特征、公众群体科技传播需求的多样化、科技传播与普及的任务目标是有帮助的。

（1）缺失模型

"缺失模型"（the deficit model）是科学传播学者对流行在传统科学普及工作以及公众理解科学早期实践中关于科学与公众关系的某些理解、看法和观点进行归纳和概括而提出的一个模型。这些学者认为，在传统科学普及工作以及公众理解科学早期实践中，人们把科学看作是可靠无误的一类知识，对公众的认识和生活是极其重要的，但公众缺少科学知识，因而需要从科学家那里学习科学知识，科学普及或者说科学传播需要向公众传播普及科学知识，并帮助公众更好地理解科学技术，提高他们的科学素质。人们在传统科学普及和公众理解科学中所持的这些看法和观点，就成了"缺失模型"的主要内容。

缺失模型近些年来受到来自各方面的广泛批评。批评者认为缺失模型包含着一些有问题的假设或预设。例如，科学被认为在现代生活中是至高无上的，科学知识也是绝对可靠和正确无误的；缺乏科学知识和对科学的不理解，导致公众疏远、怀疑甚至是拒绝科学；公众需要对科学有充分的理解，增进公众对科学的理解总是好的，公众理解科学可以使他们更好地接受和支持科学；国家的兴旺繁荣和个人的日常生活依赖科学技术，公众应该掌握基本的科学技术知识，并支持科学技术事业的发展；等等。

在批评者看来，缺失模型容易让人们将公众视为缺乏科学知识的纯粹"外行"，把科学与公众之间的关系简化为知识单向传递的关系，拥有知识的社会精英可以"居高临下"地向公众灌输科学[1]；缺失模型一直广泛流行于传统科学普及工作中，20世纪70年代以来欧美一些国家的公众科学素质调查以及80年代的公众理解科学概念也是以缺失模型为指导的，英国皇家学会1985年发表的《公众理解科学》报告就强调，由于科学技术在国家繁荣、产业发展和个人生活方面的重要性的增长，公众需要对科学有更多的理解。批评者认为，以缺失模型为指导的公众科学素养调查存在着"脱离具体情景"的问题，调查中的许多"问题"与公众生活并没有什么关系；对许多普通民众来说，他们需要知道DNA的定义或爱因斯坦的相对论吗？当他们不能回答DNA的定义或不了解相对论时，就应该被贴上"没有科学素质"或"科盲"（scientifically illiterate）的标签吗？[2]

从科学与公众关系的发展以及当代科技传播实践看，历史上和现实中的确存

① 张瑞山. 欧洲公众理解科学的历史考察 [J]. 世界科学，2007 (6)：41—43；张晓芳. PUS研究的两种思路 [J]. 自然辩证法研究，2004 (7)：55—60.

② Bruce V. Lewenstein. *Models of public communication of science and technology*. Version：16 June 2003，www. dgdc. unam. mx/Assets/pdfs/sem_feb04. pdf.

在强调科学知识可靠性和科学技术重要性，认为公众比较缺乏科学知识，需要向公众普及知识，并希望通过科学普及让公众更多地支持科学技术的观念和看法。这些观念和看法也的确容易导致一些问题，例如，使人们容易采用"实用主义"的眼光看待科学技术，使人们容易简单化地理解公众掌握知识的程度与他们对科学的支持态度之间的关系等。但值得我们注意的是，对传统科普工作的反思以及对所谓的缺失模型的批评并不意味着要否定向公众普及更多知识、让公众理解科学的重要性，强调公众缺乏科学知识、强调科普重要性也不意味着就一定认为"公众无知"、"科学至上"。

事实上，在当代科学技术和社会发展的背景下，无论是相对于科学技术在社会各领域普遍应用所提出的要求，还是相对于社会环境和公众生活所提出的需求而言，公众的知识缺失已经成为一种客观的状态，认为公众缺乏科学知识的观点实际上并没有问题，认为公众知识水平相对较低也没有争议，科学普及的合理性和重要性也没有任何疑问。尽管公众对科学知识的掌握、对科学技术的理解与公众对科学的信赖和支持之间并不存在简单的线性关系，但掌握必要的知识、对科学有更好的理解，对公众理性看待和对待科学的态度还是有重要影响的，对公众参与科学对话和科学议题还是有重要价值的。问题的关键不在于是否认为公众知识缺失，而在于精英群体是否会因为公众缺乏知识而无视、忽视、漠视公众意见，是否会在专业问题上轻视、歧视、藐视甚至是蔑视外行的公众，是否会以科学的名义将公众排斥在科学技术事务决策之外。

（2）语境模型

语境模型（the contextual model）、地方知识模型（the local knowledge model）、民主模型（the democratic model）实际上都是在批评和讨论缺失模型的过程中提出来的新模型。语境模型认为，我们不能把科学看作是至高无上的，公众也不是等待接收知识的"空瓶子"，公众如何理解科学、如何看待科学是发生在特定情景之中的，这种情景会影响到他们对科学的看法；公众的生活经验以及所在的文化语境等因素会为他们塑造一个心理认知框架，公众用这一框架来处理和理解接收到的各种信息，并形成自己的看法和态度；社会环境和传播媒介的主张也会影响到公众的看法，并常常抑制或者放大公众对某些问题的担心。

美国传播学家罗杰斯（E. M. Rogers）在其《创新的扩散》一书中曾收录"秘鲁村庄的开水风波"案例，这一案例清楚表明了"语境"对公众认知和行为的影响。秘鲁偏远山区的一些村民习惯于饮用生水，因而造成了许多健康问题。曾有公共卫生组织人员在一个有200多户村民的村庄里开展了历时两年的喝开水推广活动，对有的村民甚至登门达25次之多，但两年中仅说服了11个家庭主妇接受了喝开水这种生活习惯。健康新观念的推广实际上是失败的，失败的原因是村民们从小就养成了不喝开水的习惯，而且村民们还有一个根深蒂固的观念："只有得病的人才喝煮过的热水"①。村民的生活习惯和传统观念妨碍了他们对健康新观念的接受。

语境模型反对把公众看作是可以被动接受知识的"空瓶子"，认为公众会用自己的认知框架来处理和理解接收到的知识和信息，这就看到了科学知识传播和公众理解科学中的复杂性。这从理论和实践的角度看都是非常有价值的，也符合传播学对传播的基本认识。传播学认为，受众对接收到的信息并不会全盘接受，而是会用自己的认知模式来处理、解释这些信息，信息的来源、传播者的态度、传播的方式以及受众自身的需求、动机、生活境遇、团体成员身份等各种复杂因素都会影响到他们对信息的理解与接受。如果说缺失模型的理论基础是传播学中早已被抛弃的"枪弹论"②，语境模型的理论基础则可以看作是传播学中的"有限效果论"，它看到了影响传播效果的复杂因素。

但语境模型本身也存在一些问题，并因此受到一些学者的批评。例如，语境模型虽然看起来是反对缺失模型的，但它还是默认了"公众知识缺失"、"科学有可靠价值"的观点，也就是说，公众按自己的方式而不是科学的要求来理解科学，他们在科学知识方面仍然是缺失的。有学者因此认为，语境模型实际上只是缺失模型的一个更复杂的版本③。另外，语境模型虽然很有启示意义，可以提示传播者重视公众个人对科学问题的认识与理解，但语境模型并没有分析公众以自己的方式理解是否科学、是否妥当的问题，模型本身也很难给科技传播或公众理解科学实践以操作性的具体指导。

（3）地方知识模型

在国际科学传播研究领域，学者们近些年来也经常提及"地方知识模型"（the local knowledge model）、"外行知识模型"（the lay expertise model）。这两个模型在具体内容上有所不同，但本质是相同的。它们都强调，公众在知识上并不是"一无所有"，他们拥有自己的知识，如地方知识、外行知识。到目前为止，地方知识、外行知识仍是缺乏明确定义和精确含义的概念。"地方知识"一般指那些还没有被现代科学认可但被某些特定地区的公众使用的知识，"外行知识"

① ［美］埃弗雷特·M·罗杰斯. 辛欣，译. 创新的扩散［M］. 北京：中央编译出版社，2002：1.

② 枪弹论是20世纪30—50年代流行的一个传播效果理论。该理论认为传播过程有着不可抗拒的巨大力量，被动的受众就像无法抗拒子弹的靶子一样，消极被动地等待和接受媒体所灌输的思想和信息。

③ Bruce V. Lewenstein. *Models of public communication of science and technology*. Version：16 June 2003，www. dgdc. unam. mx/Assets/pdfs/sem_ feb04. pdf.

一般指那些还没有被科学专家认可但被外行公众使用的知识。这类模型的共同之处在于：将人类知识区分为两大基本类别，一类是来自于专业的科学研究、由科学专家认可和掌握的知识，它们属于科学知识、专家知识、内行知识；另一类是还没有进入科学知识范围、未被科学认可的知识，它们属于地方知识、本土知识、外行知识、民间知识。

在地方知识模型看来，公众并不是像缺失模型所认为的那样缺乏知识，公众有公众的"专长"，他们拥有地方知识、外行知识，而且这些知识、专长对解决某些问题同样是有价值的。地方知识模型的提出源于公众理解科学中的一些"案例研究"。其中，著名的案例之一就是对"坎布里安羊事件"的研究①。学者们通过这些案例研究发现，在面对一些与科学技术有关的问题时，科学家常常在公众面前表现得比较傲慢、自大和缺乏内省②，他们自以为科学是没有问题的，应该被公众不加怀疑地接受，并且因为他们的这种自大和自信，有可能使他们会简单化甚至是不恰当地运用科学的知识，得出令公众疑虑的结论（"坎布里安羊事件"中的科学家就把基于碱性土壤研究得到的科学知识不恰当地运用到酸性土壤上）。公众长期生活于某地或某种环境，拥有丰富的地方知识或经验，这些知识和经验对问题的解决同样有重要价值，但科学家向来不把公众的知识和经验放在眼里，甚至有时简单化地将其斥之为"非科学"，而且科学家往往不能意识到这一点，缺乏内省能力使科学家有时难以获得公众的认同和信任。

地方知识、外行知识目前还没有严格的定义，我们可以把那些来源于生活生产实践的经验、经历史传承下来的知识归到地方知识、外行知识之中。例如，农民所掌握的源于生产实践的耕作经验，某些族群拥有的传承于当地的技能知识，等等。中国传统医学（中医）、传统历法（阴历）就可以被看作是地方知识的典型代表。传统中医产生并流传于中国传统文化背景中，拥有一套不同于西方医学的理论和实践模式。到目前为止，学术界对中医是不是科学仍然存在激烈争议，中医在许多国家也被视为"另类医学"。虽然这类地方知识、经验知识可能还没有被纳入科学的范围，但在解决人们面对的许多实际问题时是有价值和有效的，科学家乃至整个社会都需要正视并重视这类知识。

地方知识模型、外行知识模型强调公众拥有地方知识、外行知识，认为这些

① 关于"坎布里亚羊事件"更详细的介绍和分析，请参阅：刘兵，李正伟. 布赖恩·温的公众理解科学理论研究：内省模型［J］. 科学学研究，2003（6）：581—585.
② 认为科学家傲慢自大和缺乏内省的观点，又引出了科学社会学的"自大理论"和科学传播的"内省模型"（the reflexivity model）。内省模型与地方知识模型可以被看作是一个模型的两个方面。有关"内省模型"的内容，可参阅：刘兵，李正伟. 布赖恩·温的公众理解科学理论研究：内省模型［J］. 科学学研究，2003（6）：581—585.

知识同样具有重要价值，可以像专家知识一样解决面对的问题。这类模型赢得不少学者的支持，但同时也因为存在的问题而受到另外一些学者的批评。地方知识模型认为公众拥有同样可以解决问题的地方知识，似乎可以为论证公众与科学家之间的平等（对等）关系提供了论据，为当代所倡导的科学对话问题提供了某种依据。但这种将科学知识与地方知识隔绝起来的做法，将会赋予地方知识与科学知识平等的权力，甚至事实上会让地方知识获得某种特权。这就很容易引出这样的问题：那些缺乏科学知识的公众群体（乃至某些民族或社会）是否可以因为拥有地方知识、本土知识而放弃、拒绝科学？地方知识模型因为突出强调地方知识而被有些学者指责为是"反科学"的①。

当然，地方知识模型提出了一个非常重要的问题，这就是如何看待和评价地方知识及其与科学知识的关系。自从近代科学得到系统发展并广泛传播以来，科学就拥有了十分特殊的地位，甚至常常被当作判断其他知识是否正确、是否有价值的标准，这正是各种形式的科学主义流行的重要原因。其实，科学本身也有其内在的局限性，科学在任何时候都不能认为自己已经发现了宇宙的终极真理，已经找到了世界的所有规律；任何科学的方法和知识也都有其内在的局限性，科学方法和科学知识有特定的适用范围，超出了适用范围就会变得不再科学。科学在其已知的边界之外需要面对许许多多未知的问题，依据有限知识发展出来的技术也需要面对许许多多的不确定性，科学和技术都需要承认自己的不足和局限。

在科学技术不发达的时代，我们的先祖发展和积累了各种生存的智慧，获得了丰富的经验知识。在每个拥有悠久历史传统的文化系统中都可以发现有别于现代科学的农业生产、医疗健康、天气预测、节气历法的知识体系。这些带有民族特性的知识尽管以现代科学眼光看未必都是科学的，但却是当时、当地的人们解决各种生产生活问题的基础。在科学技术相对发达的今天和未来，在科学技术还无法给出确定答案的领域，人类仍然需要发展这类特殊的智慧和知识。因此，无论是从历史还是从现实看，那些还不能被归到科学之中的地方知识、外行知识有其存在的空间和存在的价值，科学家与政府在处理与科学技术有关的问题时，应该对这类知识给予足够的尊重和重视。

但地方知识并不能由此获得抗衡科学的理由。用专业科学方法获得的科学知识具有普遍性、理论性、确证性的特点，而地方知识却带有地域性、经验性、直觉性的特点，有时甚至"在体系性上包含着内在的矛盾"。因此，不能因为地方知识而放弃科学，"不能放弃标准、普遍性、理论……的力量"。另外，普遍性

---

① Bruce V. Lewenstein. *Models of public communication of science and technology*[EB/OL]. Version：16 June 2003，www. dgdc. unam. mx/Assets/pdfs/sem_feb04. pdf.

的科学知识与地方性的知识之间也不是非此即彼的关系，地方性知识与普遍的科学之间存在着"联合辩证法"，某些地方性知识可以变成满足"新型的普遍化要求"的科学知识①，现在的许多科学知识最初也来源于那些不被科学认可的地方知识。

地方知识、外行知识的真正价值并不在于它能否在科学之外给问题的解决提供一个选项，而在于它拥有一种"非专家"的立场和"科学"之外的视角，能给科学提供某些重要的启示和指引，促进科学更全面地探索面临的问题。科学家需要尊重并重视公众的知识和专长，但拥有地方知识不能成为拒斥甚至是对抗科学的理由。科技传播中的科学家和公众都需要有开放的态度和内省的品格，这样才更有利于发展平等的对话。实际上，地方知识模型在强调地方知识重要性的同时，客观上贬低了科学的重要性，贬低了科学传播的价值，因而地方知识模型就其作为科学传播模型而言存在某种内在"矛盾"。地方知识模型原本要通过强调地方知识而让公众能获得与科学家平等的地位，让公众能与科学家平等对话，但将科学知识和地方知识区隔对立的做法，客观上会增加这两种知识体系之间交流对话的难度，增加公众对科学的不信任，加剧科学与公众之间的紧张关系。

（4）民主模型

在国际科学传播研究领域，学者们近些年来经常提及的另一些模型包括民主模型（the democratic model）、参与模型（the participation model，the engagement model）、对话模型（the dialogue model）等，它们也属于同一类模型。有些科学传播学者认为，不能把公众对科学的不信任解释为是缺乏知识的表现，科学与公众关系领域出现的问题不是因为公众知识缺失，而是因为公众对科学没有发言权，解决问题的办法因而不是强化从科学家到公众的单向知识传播，而是发展公众、政府和科学家之间的平等交流和协商对话，建立公众参与科学决策的民主机制。

在20世纪后期，包括转基因食品、基因疗法、转基因作物、人类基因组计划、基因检测、克隆技术、信息技术、纳米技术在内的许多前沿科技都曾引起广泛的社会争议。这些科技新领域的发展与应用似乎引发了公众越来越多的担心和忧虑，公众对科学技术的不信任似乎也在不断增长。这让政府组织和科学家意识到与公众进行科学对话的重要性，民主模型、参与模型、对话模型因而受到社会各界的广泛关注。英国上议院科学技术特别委员会在2000年发布的《科学与社

---

① ［澳］海伦·沃森—韦拉恩，大卫·特恩布尔. 科学与其他本土知识体系［C］// 希拉·贾撒诺夫，等. 科学技术论手册. 盛晓明，等，译. 北京：北京理工大学出版社，2004：89—106.

会》报告，提出的核心主张就是在科学家与公众之间建立新型的对话文化，采取公开和透明的工作方式，建立公众参与科学事务的新模式。

民主模型高度重视对科学"民主化"的政治承诺和对公众科学权利的政治关怀，强调发展科学与公众之间的对话交流，强调公众对科学事务的平等参与以及科技决策领域的民主机制（科学"民主化"）建设，主张让公众作为重要一方参与到传统上由科学家和政治家控制的科学决策中来。为了促进公众对科学事务的参与，有些国家甚至制定了相关的法律。例如，丹麦就有法律明文规定，凡是涉及重大争议的科技政策，做出决定之前必须让社会公众或公众代表对争议性的问题进行公共讨论①。自 20 世纪 80 年代以来，许多国家都在积极探索让公众参与科学对话和政策协商的新形式，发展出了共识会议、圆桌讨论、利益相关者对话、公众参与技术评估等实践模式。

民主模型的提出与流行是当代社会民主化进程不断推进的结果，也是当代科学技术发展推动的结果。当代科学技术不仅通过大规模应用渗透到社会生产生活的各个领域，对公众的生活产生了广泛而深刻的影响，而且科学技术前沿领域不断快速推进，进入到以前人们完全无法想象的新领域，科学甚至已经有了通过操纵原子再造物质、操纵基因再造生命的强大能力，科学技术应用后果的复杂性有了前所未有的增长，给社会和公众带来难以预料的风险和不确定性。这不能不引起全社会的关注，与科学技术相关的许多争议由此也在社会、伦理等各个层面广泛展开。民主模型顺应了科学技术发展和公众意识不断高涨的现实需要，为解决那些有重大争议的科学技术问题指明了重要方向。

自 20 世纪 90 年代以来，受民主模型和对话理论的推动，公众理解科学和科技传播的理论、政策、实践发生重大转向，科技传播实践被赋予了新的任务和使命，合作、交流、对话、参与成为科技传播领域新的流行语。民主模型指导下的科技传播实践（例如共识会议等）通常将科学技术的传播、交流、对话集于一身，公众不仅有机会表达自己的意见和看法，而且可以在决策讨论中扮演重要角色。这种科技传播实践形式，提升了公众在"科学—公众"关系中的地位，也会极大激发公众的科学兴趣，促进他们对科技议题的思考。民主模型指导下的科技传播超越了"科学＋传播"、"科学＋理解"的传统模式，更强调面向科技发展议题，服务公众参与交流和对话。

但到目前为止，民主模型仍是一个发展中的模型，从某种意义上说它更像是一个与科学议题相关的政治学模型，而非公众理解科学或科学传播的理论模型。它首先关注的是对公众权利的政治承诺、科学中的民主进程、科学民主化的实践

---

① 佟贺丰. 公众理解科学中的"公众"身份辨析［J］. 科学技术与辩证法，2006（1）：97—98.

模式，对公众如何才能更好地参与科学对话和政策协商、这种对话和协商会对参与其中的公众提出什么样的要求、科技传播如何来满足这样的要求等问题，还没有做出深入的研究和明确的解答。民主模型目标的真正实现显然不仅仅依赖公众参与的形式，还会依赖公众掌握相关的知识和信息，对相关的科学问题和对话的议题有自己的理解与判断，否则就很难给对话作出建设性的贡献。

关于"共识会议"的一些案例研究似乎暗示公众参与科学对话不需要某种特别的知识和能力基础。例如，一些国家的共识会议对参会公民并不要求"具备专业背景"，采取的也是"随机选择机制"，公众代表"就会议主题不具有任何先在的专门知识和资格"①。但是，共识会议一般都是针对社会上已有较大争议、公众比较关注的科技议题②，有意愿参加的公众代表极有可能属于科技政策的"热心公众"，公众参与科学对话是否真的不需要"任何先在的专门知识和资格"，还需要民主模型和科学传播进行更为深入的研究。

四、 当代科技传播与普及的整合模型和多重任务

不断增长的社会需求、国家需求、公众需求，推动了科技传播与普及的繁荣发展，使科技传播与普及实践变得异常活跃。"科技新闻工作者报道了从天文学到动物学的一系列重要话题，博物馆从业人员开发了一系列展示展览项目，影视媒体工作者制作了各种科普教育节目，互联网上也出现了大量的科学网站"③，包括学术团体、大学、工业公司、媒体组织、地方政府、科学中心、博物馆等在内的许多组织和群体都在积极参与科技传播活动④，许多与科技传播与普及相关的问题（如公众理解科学、提高科学素质、科学事务的公众参与等）也成为社会热议的话题。科技传播与普及领域这种繁荣活跃的发展以及对科技传播与普及的多样化关注，促进了科技传播与普及实践形态的多元化发展，不同的实践活动

---

① 转引自：刘锦春. 公众理解科学的新模式：欧洲共识会议的起源及研究［M］. 自然辩证法研究，2007（2）：84—88.

② 例如，转基因食品、基因疗法、转基因作物、人类基因组计划、基因检测、克隆技术、信息技术、纳米技术等科技议题。

③ Bruce V. Lewenstein. *Models of public communication of science and technology*［EB/OL］. Version：16 June 2003，www. dgdc. unam. mx/Assets/pdfs/sem_feb04. pdf.

④ Research International. *Science and the Public*：*Mapping Science Communication Activities*［R］. http：// www. wellcome. ac. uk/stellent/groups/corporatesite/. . ./wtd003418. pdf，1999：2.

可能受到不同目标的牵引，承担着不同的具体任务。多元化的形态和多样化的任务已经成为当代科技传播与普及的重要特征。

1. 科技传播与普及的整合模型

缺失模型、语境模型、地方知识模型和民主模型涉及科学与公众关系的不同方面，对这些模型的讨论可以深化我们对科学与公众关系复杂性的理解，也可以给我们审视科技传播的地位作用、定位科技传播的任务目标提供重要启示。但到目前为止，这些模型不仅仍然各有各的问题，而且都无法概括当代复杂而多样的科技传播实践形态。自 20 世纪下半叶以来，由于社会许多组织和群体等多元主体的积极参与，科技传播实践已经变得活跃而多样。既有集中于向公众普及科学知识的实践，也有试图影响公众科学态度的实践；既有集中于向公众解释科学的影响和作用的实践，也有尝试吸引公众参与对话讨论的实践；等等。这些不同的实践形态受到不同需求的影响，也与不同的任务目标相关联。

但在缺失模型、语境模型、地方知识模型、民主模型中，没有哪个模型能够解释和概括所有这些不同的实践活动，每个模型通常只适合于解释和概括某些特定类型的实践活动。例如，缺失模型适用于解释包含大量基础科学信息的科学教育和传统科普活动，但对理解共识会议这类对话活动并不合适；地方知识模型对理解诸如"坎布里安羊事件"这类案例更为有效，但难以指导科学教育活动。杜兰特认为，缺失模型的一个很大优点在于它非常适合公众理解科学在教育方面的作用，而民主模型则在有争议的转基因食品等问题讨论中更为适用①。而且，也没有哪一个模型可以很好地解释那些具有多重目标、复合特点的科技传播实践类型。例如，在欧美国家颇有传统的"公民科学计划"项目。在"公民科学计划"项目中，青少年学生、业余爱好者、普通公众参与到科学研究过程中来，与科学家一起进行生态监测、收集天气信息、搜集环境数据等。"这些计划项目弥补了公众知识缺失吗？促进了科学中的公众参与吗？帮助人们用地方知识解决了本地问题吗？答案当然是'是'。但科学传播的现有模型没有满足这些多重交叉的目标"。"在实践层面，许多活动兼有不同模型的要素"②。即便是在"共识会议"这类典型的对话实践中，会议的预备性环节（如预备会）和为参会公众提供的背景材料都会传播普及大量基础科学知识以及相关信息。

---

① 转引自：李正伟，刘兵. 公众理解科学的理论研究：约翰·杜兰特的缺失模型 [J]. 科学对社会的影响，2003（3）：12—15.

② Bruce V. Lewenstein. *Models of public communication of science and technology* [EB/OL]. Version：16 June 2003, www. dgdc. unam. mx/Assets/pdfs/sem_feb04. pdf.

　　科学与公众关系和科技传播需要更好的模型。这样的模型不仅能够更为公正地对待科学与公众关系的各个参与方，不会"让科学理想化而使公众成为魔鬼"，也不会"让科学成为魔鬼而把公众理想化"，而且还能够拥有更好的概括力和解释力，能概括现有的各种科技传播实践类型，并整合现有模型中那些有价值的要素。基于这样的要求，可以为科技传播与普及建立如图 5 - 1 所示的"整合模型"。

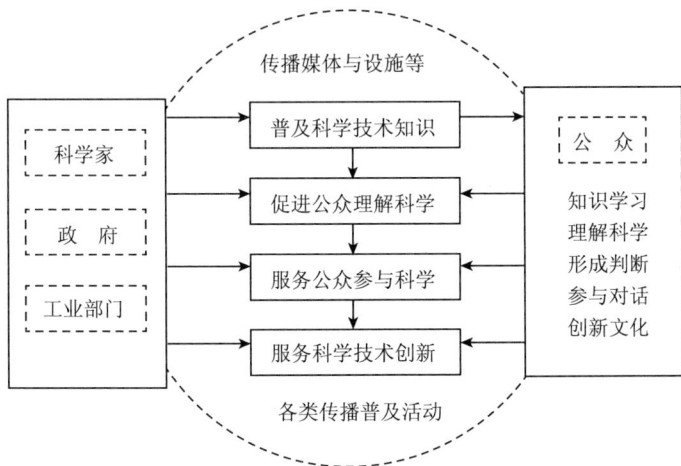

图 5 - 1　科技传播与普及的"整合模型"

　　科技传播与普及主要包括三方参与者：科学共同体（包括科学家、大学、科研机构等）、政府、工业部门在科学技术生产或应用中扮演关键性角色，在科学技术方面拥有或掌握某些特定资源，通常处于科学技术传播者的位置；公众拥有多种身份（如科学技术资源的提供者、科技产品的消费者等），但经常处于传播受众的位置；传播媒体、科普设施和与科学技术相关的各类社会组织等组织和设施，通常属于科技传播与普及的第三方，担当科学技术知识信息传播的"中介"和"渠道"。科技传播与普及包括这样一些的基本任务和目标：普及科学技术知识、促进公众理解科学、服务公众参与科学，服务社会的科学技术创新，而且这些任务目标之间具有一定的递进关系。

　　整合模型承认公众在科学技术方面处于知识缺失的状态，认为科技传播需要向公众普及科学技术知识。在当代，科学技术在社会各领域得到了普遍应用，日常生活对科技的依赖性也在不断增加，公众知识缺失不仅已经成为一种客观状态，而且这一问题在未来可能还会变得更加严重。承认公众知识缺失是理解并解决科学与公众关系问题的一个基本点，也是讨论科技传播价值功能的一个基本前提。虽然要求或期望公众能像科学体制之内的专家那样拥有丰富的知识是不现实的，但有必要让公众了解基本的科学技术知识和方法，并能够拥有运用科学技术解决实际问题和参与公共事务的一定能力。无论是各种社会问题，还是公众在生活中遇到的问题，不能全部交由科学家来解决。

整合模型认为，普及科学技术知识是公众理解科学、公众参与科学事务的重要基础，如果没有科学技术知识的充分普及和广泛传播，公众不能获得必要的科学技术知识，那么他们就可能难以很好地认识和理解科学，难以切实参与到科学对话中来。民主模型赋予了公众参与科学对话的合理性和正当性，但公众参与科学对话至少需要两方面的基本保障：参与的适当途径和某种适当的"基础"（包括公众拥有相应的知识与能力水平）。"共识会议"这类对话实践在公众参与途径、方式方面做出了有价值的尝试。科技传播则要在提升公众知识水平、科学素质以及对科学的理解，在帮助公众获取信息、做出判断、形成意见等方面提供服务。

在科学技术无处不在的当代社会，科学民主的健康运行依赖高素质的公众。如果公众还处于听到"纳米"要问"是大米还是小米"的状态，参与纳米科技的交流对话讨论可能就成为了一句空话，即便是有机会参与对话讨论，也未必能够辨别是否会存在利益相关方的"共谋"，能够对相关问题做出有充分依据的理性判断。如果公众缺乏足够的知识、信息与能力，吸引公众参与的任何民主程序可能都只具民主的形式。当然，在承认公众知识缺失、强调科学普及的同时，科学普及需要理念的更新和实践的创新。科学普及并不意味着只能是从科学家到公众的单向传播，知识精英可以凌驾于公众之上，公众对科学知识只能被动接受；也不意味着给公众普及的只能是常识性知识，只能有科技宣传、科普展览、科技周这些途径。当代科技传播与普及需要有单向的传播、双向的交流等多种手段，需要有知识的普及、科学的对话等多个层面。

在当代科学与公众关系领域，建立平等的关系是解决信任问题的基础，公众参与是解决信任问题的手段。有了这样的平等关系和公众的参与，公众对科学的信任关系才有可能建立起来，公众对科学的信任问题才有可能得以解决。建立平等关系、发展科学对话需要科学共同体、政府和工业机构充分尊重公众在科学技术事务上的知情权、话语权和参与权，需要社会建立更加开放、透明的民主决策机制，充分吸收公众的知识（包括他们的"地方知识"）、意见和建议，并为公众切实参与科学对话创造条件、提供保障。

当代科学技术正在越来越强势地介入公众的社会生活，科学技术的应用也带来了更多的不确定性和风险，这是造成当代公众对科学技术充满疑虑的基本原因。政府、工业界、科学共同体在某些科学事务上的草率行事，依据暂时的研究结果匆忙做出决定，又进一步加剧了公众对科学的不信任。从社会长远发展的角度看，给予公众更多的现代科学技术知识，增加公众对科学的理解，提高公众的科学素质，保障公众对科学事务的充分参与，即便不是解决问题的充分条件，至少也是一个必要的前提。整合模型包含着对科学与公众之间基本关系和科技传播任务目标的基本理解，可以作为分析当代科学与公众关系的有用工具，也可用于指导、规划、设计科技传播的实践活动。

2. 科技传播与普及的多重任务

科学与公众之间关系的复杂性决定了科技传播与普及任务目标的多重性。当代科技传播与普及需要承担多个层面的任务，达成多个层面的目标。

在当代科技与社会发展的背景下，"普及科学技术知识"的重要性是不言而喻的。随着科学技术不断应用于社会生产生活的各个领域，科学技术已经越来越直接、越来越广泛、越来越深刻地影响到公众的工作和生活；工作和生活在一个高度科技化环境中的公众，每天也会遇到与科学技术相关的各种问题，接触与科学技术相关的各种信息，使用富含科技知识的各种产品、工具或设备，如果他们不能掌握必要的科学技术知识，可能无法很好地适应这一环境，更无法参与到科学中来。"普及科学技术知识"不仅对公众来说有重要的价值，对社会发展同样非常重要，如果公众失去了对科学技术的充分了解，社会的"知识鸿沟"就会进一步扩大，科学技术就会失去必要的公众支持和社会监督。

科技传播与普及的内容涉及科学技术的具体知识、方法、思想、精神、社会作用等不同层面，传播普及科学技术的任务目标本身因而也是可以分层的。在当代科学技术发展的背景下，我们需要给"普及科学技术知识"以广义的理解。科学技术的传播与普及可以帮助公众掌握理解自然的科学知识、掌握适应环境的技术知识，也可以帮助公众形成对待科学技术的理性态度，提高公众对各种学说理论的辨别能力。相关的调查表明，在某个科学问题上被调查对象是否了解相关的知识或信息，对他们的态度是有直接影响的[①]。知识与态度之间尽管不存在简单的线性关系，但要改善公众对待科学的态度，需要让公众更多地了解科学，更好地理解科学。

---

① 英国上议院科学技术特别委员会的"科学与社会"报告中就提供了一个很好的例子：1999 年 3 月，《新科学家》（*New Scientist*）杂志委托 MORI 执行一项关于大众对动物实验态度的定量调查。当单独给出"应允许科学工作者实施任何活体动物实验"的陈述时，64% 的回答是反对，只有 24% 赞成。而如果预先介绍动物实验与医学研究的关系，数字就大不一样：只有 41% 反对，而 45% 表示赞成。参阅：［英］英国上议院科学技术特别委员会. 科学与社会［R］.张卜天，张东林，译. 北京：北京理工大学出版社，2004：25.

　　"促进公众理解科学"的重要性同样也是毋庸置疑的。早在 20 世纪 50 年代美国科促会主席罗伦·维沃就说过，"缺乏对科学的广泛理解无论对科学还是对公众都是危险的"①。学者们的研究也发现，对转基因技术和层出不穷的新技术缺乏理解造成公众的非理性态度的出现，对未知事实的缺乏理解导致对科学的敌意或者新迷信的产生②。与"普及科学技术知识"的目标不同，"促进公众理解科学"重在增进公众对科学技术及其作用的理解，而且这种目标的达成需要两方面的有效配合：一方面是传播者（如科学共同体、科学媒体等）对科学技术内容的充分传播；另一方面是公众对科学技术的认识和思考。

　　在目前各种相关的文献与报告中，"理解"一词常常被赋予多重含义③。按照学者们比较一致的看法，公众对科学的理解主要包括：对科学基本术语、基本观点、基本知识的理解，对科学方法和科学过程的理解，对科学影响个人与社会的作用及其作用方式的理解④。因此，公众理解科学同样是可以分层的，既包括理解科学的知识和方法，也包括理解科学技术对个人和社会的影响，当然也包括理解科学技术的局限性和复杂性。科学技术的大规模应用同样可能会产生不确定的后果，甚至有时会带来某些危险与危害。让公众理解科学技术的这种复杂性和不确定性，即便不能消除公众的担心与忧虑，至少也能让公众拥有知情权。

　　"服务公众参与科学"是科技传播与普及所要承担的另一个重要任务，人们直到最近一些年才逐渐认识到它的重要性。从广义上理解，公众参与可能涉及不同的层次和不同的方式。譬如，参与科技议题的讨论，参与与科学家的交流，作为公众代表参与科技政策协商（例如在共识会议中），甚至包括贝尔纳所强调的"群众参与科学工作"和公众参与"公民科学计划"项目的研究。公众参与科学的重要性实际上是与民主社会对公众科学权利的政治承诺联系在一起的。现代科学技术不仅会耗费庞大的社会资源，而且大规模应用也可能会带来复杂后果，作为科技资源最终提供者和科技应用后果承担者的公众不能只作为科学家的忠实听众、科技政策制定的旁观者，公众需要有知情权、话语权和参与权。一个机制健全的社会需要推进科学技术领域公众参与、民主决策机制的建设，不能只将科技决策的权力赋予某些精英集团，而将公众排除在科技决策之外⑤。

　　① 转引自：李大光. 对"公众理解科学"的理解 [N]. 中华读书报，2005 - 4 - 13.
　　② 转引自：李大光. 理解科学是否就能信赖科学 [N]. 中华读书报，2006 - 1 - 25.
　　③ 参阅：[德] 迈诺尔夫·迪克尔斯，等. 田松，译. 在理解与信赖之间：公众、科学与技术 [C]. 北京：北京理工大学出版社，2006：237—250.
　　④ 转引自：李大光. 对"公众理解科学"的理解 [N]. 中华读书报，2005 - 4 - 13.
　　⑤ 翟杰全. 科技公共传播：知识普及、科学理解、公众参与 [J]. 北京理工大学学报（社会科学版），2008（6）：29—32.

　　"服务科学技术创新"是当代科技传播与普及需要特别关注一项重要任务。在社会和经济发展越来越依靠科学技术的背景下，科技传播与普及既不是为了向社会和公众传播普及"科学是什么"、"科学怎么样"，让社会和公众简单地和被动地适应科学技术的要求，也不是为了让社会和公众以怀疑的眼光和抵触的心理看待科学技术的发展及其应用；而是要通过促进社会和公众对科学技术及其发展的了解，对科学技术作用的理解，对科学技术问题的思考，提高社会和公众的科学素质，形成理性的态度和行动，在社会中培育健康的科学文化和创新文化，建立健康的科学对话机制，激励、促进、引导、规范科学技术的创新，使科学技术真正成为服务于人的事业。

　　公众群体拥有较高的科学素质、社会拥有健康的科学文化，有助于在社会中建立能够促进和引导科学技术发展与创新的价值观念、社会规范和文化氛围，使科学技术研究得到良好的激励和促进，使科学技术创新得到有效的引导和规范，使社会和公众更愿意了解科学技术发展、思考科学技术问题、参与科学技术创新，并在参与对话的过程中为科学技术发展和创新贡献建设性的意见和建议。科学技术创新和科技传播普及是科学技术工作、科学技术事业的两个相辅相成的重要方面。通过传播普及科学技术知识、增进公众理解科学、推进社会的科学对话、培育社会的创新文化等各种手段为科学技术创新提供有效服务，是当代科技传播与普及最重要的任务目标，也是科技传播与普及在当代最重要的价值所在。

第六章　科技传播与普及的当代发展

20世纪下半叶以来，在科学技术发展和应用、科技传播需求不断增长、现代传播技术应用普及的推动下，科技传播与普及繁荣发展，传播实践更加活跃，传播形态更加多样，科技传播与普及领域呈现出一幅绚烂多姿、异彩纷呈的发展新图景。科技传播与普及在当代已经成为国家支持、政府引导、全民参与的一项社会事业，成为政府部门和社会组织的一项重要工作，成为一类具有重要价值的实践活动。社会也发展出利用公民科学素质建设、科普资源建设、传播渠道建设、科普活动组织、保障条件建设等推进科技传播与普及发展的基本策略。

一、 当代科技传播与普及的社会形态与发展特征

20世纪下半叶以来，科技传播与普及受到科学界、学术界和社会的关注和重视，成为重要的社会话题和政策议题，科学团体和科研机构、政府部门、公司企业、传播媒体等各类组织也都积极参与到科技传播与普及中来。特别是在20世纪80年代国际公众科学素质调查和公众理解科学运动的直接推动之下，科技传播参与主体变得更加多元，科技传播与普及实践变得更加活跃，科技传播与普及进入繁荣、活跃、多元发展的新阶段，成为需要国家和政府支持的一项社会事业、政府部门和社会组织的一项工作内容、社会和公众广泛参与的一类实践活动。

1. 当代科技传播与普及的社会形态

在当代科学技术和社会发展的背景下，科技传播与普及的社会形态已不再仅仅是组织开展一些面向公众的科学技术知识普及活动，而是包括了科技传播与普及事业、科技传播与普及工作、科技传播与普及实践活动（也即人们常说的科普事业、科普工作、科普活动）3个基本层次。作为一项重要的社会事业，科技传播与普及需要国家和政府给予资源支持和政策引导，动员社会和全民的广泛参与；作为一种重要的工作内容，科技传播与普及需要政府相关部门、社会团体纳入职责范围，利用科学规划、组织管理等手段，持续不断地提升工作水平；作为一类重要的实践活动，科技传播与普及需要社会各界的积极参与，面向社会和公

众组织开展丰富多彩的传播普及活动。

（1）科普事业

科技传播与普及服务国家、社会、公众的公共目标，面向整个社会和广大的公众对象，满足的是社会和公众在科学技术方面的广泛需求，服务的是公众素质提升和社会的发展，实现的是公众共同利益和社会整体利益，性质上也属于科学文化教育事业的范畴，拥有公共事业、公益事业的属性，而且在实践中需要动员和组织社会各界力量的积极参与。在当代，将科技传播与普及定位于"社会事业"是恰当和十分必要的。科技传播与普及的繁荣发展关系到社会全体公众的共同利益，关系到社会长远的发展需要。

中共中央、国务院1994年发布的《关于加强科学技术普及工作的若干意见》中明确指出，科学技术的普及程度是国民科学文化素质的重要标志，事关经济振兴、科技进步和社会发展的全局；科普工作是国家基础建设和基础教育的重要组成部分，是一项意义深远的宏大社会工程。2002年颁布实施的《科普法》明确规定"科普是全社会的共同任务"。2006年颁布实施的《科学素质纲要》也明确指出，全民科学素质行动计划旨在全面推动我国公民科学素质建设，通过发展科学技术教育、传播与普及，尽快使全民科学素质在整体上有大幅度的提高；公民科学素质建设是坚持走中国特色的自主创新道路，建设创新型国家的一项基础性社会工程，是政府引导实施、全民广泛参与的社会行动。

作为一项社会事业的科技传播与普及，需要国家和政府为之提供相应的法规政策，明确科技传播与普及的基本地位，规划科技传播与普及的基本任务，引导科技传播与普及发展的基本方向；加强科普资源配置与基础设施建设，营造良好的社会环境和社会氛围，动员组织社会各界和公众群体积极参与，并通过提供丰富的科普公共产品和服务，实现科技传播与普及的公平普惠。政府在发展科技传播与普及事业中承担重要而特殊的职责，需要从提供社会服务和提高社会福利的角度出发，通过加强建设、建立动员机制，为社会组织和公民提供充分的科普服务。

（2）科普工作

科普事业面向经济社会、国家战略以及社会全体的公共需求，与方向性、战略性、基础性层面的科技传播与普及问题有关；科普工作则主要与国家机关、政府部门、社会组织、社会团体基于科普事业发展需求和自身业务职责要求，在科普方面所要承担的具体任务、采取的具体行动有关。科普工作的内容包括服务于科普或与科普相关的决策规划、组织管理、社会动员、资源建设、人才培养、产品开发、科普活动组织，等等。科普工作的主体则是国家机关、政府部门、社会组织、社会团体以及我国《科普法》第三章《社会责任》中提及的各类组织、机构、团体①，社会成员负有参与、协助、支持的义务。

国家机关、政府部门在科普工作层面同样扮演重要角色，需要根据国家的科普法规和发展战略，在其职责范围内提出相应的政策、做出科学的规划、加强科普资源的建设、强化对科普工作的管理、为公众提供广泛的科普服务，并需要建立社会动员机制，动员并激励社会各类组织、机构、团体根据各自的业务工作特点，积极支持并参与社会的科普活动。科普工作服务科普事业的发展，科普事业的发展也依赖各层次、各领域、各方面的科普工作。科普工作通常包括两个基本的组成部分：一是为活跃社会的科普局面、组织开展各类科普活动提供支持和服务等；二是面向社会和公众组织开展各种群众性、经常性、社会性的科普实践活动。

（3）科普实践活动

科普事业的发展、科普工作的成效最终都要体现在社会科普局面是否活跃、科普实践活动是否丰富、科普效果是否不断提升、科普影响是否不断扩大上。科普实践活动是科普工作推进的重要载体和基本手段。科普实践活动通常指的是由国家机关、政府部门、社会组织、社会团体等主体面向社会和公众举办的，普及科学技术知识、传播科学思想和方法、弘扬科学精神、提升公众运用科学技术和参与公共事务能力的各类活动。我国各级政府以及社会组织、机构或团体举办的科技周、科技下乡、科技纪念活动、科普讲座、科普咨询、青少年夏（冬）令营、科普展览展示等，都属于科普实践活动的范畴。

在当代科技传播与普及领域，科普实践活动具有类型多样的特点，不同的科普实践活动在活动内容、活动方式、组织形式等方面可能存在许多差异。科技部"全国科普统计方案"基于科普统计的需要，将科普活动分为科普（技）讲座、科普（技）展览、科普（技）竞赛、科普国际交流、青少年科普、科技活动周、大学和科研机构向社会开放、实用技术培训、重大科普活动等9大类。现实中的科普活动可能在许多方面呈现出不同的特点，例如，有大型和小型、长期和临时、系列性（例如全国科普日每年都定期举办）和一次性的活动项目，等等。科普活动存在多种分类方法的可能。

2. 当代科技传播与普及的发展特征

在当代科技传播与普及实践层面，参与主体多元化、受众对象细分化、传播

---

① 例如，各类学校和教育机构、科技场馆和科普教育基地、科学研究和技术开发组织、高等院校、科学团体、传媒组织、医疗卫生机构、技术推广组织，乃至工会、妇联等社会团体、公园等公共场所的经营管理单位。

内容分层化、传播渠道多样化、传播手段现代化、传播形态丰富化、任务目标和社会功能高级化成为重要的发展特征①。

科学共同体（科学团体和科研机构）、政府部门、公司企业、传播媒体、大学、各类专业组织（与科学技术相关的非营利组织、非政府组织、公共卫生机构、文化教育机构等）乃至公众团体或群体都已经成为了科技传播与普及的积极参与者。许多普通公众也在积极利用传播新技术和互联网，通过微博、评论、跟帖、发帖等多种方式，积极参与科学知识普及、科技话题讨论，成为科技传播链中的重要一环。尽管参与主体多元化给科技传播带来了关系复杂化、动机复杂化以及其他一些复杂问题，但毫无疑问，也成为推动科技传播与普及繁荣发展的一个直接因素。

科技传播需求普遍化加剧了科技传播需求多样化和差异化的发展，使受众细分化成为当代科技传播与普及的一个重要发展趋势。英国皇家学会发布的《公众理解科学》报告将公众群体细分为追求个人满足与幸福的私人个体、作为民主社会成员履行公民职责的个体公民、从事技术及半技术性职业的人群、从事中层管理工作和专职性工作及商务活动的人士、在社会中负责制定政策或做出决策的人员5个群体。我国2006年颁布实施的《科学素质纲要》根据我国国情区分出未成年人、农民、城镇劳动者、领导干部和公务员4个重点群体。科技传播与普及实践活动需要根据受众的差异化需求选择适宜的内容和实践形式。

当代科技传播与普及在传播内容上也改变了传统的粗放型选择模式，不再仅仅局限于普及科学技术的基础知识或常识知识，而是根据传播的对象特征和实际需求，结合公众的素质提升需求、有争议的科技话题、社会关注的热点问题等，在科学技术知识的广阔领域中选择更为具体的传播内容和更为恰当的内容层次。关注自然、天文、生态、环境、医疗健康、高新科技等领域的知识和信息，将传播内容区分为科学知识、方法、思想、精神以及科学技术的社会作用等不同的层次，已经成为当代科技传播与普及实践的通常做法。当代科技传播与普及实践越来越强调通过选择恰当的内容帮助公众更好地理解科学技术及其作用、提升公众的科学素质。

推动当代科技传播与普及活跃发展的另一个重要因素是传播渠道的多样化。传统的科学普及主要依靠的是媒体科技宣传、群众性科普活动、通俗科普读物等手段和形式。当代科技传播与普及已经在此基础上发展出了基于教育和培训的科技传播、利用科普或文化设施的科技传播、运用传播媒体（包括传统媒体和新媒体等）的科技传播、形式多样的群众性科普活动等几类不同渠道，每一类渠道又包含许多

---

① 翟杰全.科技公共传播的当代图景和内在特性.北京理工大学学报（社会科学版）[J].2014（1）：139—142.

不同的传播途径和传播形态。例如，科教纪录片、网络科普现已成为颇受欢迎的媒体传播形式，科技活动周、大学和科研机构开放也成为公众科普活动的新形式。

当代科技传播与普及也不再仅仅将目标定位于知识普及一个方面，而是指向多种不同的任务目标，特别是那些更为复杂或"高级"的目标，例如，科学意识、科学兴趣、科学态度、对科学的理解，等等。在科技传播与普及实践层面上，T. W. 伯恩斯等学者在科学传播的"AEIOU 定义"中提出了科学传播的目标：公众对科学的意识、愉悦、兴趣、意见、理解。而在社会层面上，科技传播与普及的任务目标则与科学技术知识普及、公众理解科学、促进公众参与、服务科学技术创新以及科学文化、科学素质、科学对话等有关[①]。

因此，从当代科学技术与经济社会发展所提出的需求以及当代科技传播与普及的发展特征看，科技传播与普及已经发展成为包含科学共同体内的科学交流、科学技术普及、公众理解科学、公众参与科学对话等多种形态，满足普及科学技术知识、增进公众理解科学、促进公众参与科学、服务科技创新以及公众科学意识、科学素质、科学文化、科学对话等多种目标的一个广阔领域（图 6-1），甚至还可以包括面向知识应用组织的技术传播，从而形成了为国家创新体系良好运行提供服务的国家科技传播体系以及面向社会和公众的科技公共传播网络两大基本体系[②]。

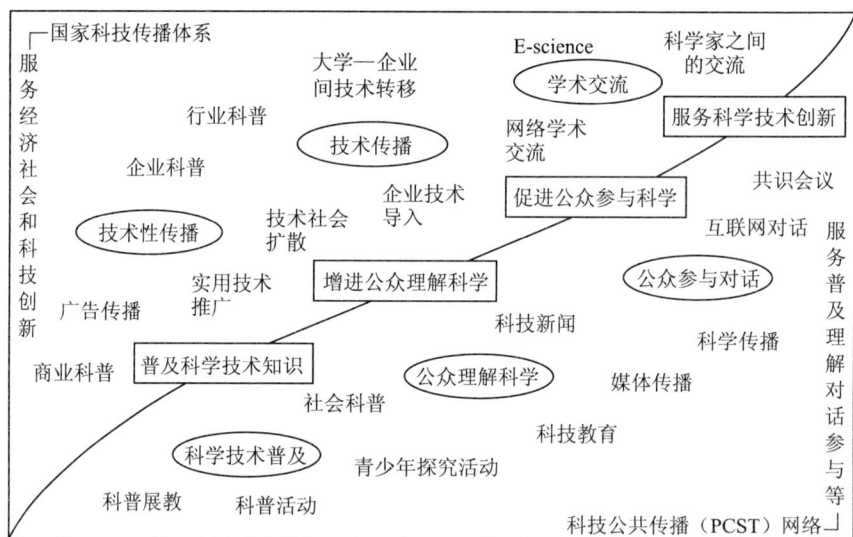

图 6-1　科技传播的广阔领域[③]

①　参见本书第二章。

②　翟杰全. 当代科技传播的任务分层 [J]. 北京理工大学学报（社会科学版），2013（2）：139—145；翟杰全. 科技传播研究：疆域的扩张 [J]. 科学学研究，2005（1）：19—23.

③　翟杰全. 当代科技传播的任务分层 [J]. 北京理工大学学报（社会科学版），2013（2）：139—145.

当代科学技术与社会发展背景下的科技传播与普及不是只有某种单一的形态和单一的目标，也并非只是简单的知识普及导向或科学对话导向。科技传播与普及既要包括帮助公众了解、掌握、运用科学技术，理解科学技术的价值及其局限性，参与社会的科学对话和政策协商，也要包括服务创新环境营造、创新文化培育、国家创新体系高质量运行。任何只包含某种单一目标的模型（如缺失模型、对话模型等）或理论已经无法概括当代科技传播与普及的基本现实。我们需要用更为宽广的视野来看待当代科技传播与普及多样化形态、多样化目标发展，分析科学技术和社会发展提出的多样化需求，建构适应时代发展的科技传播理论体系和实践策略。

3. 当代科技传播与普及的"碎片化"特性

当代科技传播与普及繁荣与多元的发展、科技传播与普及实践丰富而多样的形式，凸显了科技传播与普及在实践层面上的差异化特征和"碎片化"特性[①]。当代科学技术已经拥有了一个庞大的网络化的知识体系，仅自然科学就包括了数理化天地生等学科门类，包括了数千个不同的学科分支；技术也被区分为农业技术、工业技术、通信技术、交通技术、管理技术等技术门类，包括了信息技术、能源技术、材料技术、制造技术、生物技术等不同的技术领域。因此，当代科技传播与普及的内容对应着一个庞大的网络化系统，还可以被区分为科学技术知识、方法、思想、精神以及科学技术的社会作用等不同的层次。

但在科技传播与普及实践层面，任何具体的科普实践活动都只能从科学技术知识系统中选取某种具体的知识和信息作为传播普及的内容。所选择出来的这种内容相对于科学技术知识体系而言，显然都只是碎片化的组成部分。社会公众通过传播普及过程所获取的知识，也只是科学技术碎片化的内容。随着科学技术的加速发展和科技知识领域的不断扩张，科技知识体系的规模日渐庞大，科技传播与普及实践所能传播的内容因而变得更加碎片化。再加上受当代社会传播碎片化发展（特别是各类"微传播"的出现）的影响，科技传播领域也出现了碎片化传播的趋势[②]。

另一方面，当代科技传播与普及已经成长为一个异常活跃的社会传播大系统，呈现出参与主体多元化、传播渠道多样化的发展特征，科技传播与普及实践活动更加形式多样和丰富多彩，任何具体的科技传播与普及实践事实上也成为科技传播与普及大系统更碎片化的构成部分。换言之，不仅相对于科学技术的知识

---

① 翟杰全. 科技公共传播的当代图景和内在特性 [J]. 北京理工大学学报（社会科学版），2014（1）：139—142.

② 程道才. 网络时代科技传播的碎片化策略 [J]. 当代传播，2009（4）：31—33.

体系，当代科技传播与普及实践活动所能传播的内容是碎片化的，而且相对于科技传播与普及体系，科技传播与普及实践活动也在变得更加碎片化。科技传播与普及利用多样化渠道、传播多样化内容、达成多样化目标的新发展，使碎片化成为科技传播与普及实践的一个内在特性和重要特征。

当代科技传播与普及的多元化发展和碎片化的特性，给理解当代科技传播与普及现象提出了许多新问题，也给推进科技传播与普及发展提出了新要求。例如，既然当代科技传播与普及需要利用多样化渠道、传播多样化内容、达成多样化目标，因此推进当代科技传播与普及事业的发展就不能仅仅依靠个别的传播手段、途径或渠道，而应强化体系化建设，积极构建科技传播与普及当代体系，特别是要建立功能完备的公众科学技术教育和培训体系，覆盖广泛的科普基础设施体系，以及由报纸、电视等传统媒体和互联网、新媒体等现代媒体构成的科技传媒体系。

同时，充分调动社会各类主体的参与积极性，引导社会不同行业（如医疗卫生、环境保护等）、不同组织充分利用各自的优势和资源，整合多样化的渠道，利用多样化的形式，丰富科技传播与普及的内容，给公众提供更多接触科学技术的机会，满足社会和公众多样化的科学技术需求。特别是要支持和鼓励社会各界积极组织开展形式多样、丰富多彩的科普活动，使灵活多样的科普活动能够活跃于城乡各地，覆盖当代科技发展的重要领域，覆盖有科普需求的各个群体。面对日益增长的科普需求，科技传播与普及体系需要云传播、全覆盖，提供广泛的服务，保障公民的基本权益①。

我国自颁布实施《科学素质纲要》以来，积极推进针对未成年人群体、农民群体、城镇劳动人口、领导干部和公务员、社区居民的科学素质行动和强化科学教育与培训、科普资源开发与共享、大众传媒科技传播能力建设、科普基础设施建设、科普人才建设的科普建设工程，已经初步形成了一个体系化建设的雏形。目前存在的问题是科技传播的社会化程度仍然不高，各类组织的积极性还没有得到有效激发，未来需要针对存在的问题，通过强化激励机制建设，促进科技传播与普及事业多元驱动格局的早日形成。

二、 当代科技传播与普及的推进策略

当代科学技术的发展和应用及其对经济和社会各领域、各方面影响的不断加

---

① Ren Fujun, Xie Xiaojun. *Characteristics of Chinese Public Demands on Science Communication*, PICMET'12, VOLS 1—5：72—79，2012.

强，引发了科技传播需求的普遍增长，提升了科技传播与 普及的地位，推动了科技传播与普及的发展，也提出了构建当代科技传播与普及体系的要求。因而，推进当代科技传播与普及的发展需要体系化的手段和策略。概括国际科技传播与普及发展和公民科学素质建设，结合我国近年来推进全民科学素质行动计划的实践经验，可以认为当代科技传播与普及推进措施包括四大基本抓手：公民科学素质建设、科普资源建设、科普渠道建设、强化科普保障条件。其中，提升公民科学素质是目标牵动因素，资源建设、渠道建设是重点建设内容，科普保障条件是基础保障因素。

1. 提升公民科学素质：目标牵引手段

从科技传播与普及和公民科学素质的基本关系看，科技传播与普及是提高公民科学素质的重要手段和途径，提高公民科学素质是科技传播与普及的重要目的和目标。随着科学技术的迅猛发展，新科技革命的全面爆发，科技创新逐渐成为经济发展的基本动力，科学技术和高素质人才的竞争也成为国家竞争的焦点，公民科学素质问题由此成为社会关注的重要话题。在 20 世纪 80 年代前后，以英国、美国为代表的发达国家开始进行广泛的公众科学素质调查，并在此基础上制定了许多相关政策，将公民科学素质建设工作纳入国家科技发展战略。提升公民科学素质作为一个目标牵动因素有力地推动了科技传播与普及的发展。

"科学素质" 概念在美国最早出自教育改革家科南特（James Bryant Conant）1952 年发表的一篇名为《科学通识教育》的文章，科南特认为具备科学素质的个体公民需要接受科学的教育。科学教育家赫德（P. DeH. Hurd）在 1958 年发表的《科学素质：它对美国学校的意义》一文中，将科学素质解释为理解科学及其在社会中的应用。在 20 世纪 50—60 年代，对于科学素质概念的探讨大多与科学教育相关联。70 年代之后，公民科学素质问题逐渐成为政府、学者共同关注的议题之一，科学素质概念也越来越频繁地出现在有关科学教育改革、科技发展政策的学术文献、政府文件中。

伴随科学素质问题由教育议题向社会议题、政策议题的转变，许多国家开展了制度化的公民科学态度和科学素质调查工作。美国是最早进行公民科学态度和素质调查的国家，早在 1957 年就进行过一次全国性的调查，70 年代中期连续进行了 3 次调查。调查内容包括公众对科学技术影响人们生活的看法、对科学技术利弊的看法，等等。1979 年，米勒提出了对科学素质的定义，认为科学素质指个人具备阅读、理解以及表达对科学事务的观点的能力。根据这种理解，他提出了新的公众科学素质测度体系，测量内容包括公众对科学规范或过程的理解、对主要的科学概念知识的理解、对科学技术作用于社会的影响及伴随出现的政策选择的理解 3 个基本方面①。自此之后，美国的科学素质调查基本上是依据米勒的这种三维模型进行的。

从 1980 年开始，在美国国家科学基金会资助下，美国公众科学素质调查每两年进行一次，调查结果被收录在《美国科学与工程指标》中。与此前人们关于科学素质的理解及相关调查相比，米勒的科学素质定义及其测度体系更加明确、简洁、具体，能更加全面地反映科学素质的本质及其要求，不仅成为美国公众科学素质调查的理论基础和标准方式，在国际范围内也产生了广泛影响。目前许多国家和地区的公众科学素质调查基本上都是以米勒的三维体系为基础的。

欧盟也是较早开展公民科学调查和科学素质测量的地区。在 1977 年、1979年和 1988 年进行的相关调查的基础上，1989 年在米勒和杜兰特的指导下进行了欧盟范围内的第一次广泛调查，此后又进行了数次全面调查。调查中获得的大量数据为欧盟分析各国公民科学素质状况及其变化提供了重要参考。1989 年之后的欧盟公民科学素质调查尽管以米勒体系为基础，但调查内容也在不断扩展，包括了公众对科学信息的获取、科学兴趣和知识水平，对科学与技术价值的认识、对科学和科学家的信任水平、转基因食品问题、公众对欧洲科学研究的了解和认识等内容。

英国、日本、印度、巴西等国对公民科学素质调查同样也给予高度重视。英国和日本采用的是与美国基本一致的科学素质指标和测试内容。作为发展中国家的印度、巴西在开展公民科学素质调查中，既吸收了米勒体系的内容，又结合了自己的国情，对科学素质概念做了一些本土化解读。例如，印度的科学素质调查就比较重视技术在日常生活中的应用、公众对自然现象的态度。巴西的公民科学素质调查涉及 3 个基本维度："兴趣"、"知识"和"态度"。其中的兴趣指标包括公众对科学事件（如医学发现、环境污染等）的兴趣、对科技政策的关注度等；知识指标包括公众理解基本科学概念和科学研究的程度；态度指标包括公众对科学团体的信任度、对科学风险与利益的理解、对公共经费投入科学研究的态度等。

20 世纪下半叶是一个急剧变革的时代，科学技术飞速发展并得到广泛应用，科学技术和经济社会的关系更加紧密。基于科学技术的国际竞争不断加剧，公众对科学技术的看法和态度也在发生变化，这就极大地凸显了公众科学态度、公众科学素质问题的重要性。科学技术与经济社会发展提出了提升公民科学素质的强

---

① 米勒后来（1998 年）将其总结为：①公众应具有足以理解报纸和杂志上各种不同观点的基本的科学概念词汇量；②公众应具有对科学探究的过程和本质的理解；③公众应具有对科学技术对个人和社会的影响有一定程度的理解。

烈需求，公众科学素质调查中发现的问题也引起了政府和科学界的担忧。于是，自20世纪80年代以来，世界许多国家（特别是科技发达国家）纷纷提出加强公民科学素质建设、提升公众科学素质的举措，目标是通过有效措施发展科技传播与普及，促进公众理解科学，提升公众科学素质。

1985年，美国科学促进委员会联合美国科学院、联邦教育部等12个机构提出了"2061计划"，发布了《面向全体美国人的科学》《科学素养的基准》《科学教育改革的蓝本》《科学素养的设计》等重要报告。其中，《面向全体美国人的科学》提出了成人科学素质的基本目标，《科学素养的基准》规划了达到这些目标的基本步骤，《科学教育改革的蓝本》分析了科学、数学和技术课程体系的改革，《科学素养的设计》推荐了面向科学素质的课程设计方案。从基本特征上看，"2061计划"是旨在通过推进学校科学教育改革、强化科学课程的作用来提升公民科学素质的一个计划，反映了美国公民科学素质建设工作的显著特色。

同样是1985年，英国皇家学会发表了著名的《公众理解科学》报告。报告认为，由于科学技术渗透并影响社会的方方面面，与国家繁荣、工业发展、个人的生活和工作息息相关，人们比以往任何时候都需要更多地理解科学，科学素质已经成为当代公众的必备要求，需要通过全社会的共同努力，提高公众理解科学的水平，这关系到国家的长远目标。报告呼吁正规教育、大众媒体、工业组织、科学共同体共同努力，促进公众更好地理解科学技术，包括利用各种公众理解科学活动（包括科学竞赛、实验项目、科技周活动等），激发公众（特别是学生）的科学兴趣，提升公众对科学技术的理解。

我国政府对科技传播与普及和公民科学素质建设工作也给予高度重视。中共中央、国务院在1994年的《关于加强科学技术普及工作的若干意见》中就明确指出，科学技术普及程度是国民科学文化素质的重要标志，事关经济振兴、科技进步和社会发展的全局。2002年颁布的《科普法》也强调了加强科学技术普及工作、提高公民科学文化素质对实施科教兴国战略和可持续发展战略、推动经济发展和社会进步的重要意义。2006年，国务院颁布实施《科学素质纲要》，对我国公民科学素质建设工作做出全面部署，提出了针对未成年人、农民、城镇劳动人口、领导干部和公务员4个重点群体的科学素质行动以及科学教育与培训、科普资源开发与共享、大众传媒科技传播能力建设、科普基础设施建设4个基础建设工程。

从国际看，不同国家的公民科学素质建设措施尽管存在一定差异，但基本目标是大体相同的。这就是促进公众理解科学、提升公众科学素质。公民科学素质建设的基本策略可概括为两个可以相互结合的基本方面：一方面是加强基础教育阶段的科学课程改革，发挥科学课程的基础作用；另一方面是加强社会的科普建设，调动社会各界的积极性，共同参与到科普中来，通过开展丰富多彩的科普活动和公众理解科学实践，激发青少年的科学兴趣，吸引优秀年轻人追求科技职业，增加公众对科学的理解，使公众能参与科技领域的公共议题讨论。在实施全民义务教育的背景下，学校科学课程对全民科学素质提升具有基础的功能和作用；而在终身教育的理念和背景下，科学普及也具有科学教育的含义和价值。

随着公民科学素质建设受到国际社会的重视，增进公众理解科学、提升公民科学素质和科技传播与普及之间形成了目的与手段的基本关系。从国际社会对科学素质的通常理解看，科学素质包括公众对科学概念和知识、科学方法和过程、科学技术对社会的作用和影响的理解，与公众理解科学在内容和要求上是一致的。公众理解科学、公众科学素质涵盖了科技传播与普及所要达成的重要目标，因此，公民科学素质建设可以成为推进科技传播与普及的重要抓手。从近年来各国实际情况看，公民科学素质建设事实上也的确成为有效的抓手，提升公民科学素质成为目标牵引手段，推动了科技传播与普及的活跃和发展。

2. 科普资源和渠道建设：重点建设手段

提升公民科学素质为科技传播与普及发展提供了牵引力和促动力，而加强科技传播与普及资源建设、渠道建设以及组织开展丰富多彩的科技传播与普及实践活动则成为公民科学素质建设的重点内容。当代科技传播与普及发展不仅需要利用提升公民科学素质这一目标因素来牵动，而且需要利用资源和渠道建设来支撑，并最终能够促进社会广泛开展丰富多彩的科技传播与普及实践活动。科技传播与普及的资源和渠道建设，有助于提升国家科技传播能力，活跃社会科技传播局面，使公民科学素质建设落到实处，给公民接触科学技术提供更多机会，从而增强科普公共服务能力，促进科普服务公平普惠。

（1）科普资源建设

广义的科普资源包括科普政策环境、人力、财力、物力、内容等资源[1]，可以区分为科普的保障条件和狭义的科普资源两大基本方面。狭义的科普资源指的是科普实践过程中所需要的资源要素及组合[2]，主要包括科普实践活动中与科普内容、媒介相关的资源要素及其组合，其中的媒介指的是承载科普内容和信息的产品、作品等，如图书、期刊、挂图、影视作品、科普展览、数字化科普资源等。国内许多政策文件和学术文献中经常说到的"科普资源"，通常指的就是这

---

[1] 参见本书第九章图 9-1 和图 9-2。

[2] 尹霖，张平淡. 科普资源的概念和内涵 [J]. 科普研究，2007（5）：34—41.

种狭义上的科普资源。科普资源具有复杂的形态和表现形式，仅就媒介资源而言，就有实物类媒介资源（如展品、实物、模型、装置等）、印刷类媒介资源（如图书、报刊、挂图等）、电子声像类媒介资源（如影视作品、网络作品等）等。

当代科学技术知识体系中的任何一个构成元素、科学技术发展的任何一个进展信息以及科学技术政策、科学技术社会作用的任何内容都可以成为科技传播的内容，所有这些传播内容对帮助公众理解自然和社会、解决面对的实际问题、参与社会公共事务也都会有特定的价值和作用。但科学技术内容只有在转化为科普内容、利用适当的媒介加以表达之后，才能更好地通达并传输给公众、方便公众的接收和理解。科普内容和媒介资源建设属于科普建设最基础的组成部分，如果没有足够丰富的科普资源，科学技术内容就难以在社会和公众中有效扩散。一个国家的科普能力集中体现在利用丰富的资源向公众提供科普产品和服务的综合实力[①]。因此，加强科普资源建设是推进科技传播与普及发展的重要基础。

近些年来，科学技术比较发达和科普事业比较活跃的国家都非常重视科普资源的建设工作，政府资助和支持科普资源的开发，科研机构、教育机构、媒体、科普设施等社会各界也都重视科普形式和资源建设的创新，科技类博物馆发展了各种互动性展览，教育机构组织开展了青少年科学探究项目，科教纪录片成为电视科普的重要手段，互联网上出现各种数字化科普资源，科研机构也在积极把科研成果转化为科普内容资源。当代科普资源建设已变得非常活跃，出现了更多互动性、体验性、数字化等科普资源新形态，科普的科学性、艺术性、趣味性也实现了更好地融合。

（2）科普渠道建设

科普渠道是科学技术内容通达受众对象的通道和途径。传统的科技传播与普及主要依靠媒体科技宣传、通俗科普读物、群众性科普活动等几种具体手段，当代科技传播与普及已经在这几种手段的基础上发展出了基于教育和培训的科技传播、利用科普或文化设施的科技传播、运用传播媒体（包括传统媒体和新媒体）的科技传播、形式多样的公众科普活动等几类不同渠道。当代科技传播与普及领域已经呈现出渠道多样化的发展特点，而且不同渠道也都在利用不同的手段和技术，发展更有效率的传播新途径和传播新形态，扩展自身在科普渠道体系中的地位和作用。

例如，在目前的科技教育与培训领域，素质教育导向的科学教育内容和教育

---

① 任福君，郑念，等．中国科普资源报告（第一辑）[M]．北京：中国科学技术出版社，2012：7—16.

项目受到广泛关注，远程教育、终身教育、职业培训的各种形式在提高公众知识方面也发挥了重要作用；科普设施的科技传播除了常规的科普展览和科普活动外，开发了多种具有交互、沉浸、体验等特点的新展教形式；各种传播媒体在传统新闻报道、知识普及形式之外，也在积极利用新的技术手段（特别是互联网和新媒体），结合自身的传播特点，发展新的传播形式，科教纪录片、网络科普、科普微博就已成为颇受欢迎的媒体传播形态；在公众科普活动方面，科技活动周、实验室开放、科学咖啡馆等活动在许多国家也已经成为公众参与科普的新形式。

国内外的科学传播和科学素质研究表明，科学教育是提升公民科学素质的基础手段，对公众科学素质水平有直接的影响，受教育程度越高的公众群体具备科学素质的比例越高；大众媒体是当代公众最常接触的信息传播渠道之一，对公众获取信息、形成意见产生重要影响，互联网的普及以及各种新媒体的出现又极大地提高了这种影响力；科普设施拥有重要的平台功能，依托科普设施可以开展各种形式的科普活动，特别是其中的科普展览可以将科学技术生动形象地展示给公众，从而对公众产生独特的影响；公众科普活动在近些年中更是变得丰富多彩，从影响广泛的科技活动周，到社区组织的健康咨询，各种形式不一而足。

科技传播与普及的这些渠道各有鲜明的特点和优势，在提升公众科学素质方面都发挥着重要作用。利用多样化的渠道，传播多样化的内容，满足公众多样化的需求，达成多样化的目标已是当代科技传播与普及发展的基本特征。在世界各国公民科学素质建设中，传播渠道建设受到政府部门和社会各界的重视，成为推进科技传播与普及发展的措施和抓手之一。美国利用"2061计划"推进科学教育改革，英国和欧洲地区的公众理解科学运动突出科普活动的作用，我国的《科学素质纲要》将科技教育与培训、大众媒体传播能力、科普设施建设列为重要内容，这实际上都是为了加强科普渠道的建设。

3. 科普保障条件建设：基础保障手段

美国"2061计划"或我国"全民科学素质行动计划"这类公民科学素质建设计划，着力于利用并发挥提升公民科学素质这一目标因素的牵动作用，可以成为有效整合各种社会科普力量、引导科技传播与普及发展的"龙头"抓手。科普资源建设和科普渠道建设着力于提供更加丰富的科普产品，发展科技传播的各种渠道，从而提升科普水平，扩展服务范围，增强科技传播整体能力，应属于推进策略中的重点内容。与此同时，对作为一项社会事业的科技传播与普及而言，还需要国家、政府或社会为科技传播与普及提供足够的人力、财力、物力支持，使之能够获得充分的基础保障条件。人力、财力、物力等保障条件属于科技传播与普及的宏观资源要素。从国际发达国家的经验和我国近年来的实践看，科技传播与普及所需的全部人力、财力、物力资源并不一定由国家和政府直接提供，国家和政府可以利用科普政策手段，调动全社会的力量，共同提升科技传播与普及的资源保障水平。提供政策支持、培养科普人才、加强科普设施建设是推进科普保障条件建设的重要手段。

（1）科普政策

科普政策是国家权力机关、执政党乃至地方政府为促进科普事业发展、活跃科普局面、推进科普工作而出台的各种相关政策，包括国家机关、政府部门以及地方政府发布、出台的与科普工作相关的法律、规定、意见、条例等。鉴于公民科学素质建设与科普工作的特殊关系，与公民科学素质建设工作相关的相关政策也属于科普政策的重要组成部分。

尽管由于不同国家在社会制度和决策体制上存在差异，科普政策的制定与出台、表达科普政策的形式和手段会有所不同，但都会利用科普政策这种手段，明确科普工作的地位和体制、区分政府和社会的不同职责、确立科普事业的目标和战略、确定科普工作的任务和计划、引导科普资源的合理配置、促进对科普事业的投入、完善科普基础设施的建设、规范科普活动的组织等。利用科普政策的颁布实施，推进科普运行社会机制、科普资源投入机制、科普工作动员机制的建设，调动社会各界积极参与和支持科普工作，加大对科普工作的投入，支持科普创作和科普活动，营造良好的科普环境氛围，推动科普事业的发展。

在科技发达国家的科普事业发展中，政府同样重视对政策手段的利用。美国政府在1994年发布的《科学与国家利益》报告中将"提高全体美国人的科学和技术素养"列为美国科学政策的五大目标之一[①]。美国、英国和欧盟的许多科学资助机构也都强调科学研究和科学普及的结合，要求申请资助的科研工作者在项目进行中或项目结束后，积极开展面向公众的科普工作。美国科促会启动的"2061计划"以及英国皇家学会发布的《公众理解科学》、上议院发布的《科学与社会》这些报告，事实上都具有科普政策的功能，在调动社会各界力量推动本国公民科学素质建设、促进公众理解科学方面发挥了重要作用。

为推动我国科普事业的发展，我国近些年来先后出台了一系列重要的科普政策法规，中共中央、国务院于1994年发布了《关于加强科学技术普及工作的若干意见》、全国人大于2002年颁布了《科普法》、国务院于2006年颁布实施了

---

① 《科学与国家利益》提出的美国科学政策五大目标包括：保持在科学知识前沿方面的领先地位；增进基础研究与国家目标之间的联系；鼓励合作伙伴以推动对科学和工程的投资；造就21世纪最优秀的科学家和工程师；提高全体美国人的科学和技术素养。

《科学素质纲要》，形成了目前我国科普政策法规体系的核心。在这三部政策法规的指导下，国家相关机关、政府有关部门、各级地方政府将科普工作纳入本部门、本地区的工作计划，出台了一系列配套的科普条例与政策。党和国家领导人在历次召开的国家科学技术大会、两院院士大会等相关会议上也就科普工作做出明确指示。

如果从科普政策的角度看，我国目前已经初步形成一个以《科普法》为基础，以加大科普投入、完善科普设施、培养科普人才等配套措施为实施手段，以促进各行业、各地区科普工作发展为目标，包括国家、部门、地方3个层次的科普政策体系，推动了我国各项科普工作的发展，为科普事业提供了良好的政策支持。

（2）科普人才队伍建设

科普人才队伍建设属于科普人力资源建设的重要组成部分。科普人力资源在构成上包括科普作品创作者、科普产品开发者、科普活动策划者、科普产业经营者以及科普管理工作者等各类与科普相关的人群。拥有足够数量的科普人力资源，提高科普人力资源的质量，建设高水平的科普人才队伍，是科普事业发展的基本保证。科普事业的良好发展、科普工作的有效开展，离不开科普人才的强力支撑。广义上理解，科普人力资源中的各类人群都可以被视为是掌握特定科普技能的科普人才；狭义上理解，科普人才是科普人力资源中具有较高科普技能和水平的群体。

从推进我国科普事业发展以及科普工作实际情况看，可以将"科普人才"界定为：具备科学素质和科普专业技能，从事科普实践，为科普事业创造价值、做出贡献的专门人才，包括积极投身于科普创作与设计、科普研究与开发、科普活动策划与组织以及在科普场馆、科普传媒、科普产业等领域做出贡献的各类人才。科普人才在身份属性上可能是专职的，也可能是兼职的、业余的（例如科普志愿者）。

科技传播与普及是需要专业技能的一个专门领域，发达国家都非常重视对科技传播与普及人才的培养，建立了相对比较完整的人才培养体系。例如在美国，许多大学都设有科技传播类专业，例如，"Technical Communication"（技术传播）专业、"Science Communication"（科学传播）专业等，总量达到数百个。美国、英国等发达国家的大学也都非常重视对理工科学生进行科技传播教育，通过开设选修、辅修课程，让这些未来的科技工作者掌握传播技能。我国近些年来也开始有计划、有组织地加强科普人才培养工作。2012年，教育部就与中国科协联合启动了高层次科普专门人才培养的试点工作，选择清华大学等高校和中国科技馆等科技场馆，建立了"科普教育"方向的硕士专业学位研究生培养基地。

（3）科普基础设施建设

科普设施是拥有科学普及或服务科学普及功能，面向公众开放，可供公众参观和学习的基础性活动场所以及与之相关的基础科普服务设施[①]。从功能和属性上看，科普设施是面向社会和公众开放，承载、展示、传递科普知识，服务科普工作的公共设施。科普设施通过组织和开展科普活动，为社会和公众提供相应科普服务；公众可以通过利用这些设施，学习科学技术知识，理解科学技术内容。科普基础设施与通常的科研机构、高等学校、高新技术企业有明显区别，虽然后者同样富含科学技术知识信息，但如果不能对社会公众开放，不能提供科普服务，就不属于科普设施。

加强科普设施建设，有助于提升科普"物力"资源的保障支撑能力，扩展科学技术传播普及的渠道。从国内外科技传播和科普教育的实践看，科技类博物馆、专业科普场馆等设施是科技传播和科普服务的重要场所和平台，公众可以通过参观这些场馆，参与场馆组织的科普活动，学习科技知识，理解科技内容，增加对科学技术的认识，增长对科学技术的兴趣。

科技发达国家都非常重视对各类科普设施的建设，政府不仅投入巨资保障科技场馆的建设和运行，而且通过政策手段激励社会各界支持这类场馆建设，涌现出了许多闻名世界的博物馆，如英国伦敦科学博物馆、美国航空航天博物馆、法国巴黎发现宫、加拿大安大略科学中心等。在我国，近些年来政府部门、地方政府也高度重视科技场馆的建设，先后出台了《科学技术馆建设标准》（建设部、国家发展改革委，2007年）、《科普基础设施发展规划（2008—2010—2015）》（国家发展改革委、科技部等，2008年）等重要文件，各地也掀起科技场馆建设的热潮，兴建了一批高水平的科学技术馆、科技博物馆。

近些年来，我国各地区、各部门也加大了对科普基地和基层科普设施的建设力度，在科普设施体系化建设方面取得了重要进展。例如，科技部、发改委、中国科协等部门出台了科研机构和大学向社会开放、全国科普教育基地认定等意见和办法。目前，全国已获得各级认定与命名的科普教育基地已达2万余个，覆盖了现代农业、生物、气象、交通、航天、桥梁、水产、地质、消防等许多学科、产业、行业，包括了学校、企业、科研院所、农林基地以及许多森林公园、地质公园、自然保护区、动植物园等旅游景点。

基层科普设施是面向基层地区（例如城镇社区和农村地区等）和公众开展科普展示和科普活动的场馆、场所或设施，大致可分为固定科普设施和流动科普

[①] 任福君，等. 中国科普基础设施发展报告（2010）［M］. 北京：社会科学文献出版社，2011.

设施两类。固定科普设施包括街道、社区和乡镇的科普活动站（活动中心或活动室）、科普学校、科普惠农服务站、科普宣传栏、科普画廊等；流动科普设施主要包括科普大篷车、科普放映车、科普宣传车、科普列车等。基层科普设施遍布城乡各地、活跃于城镇农村，适合我国国情需要，在基层科普中发挥了重要作用。由中国科协研制生产的"科普大篷车"就在广大边远地区受到群众的欢迎，被称为"流动的科技馆"。

三、 当代科技传播与普及的 "公益—产业" 并举体制

从基本特征上看，实施公民科学素质建设计划，加强科普资源建设和科普渠道建设，强化政策、人才、设施保障条件等手段，这些策略和手段主要还属于国家支持、政府引导、全民参与的范畴。从当代科技传播与普及发展以及国际经验看，还有另一个重要的方面需要给予特别的关注，这就是发展科普产业，建立公益性科普和经营性科普并举的发展体制。

1. 发展科普产业的基本依据

发展科普产业实际上是利用市场机制和产业手段促进部分科普业务工作走向市场，让这类科普业务工作能够利用市场途径和经营手段为公众（消费者）提供科普服务。发展经营性科普产业与以前有学者提出的"科普产业化"并不相同。发展经营性科普产业强调的是利用市场机制和市场手段，培育、支持并促进生产销售科普产品、提供科普服务的相关产业以及以科普产品、科普服务为主要业务的经营性组织的发展。在"公益性科普事业"之外发展"经营性科普产业"，并非泛指将全部科普工作都"产业化"。科普产业以满足市场领域中差异化的消费性科普需求为前提，以市场机制为基础，向国家、社会和公众提供科普产品和科普服务，其核心在于以市场化的手段满足消费者日益增长的科普需求①。

在对科普性质的传统认识上，学者和管理者们比较强调科普的公益性，科普也被认为是公益事业。我国《科普法》第4条就规定，科普是公益事业，发展科普事业是国家的长期任务。第13条还规定，科普是全社会的共同任务，社会各界都应当组织参加各类科普活动。政府在发展科普事业中承担特殊而重要的职责，需要从提供社会服务和提高社会福利的角度出发，利用国家财政给予投资和

① 任福君，谢小军. 发展科普产业的三个"不能忽视"［N］，学习时报，2011-2-21；任福君，周建强，张义忠，等. 科普产业发展"十二五"规划研究报告［R］. 中国科学技术协会，2010.

建设，为社会和公民提供充分的科普服务，以保障公民的基本科普权益。

但从现实的角度看，面对社会各类组织、各类群体日益多样化、差异化且不断增长的科普需求，国家和政府直接拥有的人力、财力、物力资源很难给予全部满足，社会各方面、各层次科普工作的资源需求也很难以政府全包的方式来解决。从国际公共事业或公益事业发展经验看，公共产品和公共服务的提供存在多种模式，可以由国家和政府投资、政府机构提供，也可以由国家和政府投资、交出私营机构来管理，还可以在相关法规政策和政府指导监督下由私营机构投资或经营。科普产品和服务供给也不例外，政府、企业、各类非营利组织在科普产品和服务供给方面都可以扮演重要角色。

从理论上说，国家和政府在将科普工作纳入社会事业发展总体规划、将科普设施建设纳入基本建设计划、加大科普工作运行经费和科普设施建设经费公共投入的同时，需要利用社会化机制、产业化政策，调动社会和产业的力量，发挥社会和产业的作用，建立科普发展的多元推动体制和格局。一方面，国家和政府可以利用机制建设和政策手段，激励和调动社会各界参与科普工作和科普设施建设的积极性，广泛发展致力于科普的 NGO 和 NPO 组织，特别是制定和完善相关法规政策，鼓励社会各界对公益性科普设施建设提供捐赠、资助。另一方面，国家和政府提供科普产业政策，加强市场机制建设，促进科普产业的发展，利用产业化手段满足来自于社会和市场的、带有消费性特点的多样化需求。促进科普产业的发展应成为当代社会推动科技传播与普及发展的基本策略之一。

从市场需求的角度看，任何产业的发展都离不开市场的需求，市场需求是产业发展的基础和原动力，并决定产业发展的规模。科普产业的发展亦不例外，科普市场需求是科普产业发展的原动力。随着科学技术和经济社会、社会生活之间的关系越来越密切，来自国家、社会、公众等各个层面上的科普需求不断增长，其中一部分需求属于基本需求，需要国家和政府提供公共性的科普服务予以满足，这就是公益性科普的工作领域。但随着经济社会的不断进步，社会生活水平的不断提高，科普需求正在向不断多样化、个性化的方向发展，需求层次上也在不断提升，其中有些需求难以由公益性科普来完全满足，可以通过市场来满足，这部分科普需求可以被称为"科普消费需求"。"科普消费需求"是科普产业发展的市场基础和市场依据。

例如，在我国，随着积极实施《科学素质纲要》、加强全民科学素质建设，来自于国家层面的科普消费需求将会大幅增长，包括国家和政府对科普产品资源、科普基础设施的采购需求以及各种科普服务外包的需求。而随着我国经济社会的不断发展和生活水平的不断提高，来自于社会组织和团体提高自我竞争能力、提升成员科学素质的消费性科普需求，以及来自公众群体改善生活质量、提升科学素质、实现自我发展的公众科普消费性需求也在不断增长。这3种科普消费需求既相对独立又相互联系，其所形成的需求合力是科普产业发展的原动力①。

据任福君、周建强、张义忠等学者在《中国科协科普产业发展"十二五"规划研究报告》中预测，随着我国加强公民科学素质建设工作，政府对科普产品的采购力度加大，科普场馆设施的快速发展，应急（自然灾害、公共卫生、生产安全、食品安全、环境保护等）科普资源急需建设，科普休闲娱乐日渐兴盛，科普产品和服务领域正在形成一个巨大市场，到2020年，仅科技馆建设就将有400亿元的投入，青少年、农民和农民工、城镇居民和公务员群体的科普音像制品消费总量可达600亿元，科普玩具市场销售总额将超过500亿元，科普基础设施每年对科普产业贡献的市场规模至少150亿元②。

虽然目前国内外经济学界还没有将"科普产业"视为独立的产业门类，但在传媒、文化、娱乐、服务、互联网等产业领域已经涌现出许多以提供科普服务为核心业务的成功企业，出现了许多能让观众体验自然与科技内容的经营项目。例如，在科普出版业领域，美国的科普杂志《发现》和《大众科学》发行量都超过100万份；在传媒业领域，美国国家地理学会的《美国国家地理》发行量不仅超过800万份，旗下的电视媒体"国家地理频道"目前在全球有160多个国家与地区超过数亿家庭用户；由美国探索传播公司1985年创立的"探索频道"，目前在全球140多个国家和地区也有超过数亿家庭用户，成为另一个运营颇为成功的电视科技媒体。

这些成功的案例表明，以提供科普产品和服务为主要业务的科普产业具有良好的市场发展空间；以科普产品和服务为主要业务的企业只要能够充分分析市场需求，积极利用企业优势和当代技术手段，重视内容与产品创新，也可以在市场上立足并取得成功。当然，科普产业的发展需要政策的促进，对于像我国这样的发展中国家尤其如此。中共中央、国务院1994年提出的《关于加强科学技术普及工作的若干意见》就指出，要引导基层科普组织和机构"面向社会，面向市场，按市场经济规律运行，开展多种形式的有偿服务"。全国人大2002年颁布的《科普法》也规定"社会力量兴办科普事业可以按照市场机制运行"。国务院

---

① 任福君，谢小军. 发展科普产业的三个"不能忽视"［N］. 学习时报，2011－02－21.
② 任福君，张义忠，周建强，等. 科普产业发展"十二五"规划研究报告［R］. 中国科学技术协会，2010：12.

2006 年颁布实施的《科学素质纲要》也提出"制定优惠政策和相关规范,积极培育市场,推动科普文化产业发展"。这些文件为科普产业提供了政策依据①。

2. 科普产业的多样业态

发展经营性科普产业近年来已成为科普界热议的话题之一。在科普产业理论研究方面,任福君、曾国屏、周建强、劳汉生等学者近几年对科普产业发展问题进行了多方面的研究,如科普产业发展的政策、需求、依据、构成、模式、科普产业化发展中的基本关系以及科普产业的发展原则、主要任务、促进措施等②。在科普产业实践领域,中国科协以及一些地方政府也在积极推进科普产业的发展。中国科协与安徽省政府合作,连续举办了五届以推进科普产业为主题的"中国(芜湖)科普产品博览交易会"(自 2004 年每两年举办一次),为科普产品及研发成果的展示和交易搭建平台。五届交易会累计有近 2000 家国内外高校、科研机构和企业参加,展示的科普产品超过 2 万件。安徽省还通过政策支持在芜湖国家级高新技术开发区建立了全国首个科普产业园③。

与发达国家相比,我国目前科普产业整体上还处于起步阶段。周建强等学者按照现有的科普企业及科普产品种类,将科普产业分为科普展教、科普出版、科普教育、科普玩具、科普旅游、科普网络与信息等 6 种业态④。劳汉生根据科普产品的公共性与非公共性,将科普产业分为公益性科普产业领域、准公益性科普产业领域和商业性科普产业领域⑤。任福君、周建强、张义忠等学者在《科普产业发展"十二五"规划研究报告》中以我国目前的国民经济行业分类为基础,根据科普活动的同质性原则和科普自身的特征,并参照国家文化产业分类,给出了如表 6-1 所示的科普产业分类⑥。

① 任福君,张义忠.科普产业概论 [M].北京:中国科学技术出版社,2014:8.
② 曾国屏.关注科普与文化产业发展的结合 [J].新华文摘,2007(10):122;任福君.新中国科普政策的简要回顾 [N].大众科技报,2008-12-16;江兵,耿江波,周建强.科普产业生态模型研究 [J].中国科技论坛,2009(11):43—47;劳汉生.我国科普文化产业发展战略框架研究 [J].科学学研究,2005(2):213—219;任福君,周建强,张义忠,等.科普产业发展"十二五"规划研究报告 [R].中国科学技术协会,2010;任福君,谢小军.发展科普产业的三个"不能忽视" [N].学习时报,2011-2-21;任福君,张义忠,刘萱.科普产业发展若干问题的研究 [J].科普研究,2011(3):5—13;等.
③ 任福君,任伟宏,张义忠.科普产业的界定及统计分类 [J].科技导报.2013(3)67—70.
④ 江兵,耿江波,周建强.科普产业生态模型研究[J].中国科技论坛,2009(11):43—47.
⑤ 劳汉生.我国科普文化产业发展战略框架研究 [J].科学学研究,2005(2):213—219.
⑥ 任福君,周建强,张义忠,等.科普产业发展"十二五"规划研究报告 [R].中国科学技术协会,2010;任福君,张义忠,刘萱.科普产业发展若干问题的研究 [J].科普研究,2011(3):5—13.

表 6 - 1 科普产业分类

产品形态		产业分类
科普内容产品		科普展教品，科普图书、科普期刊、科普广播、科普影视、音像、科普动漫、科普剧、科幻电影、科普游戏、科普玩具及其他科普创意产品
科普服务产品	科普场馆和网络服务	科普基地、科普画廊、科普活动室、科技馆、博物馆、科技活动中心、科普网络服务、网上科技馆、网上博物馆科普产品展示和交易网络平台
	科普旅游资源服务	科普旅游服务（包括：现代企业园区、科技园区旅游资源、高校和科研机构旅游资源）
	科普文化娱乐服务	科普休闲中心、科普艺术表演
科普内容相关产品		科普内容产品的生产设备，相关产品设计、制造、销售、服务以及科普动漫衍生品
科普服务相关产品		与科普服务产品相关的代理、广告、会展服务、科普平台开发，与科普服务产品相关的基础设施开发、建设、维护

这一分类方法依据科普产业的核心产品形态，将科普产业区分为 4 大类：科普内容（产品）产业、科普服务（产品）产业、科普内容（产品）相关产业、科普服务（产品）相关产业。其中，科普内容产业主要包括科普图书出版业、科普影视业、科普动漫业、科普玩具业以及科普游戏业等以科普内容产品生产和传播为核心环节的科普产业；科普服务产业主要包括科普展览业、科普旅游业、科普休闲娱乐业等以提供科普内容服务为核心环节的产业；科普内容相关产业是以生产和支撑科普内容产品的完成和实现为核心环节的产业，如以科普用品、科普产品、科普设备以及相关产品设计、制造、销售、服务为主要业务的产业及科普动漫衍生品生产业；科普服务相关产业主要是与科普服务相关的产业，如科普中介代理、广告、会展、服务、科普平台开发，与科普产品展示等相关的基础设施开发、建设和维护。

科普产业拥有多样化的业态，可以包括科普展教品业、科普图书出版业、科普影视业、科普动漫业、科普玩具业、科普游戏业、科普旅游业、数字科普业、科普创意业、网络科普业等。随着社会的发展以及科普产品和服务的创新，科普产业领域还会出现新的业态[①]。科普产业发展的基础在于发掘公众群体多样化的科普需求，寻找其中的消费性需求，并针对这种消费性需求，研发和生产相应的产品和服务，利用市场平台提供给公众消费。科普产业从经营中获得经营性收益，消费

---

① 任福君，周建强，张义忠，等. 科普产业发展"十二五"规划研究报告 [R]. 中国科学技术协会，2010；任福君，张义忠，刘萱. 科普产业发展若干问题的研究 [J]. 科普研究，2011 (3)：5—13.

者通过消费获得科普需求的满足，获得科学素质的提升。科普产业在未来可以成长为一个特殊而重要的产业门类，并成为推动科普事业发展的一个重要推动力①。

3. 建立科普事业的"公益—产业"发展体制

政府部门和社会各界（包括 NGO 和 NPO 组织）提供的不以营利为目的的科普产品和科普服务，属于公益性科普。科普产业利用市场机制、基于经营手段为消费者提供的科普产品和科普服务，属于经营性科普。公益性科普和经营性科普是科技传播与普及事业、公民科学素质建设的两大重要支柱，二者相互区别、功能不同，但又相互促进、相互支持。公益性科普事业和经营性科普产业可以被视为科技传播与普及事业发展的"车之双轮、鸟之双翼"。2010 年 2 月，国务院领导在听取《科学素质纲要》实施情况汇报会议上明确提出，加强对经营性科普产业的政策扶持力度，逐步建立公益性科普事业与经营性科普产业并举的体制，努力营造多元化兴办科普繁荣的局面②。

公益性科普事业以满足人民群众的科技文化基本需求为主要任务，承担提供科技公共服务的基本功能，是实现和保障公民科技文化权益的主要手段，也是衡量一个国家科技文明水平的显著标志。公益性科普事业具有公共性、基础性、保障性的特征，重在实现科普工作的公平普惠，需要坚持公益性、公平性、均等性、普惠性、便利性的原则，以政府为主导，以公共财政为支撑，以公益性科普事业机构为主体，构建覆盖全民的公共科普服务体系，保障公民基本的科普权益。政府在发展公益性科普事业中扮演重要角色，社会各界（包括各类 NGO 和 NPO 组织）也是重要主体。国家和政府支持并鼓励社会各界的积极参与，目标是扩展科普服务的范围、丰富科普服务的内容。

我国公益性科普事业经过长期建设得到巨大发展，但科普事业长期依赖政府、主要靠政府投入的发展模式，已经无法适应当代经济社会发展的要求，也造成了政府科普资源相对短缺、难以满足社会多样化科普需求的问题。伴随着我国经济持续增长，人民生活水平不断提高，公众科普需求呈现出更加多样性、差异性、选择性的新特征，需要社会能够给公众提供更多的选择，公众应该享有更高水平的科普服务。引入市场机制发展科普产业，有助于丰富科普服务的种类，更好地满足公众这种多样化的科普需求。

科普产业按照产业模式从事科普产品开发、生产和经营，面向市场上的消费者及其消费性科普需求，重在提升公众的科普消费水平，并为公益性科普事业提

---

① 任福君，张义忠．科普产业概论［M］．北京：中国科学技术出版社，2014：8.
② 任福君，张义忠，刘萱．科普产业发展若干问题的研究［J］．科普研究，2011（3）：5—13.

供支持（如公益科普的外包服务等），具有经营性、营利性、竞争性的特点，具有服务产业、文化产业、知识产业的属性。科普产业依靠市场机制，通过优化配置科普资源、细分科普市场、丰富科普产品、提高科普效能和品质，满足人民群众多层次、多方面的科普需求，其社会价值在于繁荣科技文化市场、满足人民群众多样性的科普需求。发展面向市场消费性科普需求的科普产业，可以突破科普公共资源所受的约束，弥补公共科普服务的不足，有助于提高科普服务的社会能力和水平①。

推动公益性科普事业和经营性科普产业共同发展、建立公益性科普事业和经营性科普产业并举的发展体制，目前已成为科普界的一种共识。强化公益科普服务能力和水平，促进科普产业的繁荣和发展，逐步建立公益性科普事业与经营性科普产业并举的发展体制，有助于建立政府推动和市场推进的互补机制，为科技传播与普及发展建立双驱动发展机制。从科技传播与普及内在属性上看，它包含公益性和可产业化的两个基本部分②；从科技传播与普及现实发展看，科普产业的繁荣发展有助于弥补政府科普资源相对短缺的问题，满足公众多样化中高端需求或市场上的消费性科普需求。这将为科普事业发展注入新的活力，为公民科学素质建设提供新的动力。建立"公益—产业"并举体制可以成为社会推进科普事业发展的一种重要策略③。

① 任福君，张义忠. 科普产业概论 ［M］. 北京：中国科学技术出版社，2014：8.
② 翟杰全. 科技传播事业建设与发展机制研究 ［J］. 科学学研究，2002（2）：167—171.
③ 任福君，张义忠. 科普产业概论 ［M］. 北京：中国科学技术出版社，2014：8.

第七章　我国的"全民科学素质行动计划"

20 世纪下半叶以来，科学技术迅猛发展，新科技革命全面爆发，科学技术对经济社会发展的作用日渐凸显，科学技术和高素质人才竞争也逐渐成为国家竞争的焦点。20 世纪 80 年代以后，发达国家进行了广泛的公众科学素质调查，并在此基础上制定了许多面向公众科学素质的相关政策，将公民科学素质建设工作纳入国家科技发展战略。鉴于科学技术教育、传播、普及对提升公民科学素质具有基础性的作用和功能，公民科学素质建设工作因而成为整合科技传播资源、发挥科技传播基础作用、推动科技传播与普及发展的"龙头"抓手。

在我国，自改革开放以来，经济社会发展发生重大转变，实施了科教兴国等一系列重大发展战略，公民科学素质建设工作受到社会各界的广泛关注，学术界对公民科学素质问题进行了研究，中国科协等组织进行了公民科学素质调查。基于我国经济社会发展的重大需要，国务院于 2006 年颁布实施《全民科学素质行动计划纲要（2006—2010—2020 年）》，全面规划并确立了我国公民科学素质建设的工作内容。实施《科学素质纲要》、加强公民科学素质建设，目前已成为我国推动科技传播与普及事业发展的"龙头"抓手。

一、　"全民科学素质行动计划"　提出的时代背景

"全民科学素质行动计划"是我国第一个旨在提升公民科学素质的专门计划，《科学素质纲要》也是我国第一个关于公民科学素质建设工作的纲领性文件。该计划适应当代科学技术与经济社会发展提出的现实要求和当代公民科学素质建设的国际发展潮流，适应我国建设创新型国家、转变经济增长方式、实现经济社会全面协调可持续发展的要求，满足我国公民增强获取和运用科技知识的能力、改善生活质量、实现全面发展的现实需求，有助于解决我国公民科学素质水平普遍偏低、公民科学素质水平与现代化建设需求差距较大的问题，对我国公民科学素质建设工作的发展乃至整个科学技术事业和经济社会的发展将产生长远而巨大的影响。

1. "全民科学素质行动计划"提出的国际发展背景

科学技术在 20 世纪进入现代发展阶段。在 20 世纪上半叶，相对论、量子力学等一系列重大理论推动了科学的革命，受科学理论和社会需求的推动以及两次世界大战的特殊刺激，包括现今已经得到广泛普及的许多新技术（如计算机技术、现代通信技术等）大量涌现，并在军事和生产领域中得到应用。科学技术的发展和应用让人们认识到了科学技术的重要作用，意识到科学技术对国家战略的重要价值。早在第二次世界大战还未结束的 1944 年 11 月，富有远见的美国总统罗斯福就委托科学顾问布什对战后政府如何推动和支持科学发展、应用科技成果刺激经济以及增进国民健康、培养青年科技工作者等问题进行研究。布什在 1945年向总统提交报告[①]，提出的基本观点就是科学技术能极大地促进国家安全、推动产业发展、提升公众健康。

第二次世界大战之后，发达国家开始将战争期间发展出来的大量新技术转移到民用领域，极大地促进了战后经济的增长，提高了生产的效率，使科学技术开始在经济发展中扮演更为重要的角色。20 世纪 70 年代之后，社会经济已经发展到越来越依靠科学技术应用的轨道上来，科学技术本身的快速发展，市场产生的广泛需求，共同推动社会经济发展模式发生巨变，科学、技术、生产不断一体化，科技创新成为经济发展的基本动力。随之而来的是社会的全面科技化，科学技术全面渗透到社会生活的各个领域，为社会成员构建了一个高度科技化的社会环境。科学技术与经济社会发展、科学技术与社会生活的这种紧密关系，改变了科学技术与社会的传统关系，使公民科学素质的问题由此成为广受关注的重要问题。

20 世纪 80 年代以后，随着科学技术知识的创造、传播、应用规模的不断扩大，科学技术全球扩散速度的不断加快，科学技术的国际竞争日益激烈，人们认识到了提高科学技术发展和应用水平、提升劳动者大军文化科学素质的重要性，认识到了提升公民科学素质水平对促进国家现代化发展、增强综合国力和国际竞争力的价值。正是在这样的发展背景下，起源于科学教育研究领域的"科学素质"问题逐渐成为政府、学者共同关注的社会话题和政策议题。英国皇家学会1985 年发布的《公众理解科学》报告就认为，由于科学技术渗透并影响社会的方方面面，科学素养已经成为当代公众的必备要求。同年，美国科学促进委员会启动了旨在提升全体美国人科学素质的"2061 计划"。

---

① 即后来出版的《科学——没有止境的前沿》，它是科技政策史上最著名的报告之一。该报告奠定了美国战后科技政策的基础，确立了美国科技政策的基本基调。

当发达国家强调公民科学素质对提高国家竞争实力、促进国家繁荣发展重要性之时，许多国际组织则强调了科学素质对解决全人类面临的社会、环境、经济、健康以及失业等问题的重要性。联合国教科文组织和国际科学教育理事会于1993年提出了"面向所有人的科学技术素质"（scientific and technological literacy for all）的概念，使科学素质问题成为终身学习框架的一个重要组成部分①。联合国教科文组织1995年发布的《世界科技报告》指出，发展中国家与发达国家的差距，从根本上说是知识的差距、人才和劳动者素质的差距。经合组织在其1997年发布的《促进公众理解科学技术》中指出，从事广泛的职业或行业需要适当水平的科学素质，至少是中等程度的正式的科学技术教育才能有助于解决很多国家正在经历的就业不足和失业问题，年轻一代应该知道科学和技术与全球挑战是紧密相关的，比如说，可持续发展的需要、环保食品的生产以及应用或选择更加清洁的技术。

世界科学大会于1999年发布的《科学和利用科学知识宣言》也指出，从科学服务于全人类共同利益的角度出发，要达到和平利用科学解决人类所面临的伦理的、社会的、文化的、环境的、性别歧视的、经济的和健康的问题，就需要提高人类的科学素质、推理能力与技巧以及伦理价值观，以便社会公众更好地加入到与新知识应用有关的决策当中。世界教育论坛2000年提出的《达喀尔行动纲领》认为，科学素质对于个人、社区和社会在终身学习、生存、健康、积极参与公民事务、提高生活质量等的重要作用必须得到广泛承认，科学素质有助于提高整体的生活质量。

欧盟在2000年之后也陆续发布了《欧洲的科学、社会与公民》（2000年）、《实现欧洲领域的终身学习》（2001年）、《科学与社会：行动计划》（2002年）、《提高公众对科学的认识》（2003年）等重要报告，强调通过举办科技节或科技周活动、大学实验室和科研机构向公众开放等措施，积极推进公众理解科学运动，在"科学与社会"视野下创造良好环境，激发公众尤其是年轻人对科学的兴趣，加强科学技术领域的科学与社会对话，拉近科学研究与社会的距离，推进负责任的研究和科学技术的应用。这些报告的重要目标之一就是推动欧盟地区的公民科学素质建设工作，使公民科学素质与各国发展战略相适应，以保持欧盟地区在经济、科技等方面的领先优势。

科学技术在20世纪（特别是20世纪下半叶）的飞速发展和广泛应用，促进科学技术与社会的关系发生革命性变革，国家的发展、经济的增长、工业的进步乃至个人的生活和工作与科学技术具有了越来越密切的关系，科学技术的广泛应

---

① 程东红. 关于科学素质概念的几点讨论［J］. 科普研究，2007（3）：5—10.

用也让世界各国面临更多环境、气候、生态、全球化等一系列严峻挑战。在国家经济社会发展和个人生活质量改善越来依靠科学技术、面临的严峻挑战也越来越需要运用科学技术手段来解决的背景下，科学素养已成为当代公众的必备要求。当代科学技术与经济社会发展提出的现实要求以及国际社会对科学素质建设的普遍重视，是我国政府提出并实施"全民科学素质行动计划"的国际发展背景。

2. "全民科学素质行动计划"提出的国内发展背景

"全民科学素质行动计划"的提出、《科学素质纲要》的颁布是政府基于我国经济社会发展、转变经济增长方式、增强自主创新能力、建设创新型国家的现实需要而做出的一项战略决策，是贯彻落实科学发展观、构建社会主义和谐社会、实现全面建设小康社会宏伟目标的一项重要举措。正如 2008 年胡锦涛在纪念中国科协成立 50 周年大会上所指出的，"普及科学技术，提高全民科学素质，既是激励科技创新、建设创新型国家的内在要求，也是营造创新环境、培育创新人才的基础工程，必须作为国家的长期任务和全社会的共同任务切实抓紧抓好，为科技进步和创新打下最深厚最持久的基础。"

改革开放以来，我国经济持续高速稳定增长、综合国力大幅提升、人民生活明显改善，创造了经济社会发展的奇迹，也使"中国模式"引起世界广泛关注。但也应当看到，在我国近 30 多年的经济高速增长中，经济规模的外延扩张、自然资源的过度消耗、大规模的建设投资、大规模的外资引进、基于低成本的出口以及改革开放政策带来的市场和人口"红利"，仍然是推动经济增长的关键因素，经济发展模式还没有实现质的跃升，经济发展水平与发达国家相比依然存在巨大差距，资源环境约束和经济快速增长之间的矛盾也日益突出。

我国经济社会发展已经到了需要实现战略性转变的另一个关键期，需要转变原来的经济发展方式。很显然，在当代社会发展背景下，转变经济发展方式首先需要充分依靠科学技术进步，推进科学技术创新，提高自主创新能力，利用科技创新改造传统产业，优化产业结构，发展高新技术产业。依靠科技创新是转变经济发展方式的根本手段。其次需要促进国民素质的普遍提高，尤其需要提高公民的科学素质。提高公民科学素质是转变经济发展方式的重要基础。对任何一个社会而言，如果公民普遍缺乏科学技术基本知识，缺乏对现代科学技术的基本理解，不能很好地认同科学技术的价值，科学技术就很难在公民意识中立足，科学技术就难以在社会中得到广泛应用，转变经济发展方式就会成为一句空话。

近些年来，我国政府提出了提高自主创新能力、推动创新型国家建设、实施创新驱动发展等重大战略，目标即是通过坚持走中国特色的自主创新道路，加快建设国家创新体系，加大对自主创新投入，着力突破关键技术，加快转变经济发展方式，推动产业结构优化升级，促进国民经济由主要依靠增加物质资源消耗向主要依靠科技进步、劳动者素质提高转变。实现这样的目标显然有赖于培养大批科学技术人才和高素质专门人才，有赖于提升包括科学素质在内的国民素质。公民科学素质的不断提高和科学技术创新的发展具有双向促进的互动关系，很难想象在一个公民普遍缺乏科学素质的国度，国家经济能走上科技创新驱动的发展道路。

不仅如此，提高公民科学素质对促进人与自然、人与社会的协调发展、构建社会主义和谐社会也具有重要意义。公民科学素质是公民整体素质的重要组成部分，具备必要的科学技术知识，掌握基本的科学方法，拥有崇尚科学精神的态度以及能够应用科学知识和方法处理实际问题、参与公共事务的基本能力，是当代公民最重要的基础素质之一。在现代生活空间和社会环境高度科技化的情况下，公众只有具备了基本的科学素质，掌握了更多的科学知识和方法，才能更好地运用科学知识和方法应对工作和生活中遇到的各种挑战，才能更好地理解自然和社会的各种现象，形成科学文明的生活方式，合理利用自然资源，实现人与自然的和谐相处，并在社会生活中自觉承担公民的社会责任，积极参与社会公共事务，实现人与社会的协调发展。

3. "全民科学素质行动计划"提出的科学素质国情背景

提出"全民科学素质行动计划"、颁布《科学素质纲要》也是基于我国公民科学素质水平普遍偏低、公民科学素质水平与现代化建设需求差距较大的现实国情。新中国成立，尤其是改革开放以来，在党和国家的高度重视和支持下，我国教育事业和科技事业取得了举世瞩目的成就，人民群众的科学文化素质有了很大提高。但由于种种复杂的历史和现实原因，我国公民科学素质的整体水平仍然较低，并已经成为制约我国经济发展和社会进步的瓶颈之一。由于欠缺科学知识和科学精神，不少公众相信占卜、算卦、看相、测字、风水、求神拜佛、巫婆神汉等，一些明显违反科学常识的"谣言"不时在网络或公众中流传（如2011年的"谣盐"①），"生吃茄子治百病"这类打着科学旗号的伪科学甚至在部分受到良好教育的公众群体中也一度受到追捧。

公民科学素质问题从20世纪80年代之后就引起我国学术界的关注与重视。与国际科学素质研究的发展类似，我国科学素质研究最初也属于与科学教育相关

---

① 2011年3月11日，日本东北部地区发生大地震，位于本州岛的福岛核电站发生核泄漏事故，由于盛传服用碘盐可以抵抗核辐射，引发中国大陆民众大量抢购、囤积碘盐。类似于"服用碘盐可以抵抗核辐射"及"此后一段时间内生产出来的盐将受到核污染"这类说法毫无科学依据，只是某些人制造的谣言。

的一个研究领域，主要是围绕中小学生基础教育如何培养和提高学生的科学素质问题展开。20世纪90年代之后，科学素质研究逐渐扩展到科学教育领域之外，成为科学界、学术界和政府部门共同关注的一个话题。与此同时，一些学者也借鉴国际科学素质调查的方法，对我国公民的科学素质状况进行了调查。1989年，中国科协管理科学研究中心的张仲梁在得到美国科学素质调查问卷之后，利用中国科协遍布全国的组织网络，在国内首次进行了尝试性的公民科学素质调查，并基于对调查结果的分析与研究，出版了《中国公众科学技术素养》①《中国公众对科学技术的态度》② 等国内科学素质研究领域的第一批著作。

我国关于公民科学素质的全国调查始于1992年。1992年，经国家统计局批准，中国科协和国家科委正式实施了第一次"中国公众对科学技术的态度抽样调查"。随后又于1994年、1996年、2001年、2003年、2005年分别进行了5次全国范围的科学素质调查。调查结果表明，在20世纪90年代，我国公民具备基本科学素质的比例始终徘徊在0.2%—0.3%；到2001年，公民具备基本科学素质的比例达到1.44%，2005年达到1.60%。我国公民科学素质水平自90年代不断提升，但与发达国家相比，存在的差距是明显和巨大的。美国学者米勒（John D. Miller）2007年在英国伦敦皇家学会科学素质国际指标会议发言时提到，2005年，欧盟达到13.8%，英国达到14.1%，法国达到17%，德国达到18%，美国达到27.9%，瑞典达到35.1%③。

2007年、2010年，中国科协组织了第七次、第八次全国科学素质调查，我国公民具备基本科学素质的比例分别达到2.25%、3.27%。从中可以看到，2006年颁布实施《科学素质纲要》以来，我国的公民科学素质取得显著成效，2010年公民具备基本科学素质的比例比2005年的1.60%提高了1.67个百分点，已经是2005年的2倍多。我国公民科学素质基本上达到了主要发达国家和地区20世纪80年代末、90年代初的水平，实现了《科学素质纲要》提出的2010年"达到世界主要发达国家20世纪80年代末的水平"的目标④。

到目前为止，中国共进行了8次公民科学素质调查（表7-1），获得了极为丰富的调查数据，也形成了制度化的工作模式，使我国成为世界上为数不多的定期开展公民科学素质调查的国家之一。中国公民科学素质调查在指标体系上借鉴

---

① 张仲梁. 中国公众的科学技术素养 [M]. 北京：中国科学技术出版社，1991.

② 张仲梁. 中国公众对科学技术的态度 [M]. 北京：中国科学技术出版社，1991.

③ 转引自：全民科学素质纲要实施办公室，中国科普研究所. 全民科学素质行动发展报告（2006—2010）[M]. 北京：科学普及出版社，2011.

④ 例如，日本公民具备科学素质的比例在1991年达到3%，加拿大在1989年达到4%，欧盟地区在1992年已达到5%。

了国际通行的米勒体系，获得了关于中国公众科学素质的丰富数据，了解了中国公众科学素质的基本状况，在此基础上也取得了丰硕的研究和分析成果，为我国制定公民科学素质政策、采取措施加强公民科学素质建设提供了参考，对中国科学技术政策的制定也产生了直接的影响。

表 7 - 1　中国 8 次公民科学素质调查基本情况

年　份	1992 年	1994 年	1996 年	2001 年	2003 年	2005 年	2007 年	2010 年
样本量	4800	5000	6000	8520	8520	8570	10080	69630
抽样法	PPS	PPS	PPS	分层四阶 PPS	分层四阶 PPS	分层四阶 PPS	分层三阶 PPS	分层三阶 PPS
加　权	性别	性别	性别	线性多变量	非线性多变量	非线性多变量	非线性多变量	非线性多变量
调查单位	国家科委中国科协	国家科委中国科协	国家科委中国科协	中国科协	中国科协	中国科协	中国科协	中国科协
调查结论	0.3% 供参考	— 未计算	0.2% 供参考	1.44%	1.98%	1.60%	2.25%	3.27%

其中："调查结论"一栏中的数据指的是"公民具备基本科学素质的比例"。

受全国公民科学素质调查的影响，国内一些省、自治区、直辖市甚至地方科协也纷纷在自己辖区内开展公众科学素质相关调查。上海市是最早进行科学素质调查的城市。1993 年，该市首次独立开展了全市范围的公民科学素质调查，随后于 1995 年、1997 年、1999 年、2002 年、2005 年进行了数次全市公众科学素质调查。北京市也于 1997 年、2002 年开展过两次全市范围的公众科学素质调查。在 2001 年之后，包括山东省、湖北省、云南省、浙江省、江苏省、辽宁省、湖南省、福建省、重庆市、海南省、贵州省、陕西省、河北省、广西壮族自治区、四川省、广东省、天津市在内的许多省、自治区、直辖市，都分别开展过科学素质的相关调查，甚至一些地方科学技术协会（例如南京市、哈尔滨市、武汉市、南宁市、杭州市、合肥市、苏州市、温州市、东莞市、株洲市科学技术协会等）也组织过辖区内的公民科学素质调查。

4.《科学素质纲要》的颁布实施

正是基于国际国内经济社会发展背景以及我国公民科学素质较低的现实国情，党和国家在 20 世纪 90 年代就提出提高全民科学素质的问题。1994 年 12 月 5 日中共中央、国务院提出的《关于加强科学技术普及工作的若干意见》第一次在政策文件中突出强调了科学素质的重要性。其中，第一条明确指出，世界范围内新技术革命日新月异，促使全球经济、社会的发展乃至人们生活方式不断发生重大变革；科技竞争、特别是人才竞争，已经成为世界各国竞争的焦点；许多国家都把提高国民的科学文化素质看成是 21 世纪竞争成功的关键。第四条明确提出，要把提高全民科技素质，保障国民经济持续、快速、健康发展，促进"两个文明"建设作为科普工作的中心任务。

全国人大 2002 年 6 月 29 日颁布的《科普法》第一条也开宗明义指出，"为了实施科教兴国战略和可持续发展战略，加强科学技术普及工作，提高公民的科学文化素质，推动经济发展和社会进步，根据宪法和有关法律，制定本法"。同年，国务院办公厅对中国科协《关于实施全民科学素质行动计划的建议》正式复函，要求中国科协"对不同发展阶段的国民科技素质标准以及工作目标、重点任务和推进措施进行深入、系统地研究，在此基础上与有关部门共同提出实施方案。"

按照国务院对实施全民科学素质行动计划建议复函的指示，中国科协积极开展有关筹备工作，并于 2003 年 8 月成立了由中国科协、中组部、中宣部、发展改革委、教育部、科技部、财政部、中科院、社科院、工程院、国家自然科学基金委、全国总工会、共青团中央、全国妇联共 14 个部门组成的全民科学素质行动计划制定工作领导小组，由时任中国科协主席的周光召任领导小组组长。2003 年 10 月，领导小组召开第一次会议，通过了《全民科学素质行动计划制定工作方案》，明确了制定工作的指导思想、目标任务、工作机构及职责、工作方式、工作进度等，正式启动了全民科学素质行动计划制定工作。

党中央、国务院对全民科学素质行动计划制定工作始终给予高度重视和具体指导，多次就全民科学素质行动计划工作做出重要指示和明确要求，强调将全民科学素质行动计划纳入国家《中长期科技规划纲要》，把这项战略性工程抓紧抓好。2005 年年初，时任国务委员的陈至立做出指示："科学文化素质是国民素质的重要组成部分。提高全民族的科学文化素质，是全面建设小康社会，贯彻实施科教兴国战略、可持续发展战略和人才强国战略的重要的基础性工作。""制定实施全民科学素质行动计划，是贯彻落实科学发展观，促进人的全面发展，推动经济社会全面协调可持续发展的战略性举措，是非常有意义的重要工作。要以制定、实施全民科学素质行动计划为龙头，推动科普工作上一个新的台阶。"

为了保证全民科学素质行动计划制定工作的前瞻性、科学性、针对性，领导小组各单位广泛动员相关领域的专家学者，在 2003—2004 年以采取公开招标和并行研究的方式，开展了关于公民科学素质的基础研究。这是国内首次集中开展公民科学素质建设的大规模、系统性研究，来自自然科学、工程技术、科学哲学、科学教育、科学技术普及等研究领域的近 200 位专家学者参与研究，完成了近百万字的研究报告，为制定《科学素质纲要》奠定了重要的理论基础。为借鉴国际公民科学素质建设方面的有益经验，扩大制定工作的开放性，中国科协还于 2004 年 7 月在北京专门邀请国内外学者召开了"北京公民科学素质建设国际论坛"。

2005 年，国务院发布《国家中长期科学和技术发展规划纲要（2006—2020）》。《中长期科技规划纲要》就我国 2006—2020 年间的科学技术发展规划的指导方针、发展目标、总体部署、重点领域、优先主题、重大专项、基础研究以及科技体制改革、国家创新体系建设、重要政策措施、科技基础条件、人才队伍建设等重大问题做出明确规定，明确提出要实施全民科学素质行动计划，加强国家科普能力建设，建立科普事业的良性运行机制，提高全民科学文化素质。《科普法》和《中长期科技规划纲要》为制定《科学素质纲要》指明了具体方向，提供了基本依据。

2006 年年初，国务院正式颁布《全民科学素质行动计划纲要（2006—2010—2020）》，新华社 3 月 20 日受权全文播发。《科学素质纲要》全文共分前言、方针和目标、主要行动、基础工程、保障条件、组织实施 6 个部分，对我国实施全民科学素质行动计划的一系列问题做出了全面部署。《科学素质纲要》指出，科学素质是公民素质的重要组成部分；改革开放以来，特别是实施科教兴国战略以来，我国公民科学素质建设有了较大的发展，但仍存在许多问题；我国公民科学素质水平与发达国家相比差距甚大，公民科学素质水平低下已成为制约我国经济发展和社会进步的瓶颈之一。

《科学素质纲要》将公民科学素质建设工作确定为坚持走中国特色的自主创新道路，建设创新型国家的一项基础性社会工程，是政府引导实施、全民广泛参与的社会行动。《科学素质纲要》明确指出，全民科学素质行动计划的目的是全面推动我国公民科学素质建设，通过发挥政府的主导作用，充分调动社会力量的共同参与，发展科学技术教育、传播与普及，尽快使全民科学素质在整体上大幅度提高，到 21 世纪中叶实现成年公民具备基本科学素质的长远目标。《科学素质纲要》的颁布与实施可以说是我国近年来在公民科学素质建设工作、科学技术与普及方面取得的最为重要的进展。

二、 "全民科学素质行动计划" 的基本内容

《科学素质纲要》是我国历史上第一部旨在推动公民科学素质建设、提高公民科学素质水平的纲领性文件和有明确时间概念、任务要求的战略性计划。《科

学素质纲要》强调了提高公民科学素质对增强公民获取和运用科技知识的能力、改善生活质量、实现全面发展以及对提高国家自主创新能力、建设创新型国家、实现经济社会全面协调可持续发展、构建社会主义和谐社会的重要意义，对2006—2020年期间我国公民科学素质建设做出了统一部署和安排，提出了全民科学素质行动计划在"十一五"期间的主要目标、任务与措施和到2020年的阶段性目标，明确了全民科学素质行动计划的方针目标、主要行动、基础工程以及全民科学素质行动计划所需要的条件保障和组织保障措施。

1. "全民科学素质行动计划"的基本方针与目标

《科学素质纲要》认为，科学素质是公民素质的重要组成部分，公民具备基本科学素质体现在了解必要的科学技术知识，掌握基本的科学方法，树立科学思想，崇尚科学精神，并具有应用它们处理实际问题、参与公共事务的一定能力；我国公民科学素质总体水平与发达国家相比差距甚大，公民科学素质的城乡差距十分明显，劳动适龄人口科学素质不高，大多数公民对基本科学知识了解程度较低，在科学精神、科学思想和科学方法等方面更为欠缺，一些不科学的观念和行为普遍存在，愚昧迷信在某些地区较为盛行，公民科学素质水平低下已成为制约我国经济发展和社会进步的瓶颈之一。

《科学素质纲要》指出，改革开放以来，特别是实施科教兴国战略以来，我国公民科学素质建设有了较大的发展，但仍存在许多问题。其中主要包括：人均接受正规教育年限低于世界平均水平，因长期受应试教育影响，学生科学素质结构存在明显缺陷；社会教育、成人教育的发展尚不全面和深入，公民缺少接受终身教育的机会；科普长效运行机制尚未形成，科普设施、队伍、经费等资源不足，大众传媒科技传播力度不够、质量不高；公民科学素质建设的公共服务未能有效满足社会需求，公民提升自身科学素质的主动性尚未充分调动。

《科学素质纲要》强调，公民科学素质建设是坚持走中国特色的自主创新道路，建设创新型国家的一项基础性社会工程，是政府引导实施、全民广泛参与的社会行动。全民科学素质行动计划旨在全面推动我国公民科学素质建设，通过发展科学技术教育、传播与普及，尽快使全民科学素质在整体上有大幅度提高，到本世纪中叶实现成年公民具备基本科学素质的长远目标。《科学素质纲要》要求以邓小平理论和"三个代表"重要思想为指导，坚持科学发展观，发挥政府主导作用，充分调动全社会力量共同参与，大力加强公民科学素质建设，促进经济社会和人的全面发展，为提升自主创新能力和综合国力、全面建设小康社会和实现现代化建设第三步战略目标打下雄厚的人力资源基础。

《科学素质纲要》确定的实施全民科学素质行动计划的方针是"政府推动，

全民参与，提升素质，促进和谐"。"政府推动"要求各级政府将公民科学素质建设作为全面建设小康社会的重要工作，加强领导，将《科学素质纲要》纳入有关规划计划，制定政策法规，加大公共投入，推动《科学素质纲要》的实施。公民是科学素质建设的参与主体和受益者，"全民参与"要求充分调动全体公民参与实施《科学素质纲要》的积极性和主动性，在全社会形成崇尚科学、鼓励创新、尊重知识、尊重人才的良好风尚。提高公民科学素质是《科学素质纲要》的出发点和落脚点，"提升素质"要求通过实施《科学素质纲要》，推动形成全民学习、终身学习的学习型社会，促进人的全面发展。"促进和谐"要求认真落实科学发展观，以人为本，实现科学技术教育、传播与普及等公共服务的公平普惠，促进社会主义物质文明、政治文明、精神文明建设与和谐社会建设全面发展。

《科学素质纲要》提出了实施全民科学素质行动计划的远期、中期、近期目标。"远期目标"与我国现代化建设第三步战略目标相衔接，实现到21世纪中叶我国成年公民具备基本科学素质。"中期目标"与我国全面建设小康社会目标相衔接，到2020年，使科学技术教育、传播与普及有长足发展，形成比较完善的公民科学素质建设的组织实施、基础设施、条件保障、监测评估体系，公民科学素质在整体上有大幅度的提高，达到世界主要发达国家21世纪初的水平。"近期目标"与我国"十一五"规划目标相衔接，到2010年，科学技术教育、传播与普及有较大发展，公民科学素质明显提高，达到世界主要发达国家20世纪80年代末的水平。

2. "全民科学素质行动计划"的基本任务与策略

《科学素质纲要》将全民科学素质行动计划的基本任务内容区分为"未成年人科学素质行动"、"农民科学素质行动"、"城镇劳动者科学素质行动"、"领导干部和公务员科学素质行动"四大主要行动，以及"科学教育与培训基础工程"、"科普资源开发与共享工程"、"大众传媒科技传播能力建设工程"、"科普基础设施工程"四大基础工程。在"保障条件"中强调了完善政策法规、加大经费投入、加强队伍建设的措施，在"组织实施"中强调了组织领导和监测评估的重要性及相应措施。

（1）四大重点人群科学素质行动

《科学素质纲要》将未成年人、农民、城镇劳动者、领导干部和公务员确定为全民科学素质行动计划的4个重点人群，并根据不同对象人群的总体特征和素质提升需要，提出了相应的任务和措施。

1）未成年人科学素质行动

任务重点主要包括：宣传科学发展观，使未成年人从小树立人与自然和谐相处和可持续发展的意识；完善基础教育阶段的科学教育，提高学校科学教育质量；普及农村义务教育，切实提高农村中小学科学教育质量；开展多种形式的科普活动和社会实践，增强未成年人对科学技术的兴趣和爱好。

重要措施包括：通过实施素质教育工程，推进新科学课程的全面实施；提高农村未成年人科学教育水平和质量；开展课外科技活动，引导未成年人增强创新意识和实践能力；重视家庭教育在提高未成年人科学素质中的重要作用，发挥社区教育在未成年人校外教育中的作用；新闻出版、广播电视、文化等机构和团体加大面向未成年人的科技传播力度；整合校外科学教育资源，建立校外科技活动场所与学校科学课程相衔接的有效机制等。"未成年人科学素质行动"的特点是强调校内外未成年人科学教育的整合、关注提高农村未成年人科学教育水平和质量、重视社区和家庭在提高未成年人科学素质中的作用。

2）农民科学素质行动

任务重点主要包括：面向农民宣传科学发展观，重点开展保护生态环境、节约水资源、保护耕地、防灾减灾，倡导健康卫生、移风易俗和反对愚昧迷信、陈规陋习等内容的宣传教育，促进在广大农村形成讲科学、爱科学、学科学、用科学的良好风尚，促进社会主义新农村建设；围绕科学生产和增效增收，提高获取科技知识和依靠科技脱贫致富、发展生产和改善生活质量的能力，提高农村富余劳动力向非农产业和城镇转移就业的能力，着力培养有文化、懂技术、会经营的新型农民。

重点措施包括：逐步建立内容丰富、形式多样、适应需求的农村科学教育、宣传和培训体系；大力开展农民科技培训；广泛开展各种形式的科技下乡和群众性、社会性、经常性科普活动；开展农村科技、科普示范活动，建立和完善示范体系；开展农村富余劳动力转移就业科技培训；建立健全农村科技教育、传播与普及服务组织网络和人才队伍；加强农村基层科普能力建设；加强民族地区科普工作队建设，提高西部地区特别是边疆民族地区基层的科普能力。

3）城镇劳动人口科学素质行动

任务重点主要包括：在广大城镇宣传科学发展观，重点倡导和普及节约资源、保护环境、节能降耗、安全生产、健康生活等观念和知识，促进经济增长方式的转变和科学文明健康生活方式的形成；围绕走新型工业化道路、发展现代服务业的需求和城镇化进程的要求，提高第二产业、第三产业从业人员科学素质，提高进城务工人员的职业技能水平和适应城市生活的能力，提高失业人员的就业能力、创业能力和适应职业变化的能力。

重点措施包括：加强对劳动者科技教育培训的宏观管理，进行专门的规划、组织和监督实施，将有关科学素质的要求纳入国家职业标准，将劳动人口应具备的基本科学素质内容纳入各级各类职业教育和成人教育的课程内容；优化整合各种教育培训资源，实现资源共享，形成广覆盖、多层次的教育培训网络，为劳动者提高科学素质提供更多机会和途径；通过社区科普活动室、科普学校、科普画廊等机构和设施，开展多种形式的科普宣传，建设学习型社区，发挥社区在提高劳动者科学素质方面的作用；发挥企事业单位的作用，开展各种形式的在岗培训和继续教育；等等。

4）领导干部和公务员科学素质行动

任务重点主要包括：在面向领导干部普及科学技术知识的同时，突出弘扬科学精神，提倡科学态度，讲究科学方法，增强领导干部贯彻落实科学发展观的自觉性和科学决策的能力；围绕贯彻落实科学发展观和建设学习型机关，调动公务员提高自身科学素质的积极性和主动性，增强终身学习和科学管理的能力。

重点措施包括：把提高科学素质列为公务员和事业单位、国有企业负责人培训教育规划、相关计划的重要内容；行政院校和干部学院将提高学员科学素质列入教学计划；通过讲座、报告会等科普活动及相关科普读物，向领导干部和公务员介绍现代科技知识及发展趋势，传播科学思想、科学方法、科学精神；在公务员录用考试大纲及题库中，列入与科学素质要求有关的具体内容；组织公务员参与科普活动；等等。

（2）四大重点基础工程

为配合四大重点人群科学素质行动，抓住重点，加强基础条件建设、提升国家科普能力，《科学素质纲要》提出了科学教育与培训、科普资源开发与共享、大众传媒科技传播能力、科普基础设施四项重点基础工程，分别提出了相应的任务和措施。

1）科学教育与培训基础工程

重点任务主要包括：加强教师队伍建设，培养一支专兼结合、结构合理、素质优良、胜任各类科学教育与培训的教师队伍；加强教材建设，改革教学方法，形成适应不同对象需求、满足科学教育与培训要求的教材教法；加强教学基础设施建设，充分利用现有的教育培训场所、基地，配备必要的教学仪器和设备，为开展科学教育与培训提供基础条件支持。

重点措施包括：加强中小学科学教育教师队伍建设；建立科技界和教育界合作推动科学教育发展的有效机制；加强科学教育与培训志愿者队伍建设；加强职业教育、成人教育和各类培训中科学教育的教材建设；加强中小学特别是农村中小学科学教育基础设施建设；利用社会资源开展科学教育和培训，鼓励和支持科技馆等科普场馆、社区学校、成人文化技术学校等开展科学教育与培训；等等。

2）科普资源开发与共享工程

重点任务主要包括：引导、鼓励和支持科普产品和信息资源的开发，繁荣科普创作；集成国内外科普信息资源，建立全国科普信息资源共享和交流平台，为社会和公众提供资源支持和公共科普服务。

重点措施包括：建立有效激励机制，促进原创性科普作品的创作，鼓励和吸引更多社会力量参与科普资源开发；加强合作与交流，推动科普、科技、教育、传媒界的有效合作，引进国外优秀作品，借鉴国际先进创作理念和方法，促进我国科普创作整体水平的提高；建成数字化科普信息资源库和共享交流平台，通过互联网为社会和公众提供资源支持和公共科普服务；开展优秀科普作品的推介、展演、展映、展播和展示活动，扩大科普信息资源的共享范围；制定相关法规、规章和标准，充分保护知识产权，创造公共科普信息资源公平使用的法制环境。

3）大众传媒科技传播能力建设工程

重点任务主要包括：加大各类媒体的科技传播力度，大幅增加电视台、广播电台科技节目的播出时间，各类科普出版物的品种和发行量，综合性报纸科技专栏的数目和版面，科普网站和门户网站的科技专栏等；打造科技传播媒体品牌，提高科技频道、专栏制作传播质量，培育一批读者量大、知名度高的综合性报纸科技专栏、专版和科普图书、报刊、音像制品、电子出版物，形成一批在业内有一定规模和影响力的科普出版企业；发挥互联网等新型媒体的科技传播功能，培育、扶持若干对网民有较强吸引力的品牌科普网站和虚拟博物馆、科技馆。

重点措施包括：鼓励、支持一批电视科技栏目进一步提高质量；择优扶持若干有特色、覆盖率高的知名科普网站；制定优惠政策和相关规范，积极培育市场，推动科普文化产业发展；建立与市场、公众需求相适应的管理体制与运行机制，树立以消费者为中心的经营理念，引进现代营销模式与先进编创技术，提高播出和编辑出版质量；提高各类媒体对公共卫生事件和重大自然灾害等突发事件的反应能力，指导公众以科学的行为和方式应对突发事件；等等。

4）科普基础设施工程

重点任务主要包括：拓展和完善现有基础设施的科普教育功能，对现有科普设施进行机制改革和更新改造，充实内容、改进服务、激发活力；整合利用社会相关资源，充分发挥科研基础设施的资源优势，发展青少年科技教育基地和科普教育基地;多渠道筹集资金,新建一批科技馆、自然博物馆等科技类博物馆;发展基层科普设施,在城乡社区建设基层科普场馆、科普画廊、科普活动室、运用网络进行远程科普宣传教育的终端设备等设施。

重点措施包括:制定科普设施的发展规划、建设标准、认定办法和管理条例,规范科普设施的建设与管理;科普基础设施建设纳入国民经济和社会事业发展总体规划及基本建设计划,加大对公益性科普设施建设和运行经费的公共投入;对科普教育功能薄弱的设施进行更新改造,完善基层科普设施的功能;引进和开发适应公众需求的活动项目,创新活动方式,增强吸引力,提高管理水平和服务质量;落实有关优惠政策,鼓励社会力量参与科普基础设施建设,鼓励有条件的科研院所、高等院校、科学团体、研发机构、高新技术企业对公众开放;等等。

(3)"全民科学素质行动计划"的推进策略

作为国家和政府提出的旨在全面推动公民科学素质建设、提高全民科学素质的一个专门计划,全民科学素质行动计划的基本特点是在邓小平理论、"三个代表"重要思想、科学发展观的指导下,发挥政府主导作用,充分调动全社会力量共同参与,通过发展科学技术教育、传播与普及,大幅提高全民科学素质。在推进体制上,全民科学素质行动计划采取了政府推动、全民参与的策略。《科学素质纲要》规定由国务院负责领导实施工作,成立实施领导小组,对全民科学素质行动计划进行统一动员部署和检查监督;要求各相关部门、各级政府、事业单位和人民团体按《科学素质纲要》要求,将有关任务纳入相应工作规划和计划,制定政策法规,加大公共投入,同时要求充分调动全体公民参与实施《科学素质纲要》的积极性和主动性。

《科学素质纲要》确定的领导和推进体制使全民科学素质行动计划具有鲜明的政府主导特点,与其他国家的公民科学素质计划相比,拥有更强有力的保证。《科学素质纲要》同时还特别强调,充分调动全社会力量共同参与,支持科学教育机构、大众媒体、企业、社区等社会力量积极组织开展各种形式的科学技术教育、传播、普及活动,参与公民科学素质建设工作。因此,《科学素质纲要》的颁布实施是我国政府以提升全民科学素质为目标、整合社会资源、强化公民科学素质建设的一个专门计划,也是在当前阶段利用提升公民科学素质这一目标因素,推进我国科技传播与普及事业的一个龙头抓手。

从《科学素质纲要》提出的近期、中期和长远目标看,"全民科学素质行动计划"采取的是分阶段、滚动式、逐步推进的策略。《科学素质纲要》提出的近期、中期和长远目标分别涉及 2010 年、2020 年、21 世纪中叶三个阶段。

这种分阶段目标的提出不仅适应了我国公民科学素质的现实国情，给全民科学素质行动计划提供了可考核的明确指标，而且可以大大强化目标牵动手段的推进功能。

在整体推进策略上，全民科学素质行动计划采取的是以四大重点人群行动带动全民科学素质的整体提高、以四大基础建设工程推动科普建设的整体进步的策略。由于种种复杂的历史和现实原因，我国公民科学素质整体水平目前仍然较低，与发达国家相比差距较大，还存在城乡差距十分明显，科普设施、队伍、经费等资源不足，大众传媒科技传播力度不够，公共服务未能有效满足社会需求等诸多问题，公民科学素质建设面临艰巨而复杂的任务，提升全民科学素质也是一个长期的过程。以重点人群行动带动全民素质提高、以重点工程推动整体进步的策略，符合我国目前的现实国情，有利于逐步提升公民科学素质建设工作水平，促进公民科学素质建设不断深化提高。

采取以重点人群带动全民素质提升、以重点工程推动科普建设的策略，有利于首先在最基础的工作领域获得实效、打好基础、提升能力，然后逐步推进、扩展范围，最终实现全民科学素质的整体提升。经过 2006—2010 年的实施，在重点人群科学素质行动、重点基础建设工程都取得明显进展的基础上，2011 年 6 月公布的《全民科学素质行动计划纲要实施方案（2011—2015 年）》又增加了"社区居民科学素质行动"、"科普人才建设工程"、"完善公民科学素质建设长效机制建设"等新的重点任务。

同时，《科学素质纲要》在"保障条件"中强调了完善政策法规、加大经费投入、加强队伍建设的措施，在"组织实施"中强调了组织领导和监测评估的重要性及相应措施。明确要求完善有关公民科学素质建设的政策法规，明确政府、社会组织、企业及公民个人在公民科学素质建设中的责任、权利和义务；要求采取多种措施，加大政府和社会投入，形成多渠道投入机制，为《科学素质纲要》的实施提供资金保障；强调培养专业化人才，发掘兼职人才，建立志愿者队伍，加强理论研究，为公民科学素质建设提供人才保障和智力支撑。

《科学素质纲要》的颁布实施确立了我国以提升全民科学素质为目标、以重点人群科学素质行动和基础工程建设为重点、以强有力的条件保障为支撑的公民科学素质建设工作体系，符合当今时代推进公民科学素质建设工作和科技传播与普及事业的基本趋势。从《科学素质纲要》的内容及实施情况看，全民科学素质行动计划也符合我国当代及今后一个时期的基本国情，体现出我国加强公民科学素质建设工作和发展科技传播与普及事业的鲜明特色。

三、 "全民科学素质行动计划" 的组织实施

国务院 2006 年颁布《科学素质纲要》后，随即成立了由时任国务委员的陈至立任组长、中组部等 18 个部门负责领导为成员的"全民科学素质工作领导小组"①，在中国科协设立了"全民科学素质工作领导小组办公室"，作为《科学素质纲要》实施工作的领导机构和工作机构。领导小组制定了《全民科学素质工作领导小组工作规则》和《全民科学素质行动计划纲要实施工作方案》，确立了相关部门分工负责的工作机制。2008 年，领导小组办公室通过了《全民科学素质纲要实施工作机制》，确立了国务院分管领导每年召开一次会议听取实施工作汇报以及实施工作例会制度，由中国科协牵头成立"全民科学素质纲要实施工作办公室"。《科学素质纲要》实施工作由此确立下来基本的领导体制和工作机制。

1. 《科学素质纲要》 实施的工作机制

《全民科学素质行动计划纲要实施工作方案》确立了在"全民科学素质工作领导小组"直接领导下相关部门分工负责的工作机制，根据全民科学素质工作分解出的基本任务，明确了各项任务的牵头部门和责任单位。牵头部门负责就所承担的任务提出总体安排意见，会同责任单位共同研究制订工作方案。各成员单位把加强公民科学素质建设作为本部门、本单位的重要任务，纳入工作规划和计划。实施过程中还建立了部际协同工作的机制以及联络员制度，成员单位和各省、自治区、直辖市以及成员单位以外的相关部门确定了负责沟通工作进展情况的联络员。

根据《全民科学素质行动计划纲要实施工作方案》，中组部、中宣部、国家发展改革委、教育部、科技部、财政部、中国科协等 23 个部委成为全民科学素质纲要实施工作办公室成员单位。《全民科学素质行动计划纲要实施工作方案》根据《科学素质纲要》内容分解出四大重点人群科学素质行动、四大基础建设工程和政策法规、队伍建设与监测评估共 9 项任务（表 7 - 2）。各牵头部门会同

---

① 2006 年国务院颁布《科学素质纲要》时，有中组部、中宣部、国家发展改革委、教育部、科技部、财政部、人事部、农业部、劳动保障部、广电总局、中科院、社科院、工程院、自然科学基金委、全国总工会、共青团中央、全国妇联、中国科协 18 个部门是成员单位。2007 年又增补了国家民委、卫生部、环保总局、安全监管总局、国家林业局 5 个部门，成员单位达到 23 个。

责任单位共同研究制订工作方案、共同推进实施工作。《科学素质纲要》实施工作由此形成既有分工又有协作的工作机制。

表 7 – 2　《科学素质纲要》9 项任务及职责分工

任　务	牵头单位	责任单位
未成年人科学素质行动	教育部 共青团中央	中宣部、科技部、劳动保障部、卫生部、国家广电总局、中科院、社科院、工程院、中国气象局、自然科学基金委、全国妇联、中国科协
农民科学素质行动	农业部 中国科协	中组部、中宣部、教育部、科技部、国家民委、劳动保障部、环保部、卫生部、国家广电总局、安全监管总局、国家林业局、工程院、中国气象局、全国总工会、共青团中央、全国妇联
城镇劳动者科学素质行动	劳动保障部 全国总工会 国家安全监管总局	中宣部、教育部、科技部、人事部、卫生部、国家广电总局、中科院、工程院、中国气象局、共青团中央、全国妇联、中国科协
领导干部和公务员科学素质行动	中组部 人事部	中宣部、科技部、环保部、卫生部、中科院、社科院、中国气象局、共青团中央、全国妇联、中国科协
科学教育与培训基础工程	教育中部 人事部	中组部、中宣部、国家发展改革委、科技部、农业部、劳动保障部、中科院、社科院、工程院、中国气象局、自然科学基金委、全国总工会、共青团中央、全国妇联、中国科协
科普资源开发与共享工程	中国科协 科技部	教育部、环保部、农业部、卫生部、国家广电总局、国家安全监管总局、国家林业局、中科院、工程院、中国气象局、自然科学基金委、全国总工会
大众传媒科技传播能力建设工程	中宣部	教育部、科技部、农业部、国家广电总局、中科院、社科院、中国气象局、全国总工会、共青团中央、全国妇联、中国科协
科普基础设施工程	中国科协	中组部、国家发展改革委、教育部、科技部、农业部、环保部、卫生部、国家林业局、中科院、中国气象局、全国总工会、共青团中央、全国妇联
政策法规、队伍建设与监测评估	科技部	所有成员单位

《科学素质纲要》颁布以后，许多省、自治区、直辖市成立了由政府领导、相关部门参加的省级全民科学素质工作领导小组，有些省份还设立了省级全民科

学素质纲要实施工作办公室或是建立了科学素质纲要实施工作联席会议制度。《科学素质纲要》也受到许多地方政府的高度重视,全国有许多地、市、县、区成立了本级领导小组,甚至结合本地实际制定了实施方案,90%以上的地(市、州)、80%以上的县(市、区)都建立了公民科学素质工作的组织机构。

国务院领导实施、各部门分工负责,中央和地方联合推动的矩阵式工作体制以及大联合、大协作的工作机制,为《科学素质纲要》实施提供了强有力的体制和机制保障。同时,为保障和推进《科学素质纲要》实施工作,全民科学素质工作领导小组以及政府相关部门先后出台了一系列推动公民科学素质建设工作的政策和措施,为《科学素质纲要》实施工作提供了条件保障,促进了政策体系不断健全,强化了相关机制建设。这些保障措施为推进我国公民科学素质建设工作、建立科技传播与普及事业的长效机制奠定了基础,也保证了《科学素质纲要》实施工作的顺利推进,促进各项相关工作取得明显成效。

在《科学素质纲要》实施工作推动之下,"十一五"期间,我国未成年人、农民、城镇劳动者、领导干部和公务员等重点人群科学素质行动扎实推进,科学技术教育与培训、科普资源开发与共享、科普基础设施建设、大众传媒科技传播等基础建设稳步发展,公民科学素质水平明显提升。据2010年第八次中国公民科学素质调查结果,2010年,我国具备基本科学素质的公民比例达到了3.27%,比2005年的1.60%提高1.67百分点。其中,城镇劳动者具备基本科学素养的比例从2005年的2.37%提高到2010年的4.79%,农民具备基本科学素养的比例也从2005年的0.72%提高到2010年的1.51%。

2. "十一五"期间《科学素质纲要》实施的工作主题

《科学素质纲要》对"十一五"期间的全民科学素质工作提出了明确要求,要求围绕公民科学素质建设最关键、最基础的问题,实现促进科学发展观在全社会的树立和落实。以重点人群科学素质行动带动全民科学素质的整体提高、公民科学素质建设的基础得到加强的基本目标。工作内容包括重点宣传普及节约资源、保护生态、改善环境、安全生产、应急避险、健康生活、合理消费、循环经济等观念和知识,倡导建立资源节约型、环境友好型社会,形成科学、文明、健康的生活方式和工作方式,促进科学发展观在全社会的树立和落实。未成年人对科学的兴趣明显提高、创新意识和实践能力有较大增强,农民和城镇劳动人口的科学素质有显著提高,城乡居民科学素质水平差距逐步缩小,领导干部和公务员的科学素质在各类职业人群中位居前列。科学教育与培训、科普资源开发与共享、大众传媒科技传播能力、科普基础设施等公民科学素质建设的基础得到加强,公民提高自身科学素质的机会与途径明显增多。

　　《科学素质纲要》在"十一五"期间的实施工作采取了以重点主题带动整体工作的推进方式。2007 年，在全民科学素质工作领导小组召开的第二次会议上，领导小组根据《科学素质纲要》要求，确定了"节约能源资源、保护生态环境、保障安全健康"的工作主题①。自 2007 年以后，全民科学素质行动各相关单位围绕这一主题组织丰富多彩的群众性大型科普活动，结合这一主题推进农民科学素质行动、未成年人科学素质行动、城镇劳动者科学素质行动、领导干部和公务员科学素质行动，围绕主题强化科普资源、渠道、基础设施建设，推动了全民科学素质各项工作任务的实施和落实，促进了全民科学素质行动的整体进展。

　　我国实行改革开放政策以来，经济获得高速增长，工业获得快速进步，但从根本上说我国经济发展对资源能源的依赖性仍然较高，与发达国家相比资源能源的利用效率较低。而且能源资源的过度消耗也带来了较高的污染排放量，造成生态环境问题日益突出，影响经济社会的持续发展，也直接影响人们的生活质量。节能降耗、污染减排逐渐成为制约我国经济发展中的一个瓶颈问题，迫切需要转变经济发展模式、推进产业结构优化升级、降低资源能源消耗。加强"节约能源资源、保护生态环境"主题的宣传与教育，符合我国经济社会发展的现实需要，也符合促进在全社会树立和落实科学发展观的目标要求。

　　安全健康问题事关国家发展和百姓安康，"保障安全健康"主题的确立符合广大群众的根本利益，也有助于促进国家经济社会可持续发展及和谐社会建设。近些年来，我国自然灾害频发，安全生产事故频繁，食品安全问题严峻，再加上严重影响人们群众身心健康和生活质量的各种疾病居高不下，食源性、传染性疾病不时暴发，给人民生命健康和社会稳定都造成了巨大威胁。在重视并加强社会的防灾减灾、安全生产、疾病预防、应急体系等方面建设，不断提高公共安全、生产安全、健康安全保障能力的同时，需要高度重视安全健康方面的宣传与教育，提高全民的安全和健康意识，促进管理者和劳动者重视安全的生产劳动方式，促进公众养成健康的生活方式。

　　2007 年确定"节约能源资源、保护生态环境、保障安全健康"工作主题后，全国各地区、各部门围绕这一主题，组织动员了社会各界广泛开展节能减排、环境保护和安全生产、防灾减灾等主题科普宣传活动。全国科技活动周、全国科普日、全国防灾减灾日等群众性、经常性大型科普活动，也成为主题宣传教育活动的重要平台和重要载体。结合"节约能源资源、保护生态环境、保障安全健康"主题，推进重点人群科学素质行动和重点基础工程建设工作，也成为全民科学素

---

　　① 2011 年，《科学素质纲要》"十二五"实施方案将工作主题正式扩展为"节约能源资源、保护生态环境、保障安全健康、促进创新创造"。

质行动"十一五"期间的一项基本工作内容。国内电视、广播、报纸、网络等媒体也围绕这一主题,利用新闻、专栏等各种形式宣传普及节约资源、保护生态、改善环境、安全生产、应急避险、健康生活等观念和知识,指导公众以科学的行为和方式应对公共卫生事件和重大自然灾害。

结合突发事件和社会热点进行主题科普宣传教育,也是这一时期全民科学素质行动的重要特点之一。我国"十一五"期间各类突发事件、自然灾害、健康安全问题频发。全民科学素质行动成员单位积极行动、联合协作,利用科普活动、宣传资料、媒体传播等多种形式,及时做好对社会公众的科学普及,积极引导社会舆论。2008年汶川发生特大地震后,各成员单位将抗震救灾与科学素质工作有机结合起来,积极面向灾区开展抗震救灾的科普宣传,并及时做好对社会公众、媒体、决策者的防灾减灾科学普及、科学解释等相关工作。针对禽流感、手足口病流行、艾滋病、甲型H1N1流感等健康热点问题,相关部门及时组织编印科普宣传资料、举办科普讲座和报告会,面向公众宣传疾病预防、卫生保健知识,对促进公众了解预防知识、养成健康生活方式起到良好的作用。

第八章　我国重点人群的科学素质建设工作

我国全民科学素质行动计划采取的是以重点人群科学素质行动带动全民科学素质提升的推进策略，《科学素质纲要》确定了未成年人、农民、城镇劳动人口、领导干部和公务员4个重点人群，并针对每个重点人群提出了相应的任务和措施。经过实施《科学素质纲要》，到2010年，针对4个重点人群的科学素质行动取得了明显进展，具备基本科学素质的公民比例也比2005年有了明显提高。2011年，我国启动新一轮的《科学素质纲要》实施工作，在当年6月公布的《全民科学素质行动计划纲要实施方案（2011—2015年)》中，在原来4个重点人群的基础上，又新增了"社区居民"，提出了"社区居民科学素质行动"。至此，我国全民科学素质行动计划包括了5个重点人群。

一、未成年人群体的科学素质建设

从人类个体成长发展的基本规律看，从学龄前儿童到青少年的整个未成年发展阶段是形成兴趣爱好、知识结构、思维方式、基本素质、价值观念的关键时期，所形成的兴趣爱好、思维方式、价值观念也会对其后一生的兴趣态度和行为方式产生重要影响。国际科学教育和科学素质研究与实践的结果表明，基础教育阶段的科学教育是提高公民科学素质的主渠道，对全民科学素质的提升具有基础性的作用，如何利用正规的和非正规的教育手段，激发青少年和儿童的科学兴趣，促进他们学习科学知识、形成科学态度、了解科学本质，对全民科学素质的不断提升具有决定性影响。发达国家历来都重视通过加强针对未成年人群体的科学教育和科普活动，促进全民科学素质不断提升。我国公民科学素质建设工作亦不例外，《科学素质纲要》将"未成年人"列为重点对象人群之一。

1. 我国未成年人科普历程和"未成年人科学素质行动"

新中国成立以来，国家和政府始终重视儿童和青少年的科学教育和科技活动。科学教育始终是我国基础教育的一个重要内容，根据青少年不同成长阶段的实际，开设有不同的科学教育课程。政府、学校和校外教育机构也积极为组织和开展青少年课外科技活动创造条件，引导青少年积极参与各种形式的课外科技活动。早在 1955 年，教育部就与全国科普协会联合举办过"全国少年儿童科学技术和工艺品展览会"，展出学生在课外活动中制作的科技作品。《人民日报》为此还发表《加强对少年儿童的科学技术教育》的社论。从 20 世纪 50 年代中期到 60 年代中期，全国各地的中小学校、少年宫、少年之家，以多种方式组织青少年开展科技实践活动，形成了我国青少年科技活动的第一次高潮。

经过"文化大革命"10 年沉寂之后，我国青少年科技活动和科普工作在 20 世纪 70 年代末开始恢复。1977 年暑期，中国科协组织了著名科学家与首都青少年科技爱好者见面的大型座谈活动，鼓励中小学生学好科学基础知识，为攀登科技高峰打基础。随后又组织了 6000 多名中小学生到科学研究单位参观，在全国青少年及社会各界中引起强烈反响。1978 年全国科学大会后，青少年科技活动在全国各地蓬勃开展。1979 年，中国科协、教育部、共青团中央等部门联合举办了"首届全国青少年科技作品展览"，展示了全国各地近 3000 件中小学生科技作品，邓小平同志专门为展览题词"青少年是祖国的未来，科学的希望"。

1981 年，经党中央和国务院批准，成立了由中国科协、教育部、团中央、全国妇联、国家体委有关领导组成的全国青少年科技活动领导小组，负责协调、研究青少年科技活动工作，组织有示范意义的全国性青少年科技活动。第二年（1982 年），全国青少年科技活动领导小组就举办了"第一届全国青少年发明创造比赛和科学讨论会"。20 世纪 80 年代以来，青少年科技活动和科普工作领域先后涌现出了全国青少年发明创造比赛和科学讨论会、全国青少年生物和环境科学实践活动、全国青少年科技创新大赛、高中学生奥林匹克学科竞赛、"大手拉小手"青少年科技传播行动等许多影响广泛的青少年科技活动项目，科技夏令营、科学考察活动等青少年科技活动也在全国各地蓬勃开展，受到青少年学生的喜爱。

正是基于过去工作的基础与经验，《科学素质纲要》提出了"未成年人科学素质行动"的任务和措施。"未成年人科学素质行动"涉及未成年人科学教育和课外科技活动两个基本层次，也强调了发挥家庭教育、社区教育以及新闻出版、广播电视、文化等机构和团体在提高未成年人科学素质中的重要作用，强调了整合科技类博物馆、科研院所等科普教育基地和青少年科技教育基地等各类校外科学教育资源，建立校外科技活动场所与学校科学课程相衔接的有效机制。自此，在我国颇有传统的青少年科普工作被整合到"未成年人科学素质行动"中，成为我国公民科学素质建设的一项重要内容。

《科学素质纲要》颁布后，教育部和共青团中央等部门共同制定了《未成年人科学素质行动实施方案》，确立的工作目标是：落实未成年人科学素质行动的任务和要求，推动学校科学教育的发展，广泛开展多种形式的课内外科普教育活动，增强未成年人的创新精神和实践能力，提高未成年人的科学素质。提出的具体任务和措施包括：推动学校科学教育的发展，提高基础教育阶段学校科学教育的质量；广泛开展课外科技活动，促进课外科技活动与学校科学教育的有效衔接；提高农村科学教育水平，为农村未成年人参加科普活动提供更多的机会和渠道；充分发挥校外活动场所的作用，创造未成年人健康成长的良好社会环境。

2. 面向素质提升的科学教育改革

青少年和儿童时期处于学习科学技术知识的关键阶段，特别是在学校内集中、系统开设的科学教育课程，对青少年和儿童的科学素质提升具有多方面的重要作用，有助于促进他们掌握基本的科学知识与技能，体验科学探究活动的过程与方法，发展初步的科学探究能力，增强创新的意识和实践的能力，激发他们对科学技术的爱好和兴趣。基础教育阶段的科学教育是提升全民科学素质的基础手段，发达国家都十分重视通过推进基础教育阶段的科学课程改革，提高学校科学教育质量，提升青少年和儿童的科学素质。美国的"2061计划"就是一个典型的例子。

素质教育在我国受到国家、政府和社会各界的关注和重视，但长期受应试教育影响，学生为考试而学、教师为考试而教，重课堂知识教学、轻实践教学，重课程考试成绩、轻实践能力培养，重书本学习、轻实验学习的现象相当普遍，教学内容陈旧、教学方法落后，导致学生科学素质结构存在明显缺陷。面对数亿规模的青少年和儿童群体，面对当代社会发展提出的巨大挑战，面向青少年和儿童的科学素质行动仍然任重而道远，迫切需要通过改革科学教育课程和教学方式方法，提高青少年和儿童的科学素质。

《科学素质纲要》颁布后，教育部在2007年启动了基础教育课程标准修订工作，在修订工作中强调了强化综合科学课程实验教学、发展学生初步探究能力、增强创新意识和实践能力等基本问题。教育部和中国科协也积极通过推广"做中学"（learning by doing）项目，推进基础阶段科学教育教学方法和学生学习方式的改革，倡导推进基于"动手做"的探究式学习和科学教育。教育部所属中央教育科学研究所也与美国国家科学资源中心（NSRC）合作，在我国选择了10所小学（每个学校2个教学班）进行STC（"为孩子的科学和技术"）课程专项实验，对中美探究式科学教育进行比较研究。

近些年来，我国基础教育阶段的科学课程改革取得初步成效。科学素质培养正在成为学校科学教育改革的重要目标，"提高每个学生的科学素养"正在成为推动教学改革的重要因素。学校和教师也较以前更加注重更新教学内容、改革教学方法、重视实践能力培养、促进学生增长技能、关注学生理解科学的过程与方法。科学课程教学正在逐步改变过去过于注重知识传授的倾向，更加突出了对学生学习科学技术的态度和兴趣的培养，更加注重对学生初步探究能力的培养。

3. 青少年校外科技活动和社会实践

我国历来有重视青少年科普活动和社会实践的优良传统，特别是重视利用科技竞赛活动调动学生参加校外科技活动和社会实践活动。《科学素质纲要》颁布以后，教育部会同中国科协进一步规范了全国青少年科技创新大赛、奥林匹克学科竞赛、中国青少年机器人竞赛、明天小小科学家奖励等活动。仅在"十一五"期间，全国就有约5000万人次的青少年参加了不同层次的科技创新大赛，共有2800余名青少年科技爱好者、600余名科技辅导员获得全国大赛奖项，有近900个优秀科技实践活动方案获得表彰；有6000余名青少年、2000余名教练员、2000多支队伍参加全国级别的青少年机器人竞赛决赛，还选拔了部分学生参加国际性的青少年机器人竞赛。

科技竞赛是深受公众特别是青少年喜爱的科普活动，在各国都受到普遍重视。例如，美国的英特尔国际科学与工程大赛、FLL青少年机器人竞赛、奥林匹克学科竞赛，欧盟的科技竞赛以及瑞典的斯德哥尔摩青少年大奖竞赛等。我国也形成了以全国青少年科技创新大赛、奥林匹克学科五项竞赛、中国青少年机器人竞赛为代表的一批影响广泛的科技竞赛项目。

"全国青少年科技创新大赛"起源于"全国青少年发明创造比赛和科学讨论会"和"全国青少年生物和环境科学实践活动"。

"全国青少年发明创造比赛和科学讨论会"是全国青少年科技活动领导小组和国家自然科学基金委员会于1982年启动的一项青少年科技活动。其中，青少年发明创造比赛的活动形式是学生在教师引导下选择发明课题，经过构思、设计、创造，独立完成一件作品；青少年科学讨论会要求青少年从科学问题入手，经过收集资料和观察实验，得出科学结论，撰写一篇科学论文。"全国青少年发明创造比赛和科学讨论会"每两年举办一次，每届有1000多万名中小学生参加。1982—2000年连续举办了十届，共有2000余项发明作品和1000余篇论文获得国家级奖项。

"全国青少年生物和环境科学实践活动"是中国科协、教育部、国家环保总局和国家自然科学基金委员会于1989年开始举办的一项青少年科技活动。活动的目的是启发青少年从自己熟悉的生活、生产问题出发，通过生动有趣、丰富多彩的科学实践活动，认识生物科学与人类生活的关系，了解周围的环境，探索身边的科学，参与到保护生态环境的实践行动中来。活动每两年举办一次，到2001

年共举办了6届，有1000余个中小学生的成果获得优秀项目奖，有1000余个活动项目荣获优秀活动奖。

从2002年开始，全国青少年科技活动领导小组决定将"全国青少年发明创造比赛和科学讨论会"与"全国青少年生物和环境科学实践活动"进行整合，统一命名为"全国青少年科技创新大赛"。整合后的全国青少年科技创新大赛包括竞赛活动和展示活动两个系列，竞赛活动的作品形式包括发明创造作品、科学研究论文、信息技术应用成果以及在研究性学习过程中精选出的优秀科学项目等；展示系列活动则包括优秀科技实践活动展览和少年儿童科学幻想绘画展览等。在每一届全国青少年科技创新大赛的国家级赛场上，都有来自全国各地的数百名选手带着他们的研究项目和展示交流项目参加。

目前，全国青少年科技创新大赛由中国科协、教育部、科技部、国家发展改革委、环境保护部、国家体育总局、共青团中央、全国妇联、国家自然科学基金委和承办地人民政府共同主办，英特尔（中国）有限公司领衔赞助，已成为我国国内面向学校中小学生开展的规模最大、层次最高的青少年科技教育活动，到2013年已经连续举办28届，在广大青少年和社会各界中产生了广泛影响。大赛活动内容包括竞赛和展示两个系列，每年有近1500万名青少年参加不同层次的活动，经过选拔挑选出500名左右的青少年科技爱好者相聚一起进行竞赛、展示和交流活动。

全国青少年科技创新大赛强调围绕青少年创新精神和实践能力培养开展竞赛活动，激励青少年在科技实践活动和研究性学习过程中产生发明创造和论文作品，评审对象是"学生完成的科研项目"，这与国际上科学教育的趋势是一致的，能够切实锻炼和提高学生的科学探究能力和科学素质。全国青少年科技创新大赛目前已与国际上许多青少年科技竞赛活动建立了联系，每年都有从大赛中选拔出的优秀科学研究项目参加国际科学与工程大奖赛、欧盟青少年科学家竞赛等竞赛活动，并在这些国际科技竞赛中取得了优异成绩。

"高中学生奥林匹克学科竞赛活动"是另一项具有全国影响的青少年科技活动，源于20世纪50—60年代在华罗庚等科学家倡导下开展的高中数学、物理竞赛。自1979年开始，中国科协青少年工作部和中国科协所属的中国数学会、中国物理学会、中国化学会、中国计算机学会、中国植物学会和中国动物学会在各级教育行政部门的支持下，陆续举办了全国高中学生数学、物理、化学、生物学和计算机竞赛，每年有数百万中学生参加各级竞赛活动。从1985年开始，在全国各级比赛的基础上，我国还陆续选拔优秀中学生短暂集训后组队参加国际奥林匹克数学、物理、化学、信息学和生物学竞赛，并在各学科国际竞赛中连续获得优异成绩。

"中国青少年机器人竞赛活动"是中国科协主办的面向 21 世纪青少年的系列科技创新活动之一。该活动始办于 2001 年，每年举办一次。竞赛旨在以丰富多彩、形式多样的机器人探究项目，培养青少年的创新精神和动手实践能力，激发他们对科学技术以及机器人研究应用的兴趣，提高他们的科学素质。同时，该活动还选拔国内优秀的青少年参与国际青少年机器人竞赛和交流活动。竞赛内容主要是选手研制机器人，比较经常性的比赛项目有机器人创意比赛、机器人基本技能比赛、机器人足球比赛、VEX 和 FLL 机器人工程挑战赛等。青少年机器人竞赛活动是一项综合多种学科知识和技能的青少年科技活动，选手可以参与竞赛活动提高自己在计算机编程、工程设计、动手制作等多方面的能力，发展自己的创造力。目前，中国青少年机器人竞赛已成为国内青少年科技创新的一项重要赛事，在全国各地产生了广泛的社会影响。

科技竞赛活动在激发学生的科学兴趣、调动他们积极自主学习、增长探究能力和意识、营造良好的社会氛围方面起了重要作用。与此同时，中国科协等部门也积极鼓励院士、科学家等科技工作者走向社会，到青少年中去宣讲科学。自 1995 年，中国科协就在全国组织实施了"青少年科技传播行动"。活动的内容是动员科技工作者广泛参与青少年科技教育活动，被形象地称为"大手拉小手"。参加活动的科技工作者以多种形式参与指导青少年科技活动，例如，为青少年做科普报告、与青少年讨论科学问题、指导青少年科学俱乐部活动、辅导青少年发明创造、指导青少年进行短期科研项目、参与青少年科技夏令营活动，等等。

丰富多彩的校外科技活动近些年来也在全国各地蓬勃开展，包括有各种形式的课外科技竞赛、青少年调查体验活动、安全健康科普活动等等。以"节能在我身边"、"我的低碳生活"等为主题的青少年调查体验活动自 2006 年以来就在全国连续举办了多届，覆盖全国 30 余个省、自治区、直辖市，累计超过 1000 万青少年参与了活动；全国青少年科技兴趣小组每年也达到数十万个，参加人数超过数千万人次；青少年科技夏（冬）令营活动每年举办次数也达到万余次的规模，参加人数达数十万。

通过实施"未成年人科学素质行动"，校外活动场所科普教育资源和学校科学教育衔接机制建设也取得了一定进展。2006 年，中共中央办公厅、国务院办公厅、教育部、科技部、中国科协、中科院等部门和单位先后发布了加强未成年人校外活动场所建设和管理、科研机构和大学以及科技场馆等各类校外活动场所向社会开放的政策文件，强化了校外场所科技活动工作的开展。全国许多科技场馆和校外科技活动场所都有一些面向未成年人的科学兴趣活动小组、科技小发明、科技夏令营等校外科技活动项目，不少地方的青少年科技活动中心也在"科技馆活动进校园"试点工作支持下，专门设计开发了课外科技活动资源包，如山西省青少年科技中心开发的"简单机械和机器人活动包"、新疆青少年科技中心开发的"认识中草药活动包"等。

多年来，我国青少年科技和科普活动发展的实践经验表明，青少年科技活动和科普工作对提高青少年和儿童的科学素质具有多方面的重要作用。例如，有助于提高他们学习科学技术的兴趣，增强对自然知识的好奇心，变被动学习为主动学习；有助于他们理解、记忆在课堂上学到的科技知识，增强学习科学技术的信心；有助于扩大他们的知识面，学到许多课堂上学不到的新知识和新技术，开阔视野、拓宽思路；有助于提高他们的自学能力、思维能力、观察能力、动手能力、表达能力、创造能力，促进他们的全面发展；青少年儿童参加各种科技活动，也有助于培养积极主动的学习习惯、勤奋刻苦的意志品质、勤于和善于思考的思维品质；等等①。

二、 农民群体的科学素质建设

我国是一个农业大国，农村人口规模巨大。据国家统计局 2013 年发布的"2012 年国民经济和社会发展统计公报"，我国 2012 年年末的乡村人口总量为64222 万人，占总人口的 47.4%②。农村人口的科学素质对我国公民科学素质整体状况影响巨大。再加上受各种历史和现实因素的影响，我国农业生产技术水平不高，农村地区的教育发展水平相对落后，农民受教育程度普遍较低，而且我国农村地区人口多、分布广、地域辽阔，各地民族文化、自然资源、地理条件、经济发展水平差异巨大，西部地区、少数民族地区等经济社会发展相对滞后，农业科技普及工作的普适性面临巨大困难。发展农村地区的科学教育和科普工作，提升农民群体的科学文化素质，是我国公民科学素质建设极其艰巨的一项任务。

1. 我国农村科普发展历程与当前面临的挑战

作为一个传统农业大国，我国政府历来重视农业、农村、农民问题，重视针对农业、农村、农民的科普工作。早在 20 世纪 50 年代初，中央人民政府文化部科学普及局就对农村科普工作提出过明确要求，要求"密切配合农业生产开展农村中的科学普及工作"。在当时，各地农业生产部门联合农业院校开展了有关优

① 科学技术普及概论编写组. 科学技术普及概论［M］. 北京：科学普及出版社，2002：260—277.
② 国家统计局 . 2012 年国民经济和社会发展统计公报［EB/OL］.［2013－3－20］http://www. stats. gov. cn/tjgb/ndtjgb/qgndtjgb/t20130221_ 402874525. htm.

良品种、防治庄稼病虫害、土壤肥料、改良农具、兴修水利、植树造林以及畜牧兽医等方面的科普宣传工作。此后，各地科协也广泛开展了"技术上门"活动，组织科技人员到农村帮助农民解决生产中的技术难题，同时把群众中的先进经验进行总结、提高，再加以推广，对当时解决农业生产技术问题、促进农业生产发展起到了重要作用，受到群众的欢迎。

20 世纪 60 年代初，中国科协曾在全国科协工作会议上，要求各地针对农、林、牧、副、渔生产的需要，特别是提高粮食产量的需要，围绕农业技术改造、预防和克服灾害、综合利用农副产品和动植物资源、保证人民健康等方面，广泛开展群众性的经验总结和试验研究、培训和技术上门等科普活动。1963 年，中共中央、国务院曾专门召开全国农业科学技术工作会议，中国科协举办的全国农业科普工作会议也成为 16 个专业会议之一。随后，全国各地于 1964 年前后掀起建立群众科学实验小组的热潮，仅据当时的不完全统计，农村群众科学实验小组在 1964 年年末达到 40 多万个，成员达到 200 多万人；到 1965 年年底增到 100 多万个，成员达到 700 万人。虽然这种做法带有很强的群众运动色彩，但也推动了当时的农村科普工作。

农村科普工作在"文化大革命"10 年期间基本上陷入停顿。1979 年，中国科协在省级科协组织已普遍恢复的基础上，召开了全国科协工作会议，会议明确了"县以下必须建立科普组织"，其任务是开展农村科普工作。十一届三中全会后，我国农村经济政策发生巨大变革，以家庭联产承包为主要形式的生产责任制的实行，使农村农民对科学技术运用有了迫切需求，推动农村科普工作进入新的繁荣发展时期。到 1985 年，全国大部分县级科协得以恢复，半数以上的乡镇建立了科普协会；全国出现了 1 万多个专业技术研究会，涌现出一支由致富"能手"、高产"大王"和科技人员组成的农村科普队伍，初步形成了农村科普网络的雏形。

20 世纪 80 年代以来，科技扶贫、科技下乡工作受到各级政府和科协的高度重视，各种技术培训活动、农业技术学校迅速发展，农村专业技术协会在各地大量涌现，"科普大篷车"、"科普列车"也受到了各地农民的欢迎，许多地区开展了"科普乡（村）"创建活动。中国科协自 1998 年开始，还组织了全国科普示范县创建活动，到 2001 年已有 103 个县市获得全国科普示范县的称号。针对中西部地区、少数民族地区和经济文化不发达地区的农村科普工作也受到特别的关注。中国科协在财政部的支持下，为西北、西南等少数民族地区科协陆续配备了科普大篷车，建立了少数民族地区科普工作队，从 2000 年起还组织实施了"西部科普工程"[①]。

---

① 科学技术普及概论编写组. 科学技术普及概论 [M]. 北京：科学普及出版社，2002：303—317.

农村科普工作受到政府部门和各级科协的重视，各种形式的农村科普工作对提高农民的科学知识水平起了重要作用，但由于整个农村地区经济发展相对落后、农民受教育程度相对较低，农民群体的整体科学素质和技能水平仍然很低。据中国公民科学素质连续多年的调查结果，农民具备基本科学素质的比例始终是所有公民群体中最低的。2006 年颁布实施的《科学素质纲要》将农民列为素质提升的重点人群之一，提出了"农民科学素质行动"。"农民科学素质行动"强调要通过逐步建立内容丰富、形式多样、适应需求的农村科学教育、宣传和培训体系，广泛开展各种形式的科技下乡和群众性、社会性、经常性的科普活动，促进在广大农村形成讲科学、爱科学、学科学、用科学的良好风尚，提高农民获取科技知识和依靠科技脱贫致富、发展生产和改善生活质量的能力，从而促进社会主义新农村建设。

我国不仅农村人口规模巨大，农民受教育程度普遍较低，需要通过广泛的科普工作提高农民群体的知识水平和科学素质，而且从我国农村地区和农业经济发展的现实看，要解决农业经济和农村地区的发展问题，也迫切需要加强农村和农民的科普工作。我国农业自然资源总量大，但人均占有水平相对较少。中国人均耕地还不及世界平均水平的 1/4，近些年来还面临过度开发而导致的水土流失、土地荒漠化、化肥农药污染等一系列问题，迫切需要通过示范、普及、推广、应用先进技术，提高农业劳动生产率，提高农业生产水平，提高资源产出效率。因此，强化针对农村农民的科普工作，提升农村人口的科学素质，提高农民应用先进科技的意识和能力，不仅事关农民生活水平的提高和生活质量的改善，而且事关我国农业经济的发展，国家经济结构的调整和转型，和谐社会的建设以及国家未来的繁荣稳定。

我国农村和农业经济发展目前已经面临来自多方面的巨大压力，从未来发展看，这种压力还会不断增加。20 世纪 90 年代以来，发达国家把大量科技新成果运用于农业，促进了知识农业的发展。例如，美国从事农业生产的人口仅为 400 万人，而玉米、大豆的产量却占世界产量的 45% 和 51%，出口量占世界出口总量的 65% 和 67%[①]。加入 WTO 后，我国农业和农村经济在组织模式、产业结构、科技水平、产品质量、成本效益等许多方面面临巨大的挑战。随着我国国内农产品市场不断升级，消费需求日益多样化和优质化，农业和农村经济也面临如何推进农村产业化发展、向现代农业转变的重要任务。这都对面向农村和农民的科普工作以及农民科学素质建设提出了更加迫切的要求。

---

① 科学技术普及概论编写组. 科学技术普及概论［M］. 北京：科学普及出版社，2002：327.

2. 新时期面向农村和农民的科普工作

农民群体数量规模庞大、教育基础薄弱、地区差异巨大，农民科学素质建设是一项系统性工程，也是公民科学素质建设的重点和难点。《科学素质纲要》颁布以后，农业部与中国科协作为牵头部门，成立了"农民科学素质行动协调小组"，研究制定了《农民科学素质行动实施工作方案》，公布了《农民科学素质教育大纲》，围绕农村科技教育培训体系建设、农村科技服务渠道疏导、农村科技示范工程推广开展了大量工作。经过近几年积极推进，我国农村科技教育培训体系逐步建立，农村科技服务渠道渐趋顺畅，农民科学素质也有了明显提升。2010 年中国公民科学素质调查结果表明，农民具备基本科学素养的比例已从2005 年的 0.72% 提高到 1.51%，翻了一番还多。

（1）针对农业、农村、农民的科技教育培训

近些年来，随着新技术和新设备在农业与农村地区的广泛采用，我国农业生产技术水平不断提高，农业增长方式也正在发生转变，再加上我国农村人口职业出现明显的分化趋势，相当一部分农民转向非农产业，大量农民工转向城市就业，因而针对农村和农民的科技教育和培训成为一项十分迫切的任务。为了推进针对农业、农村、农民的科技教育与培训工作，农业部、教育部、中国科协等相关部门和各地政府围绕各地的农业优势产业和特色农业，先后启动了"新型农民科技培训工程"、"百万中专生计划"、"农村实用技术培训"等多项实用技术培训项目。"新型农民科技培训工程"的特色是根据优势农产品区域布局规划和地方特色农业发展要求，以村为基本实施单元，围绕主导产业，对农民进行专业技术培训；"农村实用技术培训"的目标是建立覆盖县、乡、村的实用型和开放型的农民实用技术教育培训网络，为农民学习先进的实用技术和科学文化知识服务。

针对农村富余劳动力转移的技术培训这些年来也发展迅速。基于我国农村地区大量富余劳动力向非农产业和城镇就业转移的需要，各地广泛开展了家政服务、餐饮、酒店、建筑、制造等行业的职业技能培训工作。例如，仅是由政府公共财政支持的"阳光工程"一个项目，在 2006—2010 年就培训农村劳动力 3000 万人，年培训人数达到 600 万人。该项目由农业部、财政部等 6 个部委共同组织实施，主要面向粮食主产区、劳动力主要输出地区、贫困地区和革命老区，目标是通过农村劳动力转移到非农领域就业前的职业技能培训，促进农村劳动力向非农产业和城镇转移。

教育部、人力资源和社会保障部等部门也利用各自的优势资源，开展了各具特色的农村富余劳动力转移培训。教育部利用职业教育与成人教育资源网，逐年扩大农村劳动力转移培训规模，仅 2006—2009 年就培训了超过 1.5 亿农村劳动

力。人力资源和社会保障部从 2006 年开始在全国范围内组织实施了"农村劳动力技能就业计划"，2006—2009 年的培训人数也达到 2400 余万人。随着这些针对农村富余劳动力转移的技术培训项目的实施，再加上原来已经实施了多年的常规培训项目（例如，中国农村致富技术函授大学培训等），我国面向农村和农民的科技教育培训体系逐步建立，不仅促进了农民群体技术技能水平的整体提高，而且有效带动了农民科学素质建设工作。

（2）农村科技服务和科技示范工程

近些年来，各种形式的"科技下乡"活动已成为常态，活动形式丰富多彩。包括院士在内的科技专家为当地干部、技术员、农民群众举办专题讲座、提供咨询服务、解决技术难题；"科技列车"深入边远地区，为农村地区送去实用技术；各地致富能手深入田间地头，向农民传授科技致富经验；等等。"科技下乡"活动促进了农业科技成果的转化，也促进了农村科普事业的发展。除"科技下乡"以外，农村科技传播站点建设工作近些年也得到巨大发展，国家投入资金建设了面向农村的远程教育系统，使科技信息和技术可以进村入户。中国科协于 2005 年推出了全国科普活动站、科普宣传栏、科普宣传员（简称"一站、一栏、一员"）进镇入村的活动。通过这些活动的开展，农村科技服务的硬件和软件条件有了较大改善，科技服务渠道也进一步拓宽和顺畅。

组织开展科技示范工程项目近些年来也成为推进农村科普工作的一种颇有特色的手段，如全国科普示范县创建活动、科普惠农兴村计划、基层农技推广体系改革与建设示范县等。近些年来，这类农村科技示范工程的规模不断扩大，各类示范主体发挥了模范带头作用，有效提高了农业高新产品和科技的推广效率。

中国科协很早就注意利用示范项目来推动农村地区的科普工作，从 1998 年开始就启动了"全国科普示范县（市、区）创建活动"。据《中国科协 2012 年度事业发展统计公报》，各级科协命名的科普示范县 2564 个。其中，中国科协命名的 902 个，省级科协命名的 992 个，副省级、省会城市科协命名的 89 个，地级科协命名的 581 个。另外，近些年来，获得命名的还有科普示范街道和乡镇15717 个；科普示范社区和村 63257 个；科普示范户 2473298 户①。

"科普惠农兴村计划"是中国科协和财政部联合实施的一个科普示范项目，其特色是由中央财政安排专项资金，在全国评比、筛选、表彰一批有突出贡献

---

① 中国科协. 中国科协 2012 年度事业发展统计公报［EB/OL］.［2013 - 08 - 01］. http：//www. cast. org. cn/n35081/n35096/n10225918/14908615. htm.

的、有较强区域示范作用的、辐射性强的农村专业技术协会、农村科普示范基地、农村科普带头人、少数民族工作队等先进集体和个人，带动更多农民提高科学文化素质，掌握生产劳动技能，引导广大农民建立科学、文明、健康的生产和生活方式。科普惠农兴村计划对受表彰的单位和个人按照"以奖代补和奖补结合"的原则给予奖励支持。其中，农村专业技术协会和农村科普示范基地的奖补资金达到 20 万元，农村科普带头人的奖补资金达到 5 万元，少数民族科普工作队的奖补资金达到 50 万元。

"科普惠农兴村计划"每年评比表彰上千个农村专业技术协会，数百个农村科普示范基地，数百名农村科普带头人，数个少数民族科普工作队，很好地发挥了"以点带面、榜样示范"的作用，创新了农村科普的工作方式，带动了农村科普工作发展。"科普惠农兴村计划"每年都会确定重点支持的农业产业领域，对农业产业的发展也起了重要引导作用。例如，2008 年重点关注的是推广和发展节约型农业技术、节水灌溉、农业机械化等；2009 年重点关注的是发展粮、棉、油、生猪生产以及吸收农村劳动力就业创业；2010 年重点关注的是发展低碳农业和现代农业以及以建设科普惠农服务站、农民培训学校等形式建立科普惠农长效机制的示范基地。2006—2013 年，中央财政投入资金 16.5 亿元，补助了 10050 个科普惠农先进单位和个人。据不完全统计，截至 2012 年，受补助对象已累计推广新品种 4.6 万个（次）、新技术 3.1 万项（次），开展科普培训和讲座 66 万次，培训农民 8870 万人次①。2012 年，"科普惠农兴村计划"被整合到"基层科普行动计划"之中。

在农业技术推广示范方面，农业部 2005 年也启动了"农业科技入户示范工程"。目标是探索"科技人员直接到户、良种良法直接到田、技术要领直接到人"的农业科技推广新机制，满足农民个性化的技术需求，开展"一户一策"的技术指导和服务。农业科技入户示范工程在专家与技术指导员、技术指导员与农民、示范户与普通农户之间实现了"零距离"对接，构建了"专家组—技术指导员—科技示范户—辐射带动农户"的科技成果转化应用快捷通道，形成了适应家庭承包经营的农技推广网络。在农业科技入户示范工程取得成效的基础上，农业部、财政部从 2009 年起又共同组织实施了"基层农技推广体系改革与建设示范县项目"，进一步推进和完善建立县、乡、村农业科技试验示范网络建设，当年就在全国支持了 770 个国家级示范县的建设工作，培育农业科技示范户 76.33 万户，推广新产品 100 个和新技术 60 项。

① 新华网.中央财政积极支持科技富民强县及基层科普活动［EB/OL］.［2013-08-01］. http://news.xinhuanet.com/2013-08/01/c_116776903.htm.

三、 城镇劳动者群体的科学素质建设

城镇劳动人口是《科学素质纲要》确定的第三个重点人群。"城镇劳动人口科学素质行动"的基本目标是通过优化整合各种教育培训资源，建立广覆盖、多层次的教育培训网络，加强对劳动者科技教育培训，开展各种形式的在岗培训、继续教育和科普宣传等，提高第二产业、第三产业从业人员科学素质，服务经济增长方式的转变和科学文明健康生活方式的形成，服务现代服务业的发展和我国城镇化的进程，重点任务包括：

1. 提升城镇劳动人口科学素质的迫切性

城镇劳动人口是我国一支劳动大军，是城镇建设和经济社会发展的主体，是第二产业、第三产业的主力军，而且群体数量规模同样巨大。目前，我国的城镇劳动人口超过 3 亿，所从事的第二产业、第三产业创造的生产总值接近整个 GDP 的 90%。据国家统计局 2013 年 2 月公布的 "2012 年国民经济和社会发展统计公报" 初步核算结果，2012 年年末全国城镇就业人员 37102 万人，第二产业增加值 235319 亿元，第三产业增加值 231626 亿元，二三产业增加值占国内生产总值比重分别为 45.3% 和 44.6%[①]。因此，城镇劳动人口的科学素质状况不仅对我国公民科学素质的整体水平具有决定性的影响，而且直接影响到我国劳动生产率的提高、产业技术水平的提升和经济发展的整体绩效。

近年来，我国积极实施科教兴国、人才强国、增强自主创新能力、建设创新型国家、创新驱动发展等重大战略，调整优化产业结构，转变经济发展方式，建设资源节约型、环境友好型社会，这就要求培养一大批拔尖创新人才、数以千万计的专门人才和数以亿计高素质的劳动者。目前，我国城镇劳动人口的科学素质整体上还相对较低，具备基本科学素养的比例在 2005 年只有 2.37%，到 2010 年才达到 4.79%，远不能适应我国经济社会发展的需要。因此，迫切需要高度重视并采取措施全面提高城镇劳动人口的科学素质，为实施创新型国家战略、转变经济发展方式提供重要支撑，促进我国由人口大国向人力资源强国转变。

另一方面，随着我国工业化进程的不断加快，城镇化发展也在不断加速。据国家统计局公布的数据，我国城镇化率在 2011 年首次超过 50%（达到 51.27%），

① 国家统计局. 2012 年国民经济和社会发展统计公报［EB/OL］.［2013 - 03 - 20］. http：//www. stats. gov. cn/tjgb/ndtjgb/qgndtjgb/t20130221_ 402874525. htm.

2012 年达到 52.57%；2012 年年末，全国（大陆）总人口为 135404 万人，其中城镇人口为 71182 万人。从世界城镇化发展的规律看，城镇化并不仅仅是人口的城镇化，更重要的是整个社会基本形态的重大转型。随着我国城镇化发展的不断加速，提升城镇人口的整体素质、提高其适应城市生活的能力、形成健康文明的生活方式、构建和谐有序的社区关系，将被提到重要的议事日程。通过城镇劳动人口科学素质行动，提高劳动者的科学素质水平，将是其中重要的一环。

面向城镇劳动人口的科学素质建设工作同样是一项艰巨的社会工程，其艰巨性不仅因为城镇劳动人口的数量规模巨大，而且因为城镇劳动人口本身涉及不同类型的群体，既包括第二产业和第三产业从业人员，也包括失业待岗人员、进城务工人员等。面向城镇劳动人口的科学素质建设工作必须在识别不同群体差异化需要的基础上，动员社会各界力量，整合社会不同资源，采取不同的措施和方式，有针对性地组织各类技术技能培训和科普教育活动，提高他们的科学素质和技术技能水平，增长他们适应经济社会发展的各种能力。

2. 近年来城镇劳动人口科学素质建设工作

自新中国成立以来，国家和政府以及社会各界就对城镇劳动者的素质问题给予高度重视，在城镇劳动者的科技教育和技能培训方面做了不少工作，形成了包括各级各类职业教育培训机构在内的职业教育和培训网络。国家也制定并颁布了包括《中华人民共和国劳动法》《中华人民共和国职业教育法》以及各种职业从业标准在内的法律法规，并建立了各种职业资格证书制度，对城镇劳动人口的科学素质提升产生了积极作用。但相对于数量规模庞大而又具有多样化特征的城镇劳动者群体而言，科技教育和培训工作仍然存在资源不足、多样化渠道不够的问题，科学素质建设方面仍然存在重具体技能技术而轻整体素质提升的问题。

按照《科学素质纲要》确定的基本任务，城镇劳动人口科学素质行动涉及两个基本层次，其一是在广大城镇地区宣传科学发展观，倡导和普及节约资源、保护环境、节能降耗、安全生产、健康生活等观念和知识，提高各类各层城镇劳动者群体的科学素质，促进科学文明健康生活方式的形成；其二是围绕走新型工业化道路和发展现代服务业的需求，针对第二和第三产业从业人员、失业待岗人员、进城务工人员等，开展各种类型和各种层次的科技教育培训，提高他们的职业技能和各种能力（如学习能力、创新能力、就业能力、创业能力、适应职业变化的能力、适应城市生活的能力等）。城镇劳动人口科学素质行动需要多渠道、多类型、多层次的技能培训和科普教育体系的强力支撑。

《科学素质纲要》颁布以后，人力资源和社会保障部、全国总工会等城镇劳动人口科学素质行动负责部门共同制定了行动方案，确定了城镇劳动人口科学素质行动的具体目标、任务和措施，围绕城镇职工的职业技能和创新能力、失业待岗及进城务工人员就业能力、城镇居民科学文明健康生活方式开展了大量工作，对城镇职工、失业待岗人员以及进城务工人员进行了劳动预备制培训、再就业培训、创业培训、农民工培训、在岗培训等各种培训，同时利用社区科普活动室、科普学校、科普画廊等机构和设施，开展了多种形式的科普宣传，使我国城镇劳动人口的整体科学素质水平有了明显提高。

在针对城镇劳动人口开展科技培训和继续教育方面，我国各部门和地方政府近几年主要是利用开展培训计划和教育工程、职业技能大赛、群众性技术创新活动等手段和形式予以重点推进的。在开展技术技能培训方面，相关部门和各地区推出并实施了一系列有针对性的计划或项目，例如，原劳动和社会保障部启动了"新技师培养带动计划"、"城镇技能再就业计划"、"能力促创业计划"、"农村劳动力技能就业计划"等培训项目。其中，"新技师培养带动计划"的特点是依托各行业和各类骨干企业，发挥职业院校的作用，强化对技师、高级技师和高级技工的培养；"城镇技能再就业计划"的特点是通过强化订单培训和定向培训，为下岗失业人员开展职业技能培训；"能力促创业计划"的特点是将创业培训与就业再就业扶持政策紧密结合，为创业者提供培训和创业的系列服务；"农村劳动力技能就业计划"的特点是为进城务工农村劳动者进行技能培训和就业服务。

针对下岗人员、进城务工人员等群体的就业能力和上岗能力提升，人力资源和社会保障部等部门下发了《关于实施特别职业培训计划的通知》，重点对困难企业的在职职工、失业人员等群体开展有针对性的职业培训，每年的培训惠及面达到千万人次以上。共青团中央也实施了"千校百万"进城务工青年培训计划，组织联系当地民办学校、职业院校或其他社会培训机构，为进城务工青年提供各种短期实用技术培训。全国总工会2009年年初启动了以就业援助为重点的"千万农民工援助行动"，从财政专项帮扶资金中划拨专款，在全国建立农民工技能培训示范基地和就业培训基地，带动了全国数千家培训机构。

各部门和各地近些年来也广泛开展了技能竞赛、技术创新活动，促进企业加强职工技能训练，调动职工提高技能的主动性。全国总工会联合科技部、原劳动和社会保障部共同举办了"全国职工职业技能大赛"，大赛紧密围绕国家建设急需、技术含量较高、从业人员多的工种开展职业技能比赛。例如，2012年举办的第二届"全国职工职业技能大赛"设有车工、铣工、钳工、焊工、维修电工、数控机床装调维修工、计算机程序员7个比赛工种，历时6个月，吸引4000多万职工参与，最后有946名代表参加各工种决赛，各工种前3名选手共21人荣获全国五一劳动奖章，28名选手荣获"全国技术能手"称号。全国职工职业技能大赛目前已成为全国规模最大、社会影响最广的一项职工职业技能赛事，为广大职工搭建了学技术、练技能、展风采的广阔舞台。

全国总工会还在全国范围内实施了"职工技术创新工程",鼓励企业职工开展各种技术创新和发明活动。在实施过程中,各地以解决企业发展的重点与难点问题、增强企业科技开发能力作为主攻方向,围绕创新技术、加强管理、增加品种、提高质量、降低成本、增加效益、搞好服务,开展多种形式的群众性技术创新活动。全国总工会、科技部、原劳动和社会保障部还联合开展了全国职工优秀技术创新成果评选活动。在 2010 年举办的第三届全国职工优秀技术创新成果评选活动中,有 100 项成果获奖,涵盖机械电机、资源环保、道路交通、电子信息、石油化工、现代农业等 10 余个领域,24 项达到国内领先水平。

四、 领导干部和公务员群体的科学素质建设

《科学素质纲要》确定的第四个重点人群是"领导干部和公务员"。领导干部掌握国家或地方政策决策与执行权力、社会资源配置的调控权力,直接参与管理国家或地方各种重大经济社会事务,其科学决策能力和科学素质水平直接影响科学发展观能否得到全面落实,科学执政、民主执政、依法执政理念能否得到有效的贯彻执行。公务员队伍承担着管理国家事务和社会公共事务的职能,其科学管理能力和科学素质水平直接影响着各类机关履行自身职能的能力。提升领导干部和公务员群体的科学素质不仅与贯彻落实科学发展观、提高执政能力具有密切关系,而且对社会其他群体的科学素质提升也有重要的带动和示范效应。因此,提升领导干部和公务员队伍的科学素质在整个全民科学素质建设工作中居于非常特殊的位置,《科学素质纲要》就明确提出"领导干部和公务员的科学素质在各类职业人群中位居前列"。

《科学素质纲要》颁布后,中组部、人社部、中宣部、科技部等相关部门共同制定了领导干部和公务员科学素质行动实施工作方案,确定的具体任务包括:把提高科学素质作为领导干部和公务员教育培训规划的重要内容;在学习型机关建设中注重培养领导干部和公务员的科学素质;各类干部培训院校切实加强对领导干部和公务员科学素质的培训;举办面向领导干部和公务员的各类科普活动;在选拔录用、综合评价工作中体现对领导干部和公务员科学素质的要求;为领导干部和公务员提高科学素质营造良好氛围。

在实施过程中,相关部门出台了强化领导干部和公务员科学素质的相关文件,将科学素质内容纳入各级各类干部培训与教育之中,组织了各种面向领导干

部和公务员科学素质的科普宣传和教育活动，并在公务员录用选拔与考核评价环节中体现了科学素质的要求。例如，中共中央和组织部自 2006 年以来先后出台了《干部教育培训工作条例（试行）》《2006—2010 年全国干部教育培训规划》《关于 2008—2012 年大规模培训干部工作的实施意见》《2010—2020 领导干部培训教育改革纲要》等重要文件，文件都强调了提高党政领导干部科学素质的重要性，提出了培养领导干部"科学精神"的明确要求。在人力资源和社会保障部出台的《"十一五"行政机关公务员培训纲要》《公务员培训规定（试行）》等文件中，也都提出了加强公务员科学素质培训的要求。

在这一系列相关文件的指导与推动下，科学素质内容被列入各级各类干部和公务员培训教育计划中。中共中央党校、国家行政学院、井冈山干部学院、延安干部学院等干部培训机构，把科学素质教育培训列入教学计划，各级党校、行政学院、干部学院和社会主义学院也都分别举办过省部级、地厅级、县处级领导干部《科学素质纲要》专题培训班，系统学习领会《科学素质纲要》。中组部会同科技部、环保部、气象局等部门，针对县处级以上党政领导干部还举办过"矿产资源可持续利用"、"水土保持生态建设"、"发展循环农业，促进农业增长方式转变"、"增强自主创新能力"等专题培训。人社部和各省市区在公务员各类培训中也都列入了科学素质教育内容。

为提升领导干部和公务员群体的科学素质，从源头和机制上保证这支队伍具备较高的综合素质，中组部、人社部在公务员选拔录用、考核评价中强调了对科学素质的要求。例如，中组部起草的《关于建立干部学习培训考核和激励机制的意见》就将科学文化知识掌握的情况作为干部考核的重要内容；人社部在公务员录用考试中也加强了对科学素质的测查，在中央机关招考公务员公共科目笔试和面试中设计了定义判断、演绎推理、数量关系、资料分析、问题分析、措施应对、创新能力等内容，强化了科学素质测查在公务员录用考试中的导向作用。

除了利用培训教育、考核选拔等途径和手段促进领导干部和公务员群体不断提升科学素质之外，各部门各地区还利用各类科普教育活动促进领导干部和公务员群体学习现代科学技术知识和方法，了解科学技术的发展和作用，理解科学的思想和精神。例如，2007 年全国科普日北京主场活动就举办了领导干部和公务员专场；2009 年中组部机关开展了"节约能源资源、保护生态环境、保障安全健康"科普主题活动；中科院、社科院、工程院等单位为领导干部和公务员组织了院士专家科技讲座、科普报告和参观科研场所活动。各地区针对领导干部和公务员的科普活动更是多样化、重实效。例如，上海市开展了每月一次的公务员科学讲座活动，邀请科技专家为市区两级党政机关公务员举办科学讲座；山东省面向领导干部和基层群众举办了"齐鲁讲坛"，邀请科技专家进行科普讲座；北京市为公务员举办了科学素质大讲堂，组织了公务员科学素质竞赛；广东惠州市开通了干部网络大学堂，开设了200多门科学技术、业务知识课程①。

五、 社区居民的科学素质建设

《科学素质纲要》颁布实施以后，政府部门和各地区根据各项任务要求，积极推进面向各类公众群体的科学技术教育培训以及传播普及工作，促进了未成年人、农民、城镇劳动者、领导干部和公务员等重点人群科学素质的提升。2010年全国科学素质调查结果表明我国已经实现了《科学素质纲要》提出的近期目标。为了继续推进全民科学素质建设工作，2011年6月国务院办公厅印发《全民科学素质行动计划纲要实施方案（2011—2015年）》（以下简称《"十二五"实施方案》），在确定继续实施四大重点人群科学素质行动和四大基础建设工程外，又提出了"社区居民科学素质行动"、"科普人才建设工程"、"完善公民科学素质建设长效机制建设"等新的重点任务。

1. 社区居民科学素质行动的目标任务

"社区居民"是《"十二五"实施方案》新增的一个重点群体。社区居民实际上是因相同居住地而聚合成的一个公众群体，与未成年人、城镇劳动者群体在构成上存在一定交叉关系，但从公民科学素质建设工作的角度看，将这一群体纳入科学素质行动计划，有助于发挥社区组织和居民（社区居委会、民间组织、驻社区单位、企业及居民等）、社区科普设施和队伍的作用，有助于整合社区科普资源，健全社区科普网络，提升社区科普服务能力，为社区居民提供更加丰富、更加便捷的科普服务，促进社区居民形成科学、文明、健康的生活方式，从而将社区打造成一个公民科学素质提升的重要平台。

"社区居民科学素质行动"确定的目标任务主要包括：在社区广泛树立科学发展观，提高社区居民节约能源资源、保护生态环境、保障安全健康、促进创新创造的意识，发挥科学发展观在居民生活各方面的指导作用，促进建设资源节约型社会、环境友好型社会重大决策在社区的广泛宣传，推动社区居民形成科学文

---

① 全民科学素质纲要实施办公室，中国科普研究所.2010全民科学素质行动计划纲要年报——中国科普报告［M］.北京：科学普及出版社，2010：101—108.

明健康的生活方式；通过形式多样、内容丰富、群众喜闻乐见的科普活动，提升社区居民应用科学知识解决实际问题、改善生活质量、应对突发事件的能力，激发社区居民提高科学素质的主动性和积极性，显著提升社区居民科学素质；筑牢和谐社区建设的科学文化基础，围绕建设文明和谐的学习型社区，在社区居民中普及科学知识，倡导科学方法，树立科学思想，弘扬科学精神，引导社区居民自觉抵制反科学、伪科学、破除愚昧迷信，为社会主义和谐社会建设服务。

"社区居民科学素质行动"提出了增强社区居民科学发展意识、提升社区居民科学生活能力、提高社区居民应对突发事件的能力、完善社区科普服务功能等4项重点工作，工作内容涉及社区科普的方方面面。例如，组织文化、科技、卫生、法律等进社区的宣传活动；利用影视媒体和广播开展节约能源、安全生产、健康生活宣传活动；加强环境污染治理、应对气候变化、生态环境保护和日常环保行为养成的科普宣传；在全国科技周、科技竞赛等群众性科普活动中增加适合社区居民参与的活动和项目；组织科研单位面向公众展示最新的科技创新成果；组织专家深入社区开展心理健康、心理咨询和社会焦点热点解读活动；加大对食品安全、生产安全、灾害天气、突发灾难、避险自救的科普宣传力度；组织开展社区科普大讲堂；等等。

2. 近年来社区居民的科学素质建设

近年来，中国科协以及各级地方政府一直将社区科普作为一项重要的工作内容，依托城镇社区科普活动室、科普学校、科普画廊、青少年科技活动室等机构或设施，围绕卫生健康、食品安全、生态环保、低碳生活、民生科技等内容，面向城镇社区开展多种形式、丰富多样的社区科普活动，其形式有专家咨询、科普讲座、科普培训、科普展览、科普旅游、适宜技术进社区、科普教育进社区、知名专家进社区，等等。活跃的社区科普活动促进了城镇科普工作中心逐渐向社区下移，探索了城镇社区科普工作的新模式，并通过社区科普促进社区居民学习、了解、使用科学知识，对社区居民形成科学、文明、健康的生活方式产生了积极作用，同时也使社区成为城镇劳动人口科学素质行动的重要依托平台。

中国科协、财政部很早就开展了"全国科普示范社区"的命名工作，全国各地也将科普示范社区创建工作作为推进基层科普工作的一个重要抓手，积极开展科普示范社区创建工作，出台科普示范社区创建标准，健全社区科普网络，完善社区科普基础设施，活跃社区科普活动，提升社区科普效果。全国许多城市的街道社区通过科普示范社区创建工作，建立社区科普服务站、科普活动室、社区科普中心等，成立社区科学技术协会、社区科普志愿者队伍，组织科普兴趣小组、科普读书会、科普讲坛，开展科普进社区、科技专家进社区等活动，以"共驻、共建、共享、共创科普社区"为目标，调动社区各单位及居民共同参与各类科普活动，积极营造社区科普氛围。科普示范社区创建工作促进了社区科普形式的创新，调动了基层组织和居民的科普热情，推动了社区科普工作的开展。

《"十二五"实施方案》提出"社区居民科学素质行动"后，为了充分调动全社会深入基层、贴近实际、贴近生活、贴近群众开展科普工作的积极性和创造性，引领并激发广大群众学科学、用科学的积极性和创造性，中国科协、财政部于2012年联合实施了"基层科普行动计划"。该计划由"科普惠农兴村计划"和"社区科普益民计划"两个子计划构成。"科普惠农兴村计划"面向广大农村地区，通过评比、筛选、表彰有较强区域示范作用、辐射性强的农村专业技术协会、农村科普示范基地、农村科普带头人和少数民族科普工作队，带动农村地区的科普工作；"社区科普益民计划"则面向广大的城镇社区，通过评选、补助一批科普工作成绩突出、效果显著、居民认可、具有示范引领作用的国家级科普示范社区，着力提升居民科学文化素质。

"社区科普益民计划"以科普示范社区创建为抓手，有利于发挥全国科普示范社区的示范引领和辐射带动作用，推动社区科普工作开展，带动社区科普基础设施建设，引导社区科普活动广泛开展，加快社区科普队伍建设，提高社区科普工作能力，激发基层社区科普工作的积极性和居民科学素质提升的自主性，探索建立引导社会科普资源向社区聚集的长效机制。2012年、2013年中央财政资金分别安排1亿元用于社区科普益民计划，受到表彰的社区被授予"全国科普示范社区"称号，并由中央财政资金给予奖励和补助（每个社区20万元）。实施两年来已经成为颇有影响的一个项目，全国已有20多个省（自治区、直辖市）、80余个地级市和100余个县（市、区）设立"社区科普益民计划"，支持带动各级各类科普示范社区超过1万个，初步形成社区科普示范体系。

第九章　我国科技传播与普及资源和能力建设

科技传播与普及和公民科学素质之间是手段与目的的关系，科技传播与普及工作的重要目标之一就在于提升公民科学素质。科技传播与普及工作和公民科学素质建设构成相互促进的关系，公民科学素质建设需要科技传播与普及工作的支撑，加强公民科学素质建设也有助于推进科技传播与普及事业的全面发展。国务院 2005 年颁布的《中长期科技规划纲要》明确提出，要通过实施全民科学素质行动计划、加强国家科普能力建设、建立科普事业的良性运行机制，提高全民族科学文化素质、营造有利于科技创新的社会环境。国务院颁布实施《科学素质纲要》，标志着我国将公民科学素质建设工作纳入国家工作的大局，进入政府推动、全民参与的历史新时期①。提升全民科学素质成为我国建设创新型国家的一项重大举措，并推动我国科技传播与普及事业进入一个新的发展阶段。

一、　我国科技传播与普及资源和能力建设现状

一个国家的科技传播与普及能力集中体现在利用丰富的资源向公众提供科普产品和服务的综合实力②。科技传播与普及资源的基本状况及其丰富程度，影响科技传播与普及体系的系统潜力，而当这些资源服务于科技传播与普及工作、被用于科技传播与普及活动时，就转化为了科技传播与普及的实际能力。科技传播与普及资源是科技传播与普及能力的基础和载体，科技传播与普及资源建设和能力提升是科技传播与普及事业发展的基础工程。没有足够丰富和体系化的资源作为基础和支撑，科技传播与普及体系不可能拥有强大能力，也很难为全民科学素质建设提供强大推动力。随着我国《中长期科技规划纲要》和《科学素质纲要》的颁布实施，科技传播与普及资源和能力建设被提到国家战略的高度。

---

① 任福君. 加强科普资源建设，提高全民科学素质 [J]. 科技中国，2006（10）：46—47.
② 任福君，谢小军，等. 科普资源理论与实践研究报告 [R]. 中国科普研究所，2011.

1. 科技传播与普及资源概念及其构成

从广义角度理解，科技传播与普及资源指的是"服务于发展科普事业的政策环境、人力、财力、物力、科普组织机构、科普内容及信息等要素的总和"[①]。从一般意义上理解，科技传播与普及资源包括科技传播与普及事业以及科技传播与普及活动所需的内容资源、渠道资源、设施资源等。从狭义角度理解，科技传播与普及资源概念仅指科普活动、科普实践过程中所需的各种要素及组合资源[②]，包括为社会和公众提供科技传播与普及服务的内容、信息及承载这些内容和信息的产品、作品等。也可以在分层意义上理解科技传播与普及资源概念，将服务科普事业的政策环境、人力、财力、物力、科普组织机构等看作是宏观资源要素，将服务科普工作和科普活动的内容资源、渠道资源、设施资源看作是微观资源要素。

科技传播与普及资源包含多样化的要素形态，拥有复杂的构成体系，对科技传播与普及资源也存在多样化的分类方法。中国科普研究所近些年来组织过关于科普资源的系列研究，例如"科普资源建设的理论与实践研究"、"科普资源开发与建设研究"、"国家科普资源公共服务体系建设"、"我国科普资源调查"等。任福君曾将科普资源概括为科普能力资源和科普内容或产品资源两大类。其中，科普能力资源主要包括政策环境、人力、财力、物力、组织和媒介等，是科普事业发展的基础条件；科普内容或产品资源主要包括场馆与基地类、传媒与信息类、活动类科普资源[①]。

依据这种基本理解，"我国科普资源调查"课题组提出了图9-1所示的科普资源的概念框架及相互关系。科普资源包括科普能力资源、产品资源、活动资源三大类。其中，能力资源是科普事业发展的基础条件，包括政策、人力、财力、物力、媒介等支撑性条件；产品资源包括承载科普内容的各种载体形式（产品和作品）；活动资源则包括各种服务科技教育、传播、普及工作的各类实践活动。

中国科普研究所发布的科普蓝皮书《中国科普基础设施发展报告（2009）》曾提出另一个科普资源分类方法。该方法将科普资源分为制度类、投入类、产品类、设施类、活动类、信息类、媒体类7大类，详见图9-2科普资源结构分类。

---

① 任福君. 关于科普资源研究的思考 [C] // 任福君. 中国科普理论与实践探索——2008《全民科学素质行动计划纲要》论坛暨第十五届全国科普理论研讨会文集. 北京：科学普及出版社，2008.

② 尹霖，张平淡. 科普资源的概念和内涵 [J]. 科普研究，2007（5）：34—41.

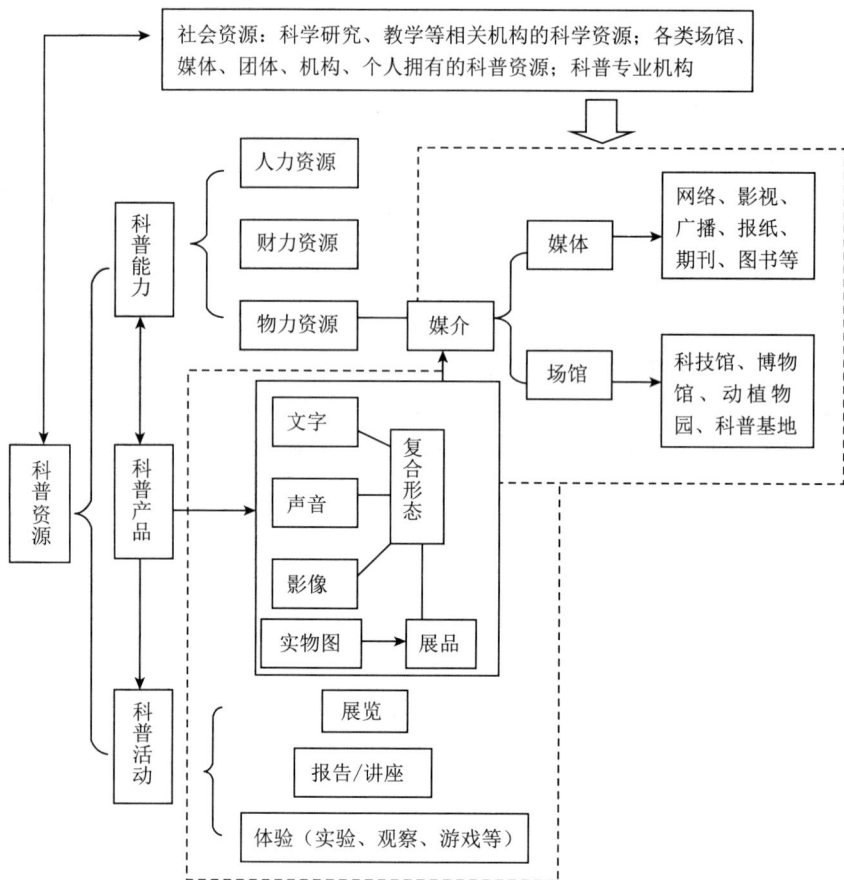

说明：——表示相关关系，——▶表示包容或提供关系，◀—▶表示相互转化关系，{表示组合关系

图 9 - 1　科普资源的概念框架及相互关系①

从推进当代科技传播与普及事业的角度看，科技传播与普及资源包括科技传播与普及内容与载体资源、传播渠道资源、保障条件资源三大基本类别。其中，科普内容与载体资源是呈现在科普工作、科普实践、科普活动中的科学技术内容要素以及表达和承载这些内容的作品或产品要素等；传播渠道资源包括被用来传播普及科学技术内容的各种渠道及媒介要素；保障条件资源则包括政策环境、人力、财力、物力（如各种科普基础设施资源等）等各种基础性的支撑要素。这几大类资源共同构成当代科技传播与普及的资源体系。

① 任福君，郑念，等. 科普资源调查总报告［R］. 中国科普研究所，2007；郑念. 科普资源开发的几个理论问题［N］. 大众科技报，2010 - 08 - 10.

从提升科技传播与普及能力的角度看，内容资源、渠道资源、设施资源和科技传播与普及能力的关系更为直接，特别是以下这几类资源要素对提升科技传播与普及能力起着基础性作用：①面向公众开放的各类科普场馆、设施和基地；②用来展览展示科学技术内容的科普展览及其展品；③公众可以参与的各类科学探究或体验性活动项目；④大众媒体、互联网、出版机构面向公众传播普及科学技术知识和信息的各类作品；⑤各种传播普及科学技术内容的数字化、电子音像类资源；⑥面向公众组织开展的科普报告、科技讲座等各类活动；⑦以文字、图像等形式解说科普内容的科普图片/挂图；等等。

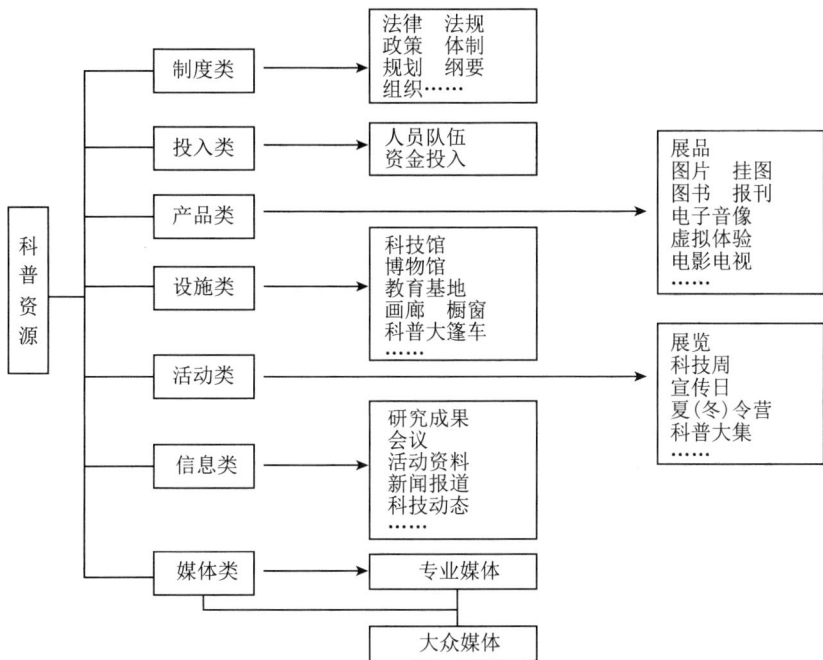

图 9－2　科普资源结构分类①

2. 我国科技传播与普及资源建设现状

科技传播与普及资源概念、构成、分类问题是一个亟待研究的理论课题，科技传播与普及资源建设问题则是一个亟待研究的实践课题。对于科技传播与普及资源建设问题，我们需要系统分析当代经济社会、科学技术、科技传播与普及事业发展提出的资源需求，全面评估现有资源的数量规模、结构分布、质量水平，

---

① 任福君. 中国科普基础设施发展报告（2009）［M］. 北京：社会科学文献出版社，2010：61.

考察资源的数量规模能否满足科技传播与普及工作的需要，科普资源要素在不同地区、学科等方面的分布是否均衡，整体的质量水平能否有助于促进公众科学素质的提升，从而为制定科普资源建设规划、加强资源体系建设、建立资源建设的有效机制提供依据[①]。

就我国目前总体情况看，科技传播与普及资源建设还存在诸多亟待解决的结构性问题，资源建设状况还不能很好地满足社会发展的需要，资源开发、建设、共享的整体水平还不是很高。据中国科协科普部和中国科普研究所的调查，我国科普资源虽然总体上呈现出量大、种类丰富的特点，但由于我国地广人多的国情，总量显得相对不足，结构显得不够合理，优秀原创资源较少，科普资源建设还不能很好地满足公众的需求；科普资源在分布上也呈现一种"倒金字塔"结构，首都、省会城市科普资源最多最丰富，越到基层，科普资源越少，相当多的基层科协缺乏足够数量的科普资源。例如，全国拥有科普宣传栏（画廊）近16万个，但西部70%的宣传栏（画廊）由于缺乏挂图而不能定期更新，许多基层科普场馆（所）由于缺乏足够数量的展品临展而处于闲置状态；而且现有的大量科普产品资源（例如各种展品）内容陈旧、模式单一，不能很好地激发公众的兴趣，产品创新受到经费短缺、人才匮乏的直接制约[②]。

在科技传播与普及宏观资源方面，我国当前的资源状况总体上较好，尤其是在科普政策环境方面，无论是与其他国家相比，还是与我国过去相比，我国目前都拥有最好的政策环境。党和国家重视科技传播与普及事业，近20年来先后出台了《关于加强科学技术普及工作的若干意见》《科普法》《科学素质纲要》等一系列法规和政策文件，党和国家领导人在科学技术大会、两院院士大会等重要会议上也多次强调科普工作的重要性；科技部、中国科协、中科院等相关部门和单位以及各级地方政府也都重视科学普及工作，并将科普工作纳入本部门、本单位、本地区的工作计划。但人力资源、组织资源、财力资源还不能很好地满足科普工作的实际需要。科普队伍近些年来在数量规模方面有了较大增长，但相对于科普事业的蓬勃发展和社会的广泛需求而言，数量规模仍然不足，管理、策划、创作、设计人才还没有形成合理体系，优秀创作与设计人才还相当缺乏。组

① 任福君，郑念，等．中国科普资源报告（第一辑）[M]．北京：中国科学技术出版社，2012：10；任福君，等．中国科普基础设施发展报告（2012—2013）[M]．北京：中国科学技术出版社，2013：6；全民科学素质纲要实施办公室，中国科普研究所．2012全民科学素质行动计划纲要年报——中国科普报告 [M]．北京：科学普及出版社，2013：4；郑念，任福君，等．科普监测评估理论与实务 [M]．北京：中国科学技术出版社，2013：12．

② 任福君，谢小军，等．科普资源理论与实践研究报告 [R]．中国科普研究所，2011．

织机构发展也不平衡，科协系统建立了覆盖全国的科普组织体系，国内也出现了一些热心于科普的非政府组织和民间团体（如"科学松鼠会"等），但拥有大量科普资源的高等院校、科研机构、科技型企业还没有成为科普的生力军，民间组织和团体的成长机制还不甚完善。近些年来的科普经费投入不断增长，但面对规模巨大的公众群体、面对幅员辽阔的国土，经费投入总体上仍然不足，而且地区之间差别巨大。经济比较发达和科普工作受到重视的地区，科普经费相对充足；经济欠发达地区的科普经费则比较缺乏，部分县（区）人均年科普经费还不到0.1元。

在科普内容、作品、产品、渠道等各类微观资源方面，结构性、不平衡问题同样存在。例如，科普内容和媒介资源尽管具有数量大、分布广、种类多的特征，但总体质量水平不高，高水平科普作品和创新型资源产品开发严重不足，特别是科普公共产品的有效供给严重不足，科普内容资源在地区分布、学科分布上也极不平衡，资源配置上存在着城乡之间、人群之间严重失衡。现有资源往往集中于经济发达地区和科技资源富集地区，集中于基础学科和发展迅速的技术领域，集中于知识普及的层面。受到公众广泛欢迎和喜爱的科普作品数量不足，能促进公众理解科学的作品数量不足。再加上我国条块分割现象依然存在，资源开发重复建设问题严重，资源集成和共享程度不够，许多科普资源的开发都是出于某项活动的临时需要，重复利用率较低[1]。

我国目前科普资源建设存在的深层次问题是理念上的相对落后和机制上的不完善。国家和政府重视科普工作，科普事业取得巨大进步，但科普基础理论研究比较缺乏，科普事业发展模式和科普工作模式仍然带有比较明显的经验化特征，相对忽视科普工作的全面化发展和科普资源的体系化建设，对科普资源的作用机制及资源开发建设认识不足，对科普工作社会化的机制建设力度不够，拥有丰富科技资源的高等院校、科研院所、科技企业参与科普工作和科普资源建设的积极性没有得到有效调动，许多可通过改造用于科普工作的场所、设备资源还没有更好地转化为科普资源。这些问题已经成为制约科普工作发展的瓶颈之一[2]，不仅直接制约了科普社会合力的形成，而且直接影响到资源要素的创新和水平的提升。

① 任福君. 加强科普资源建设，提高全民科学素质 [J]. 科技中国，2006（10）：46—47.
② 任福君. 关于科普资源研究的思考 [C] // 任福君. 中国科普理论与实践探索——2008《全民科学素质行动计划纲要》论坛暨第十五届全国科普理论研讨会文集. 北京：科学普及出版社，2008.

3. 我国科技传播与普及能力建设的目标任务

科技传播与普及资源建设和能力建设关系密切。宏观科普资源涉及科普事业的整体保障能力，微观科普资源要素与科普能力之间则属于"一体两面"，其基本状况及丰富程度决定科技传播与普及体系的基本潜力。近年来，科普能力建设引起政府和社会的关注与重视。国务院发布实施的《中长期科技规划纲要》明确提出加强国家科普能力建设、建立科普事业的良性运行机制。《科学素质纲要》提出科学教育与培训基础工程、科普资源开发与共享工程、大众传媒科技传播能力建设工程、科普基础设施工程"四大基础工程"也与科普资源建设、能力建设密切相关。这两个"纲要"颁布实施后，科技部、中宣部、国家发改委、教育部、财政部、中国科协等8部委于2007年联合发布了《关于加强国家科普能力建设的若干意见》（以下简称《科普能力建设的若干意见》），专门就科普能力建设工作做出全面部署。

《科普能力建设的若干意见》认为，国家科普能力表现为一个国家向公众提供科普产品和服务的综合实力，主要包括科普创作、科技传播渠道、科学教育体系、科普工作社会组织网络、科普人才队伍以及政府科普工作宏观管理等方面。国家科普能力建设是建设创新型国家的一项重大基础性、战略性任务，也是政府推进科普工作的重要着力点。随着我国创新型国家战略目标的提出，公众的科普需求大幅增加，提升公众科学素质的任务更加艰巨，科普能力建设薄弱的问题更加突出。目前，我国高水平的原创性科普作品比较匮乏，科普基础设施不足、运行比较困难，科普队伍和科普组织不够健全和稳定，科学教育、大众传媒等教育和传播体系不够完善，高水平的科普人才缺乏，政府推动和引导科普事业发展的政策和措施也有待加强。

基于对科普能力建设重要性的认识以及我国科普能力建设中存在的问题，《科普能力建设的若干意见》指出，新时期国家科普能力建设的目标是，围绕增强自主创新能力、建设创新型国家、构建社会主义和谐社会的实际需求，立足现有基础，坚持政府引导与全社会参与、公益性与市场机制相结合的原则，形成一个比较完备的公众科学教育和传播体系，创作出一批适合不同人群需要的优秀科普作品，造就一支高素质的专兼职科普人才队伍，构建一个有效运行的科普工作组织网络，建设一批功能健全的科普基础设施和科普教育基地，营造一个激励全社会广泛参与科普事业发展的社会环境，推动我国科普能力不断增强，促进公民科学素质不断提高。

《科普能力建设的若干意见》除了强调加强对科普工作的领导和协调、加大科普投入、完善科普奖励政策、加强国家科普基地建设、建立国家科普能力建设监测和评估体系、加强科普理论研究、加强科普资源共享等保障措施外，还详细提出了"十一五"期间国家科普能力建设的主要任务，包括以下 6 项。

（1）繁荣科普创作，大力提高我国科普作品的原创能力

针对新时期公众需求和欣赏习惯的变化，结合现代科技发展的新成就和新趋势，引导文学、艺术、教育、传媒等社会各方面的力量积极投身科普创作，鼓励科研人员将科研成果转化为科普作品，推动科普作品创作工作，鼓励原创性优秀科普作品不断涌现；把科普展品和教具的设计制作与研究开发作为科普作品创作的重要内容，针对科普场所建设和中小学校科技教育的现状及需求，重点开展科普展品和教具的基础性、原创性研究开发，鼓励和引导一批科研机构、大学、企业等社会力量积极开展科普展品和教具的设计和研究开发工作。

（2）加强公众科技传播体系和科普基础设施建设，建立更加广泛的科技传播渠道

加大大众媒体的科技传播力度，发挥网络等新兴媒体的科技传播作用，打造大众媒体精品科普栏目，扶持一批富有特色、高水平的科普网站或栏目，推出一批科普影视作品、精品专题栏目和动漫作品，满足广大公众不同层次和形式的需求；推进科普场馆建设，通过新建、改建和扩建等方式，建设一批布局合理、管理科学、运行规范、符合需求的科普场馆，鼓励企业、社会团体和非营利组织等社会力量建设专业科普场馆，同时推动科研机构、大学建立定期向公众开放的制度，开展科普活动；强化包括农村专业化科普设施和城市社区科普设施在内的基层科普场所建设，通过设立科普活动场所，举办科普讲座、展览、培训、竞赛等多种活动，满足人们的科普需求。

（3）完善中小学科学教育体系，提高科学教育水平

促进中小学科学课程的改革与发展，提高科学课程教育质量，推进以科学探究为核心的科学教育改革；加强中小学科学教育基础设施建设，建立健全科学教育实验室，体现"以科学探究为核心"的科学教育理念，进一步培养中小学生对科学的兴趣，提高其操作和动手能力，形成爱科学、学科学、用科学的良好习惯；加强现有青少年宫、儿童活动中心等未成年人校外活动场所的科普教育功能，推动中小学校与就近的高等学校、科研院所、科技场馆建立相对稳定的联系，充分利用校外的科学教育资源，积极开展多种形式的未成年人科普活动和课外科技活动。

（4）完善政府与社会的沟通机制，促进公众理解科学

加强国家科技计划项目的科普工作，注重对国家科技计划项目科普资源的开

发，面向广大公众传播与扩散科技成果；建立通畅的沟通渠道，逐步建立听证制度，听取公众对研究制订科技规划和政策的意见和建议，扩大公众对重大科技决策的知情权和参与能力，建立公众参与政府科技决策的有效机制，提高决策透明度；建立和完善科技信息发布机制，在国家重大工程项目、科技计划项目和重大科技专项实施过程中，逐步建立健全面向公众的科技信息发布机制，让社会公众及时了解、掌握有关科技知识和信息。

（5）加强示范引导，提高科普工作的社会动员能力

动员社会各界力量，搭建群众性、社会性、经常性的科普活动平台，继续集中开展一系列全国性的重大科普活动，为广大公众参与科普活动创造条件；建立科普活动集中宣传机制，突出重点，强化特色，确保实效，形成地方和部门联动、集中性和经常性活动相结合的长效机制；调动行业、企业等社会力量的积极性，挖掘行业、企业的科普资源，开展体现行业、企业特色的专题性、系列性科普活动，建设一批具有鲜明特色的科普教育基地，发展行业、企业基层科普组织，形成一支高水平的行业、企业科普队伍，鼓励企业、国家高新技术产业开发区向社会开放，面向公众开展形式多样的科普活动。

（6）采用专兼职相结合的方式，建设高素质的科普人才队伍

壮大由科技工作者、科学课程教师、科普创作人员、大众传媒的科技记者和编辑、科普场馆的展览设计制作人员、科普活动的策划和经营管理人员、科普理论研究工作者等组成的科普人才队伍，开展面向科普工作管理人员、科技场馆展览设计人员、科技记者和编辑、科普导游、科普讲解员的培训，提高科技传播队伍的科学素质和专业化水平；在高校设立科技传播专业方向，跨学科培养一批科技传播、科普创作和理论研究的创新型人才；积极倡导广大科技人员投身科普事业，同时加强科普志愿者队伍建设，组织老专家、老教授参与科学教育和科技传播工作，发展城市社区、乡村科普志愿者队伍，动员大学生通过暑期社会实践和支农支边支教活动，深入农村和西部地区开展科普宣传活动。

《科普能力建设的若干意见》强调了国家科普能力建设的重要性，指明了国家科普能力建设的基本方向，在内容上涵盖了科普内容资源、渠道资源、设施资源建设等多个重要方面，涉及国家科普能力建设的一系列核心工作，对今后和未来国家科普能力建设具有指导意义，对我国科普资源建设和能力建设将产生重要的促进作用。

二、 我国科技传播与普及内容资源建设

科普内容资源建设的基本任务是为科技传播与普及工作提供适宜的内容以及用来承载和传达这些内容的媒介和载体；核心是在确定科技传播与普及内容后，利用适当的表达手段和工具，创作制作相应的作品和产品。科普作品和产品可能是印刷作品、音像制品、影视作品、动漫作品、数字化产品，也可以是实物、标本、模型、装置、挂图等。科普内容资源建设在科普资源体系建设中居于相当基础的地位，没有科普内容的确定和内容表达载体的制作，任何科普活动、科普实践过程都将无法进行。《科学素质纲要》提出的"科普资源开发与共享工程"，目的就是通过实施科普资源开发与共享工程，加快我国科普内容资源建设的步伐。

1. 我国科技传播与普及内容资源建设的现状

当代科学技术拥有一个庞大的知识体系，包括数千个重要的学科分支，包含科学知识、科学方法、科学思想、科学精神等不同层次的内容要素。随着科学技术在社会生产与生活各领域的应用，围绕科学技术的应用、科学技术与社会的关系也产生了多方面的复杂问题。从理论上说，科学技术的这些内容要素都可以成为科技传播与普及的内容；但从现实的角度看，科普实践又需要根据公众群体的具体需要进行适当的内容选择，并利用适当的方式方法和技术手段创作科普作品、制作科普产品。

科普作品和科普产品具有多样化的特征。一般而言，凡是用以承载、表达、呈现、传送科技传播与普及内容、服务科技传播与普及工作、发挥科技传播与普及作用、拥有提升公民科学素质功能的作品和产品，都属于科普作品和科普产品的范围。例如，宣传、普及、传播、使用通俗化方法解释科技知识和原理、科学方法和思想、科学精神和科学技术作用的作品或产品，用于提高公众科学素质的宣传、培训作品或产品，用于专题（如节能减排、生态环保、卫生健康及航天、纳米等科技领域等）科普宣传、科普活动的作品或产品，解释、宣传科学与公众、科学技术与社会发展关系的作品或产品，宣传我国科学技术发展、科学技术普及工作、公民科学素质建设相关法律、政策、法规的作品或产品等[①]。

---

① 任福君. 关于科普资源研究的思考 [C] // 任福君. 中国科普理论与实践探索——2008《全民科学素质行动计划纲要》论坛暨第十五届全国科普理论研讨会文集. 北京：科学普及出版社，2008；任福君. 加强科普资源建设，提高全民科学素质 [J]. 科技中国，2006（10）：46~47；任福君，郑念，等. 科普资源调查总报告 [R]. 中国科普研究所，2007；郑念. 科普资源建设的基础理论研究报告 [R]. 中国科普研究所，2007.

在科普内容资源建设中，科普作品的创作、科普产品的开发、科普资源建设激励机制（特别是促进科普资源共建共享的激励机制）建设是 3 个核心问题。需要通过建立和完善相应的激励机制和促进措施，调动社会各界积极参与并支持科普内容资源建设工作，充分发挥既有作品、产品资源的科普功能，促进科普作品、产品的开发、设计、制作，丰富科普作品、产品的数量和种类，提升科普作品、产品的质量和水平，整合、集成现有的科普作品、产品资源，促进科普内容资源的共建共享，提高科普作品、产品资源要素的利用率。

科普内容资源的建设一方面需要解决数量种类的问题，另一方面要解决质量水平的问题。没有足够数量、种类丰富的科普作品和产品，科学技术的丰富内容就无法在社会中得到充分广泛的传播普及。科普作品和产品没有足够好的质量水平，就难以形成较强的吸引力和影响力，取得更好的传播普及效果。科普内容资源的质量水平取决于"内外"两个方面："外"的方面保证作品和产品制作精良，有较强的可观赏性，优秀的科普文学作品能吸引读者、有较强的可读性，优秀的影视作品要吸引观众、有较强的可视性；"内"的方面则要保证有较强的教育性、启发性和提升性，能够更好地促进公众学习和获取知识、理解和认识科学。

为了加强科普内容资源建设，激励科普内容资源研发的创新，增加科普内容资源的数量，丰富科普内容资源的种类，提高科普作品和产品的质量水平，社会需要建立和完善激励科普作品和产品创作研发、整合集成、共建共享的机制，吸引社会各界专业人士积极参与科普创作和研发工作，调动科普创作人员创作科普作品的积极性，提高各类科技专家参与科普产品研发的热情，促进科普组织和科技机构共建共享科普资源。激励机制建设对科普内容资源建设具有相当重要的作用，可以为科普内容资源建设工作提供内在的动力和活力。

经过科普工作的长期积累，科普作品和产品资源在我国已经达到了一定的规模数量，科普工作者创作了相当数量的科普作品，科普机构也开发了相当数量的科普产品，涌现了不少受到公众喜爱和欢迎的作品和产品。但从总体上看，我国科普内容资源建设仍然在科普资源体系建设中属于相当薄弱的环节，存在许多亟待解决的问题——数量规模仍然不足，资源有效供给不足，质量水平有待提高，许多科普作品和产品表现手法陈旧单一，甚至是低水平重复制作，对科普受众的吸引力不大，难以引发公众的强烈兴趣，总体上还不能很好地满足科普工作快速发展的需要和公众日益增长的科普需求。这已成为制约我国科普事业发展的瓶颈问题之一。

长期以来，我国科普作品的创作比较依赖科普工作者的个人爱好，科普产品的研发更多依赖临时科普工作的促动，比较缺乏基于需求分析之上的系统规划和计划，呈现出比较随机和零散的特点，还没有形成良好的社会机制和制度保障。科普作品创作和科普产品研发的社会激励机制目前并没有完善地建立起来。尽管在科协系统内外设立了科普作品与产品的评奖、评比、评选活动，但对繁荣科普创作的支持力度和持久效应仍然相当有限，也导致科普创作队伍难以持续稳定地发展、优秀人才队伍难于形成规模。而科普创作和研发队伍数量和水平的不足，又导致科普内容资源创新活力的缺乏，许多作品和产品理念上比较陈旧、手法上比较传统，缺乏对现代技术手段和表现形式的运用，不能很好地适应公众的知识学习和阅读习惯以及信息获取和接受方式方面发生的巨大变化。

对科普资源创作研发的激励措施不到位，再加上科普资源建设中的条块分割问题，导致高水平资源创新和资源共建共享缺乏动力，许多科普机构之间的内容资源建设低水平简单重复，科技机构丰富的科技资源难以转化为科普资源产品。因此，我国科普资源建设需要加强激励机制建设，加强科普创作与研发人才队伍建设，提升科普创作与研发人员的理念和水平，提高我国科普作品创作和产品研发的原创能力；需要完善科普资源的共建共享机制，鼓励和吸引更多社会力量参与科普资源开发，充分利用现有的科技资源、科技企业资源，促进科普资源在不同机构、组织之间的共享。

2. "科普资源开发与共享工程"及其实施成效

正是针对我国科普公共产品的有效供给不足、质量水平不高以及共建共享方面存在的问题，全民科学素质行动计划提出了"科普资源开发与共享工程"。目标是通过建立和完善激励机制，引导、鼓励和支持科普产品和信息资源的开发，促进原创性科普作品的创作，促进科普创作整体水平的提高，创作出一批紧扣时代发展脉搏、适应市场需求、公众喜闻乐见的优秀作品；同时，鼓励并吸引更多社会力量参与科普资源的开发，建立科学技术研究与开发成果及时转化为科学教育、传播与普及资源的机制，推动科普、科技、教育、传媒界的有效合作，建立全国科普信息资源共享和交流平台，集成国内外科普信息资源，扩大科普信息资源的共享范围，推进科普资源共建共享机制建设，为社会和公众提供更多的资源支持和更好的科普服务，为公民科学素质建设提供更强的资源支撑。

2006 年年底，中国科协、科技部会同教育部、农业部、广电总局、中科院、工程院、自然科学基金委等共同研究制定了《科普资源开发与共享工程实施方案》，提出了实施科普资源开发与共享工程的任务和目标。经过"十一五"以来的实施，"科普资源开发与共享工程"取得了明显进展和成效，推动了科普内容资源开发建设工作，科普内容资源开发质量和水平有所提高。相关部门和各地区也探索了科普内容资源共建共享机制建设，建立了一些重要的资源共建共享服务平台，促使我国科普内容资源开发建设开始迈上规范化、制度化、社会化的发展轨道。

首先，提出了科普资源建设中的一些重要规范和要求。2007 年，中国科协颁布《科普资源质量与规格要求》，对较为常用的图片、挂图、平面展览、图书、音像制品、动漫作品、讲座、展品、活动资源包等提出了质量及规格要求。为引导社会力量参与科普资源建设，统筹指导各部门、各地区的科普资源建设工作，中国科协在 2007—2010 年连续 4 年发布《科普资源开发指南》，明确了科普资源开发的基本原则、内容形式、支持方式，提出资源开发要有利于数字化、体现特色、鼓励创新、注重共享、服务民生、尊重和保护知识产权、结合四大人群的需求和国家的大政方针以及《科学素质纲要》年度工作主题和社会重大事件等要求，同时也探索了资助、表彰、收购、征集、定向委托以及计划指导等支持资源建设的方式和手段①。

其次，探索了繁荣科普创作的激励机制。科普作品创作和产品研发是科普内容资源建设的基础，激发社会各方的积极性是科普内容资源建设的关键。为了激发社会力量参与科普的热情，培育一批优秀科普创作者、科普创作团队、科普创作基地，中国科协近年来实施了繁荣科普创作资助计划，资助科普图书、影视、动漫、展教品、主题展览、科技创新成果科普素材等创作成果。仅在 2009—2011 年，该项计划累计投入就达数百万元。经国家科学技术奖励工作办公室批准，中国科协还于 2008 年设立了"中国科普作家协会优秀科普作品奖"，在全国范围内评选奖励优秀科普作品。中国科普作家协会在 2007 年还开展了"科普作品网络推介"活动，展示优秀科普作品，引导优秀作品创作。许多省市科协也开展了类似的工作。

再次，推进了科普资源的集成整合。从"十一五"期间开始，中国科协积极引导科普产品和信息资源的开发集成，利用已有的科普资源素材集成开发了一大批科普挂图、图书、音像等科普资源。利用互联网技术，加强数字资源建设，也成为近些年来科普资源开发、集成、共享的突出亮点之一。网络科普是互联网时代科技传播与普及的重要途径和平台，加强网络科普资源建设有利于推动科普内容资源的数字化和现有资源的集成整合。目前，我国已由政府投入、科协牵头建成了"中国数字科技馆"，汇集了极为丰富的图片、动漫、音像、报告、展品

---

① 全民科学素质纲要实施办公室，中国科普研究所. 全民科学素质行动发展报告（2006—2010）[M]. 北京：科学普及出版社，2011.

等数字化科普资源。

最后，强化了科普资源共享的机制和服务平台建设。2008 年，中国科协设立"中国科协科普资源共建共享工作办公室"，制定了《中国科协科普资源共建共享工作方案（2008—2010 年）》，提出要建设科普出版物配送服务平台、广播电视科普节目服务平台、科普活动服务平台、科普展览资源共享服务平台、互联网科普服务平台等 5 个科普资源共建共享服务平台。经过近几年来的不断推进，已经基本上建立了一个覆盖广泛的科普资源物流网络系统，能够便捷快速地将各类科普资源送达基层。广播电视科普节目服务平台、科普活动服务平台、科普展览资源共享服务平台、互联网科普服务平台也取得重要进展，在服务科普工作方面发挥了重要作用。

在科普出版物配送服务平台建设方面，中国科协系统建立了科普出版资源物流网，构建了科普资源配送服务体系，各地区的配送模式也日趋成熟，科普出版物配送服务覆盖面日益扩大。例如，中国科协系统的科普资源物流网在 2008 年当年向县级科协及基层组织配送的科普挂图就达到 210 万张。

在广播电视科普节目服务平台建设方面，我国已经逐步搭建了一个全国电视科普宣传的播出平台。中国科协声像中心从 2004 年就开始组织制作《科普大篷车》电视科普栏目，免费提供给各省、地、市、县电视台播放。截至 2010 年，《科普大篷车》电视节目已在全国 2000 余家电视台播出。

在科普活动服务平台建设方面，中国科协系统通过开发集成科普活动资源包，进一步提升了科普活动服务能力，也为基层科协开展科普活动提供了资源服务。近年来，科普活动服务平台依托全国科技周和全国科普日等大型科普活动开展形式多样的科普服务，中国科协青少年科技中心等机构集成开发了几百种科普活动资源包，为基层科协组织开展科普活动提供了丰富资源。

在科普展览资源共享服务平台建设方面，中国科协自 2006 年就启动了"中小科技馆支援计划"，在全国几十家中小科技馆举办科普巡展，极大地丰富了地方中小科技馆的展教内容。中国科协和中国科技馆等也集成开发了数十个科普展览，在全国各地巡展，中国科技馆仅在 2010 年一年就制作了 10 套展览。山东省也于 2010 年启动了"流动科技馆县县通工程"，计划用 5 年时间在全省 140 个县（市、区）建立流动科普展览平台。

在互联网科普服务平台建设方面，以"中国数字科技馆"为核心、以"中国公众科技网"和"网络科普联盟"为主体的公共网络服务平台也已经初步建成。其中，"中国数字科技馆"包括有 90 个不同学科和专业领域的专题馆，图片超过 10 万张、专题展览超过 200 个、虚拟科学体验区 40 余个。此外，还有丰富的动漫作品、音像制品资源，已经成为我国科普素材的网络宝库。"中国公众科技网"、"网络科普联盟"目前也已经在网民中产生了广泛的影响。

在科普资源开发与共享工程的推动下，全国各地区也都强化了科普资源建设工作。湖北、湖南、山东等省市相关部门制定了相应的工作方案、规划或计划，江西、山西、广东等省科协也成立了科普资源研发、配送中心。江西省的科普资源中心还与高等学校、科研院所共同建立了 7 个科普资源开发基地；山西省也对大专院校、科研院所的各类科技资源进行统筹整合，实现了资源和信息共享，服务面向公众的科学教育活动。

3. 科普内容资源建设中的几个重要问题

在"科普资源开发与共享工程"的推动下，我国科普内容资源建设工作受到各部门和各地区的重视。各部门和各地区采取了一些推进措施，促进科普资源的开发、整合、集成，强化科普资源服务平台建设；同时也强化了激励科普资源开发以及科普资源共建共享的机制建设，为科普工作提供了重要支撑，制度化、规范化、社会化的建设模式初步显现出来。但到目前为止，科普资源匮乏的问题还没有得到彻底的解决，科普资源建设工作仍然任重道远，特别是在提高科普原创力、科技资源科普化、产业化推进措施等方面需要采取进一步的措施，提升科普资源建设工作水平，提高科普资源质量水平，更好地满足社会和公众日益增长的科普需求。

提高科普作品和科普产品的原创能力是资源建设中的核心问题之一，需要通过激励机制建设、人才队伍培养，调动社会各界参与科普资源建设的热情，鼓励和扶持大批科普工作者和科技人员，培育和壮大更多科普创作团队和基地，创作更多的优秀科普作品，研发更多公众喜闻乐见的科普产品。提高科普作品和科普产品原创能力是一项复杂的系统工程，既需要激励机制的建设和鼓励政策的引导，鼓励科普创作和研发人员深入发掘公众当前的和潜在的科普需求，也需要创作和研发人员自身不断提升创作理念，掌握更多创新方法，创作出更多受公众喜爱的作品，设计出更多受公众欢迎的产品。

科技资源科普化目前已经受到了社会的关注与重视，任福君等学者近些年来从多个方面对科技资源科普化问题进行了研究①。从理论上说，所有的科普资源最终都来源于科技资源的转化；从实践上看，现有丰富的科技资源还没有很好地转化为科普资源。因此，科技资源科普化是我国科普资源建设中的一个亟待解决的问题，也是推动未来科普资源建设工作的一个重要动力。事实上，科技资源可以通过多个途径转化为科普资源，例如，丰富的科研成果可以转化为科普内容信

---

① 任福君，谢小军. 应高度重视科普资源建设 [N]. 学习时报，2010 - 10 - 09；任福君. 关于科技资源科普化的思考 [J]. 科普研究，2009（3）：60—65.

息资源，闲置的科研设备可以转化为科普展品资源，科技成果展览可以转化为科普展览资源，科研基地可以通过向社会开放成为科普教育基地，科技研究人员也可以通过参与科普活动成为科普人力资源的重要组成部分①。

除推进科普作品产品创作研发、科技资源科普化之外，科普资源建设的另一个重要动力来自于科普产业的发展②。科普产业问题近年来已成为科普界热议的话题之一。所谓科普产业实际上是以提供科普产品和科普服务为基本业务的产业，业务范围包括科普教育、咨询、培训、旅游、休闲、娱乐等多个方面。发展科普产业有利于利用市场机制和市场手段，促进科普作品创新和产品研发，为公众提供更多科普服务，满足社会多元化的科普需求，也有助于弥补国家公益科普行为的不足。

针对社会科普资源分散于不同的机构和组织、相当多的资源利用率不高的问题，完善和推进共建共享机制建设也是科普资源建设工作中的一项重要工作内容。所谓科普资源的共建共享，指的是科普资源不同主体之间合作开发科普资源、共享资源建设成果。科普资源共建共享有助于不同资源主体之间整合集成现有资源要素，发挥各自的资源优势，形成资源开发上的合作协同，从而实现双方或多方的共赢；也有助于提高科普资源的利用效率，降低资源开发成本，提高科普公共服务水平。目前，在社会各方普遍缺乏共享意愿的背景下，科普资源的共建共享需要强化动力机制建设，鼓励和支持共建共享模式的多样化探索，同时积极搭建方便各类主体沟通信息的服务平台，为科普资源共建共享提供完善的服务。

三、 我国科技传播与普及渠道资源建设

当代科技传播与普及的基本渠道包括科学技术教育、媒体科技传播、科普基础设施传播、群众性科普活动等。《科学素质纲要》在决定实施"科普资源开发与共享工程"、加强科普资源建设的同时，还提出"科学教育与培训基础工程"、"大众传媒科技传播能力建设工程"、"科普基础设施工程"。这3个"工程"都和科技传播与普及渠道资源建设相关，可以为科技传播与普及渠道提供强有力的渠道支撑，从而提高科技传播与普及渠道的传播能力，使科学技术能够更加通畅地通过这些渠道传送给公众群体，最大限度地实现科技传播与普及的公平普惠，

---

① 事实上，在我国不仅存在着科技资源科普化的问题，而且也存在着产业资源、企业资源科普化等类似问题。

② 关于发展我国科普产业的问题讨论，参见本书第十章。

促进全民科学素质的有效提升。

1. "科学教育与培训基础工程"及其实施成效

国内外科学素质研究证明，科学技术教育是公民科学素质建设的主阵地和主渠道，对公众科学素质水平有直接的影响，受教育程度越高的公众群体具备科学素质的比例越高。科学技术教育拥有鲜明的特点和优势，利用集中的时间和系统的传授，帮助学生获得相对系统的知识和方法，增长学生运用知识的技能和能力。在学校内实施的正规科学技术教育通常是学生群体获得科学知识、提升科学素质的基本途径，但这种正规教育无法在公众成年之后持续很长时间，也无法覆盖公众工作和生活所需的所有知识领域。广泛开展针对公众群体的各种科学技术培训便成为继续提升公众知识水平和科学素质的重要手段。推动学校科学技术教育改革，加强校外科学技术教育，开展针对各类人群的科技培训，是提升全民科学素质的基础渠道。

（1）"科学教育与培训基础工程"的基本内容

从广义上理解，科学技术教育和人类整个教育一样具有多样化的形态，可以区分为3个部分：①按照比较明确的培养目标和质量规格要求、利用比较规范的课程体系和课程标准实施的正规教育，例如从小学到大学的分等级、分阶段的科学技术教育。②在校内外通过组织各种各类科技活动，为学生群体对象提供科学技术内容的课外科技教育。③针对普通公众有选择地学习某类科学技术知识和技能而提供的各种岗位培训、继续教育、终身教育等，包括各类型的科学技术培训和科普活动。当然，除此以外，还有属于非正式、非制度化的社会文化教育活动、家庭教育活动以及利用个人学习等各种科技教育形式。

新中国成立以来，我国在科学技术教育与培训的各个方面都取得了长足进步，但从提升公民科学素质的角度看，还存在许多亟待解决的问题。例如，科学课程和教材对激发学生探究科学关注不够，服务能力培养和素质教育的（特别是农村地区学校）设施不足，社会力量（例如科学家）介入科学教育的程度相当有限等。特别是在校内正规科学教育领域，由于长期受应试教育的影响，学生为考试而学、教师为考试而教，重课堂知识教学、轻素质提升和能力培养的现象比较普遍，导致学生整体科学素质不高、素质结构存在缺陷。

"科学教育与培训基础工程"为此提出3项重点任务：一是加强教师队伍建设，培养一支专兼结合、结构合理、素质优良、胜任各类科学教育与培训任务的教师队伍；二是加强教材建设，改革教学方法，形成适应不同对象需求、满足科学教育与培训要求的教材教法；三是加强教学基础设施建设，充分利用现有的教育培训场所、基地，配备必要的教学仪器和设备，为开展科学教育与培训提供基础条件支持。同时，提出 8 项重点措施：加强中小学科学教育教师队伍建设；建立科技界和教育界合作推动科学教育发展的有效机制；加强科学教育与培训志愿者队伍建设；更新科学课程内容、提高教材质量、改进教学方法、重点培养创新意识和实践能力；加强职业教育、成人教育和各类培训中科学教育的教材建设；加强中小学特别是农村中小学科学教育基础设施建设；增强行政院校、干部学院、高等院校、职业学校等机构的科学教育和培训功能；利用科普场馆、社区学校等社会资源开展科学教育和培训。

可以看出，"科学教育与培训基础工程"涉及了科学教育与培训的教师、教材、教法、教学设施，学校正规科学教育、非正规教育、科技培训，科学教育与培训的教学质量、素质提升、能力培养、合作机制建设等多个方面的重要工作。《科学素质纲要》颁布实施之后，"科学教育与培训基础工程"的牵头部门和责任单位共同制定了《科学教育与培训基础工程实施方案》，按照《科学素质纲要》提出的任务要求，对"科学教育与培训基础工程"的实施进行了全面部署。经过近几年的实施，推进了基础阶段的科学教育改革和面向重点人群的科技培训工作，在科学教育与培训的教师培训、教材建设、教学改革、基础设施建设等方面也取得了明显成效。

（2）"科学教育与培训基础工程"的实施成效

我国基础教育阶段的科学教育自进入 21 世纪就迈出了逐步改革的步伐，在编制科学教育课程新教材、改革科学教育方式方法等方面取得了重要进展。例如，到 2006 年已经有 4 套中学、8 套小学科学课程教材在中小学中使用，科学教育中设置了必修的综合实践环节，内容包括了信息技术教育、研究性学习、社区服务与社会实践、劳动与技术教育，强调利用实践环节增强学生的探究和创新意识、学习科学研究的方法、发展综合运用知识的能力。2006 年之后，教育部又启动了基础教育阶段科学课程标准的修订工作，并组织高等院校、科研院所的科技专家参与标准修订、教材建设、教学方法改革工作。各地区教育主管部门也积极推进本地区的科学课程改革，例如，吉林省教育厅就完善了《绿色吉林》《成功训练》等地方课程的教学工作。

在科学教育与培训教师队伍建设方面，教育部和中国科协等部门加大了科学教师的培训工作。教育部鼓励师范院校设置涵盖理、化、生等领域的综合性科学教育专业，培养具有宽广视野、较高水平、较强能力的科学教育教师。目前，全国已有80 余所高等院校开设了科学教育专业，每年的本专科招生数达到数千人。自 2006年起，教育部也组织实施了"高中课改实验省骨干教师培训"、"农村义务教育学校教师远程培训"、"边境民族地区中小学骨干教师培训"、"中小学教师科学素质与课程实施能力发展"等教师培训项目，重点培训教师的教学实践能力和探究教学能力。中国科协也在青少年科技创新人才培养项目中，通过"项目孵化"、"聚焦课堂"项目培训了数千名高中科学教师。

科技辅导员在中小学校、科技场馆、校外教育机构（如少年宫、青少年科技活动中心）等机构的青少年科技活动中扮演重要角色，中国科协所属中国青少年科技辅导员协会以及地方科协近些年来也加大对科技辅导员的培训工作。中国青少年科技辅导员协会利用集中培训、讲师团巡回培训、科技教育专家辅导团等形式培训了数万名科技辅导员。中国科协和地方科协还利用研修、培训、夏令营等多种形式，组织青少年辅导员、校外活动中心辅导员进行培训，活动规模达到每年数千次，培训人数达到数十万。2009年，中国青少年科技辅导员协会还与天津师范大学签署了共建科技辅导员业务培训基地的协议，探索了科技辅导员培训工作基地化的新模式。

在科学教育与培训基础设施建设方面，教育部以及各地教育主管部门也按照"科学教育与培训基础工程"的要求，加大了基础设施建设力度。例如，教育部启动了"促进中小学科学教育网络资源建设"、"中小学科学教育实验条件建设示范工程"、"一流科普资源进校园、进社区"等项目，加强科学教育与培训基础设施建设；湖南、云南、福建、浙江、海南等省高标准建设了一批中小学科技实验室、青少年科学工作室、青少年科技活动中心和科普教育示范学校，湖南省的现代远程教育工程已经覆盖到省内所有中小学校，福建省在全省中小学开展了科技教育基地学校创建工作，浙江省则根据科学课程的需要在农村中小学校建立健全了实验室、图书室，充实了实验仪器、教具、音像设备、计算机等教学器材。

近年来，我国科技界和教育界对科技、教育之间的互动机制建设也有所探索。例如，2008年教育部曾组织高等院校、科研院所的科技专家参与中小学科学课程标准的修订工作；中国科学院实施了旨在建立青少年"在科学家身边成长"机制的青少年科技人才科学素质培养计划；中国科协"青少年创新人才培养项目"也聘请百余位科技界和教育界专家参加科学教师培训工作、科技创新活动。

在针对青少年的课外教育方面，教育部和中国科协等部门近些年来通过项目推进的方式，组织了许多非正规教育项目，例如"科学教育特色学校建设"、"社区校外青少年非正规教育项目"、"求知计划"等项目，仅由中国科协与英特尔公司共同实施的求知计划项目（面向8—16岁青少年的课外教育项目），在

"十一五"期间累计参与的学生就有 30 余万名①。在面向各类重点人群的科技培训方面，教育部、人力资源和社会保障部、中国科协、全国总工会等许多部门围绕未成年人群体、农村劳动人口、城镇劳动人口等重点群体开展了多种形式和多种类型的科技教育与培训工作②。

2. "大众传媒科技传播能力建设工程"及其实施成效

大众媒体在面向公众的信息传播方面拥有许多特殊优势，因而成为当代公众最常接触的传播渠道之一。大众媒体在当代科技传播领域同样也扮演着关键性角色，甚至有学者认为，科学传播在 20 世纪出现了"媒体转向"③。中国科协连续多年的公民科学素质调查结果也表明，电视、报纸等大众媒体是公众获取科学技术信息的重要渠道。2010 年，我国公众群体中有 87.5%、59.1%、26.6%、24.6%、12.2%、11.9% 和 10.5% 的公众会从电视、报纸、互联网、广播、一般杂志、图书、科学期刊获取科技信息。利用大众媒体的科技传播渠道和传播能力建设对公民科学素质水平有着极为重要的影响。

（1）"大众传媒科技传播能力建设工程"的任务目标

我国大众传媒事业自改革开放以来取得了巨大发展，大众媒体在面向公众的科技传播与普及方面也做了许多卓有成效的工作。电视媒体领域涌现出了一些公众喜爱的科技频道、栏目、节目，报纸媒体领域有了一批有影响的科技报纸、栏目、作品，图书期刊出版行业出版了不少受到好评的科普图书、科普期刊，互联网领域也出现了受到许多网民欢迎的科普网站、科普板块。但就大众媒体科技传播的总体情况看，传播能力不强、质量不高、传播力度也还不够。特别是相对于社会和公众的广泛需求而言，大众媒体中的科技传播内容仍然偏少，高水平原创作品偏少，传播内容缺乏新意，低水平重复现象严重，知名品牌较少，原创精品不足，大众媒体的科技传播对公众的吸引力整体上不强④，大众媒体的科技传播功能远未得到充分发挥。

正是基于这样的背景和现状，《科学素质纲要》将"大众传媒科技传播能力建设工程"列为全民科学素质行动计划的基础工程之一，提出的任务包括 3 个方面：一是加大各类媒体的科技传播力度，大幅度增加电视台和广播电台科技节目

---

① 全民科学素质纲要实施办公室，中国科普研究所. 全民科学素质行动发展报告（2006—2010）[M]. 北京：科学普及出版社，2011：58.

② 各部门和各地区围绕重点群体开展的科技教育与培训工作情况，参见本书第八章。

③ 侯强，刘兵. 科学传播的媒体转向 [J]. 科学对社会的影响，2003（4）：45—49.

④ 全民科学素质纲要实施办公室，中国科普研究所. 全民科学素质行动发展报告（2006—2010）[M]. 北京：科学普及出版社，2011：156—157.

的播出时间、各类科普出版物的品种和发行量、综合性报纸科技专栏的数目和版面、科普网站和门户网站的科技专栏等；二是打造科技传播媒体品牌，提高电视科技频道、专栏的制作传播质量，培育一批读者量大、知名度高的综合性报纸科技专栏、专版和科普图书、报刊、音像制品、电子出版物，形成一批在业内有一定规模和影响力的科普出版机构；三是发挥互联网等新型媒体的科技传播功能，培育、扶持若干对网民有较强吸引力的品牌科普网站和虚拟博物馆、科技馆。

提出的具体措施包括：鼓励支持一批电视科技栏目进一步提高质量，择优扶持若干知名科普网站；制定优惠政策和相关规范推动科普文化产业发展；建立与市场、公众需求相适应的管理体制与运行机制，树立以消费者为中心的经营理念；引进现代营销模式与先进编创技术，提高播出和编辑出版质量；建立与市场经济相适应的科普出版物发行渠道，大力扶持科普出版物在农村和边远地区的发行工作；提高各类媒体对公共卫生事件和重大自然灾害等突发事件的反应能力，指导公众以科学的行为和方式应对突发事件；研究开发网络科普的新技术和新形式，开辟具有实时、动态、交互等特点的网络科普新途径；等等。

《科学素质纲要》颁布实施后，中宣部、教育部、科技部、农业部、广电总局、中国科协等相关部门，共同制定了《大众传媒科技传播能力建设工程实施方案》，明确了具体任务和具体措施。近些年来，各部门各地区围绕大众传媒科技传播能力建设工程推出多项举措，大众媒体也积极加强自身科技传播工作的力度、质量、品牌建设。经过几年来的发展，我国大众传媒科技传播能力建设工作受到了各部门、各地区以及媒体组织的重视，大众传媒科技传播能力有所提高，工作力度有所增强，质量水平提升、品牌精品建设也取得一定成效。

（2）"大众传媒科技传播能力建设工程"的实施成效

近年来，各部门根据确定的任务分工，在各自主管的业务系统内采取了一系列相关措施。例如，中宣部、广电总局协调指导电视、广播、报纸、网络等各级各类媒体，围绕我国科技发展的大政方针、重大科技事件、重要科技活动，在新闻类节目和版面（例如，中央电视台的《新闻联播》、中央人民广播电台的《新闻和报纸摘要》等）中加大了科学技术报道力度，在社会类节目和内容中也关注了对节约资源、保护生态、改善环境、安全生产、应急避险、健康生活知识的宣传；广电总局鼓励各级电台、电视台有计划地开办科教频道、栏目和节目，鼓励各省、区、市广播电视播出机构开辟科普频道、科技栏目，增加科普节目的播出时间。

在电视媒体领域，广电总局等部门支持了中央电视台《科技博览》等栏目的品牌建设；科技部等相关部门参与制作播出了一批有影响的科普节目；中国科协重点支持了北京电视台的《对话科学》等栏目，《科学中国纪事》《科技与奥运》《世博会的科学传奇》等科普影视片的拍摄工作以及《科技之光》电视栏目进行科普传媒基地试点建设工作。近些年来，以中央电视台、北京电视台的科教频道以及中央电视台《走近科学》、各省市电视台的科普栏目为基础，已经形成了一个覆盖广泛的电视科技传播体系，节目制作质量不断提升。包括中央电视台纪录频道在内的许多电视台也引进了许多高质量的科技节目，受到观众的欢迎。

在各部门采取措施推进大众传媒科技传播能力建设的同时，大众媒体也加强了自身科技传播能力建设，利用优化栏目设置、提高编排质量、推出新栏目、打造精品栏目等方式，提高科技传播能力和对观众的影响力。例如，中央电视台培育出了《走近科学》《科技博览》等科技栏目，制作出了《中国神农架野人调查》《寻找北京人头盖骨》《揭秘黄土》等优秀节目。科教频道也采用横向贯通、纵向集群的编排方式和差异化编排策略，将栏目有机组合成"早间健康生活"、"午间文化新知"、"下午自然科学"、"傍晚科学生活"、"晚间特色经典"等主题板块，推出了《地理中国》《创新无限》《自然传奇》《原来如此》等新栏目。

目前，我国电视台对科技传播类节目播出的重视程度明显提高，涉及科学技术内容的节目数量和播出时间明显增加，许多栏目已经拥有了较为固定的观众群和较为广泛的影响力，节目的制作技术和制作水平也在不断提高，电视媒体的科技传播能力在总体上不断提高。许多电视台也从国外引进了许多优秀节目，丰富了电视媒体科普节目的内容。据科技部全国科普统计数据，2012年度全国广播电台播出科普（技）节目总时长为16.29万小时，电视台播出科普（技）节目总时长为18.44万小时①。

在印刷媒体领域，目前我国已经建立了一个包括中央级、地方级、专业报（行业报）在内的科技类报纸体系，《科技日报》《中国科学报》《大众科技报》等中央级科技类报纸近些年来对我国国家科技政策、科技发展动态、科学研究成果、高新技术产业发展进行了大量报道，结合社会焦点和热点问题传播普及了大量实用常识，在传播普及科学知识、科学方法、科学思想、科学精神方面发挥了重要作用。各行业、各省市主办的综合类、专业类报纸也围绕本地区、本行业的科学技术发展、工农业技术进步、公众日常生活进行了大量的科学传播和科普教育工作，在普及科技知识、推广科技成果、提升公众素质方面发挥了重要作用。

报纸媒体不仅通过调整版面设置、增开科技类栏目，强化了科技传播的内容（如《人民日报》的《科教周刊》等），而且围绕热点问题（如气候变化、节能

---

① 科技部.2012年度全国科普统计数据发布［EB/OL］.［2013-12-25］.http：//news.xinhuanet.com/tech/2013-12/26/c_125916310.htm.

减排等）、重大自然灾害（如地震、冻雨等）以及与科学技术有关的食品安全、公共卫生突发事件等方面作了许多有深度的报道。这些报道丰富了公众的科技知识，增加了公众的科学认识，也引起了公众对这些问题的关注，产生了较为广泛的传播效果。科普图书创作状况尽管近些年来总体发展情况不甚理想，但科普图书出版量仍然保持较大规模。科技部全国科普统计数据显示，2012 年全国共出版科普图书 0.66 亿册，出版科普期刊 1.39 亿册，科技类报纸总印数 4.11 亿份。

近些年来，国家以及有关部门还利用奖励政策、税收优惠等手段支持和引导科普组织、大众媒体的科普能力建设。例如，"国家科技进步奖"将科普作品纳入社会公益类项目奖励范围，2005 年以来，先后有《院士科普》书系、《彩图科技百科全书》《数学小丛书》等图书及科教片获奖；国家科学技术奖励工作办公室 2008 年还批准设立了目前我国唯一的全国性科普作品奖项"中国科普作家协会优秀科普作品奖"。国家广电总局的"中国电影华表奖"、中国电影家协会的"中国电影金鸡奖"，近些年来也将科学教育影片纳入评奖范围，评选出《蜜蜂王国》《宇宙与人》《月球探秘》等优秀科教影片。

为了推进和深化科学家与媒体之间的交流对话，中国科协自 2011 年起开展了"科学家与媒体面对面"的活动，探索科学家与媒体对话的机制建设。"科学家与媒体面对面"活动旨在充分发挥科学共同体、全国学会和大众媒体的作用，结合社会热点、焦点开展科普，建立科学家与大众媒体广泛沟通的渠道。"科学家与媒体面对面"活动每次都会围绕重大科学事件或公众关心的热点问题确定一个主题，邀请该领域 2—4 位专家与媒体人士面对面交流。自 2011 年以来，"科学家与媒体面对面"活动已经先后围绕科学面对流感、食品安全、清洁核能源、雾霾、转基因技术等主题组织了数十次活动。

（3）媒体的应急科普能力与新媒体的科技传播

在我国大众传媒科技传播能力建设工作中，另外两个突出的亮点是媒体应急科普能力的提高和新型媒体科技传播的增长。近年来，国内外出现了一系列与科学技术有关的重大热点事件和热点问题，我国媒体积极围绕这些热点事件和热点问题及时进行了有针对性的报道，媒体应急科普能力和意识都在不断增强，在服务公众了解相关科技知识、认识热点事件、理解热点问题方面发挥了很好的科普作用。同时，围绕这些重大热点事件和热点问题组织相关的科学技术报道，也极大地提升了媒体科技传播的能力，取得了良好的科技传播与普及效果。

例如，2008 年汶川地震发生后，大众传媒迅速行动起来，用科学化解疑难，用知识稳定民心。中央电视台科教频道从 2008 年 5 月 22 日起每晚在黄金时间推出抗震救灾大型系列科普节目，每期 45 分钟，连续 10 天播出，同时在白天时段增加重播频率。《科技博览》栏目推出了《探源汶川地震》等一系列有针对性的科普节目，系统全面地向公众普及了从板块构造理论到地震成因、从地震震级的测定到震源和裂度的计算等各种地震知识，传播了科学知识，也稳定了人心。《走近科学》栏目也在此期间推出了《科学面对地震》等大型系列报道。

在 2009 年，我国暴发甲型 H1N1 流感期间，各类媒体也都采取及时应对措施，积极进行相关知识的宣传普及，指导人们理性认识和正确应对。中央电视台播出相关专题节目 40 余期，《焦点访谈》《新闻 1 + 1》《新闻调查》《新闻周刊》《新闻会客厅》《科技博览》《走近科学》等多个栏目也都制作大量节目，持续关注甲型 H1N1 流感在我国及全球的发展态势，宣传解释我国政府防控措施进展。近年来，各大媒体围绕我国发射"神舟七号"、北京举办奥运会、上海举办世博会等社会热点事件以及全球气候、节能减排等热点问题，也都组织了密集的科技报道活动。

随着互联网的不断普及和信息技术的迅猛发展，基于互联网的网络科普和利用新媒体的科技传播得到快速发展，不仅开拓了科技传播的新途径，促进了科技传播模式的创新，提高了媒体科技传播的整体能力，而且也影响到了传统媒体的科技传播流程。近年来，许多传统媒体积极利用互联网和新媒体提高信息传播速度，扩大信息传播的范围。新技术正在通过多种途径和方式影响到媒体的科技传播，让越来越多的公众足不出户就可以享受科普大餐。我国近几年公民科学素质调查的数据表明，与电视、报纸等其他渠道相比，公民利用互联网获取科技信息的比例增长最快，2010 年我国公民利用互联网获取科技信息的比例达到了26.6%，比 2005 年提高了近 20 百分点。

我国近年来科普网站在数量上不断增加，在内容上不断丰富，在水平上不断提高，科普作用也不断增强，并涌现出了诸如中国公众科技网、中国科普博览、苏州科普之窗、化石网等一批优秀科普网站。人民网、新华网、新浪网、搜狐、腾讯、网易等新闻和综合门户网站也设立了内容资源丰富的科普（科技、科学）频道。人民网的科技频道就包含有丰富的科技报道内容，以航天、生物、生命科学等专业学科为主要报道对象，集科普性和专业性于一体；新浪网的科技频道不仅包含有丰富的科技文章，还为科技专家开设了专栏和博客。

随着传播新技术的不断发展和普及性应用，新媒体近年来发展迅速，新的传播形态也不断涌现，基于新媒体和新形态的科技传播正在成为科技传播的新渠道。例如，近年来许多媒体组织、移动通信商、网络运营商联合开发了手机报业务，手机报已成为利用手机终端传播信息的新型移动媒体；基于互联网的微博和移动通信的微信近年来也发展迅速，并极大地影响到公众的日常信息传播与获取。手机报、微博、微信这类新的传播媒体和传播形态虽然并非专业的科技传播媒介，但它们都非常重视与生活常识、医学健康、突发事件相关的科技内容，关注重大自然灾害和科技事件信息，对丰富公众科学知识、提供科学技术信息、引导公众科学应对突发事件有不容小视的作用。

（4）大众传媒科技传播能力建设的几个重要问题

大众媒体在当代科技传播与普及中扮演着关键角色，发挥着重要作用，大众媒体科技传播的质量与水平对国家科技传播能力也产生着重要的影响。但大众媒体与科技传播之间也存在着复杂关系。例如，大众媒体面向公众传播科学技术时，需要对专业内容进行通俗化地解释与转述（"去专业化"），而且媒体的信息传播有自己的操作流程与规则，需要在大量的信息中做出选择，并对相关的信息进行剪裁、组织和加工，再加上处于竞争中的媒体需要迎合观众需求，因此，在传播许多科学技术内容时，媒体有时会表现得很不"专业"，有时会进行新闻化、故事化、娱乐化的处理，从而引发一些消极后果。

在科技界专业人士看来，媒体科技传播的"去专业化"、新闻化、故事化、娱乐化造成了对科学技术的"歪曲"，所以他们通常不愿意过多地与媒体打交道。因此，大众媒体科技传播能力建设中一项重要的工作，就是建立和完善科学家与媒体交流沟通的机制，发展建设性的合作交流关系，促进相互的理解与沟通。美国、英国等发达国家的科学界早就认识到了这种问题的重要性。美国在三哩岛事件之后就成立了"科学家大众信息服务社"，负责"沟通科学家与传播媒体间的相互关系"，其新闻资料部为数万名科学家建立了档案，以便媒体在制作相关节目时能得到科学家们的帮助。

强化科学界与媒体界的交流与合作，对促进双方的相互了解和理解，建立科技传播的协作机制，从而保证科技传播的准确、客观、平衡，都是非常必要和有益的。这种交流合作关系涉及两个基本的方面：其一是需要科学家理解媒体传播流程与规则，提高与媒体沟通的能力，愿意为了科学和公众的目的给媒体科技传播提供必要的服务和帮助；其二是需要媒体意识到自己在科学技术问题上的局限性，积极向科学家学习，提高对科学技术知识的准确把握和对科学技术的全面理解。也就是说，既要让科学家能拥有与媒体和公众交流的意识和经验，也要让媒体能得到科学家的专业帮助。科学界和媒体界合作机制建设有助于促进大众媒体科技传播能力的提升。

大众媒体科技传播能力建设的另一类重要问题是媒体如何提升科技传播能力的问题，其中包括媒体如何加强自身科学素质和社会责任建设、如何提升自己的科技传播理念、如何提高科技传播的综合效能，等等。大众媒体在当代科技传播中的作用日益凸显，媒体传播对公众理解科学的影响也日渐广泛，特别是在科学技术争议话题上，媒体的报道和态度甚至会成为某种决定性的因素；在科技政策和发展问题上，媒体的议程设置甚至会直接影响到公众对问题的判断，媒体的科学素养和社会责任问题因而有了特别重要的价值。受传媒专业人才教育和培养模式的影响，我国媒体从业者队伍的整体科学素质有待提高，这会直接影响大众媒体科技传播的质量，影响大众媒体科技传播能力的提升。大众媒体科技传播能力建设必须关注媒体从业人员的科学素质建设。

受媒体追求市场份额和经济利益的影响，近些年来部分媒体开始对社会责任问题表现得比较淡漠，甚至为了追求市场份额而娱乐化、低俗化、媚俗化，即使是面对严肃的科学技术问题，也很少进行深入细致的调查分析，而是热衷于"制造"吸引公众眼球的"新闻热点"，这直接影响了媒体对科技传播社会责任的有效担当。2007 年，广州某媒体在报道香蕉林枯萎病时发表了一篇题为《广州香蕉染"蕉癌"濒临灭绝》的文章，引起许多媒体跟风报道，结果造成"香蕉致癌"以讹传讹、扩散全国。在媒体消息见报后的 40 余天中，香蕉在全国市场严重滞销，蕉农因此损失达数亿元之巨。由此可见，大众媒体科技传播能力建设在注意提升媒体从业者科学素质的同时，还需要注意促进媒体自身的社会责任建设。

当然，提升大众媒体科技传播能力的基础还在于加大科技传播力度。大众媒体作为科技传播的重要渠道，不能仅仅满足于科学技术具体知识的普及和科技宣传目标的达成，而是要利用新闻报道、深度分析等各种形式，增加公众对科学技术的理解，提高公众对科学技术的认识，启发公众对科技问题的思考，从而提升公众运用科学技术参与公共事务的能力。媒体科技传播需要关注科学技术各个领域的发展，特别是高新技术、生态环保、公共卫生等影响当代社会发展和公众生活的科技领域；需要及时利用社会热点问题（例如，目前的气候变化、节能减排等）、突发事件（例如，与食品安全、公共卫生、生态环境、自然灾害相关的事件）、公众关心的热点科技问题等，有针对性地组织科技传播活动，增强科技传播的效果。

3. "科普基础设施工程"与科技传播设施渠道建设

科普基础设施建设实际上涉及科技传播与普及"物力"资源建设和渠道建设两个方面。科普基础设施是专门服务于科技传播与普及工作的基础设施，是"物力"资源的重要组成部分，属于科技传播与普及的支撑和基础条件要素。但科普基础设施同时又拥有重要的平台功能，依托科普基础设施可以开展多种形式的科技传播与普及实践活动（如开办科普展览展示、组织科学探究活动、开展群众性科普活动等），因而科普基础设施也是科学技术通达公众的重要中介和通道，承担科技传播与普及渠道的重要职责。建设足够数量的高水平科普基础设施，可以为科技传播与普及提供有力的资源支撑；利用科普基础设施广泛开展各种科普活动，可以提高设施渠道的科技传播与普及能力。

（1）作为科技传播与普及渠道的科普基础设施

科普基础设施是专门服务科技传播与普及工作的基础设施，是开展科技传播与普及活动的重要场所，也是为公众提供科普教育服务的重要平台。在我国，科普基础设施一般包括科技类博物馆、科普教育基地、基层科普设施等类别，广义的科普基础设施还可以包括基于互联网的网络科普设施。公众可以利用科普基础设施学习科学知识和方法、理解科学思想和精神、增长科学体验和兴趣。加强科普基础设施建设，积极开展各种形式的科普活动，可以为公众提供更多的科普服务，增加公众接触科学技术的机会，拓展科学技术向公众传播的途径，满足公众提高科学素质的需求，促进科学技术教育、传播与普及的公平普惠。

与利用其他渠道的科技传播相比，科普设施的科技传播拥有自身的鲜明特点和特有优势[1]，尤以科技类博物馆的科普（科技）展览最为典型。科普展览利用标本、化石、实物、模型、装置等知识载体，利用展览、展示、演示、实验等手段，普及科学技术知识，解释科学技术原理，具有生动形象的特点。传统科普基础设施重视的是对科学技术知识的传播普及，公众被动接受科普设施提供的知识。当代科普设施更强调利用交互式展览、科学探究活动等手段，增加公众和科学的互动、增强公众对科学的体验，强调的是提升公众在传播关系中的地位和自主性，通过参与过程，感受、体验和理解科学现象或科学原理，增加对科学技术的认识和兴趣，甚至是在娱乐的过程中提升科学素质。

特别是强调和倡导观众亲自动手、互动参与理念的现代科技馆和科学中心，集科学技术普及、传播、教育、理解、探究、休闲多功能于一体，让观众参与其中、寓教于乐，已经成为"快乐科普"的重要场所，在科技传播与普及、公民科学素质建设中扮演着非常重要的角色。联合国教科文组织的《科学技术博物馆的建设标准》就特别强调，科学博物馆和科学中心是有效的知识传播媒介，可以向不同年龄和文化水平的市民普及科学技术知识，宣传科学和技术成就的重要性，激发人们对科学和教育的关注，促使人们对科学、工业和研究产生兴趣，增长青年一代的创造才能。

我国传统科普工作模式比较重视群众性科普活动，再加上长期受经济发展水平的制约，科普设施建设没有得到快速发展。只是到了改革开放之后，随着我国

---

① 参见本书第四章相关内容。

实施科教兴国战略和我国经济发展水平的不断提高，特别是《科学素质纲要》颁布实施之后，各地区兴起科普设施建设热潮，科普设施呈现出快速发展的态势，在科技传播与普及方面的作用和地位也在不断提升。2010年，中国公民科学素质调查的数据显示，当年内参观过各类科普设施的公民比例较2005年都有较大提高①。例如，2010年年内参观过各类科普设施的公民比例分别是：动物园、水族馆、植物园为57.9%，科普画廊或宣传栏为48.7%，科技示范点或科普活动站为35.5%、工农业生产园区为34.2%，科技馆等科技类场馆为27.0%，自然博物馆为21.9%，高校和科研院所实验室为11.2%。

但相对于经济社会发展和公众科普需求而言，我国科普设施总体上还存在着总量规模不足、区域布局不均衡、展教功能没有得到充分发挥等问题。例如，规模性的科技类博物馆主要集中在经济和科技较为发达的地区，许多科技类博物馆科普资源不足、展教理念比较落后、展品展览比较老套、展品组织方式单一、展示技术手段相对落后、展示内容仍然偏重于知识的普及、配套的科普活动比较缺乏、"重展轻教"现象还比较严重，整体上对公众的吸引力和影响力还不强，对增加观众科学体验和提升观众科学兴趣的关注还不够，作为科技传播渠道的功能还有待大幅提高。

（2）我国近年来科普设施传播渠道建设

我国科普设施建设近年来出现快速增长、跨越发展的特征。据科技部科普统计数据显示，2006年，全国建筑面积在500平方米以上的各类科普场馆共有859个，其中，科技馆280个、科学技术博物馆239个、青少年科技馆（站）340个，全国各类科技馆和科学技术博物馆的观众为3307.02万人次②。2012年年底，全国建筑面积在500平方米以上的各类科普场馆已达到1735个，其中，科技馆364个，科学技术博物馆632个，青少年科技馆（站）739个，全国科技馆观众达到3422.45万人次，科学技术博物馆观众达到8786.87万人次③。

近年来，在《科学素质纲要》科普基础设施工程的推动下，我国科普基础设施不仅在数量规模上有了较大增长，而且在科普服务能力方面也有所提高。

例如，科技类博物馆展教资源得到扩充，展品展项进一步丰富，接待能力与实际参观人数有所上升，吸引了更多公众前来参观。特别是其中的科技馆近年来在展教理念上正在发生重要转变，正在积极探索强调互动参与、增加体验，促进

① 参见本书第四章的表4-1。
② 中华人民共和国科学技术部. 中国科普统计 [M]. 北京：科学技术文献出版社，2008：29.
③ 科技部. 2012年度全国科普统计数据发布 [EB/OL]. [2013-12-25]. http://news. xinhua-net. com/tech/2013-12/26/c_125916310. htm.

公众主动发现、探索学习的现代科普教育模式，设计制作了许多观众可以动手操作的互动式装置和模型，以更加动态的方式反映科学原理和技术应用，观众可以通过动手操作观察和体验科学的过程。近年来，我国各地科技馆都围绕《科学素质纲要》确立的工作主题以及社会热点和突发事件，开展了"节能减排"、"保护环境"、"科技奥运"、"月球探测"、"地震科普"等主题科普展览。

科技类博物馆的科普活动近年来也不断丰富，除了开设常规的展示展览和临时的专题展览外，还积极利用科技培训、科普报告、专家讲座、科普影视片放映、针对青少年的科学探究性活动等形式，面向公众开展科普教育活动。在"科技馆活动进校园"项目的推动下，各地科技馆结合学校科学课程和实践活动，到学校组织科普巡展，与学校建立协作关系，吸引在校学生到科技馆参观，促进了在校学生群体的研究性学习。

此外，其他类型的科普设施也结合自身优势特点，开展有特色的科普教育活动，增加了公众接触和体验科学的机会和渠道，促进了公众对科学技术知识的学习。中国科学院所属科研机构和教育部直属大学仅在"全国科研机构和大学向社会开放活动"启动的当年（2009 年）就向社会开放了 430 个场所，公众参与人数超过 700 万人。中国科协、各地政府和地方科协近年来在基层科普设施建设方面也加大投入，建设了大量科普画廊、科普活动站等，使基层科普设施大幅增长。作为流动性设施的科普大篷车，利用车载科普展品、科普资源，深入学校、社区、农村，将科学技术直接送达公众群体，也受到了当地群众的欢迎。

从我国科普设施建设的总体情况看，科普设施建设近些年来已经受到社会各界的高度重视，数量规模有了大幅增长，实现了跨越式发展，迈上了一个重要的发展台阶。科普设施建设工作目前面临的一个重要问题在于如何更好地实现由规模增长向提升功能的方向转变，充分发挥科普设施的传播渠道功能，继续提升设施传播的整体能力。今后需要在持续加大科普设施建设力度、完善科普设施"国家体系"、建立科普设施发展长效机制的同时，更加关注作为传播渠道的功能建设，从政策和经费投入方面引导科普设施强化运行和功能建设，提升科普设施的科普服务能力。

科普设施自身也需要提升和变革科普教育理念，充分利用现有资源，丰富科普展教内容，提高展教水平，开发和引进更多高互动性和体验型的展示项目；积极发挥设施的平台功能，开展多种形式的科普教育活动；积极开展面向各类公众群体的"推广"和"营销"活动（而不是坐等观众上门），吸引更多观众对科普设施的利用。发挥科普设施的优势特色，利用科普展览和科普活动等多种手段，为公众提供高质量的科普服务，是科普设施的价值所在，也是科普设施在科技传播与普及体系中立足的根本。

　　科技传播与普及事业的发展、科技传播与能力的提升涉及多个重要的方面，既需要有丰富的科普内容资源的支撑，也需要有传播渠道的强有力支撑。我国《科学素质纲要》将"科普资源开发与共享工程"、"科学教育与培训基础工程"、"大众传媒科技传播能力建设工程"、"科普基础设施工程"列为全民科学素质行动计划的四大基础工程，体现了我国公民科学素质建设对科普内容资源和渠道资源建设的高度重视。随着这四大基础工程的持续实施并取得重要进展，未来我国的科技传播与普及发展会跃升到一个新的台阶，并促进我国科技传播与普及能力得到相应提升。

第十章　我国科技传播与普及保障条件建设

科技传播与普及事业和公民科学素质建设都包含有复杂的系统结构，包括内容资源要素、传播渠道要素、传播执行要素（如《科学素质纲要》中的4类重点人群科学素质行动）、体制机制要素以及保障条件要素，等等。推进科技传播与普及工作，需要强化内容资源和渠道资源建设，面向包括未成年人、农村和城镇居民、公务员和领导干部等重点人群，提供更多数量和更高水平的科普作品和科普产品，同时还需要建立有效的管理体制和发展机制，强化包括政策环境、人力、财力、物力在内的保障条件建设。就我国当前的科技传播与普及事业发展而言，尤其需要关注科普政策、科普人才、科普设施及科普产业问题。

一、　我国的科技传播与普及政策

科技传播与普及政策（科普政策）是指国家权力机关或执政党为促进科学普及事业的发展、活跃科学普及局面、推进科学普及工作，并通过促进科学普及工作实现国家、社会、公众（公民）目标而制定并付诸实施的行动准则、行动方案，通常由针对科普工作以及与科普工作有关的各种法律法规、行政规章、政府规划以及国家领导人关于科普工作的相关指示来表达。在我国，科普政策在内容上包括国家机关、政府部门以及地方各级政府为促进科普事业发展而确立下来的工作方针、原则、战略、规划、任务、目标、计划、行动、措施等，

1. 我国科普政策的简要回顾

自新中国成立以来，党和政府就始终重视科普工作。早在1949年9月29日，中国人民政治协商会议第一届全体会议通过的、作为新中国临时宪法的《中国人民政治协商会议共同纲领》第43条中就提出："努力发展自然科学，以服务工业、农业和国防建设。奖励科学的发现和发明，普及科学知识。"新中国成立初期，中央人民政府曾在文化部设立科学技术普及局，负责领导和管理全国的科普工作。1950年8月，中华全国自然科学工作者代表大会在北京召开，大会成立了"中华全国自然科学专门学会联合会"（简称"全国科联"）和"中华全国科

学技术普及协会"（简称"全国科普协会"）。1958 年 9 月，经中共中央批准，全国科联和全国科普协会合并成立"中国科学技术协会"（简称"中国科协"），确定的基本任务就是抓学术活动和科学普及。

"文化大革命"结束后的 1978 年 3 月，全国科学大会在北京召开，邓小平在开幕式上作了具有重要历史意义的讲话，重申了"科学技术是生产力"这一马克思主义观点。会议提出要用现代化科学技术知识武装广大干部和群众，学习国外先进科学技术，在全社会造成一个爱科学、学科学、用科学的良好社会风气。1978 年 4 月，科协组织开始得到全面恢复，各省（自治区、直辖市）科协和中国科协所属全国学会相继恢复并开展工作，并随后组织了一些有影响的科普活动和青少年科技活动，重新组建了科学普及出版社，建立了中国科普研究所，随后又成立了中国科普作家协会、中国青少年科技辅导员协会、中国科教电影电视协会、中国科技报研究会、中国自然科学博物馆协会等与科普相关的学会和协会。

随着科普工作重新受到党和国家以及社会各界的重视，到 20 世纪 80 年代中后期，我国科普事业迎来一个新的发展高潮，大多数全国学会都设立了普及工作委员会，基层科普组织也得到加强，形成了比较系统的科普网络。经过 80 年代的恢复和发展，我国科普事业在 90 年代之后发展到一个全新阶段，科普工作被逐步提升到国家战略的高度，中共中央、国务院以及各部门、各地区出台了一系列推进科普工作的法规政策及措施。1993 年 7 月 2 日，第八届全国人民代表大会常务委员会第二次会议通过的《中华人民共和国科学技术进步法》第 6 条规定"国家普及科学技术知识，提高全体公民的科学文化水平"；第 42 条规定"科学技术社会团体应当在推进学科建设、普及科学技术知识、培养专门人才、开展咨询服务、促进学术交流、维护科学技术工作者的合法权益等方面，发挥积极作用"。

1994 年 12 月 5 日，中共中央、国务院发布了《关于加强科学技术普及工作的若干意见》。这是新中国成立以来党中央、国务院发布的第一个全面论述科普工作的纲领性文件。"意见"强调了科普工作的重要意义，明确了科普工作的任务要求，同时也提出了促进科普工作群众化、社会化、经常化、法制化、制度化的要求。根据"意见"的要求，为加强对科普工作的领导和管理，国务院于1996 年 4 月成立了以原国家科委（现科技部）为组长单位，中宣部、中国科协为副组长单位，原国家计委、国家教委、财政部、广电部、中科院、全国总工会、团中央、全国妇联为成员单位的国家科普工作联席会议制度，全面负责统筹管理和组织协调全国的科普工作。

20 世纪 90 年代中期之后，国家和政府有关部门先后召开了一系列重要的会议、出台了一系列重要的文件、组织开展了一系列重要的科学普及活动。例如，

1996 年 2 月 7 日，中宣部、原国家科委和中国科协共同召开了全国科学普及工作会议；1996 年 4 月 16 日，原国家科委、原国家教委、中科院、中国科协联合发出《关于结合园丁科技教育行动，进行研究院所面向社会开放开展科普示范试点工作的通知》；1996 年 6 月 12 日，中宣部、原国家科委、中国科协发出《关于加强科普宣传工作的通知》；1996 年 12 月 19 日，中宣部、中国科协等 10 部委联合发出《关于开展文化、科技、卫生"三下乡"活动的通知》；1999 年 12 月，科技部、中国科协等 9 部委联合发布了《2000—2005 年科学技术普及工作纲要》；2000 年 11 月 16 日，科技部、教育部、中宣部、中国科协、共青团中央印发了《2001—2005 年中国青少年科学技术普及活动指导纲要》①。全国许多省、直辖市、自治区以及一些地方政府自 20 世纪 90 年代中期开始，也根据本地科普工作发展的实际需要，纷纷建立地方科普联席会议制度，制定本地的科学技术普及条例（或办法）。科普政策在 20 世纪 90 年代迈出体系化建设的重要步伐。

2. 我国目前的科普政策体系

20 世纪 90 年代以后，国家和社会对科普工作的认识有了前所未有的提高，对科普工作的任务目标有了更加明确的认识，也逐步形成了明确的工作方针与系列的科普政策，有力地推动了科普事业的发展。正是在这种基础上，2002 年 6 月 29 日，《中华人民共和国科学技术普及法》正式颁布实施。《科普法》规定了科学技术普及工作的任务和属性，国家机关、社会团体、企业事业单位、基层组织及其他组织以及公民在科普方面的权利和义务，各级政府及其科学技术行政部门、科学技术协会在科普工作中的管理职责，科技机构、高等院校、科技场馆、科学团体等社会各界的社会责任。同时，还规定了科普经费投入、科普场馆设施建设、对科普事业实行税收优惠等保障措施，规定了妨害科学技术普及工作、以科普为名进行有损社会公共利益等行为要承担的法律责任。

《科普法》的颁布实施为我国科普工作提供了法律保障，也推动科普工作向纵深发展。之后，相关部门先后出台一系列相关政策文件。例如，2003 年 4 月，中国科协、国家发改委、科技部、财政部、建设部联合出台了《关于加强科技馆等科普设施建设的若干意见》；2003 年 8 月，中宣部、中国科协等 7 部委联合发出了《关于进一步加强科普宣传工作的通知》；2004 年 4 月，国土资源部、科技部联合提出《国土资源科学技术普及行动纲要》（2004—2010 年）；2004 年 10 月，文化部、中国科协等 12 部委发布了《关于公益性文化设施向未成年人免费开放的实施意见》；2004 年 12 月，修订后的《国家科学技术奖励条例实施细则》

---

① 任福君. 新中国科普政策的简要回顾［N］. 大众科技，2008－12－16.

正式把科普工作成果列入国家科学技术进步奖的奖励范围；等等。

2005 年年底，国务院颁布《中长期科技规划纲要》，"提高全民族科学文化素质，营造有利于科技创新的社会环境"被列为纲要实施的重要政策和保障措施之一，明确提出实施全民科学素质行动计划、加强国家科普能力建设、建立科普事业的良性运行机制。正是根据这一要求，国务院于 2006 年年初颁布《科学素质纲要》，并随后成立了全民科学素质工作领导小组。《科学素质纲要》是我国科普政策历史上又一个具有里程碑意义的重要文件，提出了全民科学素质行动计划的方针目标，确定了全民科学素质行动的基本任务，对 2006—2020 年全民科学素质工作做出全面部署，公民科学素质建设由此成为一项国家行动。

《科学素质纲要》颁布后的许多科普政策都是围绕或结合全民科学素质行动需要、促进全民科学素质建设而出台的。例如，全民科学素质工作领导小组办公室下发或转发了《未成年人科学素质行动实施方案》《科学教育与培训基础工程实施方案》《农民科学素质教育大纲》等落实《科学素质纲要》的系列政策文件，科技部、中国科协等部委联合发出了《关于加强国家科普能力建设的若干意见》（2007 年），国家发改委、科技部、财政部和中国科协共同编制了《科普基础设施发展规划（2008—2010—2015 年）》（2008 年），中国科协提出了《中国科协科普人才发展规划纲要（2010—2020 年）》（2010 年）等。

此外，在中共中央、国务院颁布的《关于积极发展现代农业扎实推进社会主义新农村建设的若干意见》（2006 年），全国人大新修订的《中华人民共和国科学技术进步法》（2007 年），中共中央办公厅、国务院办公厅《关于加强农村实用人才队伍建设和农村人力资源开发的意见》（2007 年），国务院办公厅《关于印发少数民族事业"十一五"规划的通知》（2007 年），国家民委、科技部、农业部、中国科协联合出台的《关于加强少数民族和民族地区科技工作的若干意见》（2008 年），国土资源部、科技部联合印发的《国土资源"十二五"科学技术普及行动纲要》等一系列文件中，也都包含有科普工作的内容。

我国科普事业经过 20 多年的发展，已经逐步建立了政府推动、全民参与的科普工作机制，形成了以《关于加强科学技术普及工作的若干意见》《科普法》《科学素质纲要》为基础和核心的"国家—部门—地方"的科普政策体系。在先后出台的这些科普政策中，既有促进科学普及工作、加强公民科学素质建设的"顶层"政策，也有关于科普能力建设、基础设施建设等的具体政策；既有法律化的科普政策（如《科普法》），也有关于加强科普设施建设、提高国家科普能力、培养科普人才内容的专门政策，还有包含科普工作内容的相关政策（如《中长期科技规划纲要》）。

科普政策目前已经成为我国国家科技政策的重要组成部分，国家相关机关、政府有关部门、各级地方政府也将科普工作纳入本部门、本地区的发展规划和工作计划。近年来，在我国也形成了科普教育基地认定命名等一系列重要制度。这些政策的出台和制度的建立不仅为我国科普事业发展提供了重要的法律、政策、制度保障，也在全社会范围内营造了良好的科普环境和社会氛围，使我国科普事业迎来了历史上最好的发展时期[①]。无论是与世界上的其他国家相比，还是与我国先前的各个历史阶段相比，我国目前的科普事业发展都拥有最好的政策环境条件支持。

科普工作目前在我国已经被定位于国家基础建设、基础教育的重要组成部分，实施科教兴国战略和可持续发展战略的一项意义深远的宏大社会工程，增强自主创新能力和推进创新型国家建设的基础性、战略性任务；普及科学技术、提高全民科学素质被认为"既是激励科技创新、建设创新型国家的内在要求，也是营造创新环境、培育创新人才的基础工程"，是国家的长期任务和全社会的共同任务，科普工作也被明确为科学技术工作中与科技创新同等重要的一个方面。

当然，我国目前的科普政策尽管已经初步形成了相对完整的体系化框架，政策内容上也覆盖了科普工作的所有重要方面，但总体上看，政策效应还有待进一步提升，不少政策还存在操作性差、执行力弱、配套制度建设不到位的问题，甚至有些还仅停留在"政策呼吁"的层面，需要出台相应的实施细则，加强配套制度建设，强化科普政策的执行和落实，建立并完善的监督执行机制。同时，政府还需要推进去行政化改革和科普社会化机制建设，充分调动社会各界的积极性，广泛发展科普 NGO 和 NPO 组织，推进科普工作管理模式的创新与改革，使科普工作能够更好地适应时代的发展和社会的要求。

二、 我国的科普人才队伍建设

科技传播与普及事业的良好发展、科技传播与普及工作的有效开展，离不开科普人才的强力支撑。拥有足够数量的科普人力资源，提高科普人力资源的质量，建设高水平的科普人才队伍，是科技传播与普及事业发展的基本保证。经过近些年来的科普工作促进，我国科普人才总量有了巨大增长，但相对于科普工作的快速发展以及社会日益增长的科普需求，目前我国科普人才队伍仍然存在着数量严重不足、整体水平亟待提高的问题，特别是在科普创作与设计、科普研究与开发、科普活动策划与组织以及科普场馆、科普传媒、科普产业等方面缺乏高端

① 任福君. 新中国科普政策的简要回顾 [N]. 大众科技报，2008 - 12 - 16.

人才。这已经成为制约我国科技传播与普及事业发展和公民科学素质建设的瓶颈。为此，《科学素质纲要》"十二五"实施方案专门提出了"科普人才建设工程"，中国科协也于 2010 年提出了《中国科协科普人才发展规划纲要（2010—2020 年）》（以下简称《科普人才规划纲要》）。

1. 我国科普人才队伍建设现状及面临的任务

郑念在《我国科普人才队伍存在的问题及对策研究》一文中认为，科普人才是从事科普事业或专业性工作的、具有一定专门知识的劳动者；科普人才不仅具有一定的专业知识，还要具有把这些知识通过一定的方法、渠道和形式向公众进行传播普及的能力，或者具有协调管理科普工作的能力[①]。在《我国科普人才队伍发展的历程和取得的成绩》一文中，他认为，我国科普人才主要包括：科普管理队伍、专兼职科普创作队伍（包括科普展品设计者）、大众媒体科技记者和编辑队伍、科技场馆和技术示范推广机构的从业者、科普教育和研究队伍、科普志愿者队伍[②]。上海市公民科学素质工作领导小组办公室在 2008 年发出的《关于填写上海科普人才、科普专业机构信息资源数据库表格的通知》中[③]，基于科普统计的需要，将"科普人才"分为科普专职人员、科普工作联络员、科普信息管理员、科普创作人员、专家级科普兼职人员、大学生科普志愿者、普通科普志愿者、科技新闻工作者、其他等 9 类。

在中国科协 2010 年发布的《科普人才规划纲要》中，"科普人才"被界定为"是指具备一定科学素质和科普专业技能、从事科普实践并进行创造性劳动、做出积极贡献的劳动者"。《科普人才规划纲要》提出的"实施科普人才建设工程"包括了农村科普人才队伍建设、城镇社区科普人才队伍建设、企业科普人才队伍建设、青少年科技辅导员队伍建设、科普志愿者队伍建设、高端和专门科普人才队伍建设 6 个方面，实际上给出了"科普人才"的一个新的分类方法。《科普人才规划纲要》在分析我国科普人才发展现状时认为，我国专职科普人才数量不足、水平不高，兼职科普人才队伍不稳定、作用没有充分发挥，面向基层的科普人才短缺，科普创作与设计、科普研究与开发、科普传媒、科普产业经营、科

---

① 郑念. 我国科普人才队伍存在的问题及对策研究 [J]. 科普研究，2009（2）：19—29.
② 郑念. 我国科普人才队伍发展的历程和取得的成绩 [J]. 科普研究，2009（4）：5—15.
③ 上海市全民科学素质行动计划领导小组. 关于填写上海科普人才、科普专业机构信息资源数据库表格的通知 [EB/ OL]. [2008 - 05 - 12]. http：//61. 129. 89. 229/down/wgj/080516fj1. doc；科普人才、科普专业机构分类说明 [EB/ OL]. [2008 - 05 - 12]. http：//wgj. sh. gov. cn/node2/2006wg/node529/node547/u1a24211. html.

普活动策划与组织等方面的高水平科普人才匮乏①。这不仅说明了我国科普人才队伍存在的问题，而且也从另一个维度对科普人才进行了分类。

改革开放以来，特别是近几年来在《科学素质纲要》实施的推动下，我国科普人才队伍快速发展，科普人才整体素质不断提升，全国已基本形成了比较完善的科普组织体系和一定规模的科普人才队伍，为我国科普事业的发展和全民科学素质的提高做出了巨大贡献。科技部科普统计数据显示，近些年来全国科普人员数量稳步增长，2012 年，全国共有科普人员 195.78 万人，全国每万人口拥有科普人员 14.46 人，其中，科普专职人员 23.11 万人，科普兼职人员 172.67 万人②。

但就整体而言，我国科普人才的发展现状仍不能满足科普事业发展和公民科学素质建设的需求，与国家人才强国战略的要求还有一定差距，存在的问题包括科普人才数量不足，水平不高，队伍不稳，基层人才短缺，选拔、培养、使用的体制和机制不够完善，特别是科普创作与设计、科普活动策划与组织等方面的高水平科普人才匮乏。例如，全国 2012 年共有科普创作人员 14103 人，占科普人员总数的 0.72%③。

我国科普人才队伍建设仍然面临着许多艰巨而复杂的任务，需要做好科普人才队伍建设的统筹规划，根据科普事业的属性和发展需要，进行科学的顶层设计，明确队伍建设的方针和原则；通过政策引导和支持措施，创新科普人才选拔、培养、使用的体制和机制，建立科普人才培养和培训基地以及服务平台，探索有利于吸引、稳定和壮大科普人才队伍的建设模式；增加科普人才队伍总量，提高科普人才队伍整体水平，特别是利用多种方式培养更多实用科普人才和科普骨干人才，并提升他们的创新能力和科普能力；解决科普人才队伍中存在的结构矛盾，培养大批面向基层的农村科普人才、城镇社区科普人才、企业科普人才、青少年科技辅导员；培养更多紧缺、高端、专门科普人才，特别是有利于促进我国科普能力快速提升的科普创作与设计、科普研究与开发、科普活动策划与组织以及科普场馆、科普传媒、科普产业经营等方面的专门人才。

① 任福君. 第十三届中国科协年会系列访谈：科普人才的培养与发展 [EB/OL]. [2011 - 09 - 16]. http：//www. cast. org. cn/n35081/n35623/index. html.

② 2012 年度全国科普统计数据发布 [EB/OL]. [2013 - 12 - 26]. http：//news. xinhuanet. com/tech/2013 - 12/26/c_ 125916310. htm.

③ 2012 年度全国科普统计数据发布 [EB/OL]. [2013 - 12 - 26]. http：//news. xinhuanet. com/tech/2013 - 12/26/c_ 125916310. htm.

2. 我国目前的科普人才队伍建设

人才资源是第一资源，人才问题是事业发展的关键问题。科技传播与普及事业发展亦不例外。在科技传播与普及资源体系中，科普人才是科普工作中最具活力的资源要素，在科普事业发展中具有基础性、战略性、先导性作用，任何财力、物力资源要素只有在被科普人才掌握、应用中才能发挥作用。科普人才队伍建设是科普人力资源建设的关键，通过科普人才队伍建设，特别是培养和造就更多紧缺、高端、专门科普人才，可以有效提升其他科普资源的功能和作用，推进其他科普资源形式的创新，从而提高科普资源体系的系统功能，为科普工作、科普事业发展、公民科学素质建设提供有力保障。

科普人才资源在科普资源体系中处于核心位置、具有"系统加强"功能，中国科普研究所"科普人才规划课题组"在《实施科普人才工程、服务经济社会发展》一文中，通过科普投入—产出的"线性逻辑模型"和科普"系统加强模型"，很好地说明了科普人才资源的这种特征和作用①。在科普人才队伍建设与科普投入—产出效果的线性关系中（图10 - 1），科普投入只有通过科普人才才能实现产出的效果（效能）；而在"系统加强模型"即科普人才队伍建设与科普社会系统的关系（图10 - 2）中，科普系统的构成元素或部分之间互为因果，既可以互相加强，也可能相互削弱，人的因素起关键作用，如果提高人的作用能力和效果，将会使系统的功能得到加强。

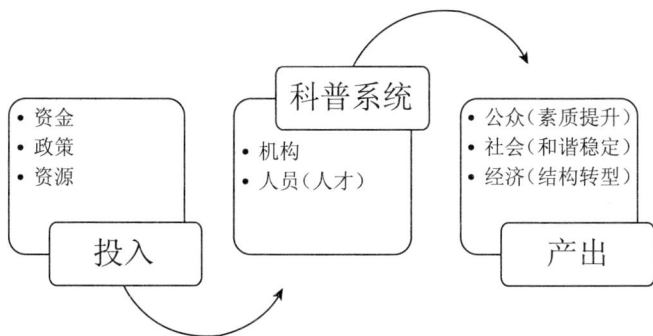

图 10 - 1　科普人才队伍建设与科普投入—产出效果的线性关系

---

①　科普人才规划课题组（执笔人郑念）. 实施科普人才工程、服务经济社会发展 [EB/OL]. [2010 - 10 - 12]. http：//www. cast. org. cn/n35081/n12030994/n12031026/12292344. html；郑念，张义忠，孟凡刚. 实施科普人才队伍建设工程的理论思考 [J]. 科普研究，2011（3）：20—26；任福君. 第十三届中国科协年会系列访谈：科普人才的培养与发展 [EB/OL]. [2011 - 09 - 16]. http：//www. cast. org. cn/n35081/n35623/index. html.

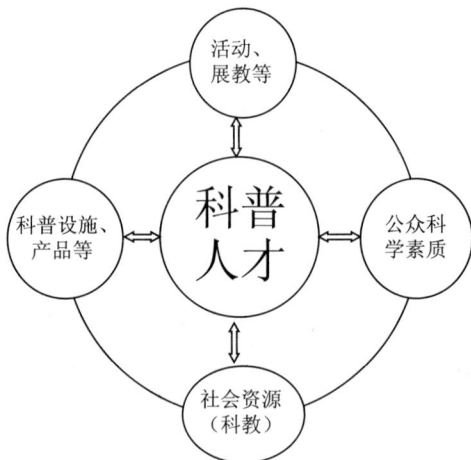

图 10 - 2　科普人才队伍建设与科普社会系统的关系

　　《科学素质纲要》颁布实施之后，为了推进我国科普人才队伍建设，政府部门出台了一些重要的科普政策文件。例如，科技部、中国科协等 8 部委于 2007 年发布的《关于加强国家科普能力建设的若干意见》，将"专兼职结合，建设高素质的科普人才队伍"列为"十一五"期间加强国家科普能力建设的主要任务之一，提出要提高科普人员的专业化水平，不断壮大由科技工作者、科学课程教师、科普创作人员、大众传媒科技记者和编辑、科普场馆展览设计制作人员、科普活动策划和经营管理人员、科普理论研究工作者等组成的科普人才队伍。同时，提出加强科普志愿者队伍建设，形成一支能够在基层特别是深入农村和西部地区开展科普宣传活动的志愿者队伍，组织老专家、老教授积极参与科学教育和科技传播工作，发展城市社区、乡村科普志愿者队伍。

　　国家发改委、科技部、财政部和中国科协于 2008 年联合编制的《科普基础设施发展规划（2008—2010—2015）》，也将"科普人才队伍培养工程"列为推进科普基础设施全面发展、推动国家科普基地建设工作、构筑科学素质建设支撑体系的四大工程之一①。提出的基本思路是：完善正规教育体系中科普基础设施适用人才培养体系和科普基础设施人员在职培训体系；加强与社会兼职科普专家的密切联系，发展和壮大兼职、志愿者队伍。

　　2010 年，中国科协制定《科普人才规划纲要》，明确提出要实施"科普人才建设工程"。《科普人才规划纲要》提出的科普人才队伍建设总体目标是：建设

---

　　① 其他三项"工程"分别是科普展教资源开发工程、科普基础设施拓展工程、数字科技馆建设工程。

形成一批科普人才培养和培训基地，建立健全有利于科普人才队伍建设和发展的体制与机制，到 2020 年，培养和造就一支规模适度、结构优化、素质优良的科普人才队伍，整体素质明显提高，结构明显优化，地区布局、行业布局趋于合理，科普人才总量至少比 2010 年翻一番，总量达到 400 万人（包括专职 50 万人，兼职 350 万人）。其中，农村科普人才达到 170 万人，城镇社区科普人才达到 50 万人，企业科普人才达到 80 万人，青少年科技辅导员达到 70 万人。

《科普人才规划纲要》提出的科普人才队伍建设基本原则是"面向基层，专兼并重，提升能力，服务全民"，培养大批面向城乡基层的实用型科普人才，发展专职科普人才队伍，挖掘兼职科普人才资源，壮大兼职科普人才队伍，完善科普人才结构，着重提升科普人才的创新能力，不断提高各类科普人才的素质，把服务公民科学素质建设和促进经济社会全面协调可持续发展作为科普人才工作的出发点和落脚点。提出的主要任务包括农村科普人才队伍建设、城镇社区科普人才队伍建设、企业科普人才队伍建设、青少年科技辅导员队伍建设、科普志愿者队伍（如科技社团、大学生、离退休科普志愿者队伍等）建设、高端和专门科普人才队伍建设等。

《科普人才规划纲要》同时还特别强调了要加强高端科普人才培养基地建设，建立健全高水平科普人才的培养和使用机制，形成高端科普人才的联合培养与共享机制；培养科普场馆专门人才、高层次科普创作与设计人才、科普研究与开发人才、科普传媒人才、科普产业经营人才、科普活动的策划与组织人才。提出要建立科普人才发展监测、评估、考核机制，加大对科普人才建设的投入力度，创新科普人才的培养和使用机制，研究建立科技人才多元评价机制，深入开展科普人才理论研究等保障措施。《科普人才规划纲要》是新中国建立以来第一部关于科普人才建设的专门规划，全面规划了我国科普人才队伍建设工作。

2011 年 6 月，国务院办公厅发布《科学素质纲要》"十二五"实施方案，实施方案专门增加了"科普人才建设工程"，提出的任务包括：提升科普人才队伍整体素质，培养一支规模适度、结构优化、素质优良的科普人才队伍；稳定专职科普人才队伍，建立专业化科普管理人才队伍，壮大兼职科普人才队伍，发展科普志愿者队伍，培养面向基层的科普人才；培育一批高水平的科普创作与设计、科普研究与开发、科普活动策划与组织、科普传媒、科普产业经营与管理等方面的人才。提出的措施包括发展农村科普员队伍、建立社区科普人才队伍、培养企业实用科普人才、发展科技辅导员队伍、发展科普志愿者队伍、建设一批科普专门人才培养和实践基地、加快高端和专门科普人才培养等。

三、 我国的科普基础设施建设和科普产业发展

科普基础设施建设涉及科技传播与普及的"物力"资源和渠道资源两个方面。科普基础设施服务于科技传播与普及工作，是"物力"资源的重要组成部分，为科技传播与普及工作的开展提供重要的支撑和基础，同时又是公众接触科学技术、获取科学技术知识、增加对科学技术认识的重要场所，承担科技传播和普及的渠道功能。科普产业是专门生产销售科普产品、提供科普服务的产业，它利用市场机制和市场途径为公众（消费者）提供科普服务，让消费者可以在消费科普产品和服务的过程中获得科普需求的满足。加强科普基础设施建设、推进科普产业发展有助于建设公益性科普和经营性科普并举的发展体制。

1. 我国近年来的科普基础设施建设

科普基础设施在我国包括科技类博物馆、专业科普场馆、科普教育基地、基层科普设施、科普大篷车等类型。广义的科普基础设施还可以包括基于互联网的科普网站、数字科技馆等形态。科普设施是支持和服务科普工作的基础支撑条件，为科普工作的开展、国家科普能力的提升提供重要的支撑和基础。从国内外科技传播和科普教育的实践看，科技类博物馆、专业科普场馆等基础设施是科技传播、科技教育、科学普及的重要场所和重要基地，是为公众提供科普服务的重要平台，是公众接触和学习科学技术的重要媒介，承担着科技传播与普及渠道的重要职责，拥有科技传播与普及渠道的重要功能[1]。公众可以通过参观和利用各种科普设施，了解科学技术知识和信息，体验和理解科学技术内容。

加强科普基础设施建设，提升科普设施服务水平，满足公众提高科学素质的需求，实现科普公共服务的公平普惠，对于推动科普事业的发展、全民科学素质建设具有十分重要的作用和意义。但受多种复杂因素的影响，特别是受经济发展水平的制约，我国科普基础设施建设与发达国家相比存在较大差距，存在规模总量上不足、分布上不均衡、经费比较缺乏、展教资源不足、专业人才欠缺等问题。例如，东部11省市的科技类博物馆、科普教育基地约占全国总量的一半，而需求最为迫切的中西部地区的科普设施建设则相对滞后、严重不足。

我国自实施《科学素质纲要》以来，科普基础设施建设工作受到政府部门和社会各界的重视和支持，各地区近些年来兴起科普基础设施建设的新热潮，数

---

① 关于建设基于科普基础设施的科普渠道的相关内容，本书已在第九章做了初步讨论。

量规模不断增加，结构布局更趋合理，内容建设也得到加强，科普服务能力不断提高。

首先，围绕《科学素质纲要》提出的任务和要求，针对科普基础设施建设中存在的问题，政府有关部门出台了一系列加强各类科普基础设施建设的政策文件。例如，《科普基础设施发展规划（2008—2010—2015）》（国家发展改革委、科技部等，2008年）、《科学技术馆建设标准》（建设部、国家发展改革委，2007年）、《关于科研机构和大学向社会开放开展科普活动的若干意见》（科技部、国家发展改革委等，2006年）、《全国科普教育基地认定办法（试行）》（中国科协，2009年）、《全国科普活动站、科普宣传栏、科普员标准和管理办法（试行）》（中国科协，2008年），等等。

其次，各地对建设科普基础设施的重视程度和积极性明显提高。科技类博物馆进入快速发展阶段、全国科普教育基地发展迅速、基层科普设施覆盖面也逐步扩大。例如，2004—2012年我国先后有500余座科技馆和科技类博物馆建成开放，科技馆和科技类博物馆在分布上也渐趋均衡（见表10-1）。科普教育基地已经形成了全国、省级、地县三级认定体系，命名了超过2万个科普教育基地。而在基层科普设施方面，科普画廊、科普大篷车、科普活动站、科普宣传栏建设也有了较好发展，规模数量近些年来都有了较大增长。

表 10-1 我国科技类博物馆发展情况[*]

年 份	2004 年	2006 年	2008 年	2010 年	2011 年	2012 年
科技馆（个）	265	280	285	335	357	364
科学技术博物馆（个）[**]	185	239	380	555	619	632
合计观众人次（万）	2933.04	3307.02	6157.44	9436.21	10692.47	12109.32

[*] 资料来源：科技部历年"中国科普统计数据"

[**] 包括科技类博物馆、天文馆、水族馆、标本馆，设有自然科学部的综合博物馆

再次，科普基础设施内容建设和服务能力也有所增强，展教资源总量已达到一定规模，展教品类型不再是清一色的标本、图片和实物，互动型、体验型的展品越来越多的出现在科普基础设施中，主题展览、临时展览、巡回展览、科普讲座等科普活动形式也日渐增多。目前，我国科技馆和科技类博物馆每年受益人次已超过1亿人次，公众利用科普基础设施的机会明显增多。2010年，第八次中国公民科学素质调查的数据显示，参观过科技馆的公民比例为27.0%，比2005年提高了17.7百分点；因"本地没有"而未参观过的公民比例为37.6%，比2005年降低了18.1百分点。

当然，相对于我国广大的地域、巨量的人口以及巨大的地区差异而言，科普

基础设施在数量规模上仍然不足，布局上仍待改善，科普服务能力上也需大幅提高。因此，科普基础设施建设仍然需要持续加大力度。

首先，需要政府增加更多投入，拓展和完善现有基础设施的科普教育功能，新建扩建更多科技类博物馆、科普教育基地和基层科普设施，特别是向中西部经济欠发达、科普基础设施相对缺乏地区的政策倾斜和支持力度。在少数民族地区、贫困边远地区根据当地实际情况，发展更多因地制宜的科普设施，通过增加数量、改善布局、提高水平，促进科普服务的公平普惠，让更多的公众能够受益。

其次，通过加大投入，建设国家级重点基础设施、支持地方建设地方性设施、激励社会各界参与专业类设施的建设，发展地区分布合理、学科结构完善的科普设施的"国家体系"，提高科普基础设施体系的系统能力。在科学规划的基础上，引导区域内科技类博物馆和科普教育基地的配套、互补、合作关系，建立科普设施的"地方体系"，特别是利用地方的高等院校、科研院所、高新企业、农业示范园区以及动物园、植物园、旅游景点等资源，建立覆盖多种知识领域的区域性科普设施体系，提供丰富多彩的科普服务，满足公众多元化的科普需求。

再次，通过政策引导和制度创新，充分调动社会各界的力量，利用社会各种资源，服务科普基础设施的建设。例如，完善科普基础设施建设与运营的税收优惠政策，引导社会资金和资源投入科普基础设施建设；采用项目制操作模式，利用政府投入的吸引和杠杆作用，引导地方政府和企业资源，协作开发科普基础设施项目；完善科普设施管理规则，鼓励社会组织和机构资助和捐助科普基础设施建设，参与科普基础设施的开发和管理；鼓励和支持各地科研机构、高等院校、公司企业利用自身资源，推进科技资源、教育资源、生产资源的科普化；推进政府推动、全民参与、社会共建的科普设施建设与运营机制。

最后，针对科普基础设施科普教育形式与手段比较单一的问题，通过加强专业培训和示范引导，促进科普基础设施利用各种传播载体、传播手段、传播形式，组织常规展示展览、专题临时展览、巡回展览、科学讲座、科学影视、科技咨询、科学体验以及青少年科学探究性活动等多种科普教育活动，利用"整合传播"实现立体化的科普教育。科普教育中既要重视对公众好奇心和兴趣的有效激发，又要重视公众对科学的体验和理解；既要重视科学和技术知识的普及，又要重视促进公众对科学方法、思想和精神的理解，让科普基础设施产生更强的综合教育效果，在提升公众科学素质方面产生更大的作用。

2. 推进我国科普产业的发展

推进科普产业发展实际上是强调利用市场机制和市场手段，促进科普产品的研发经营和科普服务的发展，促进以科普产品和服务为主要业务的经营性组织的发展，在"公益性科普事业"之外发展"经营性科普产业"。科普产业可以包括科普展教品业、科普图书出版业、科普影视业、科普动漫业、科普玩具业、科普游戏业、科普旅游业、数字科普业、科普创意业、网络科普业等多样化的业态，亦可以称为"科普文化产业"，具有服务产业、文化产业、知识产业的特征①。

从经济发展的角度看，推进科普产业的发展有助于开拓面向市场消费性科普需求的新产业，满足社会日益增长的科普需求，为经济发展培育新的产业增长点。从科普工作的角度看，推进科普产业的发展有助于利用市场机制丰富科普产品，扩展科普服务范围，提升科普服务的能力，更好地满足公众多样化的科普需求，并为科普事业的发展提供新的动力，服务于建立"公益—产业"双驱动发展机制和公益性科普事业与经营性科普产业的并举体制。

近些年来，我国经济发展水平不断提高，人民生活水平不断改善，社会和公众的科普需求也普遍增长，并呈现出差异化和多样化的发展趋势。由政府提供的公益性科普目标定位于满足社会普遍和基本的科普需求，已经无法完全满足来自于社会和公众的多样化和个性化需求，这就为科普产业的发展提供了大有作为的市场空间，为科普产业的发展提供了充分的市场基础和市场动力。事实上，在经济和科技发达国家，早已出现了许多基于市场消费性科普需求而成长起来的成功企业（如美国的 Discovery 传播公司、国家地理频道等），它们发掘社会和公众的科普需求，利用科学技术提供的内容和手段，开发高水平科普产品，提供多元化科普服务，向公众传播普及了科学技术，也在市场上取得了成功。

随着我国经济社会的发展和人民生活水平的提高，政府为了推进公民科学素质建设工作的需要，社会组织为了提升成员素质的需要以及公众群体为了改善生活质量和提升个人素质的需要，已经产生了规模巨大的科普产品和科普服务需求，形成了一个巨大的科普消费市场。据任福君、周建强、张义忠等学者在《中国科协科普产业发展"十二五"规划研究报告》中预测，到 2020 年，仅科技馆建设就将有 400 亿元的投入，科普基础设施每年对科普产业贡献的市场规模至少150 亿元；青少年、农民和农民工、城镇居民和公务员群体的科普音像制品消费总量可达 600 亿元，科普玩具市场销售总额将超过 500 亿元②。

推进科普产业发展已经具有了比较成熟的条件和基础，需要国家和政府根据

---

① 任福君，谢小军. 发展科普产业的三个"不能忽视"［N］. 学习时报，2011 - 02 - 21；任福君，周建强，张义忠，等. 科普产业发展"十二五"规划研究报告［R］. 中国科学技术协会，2010.

② 任福君，张义忠，周建强，等. 科普产业发展"十二五"规划研究报告［R］. 中国科学技术协会，2010.

公益性科普事业和经营性科普产业的不同属性，采取分类指导和不同的推进措施，在加大对公益性科普事业投入，促进公益性科普繁荣，提高优质科普公共服务，促进科普服务公平普惠的同时，坚持公益性科普事业和经营性科普产业并举的发展方针，坚持公益性科普事业和经营性科普产业相促进的发展原则，克服单纯依赖政府投入办科普的倾向，大力促进科普产业的发展。

目前在我国，科普产业已经有所发展。传统的科普出版、科普玩具等行业已经形成一定规模，科普旅游业近几年也悄然兴起，国内首个科普产业园区 2010 年在安徽省芜湖正式开园，广西北海市也正在积极推进国际科普动漫产业城建设，北京市石景山区在"十二五"期间打造"石景山科普"品牌集群。中国科协与安徽省政府合作举办的"中国（芜湖）科普产品博览交易会"，到 2012 年已经举办了 5 届，每次都吸引许多国内外高校、科研机构、企业参加。中国科协在北京举办的"科技场馆展品与技术设施国际展览会"，到 2013 年也已经举办了 4 届，每次都吸引不少科技场馆和参展企业。

但从总体上看，我国科普产业还处于起步阶段，市场化程度仍然不高，没有形成规模化、集约化、专业化的发展格局，没有出现可提供科普产品或服务的国际知名企业；科普产业组织处于"散、小、弱"状态，整个科普产业结构中传统科普展教品业的比重仍然较大，现代新兴科普产业发展相对不够。核心的问题是创新不足，包括科普产品内容创新不足、科普服务手段创新不足、科普产业业态创新不足。科普产品经营者对公众科普消费需求发掘分析不够，利用新技术和新媒体的手段创新不够，提供的优秀科普作品和产品不够，无法产生广泛的带动和示范效应，良性运行的机制还未建立起来。

在推进科普产业的发展过程中，国家和政府需要为科普产业发展提供系统化的法律和政策，根据科普产业的属性和特征，制定科普产业促进政策，规范市场秩序和规则。同时，坚持政府引导与市场调节相协调、整体推进与重点突破相结合、社会效益与经济效益相统一的原则，科学规划和引导科普产业布局，发展新兴科普产业业态，培育有带动性和示范性的龙头企业，支持科普产品的研发，引导科普企业建立自我发展的经营机制和社会效益与经济效益相统一的经营目标。

在具体推进措施上，国家和政府需要利用税收优惠、财政支持、项目资助等手段以及准入制度、认证制度、知识产权保护制度等制度，发展科普产业集聚区，加大科普产业园区建设，培育若干重点科普企业，支持科普产品研发，鼓励科普产业创新，强化知识产权激励，发展科普产业人才培养基地。同时，应通过扩大对科普产品和科普服务的政府采购范围，拉动科普市场需求，鼓励和支持有创意、有自主知识产权的科普产品和科普服务开拓国际市场。

特别是应在坚持政府引导、市场运作、科学规划、合理布局的原则下，选择一批成长性好、持续发展能力强的科普企业，加大项目扶持和政策扶持力度，尽快壮大科普企业规模，提高科普产业集约化经营水平；利用建立专业研发中心、依托大型科普场馆、推进产学研合作等手段建设科普产品研发中心，引领科普产业的研发工作，增强产业创新能力；扶持科普动漫、科普影视等新兴科普产业业态发展，推动科普产业跨越式发展；加快建设一批具有示范效应和产业拉动作用的重大科普产业项目，通过重大科普项目的实施，带动科普产业发展；积极推进科普产业园区、科普产业示范基地、科普产业市场体系、科普产业标准体系建设；实施科普产业人才建设工程，支持高等院校建设科技传播与普及专业，支持科普产业人才培养基地建设，加快培养一大批高素质的科普产业人才。

以科普产品和服务为主要经营业务的企业则需要充分发掘市场的各种科普需求，针对不同群体、不同地域开发更有针对性的科普产品。相比于普通的日常用品或工业产品，科普产品可以有更加多样的形态，科技内容的表达可以有更加多样的形式，可以是类似于科技类场馆（博物馆、科技馆、海洋馆、天文馆、科普基地等）的展品展项，也可以是科普影视作品、图书、报刊、挂图、游戏、软件；可以更加方便地运用更多传统的或现代的技术手段，可以融入更多艺术或娱乐的元素。利用现代技术手段设计的虚拟现实、三维仿真、动感电影、立体动画产品以及各种数字多媒体科普产品就非常受欢迎。科普企业在经营中需要注重科普产品的系列化和多元化，再造产业流程，延伸产业价值链。系列化和多元化的科普产品开发有助于企业形成完整的价值链，提高企业的规模经营效益。

第十一章　科技传播与普及实践活动的策划与实施

在当代中国社会语境中，科技传播与普及包括科普事业、科普工作、科普活动 3 个基本的层面。首先是需要国家投入支持、政府引导发展、全民广泛参与的一项社会事业；其次是需要国家和政府相关机构部门、社会组织团体积极实施和推进，服务公民科学素质建设的一项重要工作；最后则是需要通过组织开展科普活动，传播普及科学技术内容，活跃社会的科普局面。组织开展丰富多彩的科普活动是科普工作的重要内容，也是科普事业繁荣发展的重要体现。对于我们这样一个地域辽阔、人口众多的国家来说，没有丰富多彩、形式多样的各类科普活动，科普工作就失去了重要依托，科普事业也无法得到良好发展。科普活动的组织开展严格说来并没有固定模式，需要组织者"因地制宜"、不断创新。

一、　科普活动及其策划与设计

科普活动组织开展的基本过程包括项目立项、方案策划、媒介制作、组织动员、具体实施、过程监控、活动总结、效果评估等环节。项目立项阶段需要调查公众科普需求、分析组织者自身资源、确定项目基本内容。方案策划阶段需要确定活动主题、选择科普内容、设定目标定位、制订详细的实施方案。媒介制作的任务是设计制作表达、承载科普内容的传播工具、媒介、载体，以便利用这些工具和媒介向公众传播科普内容。组织动员的任务则是对科技工作者、科普工作者和社会公众等传播参与者进行充分的组织和动员。然后按照策划方案的内容和步骤具体实施，实施过程中要进行过程监控，在活动结束之后要进行认真的总结和评估。

1. 科普活动及其类型

科普活动在社会的科普体系中处于相当基础的地位，科普事业的发展、科普工作的成效最终都要体现在科普局面是否活跃、科普活动是否丰富、科普效果是否不断提升、科普影响是否不断扩大上。科普活动一般由国家机关、政府部门、社会组织、社会团体等主体举办，面向的对象是社会组织和公众群体，活动的内容是传播普及科学技术，活动的目标包括普及科学技术知识、传播科学思想和方法、提高公众科学素质等。科普活动的组织可以采用公众现场参与的形式，也可能以科普计划或项目的形式推进。我国各级政府以及社会组织、机构或团体举办的科技周（月、年）、科技下乡、科技纪念活动、科普讲座、科普咨询、青少年夏（冬）令营、科普展览展示，等等，都属于科普活动的范畴。

科普活动的组织开展并没有某种固定的模式，可以在内容、形式、目标等方面呈现出差异和个性。只要具有明确的科普目的、面向社会公众对象、传播普及科学技术内容的活动，都可以视为科普活动。可以是传播普及科学技术知识的活动，也可以是宣传国家科技方针政策、展示科技发展成就、激发公众对科学问题的思考、倡导科学文明的生产方式和生活方式的活动。与科学研究、技术创新、专业交流、正规科技教育相比，科普活动的典型特征之一是必须有公众的参与，没有公众参与、不能对公众产生影响，科普活动就失去了应有的特性。科普活动与其他科技活动的区别见表 11 - 1。

表 11 - 1　科普活动与其他科技活动的区别

	目　的	内　容	组织形式
科普活动	普及科学技术知识、倡导科学方法、传播科学思想、弘扬科学精神，社会公益型活动	传播内容多样化且非系统化	参与人员自愿，普及形式多样化：语言、图片、实物等，给予人们一种感性和理性认识
科学研究与发展活动（R&D）	为了增加知识总量，以及利用这些知识去发明新的用途，所从事的系统的创造性工作	具有创造性、新颖性因素，运用科学方法，产生新的知识	以科学家与工程师为主
技术创新活动	以市场需求为起点和归宿点	产品创新与工艺创新，带有明显的经济目的	以企业为主，有关科研机构和高等院校参与
专业学术交流活动	传递新的研究动向和知识成果，交流研究经验	专业科技知识	专业科技人员
正规教育	向青少年及社会成员进行德育、智育、体育和美育等方面正规培训，培养有文化、有思想的劳动者	传授系统知识，教材、培训时间和人员比较固定	由正式教育单位组织实施，对受教育者具有法律、行政的强制性
商品展览与交易活动	向社会展示产品，以便扩大商品市场交易规模	通过产品展示，传递产品使用方法、用途，推销产品以获得市场效益，经济目的明显	市场管理部门和企业共同组织

资料来源：科学技术部政策法规司，中国科学技术信息研究所．全国科普统计培训教材［EB/OL］．［2011 - 03 - 11］．http：//www.istic.ac.cn/Portals/0/documents/sgdt/附件 4：2010 年度科普统计培训教材．doc.

科普活动在类型上也具有多样化的特点。科技部"全国科普统计方案"将科普活动分为科普（技）讲座、科普（技）展览、科普（技）竞赛、科普国际交流、青少年科普、科技活动周、大学和科研机构向社会开放、实用技术培训、重大科普活动等9类科普活动①。《科普活动概论》一书将常见的科普活动类型区分为展示类、宣讲类、体验类、竞赛类、培训类、综合类6种②。按照传播途径和活动形式的分类标准，也可以区分为群众性科普活动、探究性科普活动、传播媒体类科普活动、展览展示类科普活动、科技培训类科普活动、咨询推广类科普活动、示范引导类科普活动等几大类，其中前四类最能体现科学普及的特点，后3类也具有重要的科普功能。

群众性科普活动还可以进一步细分为科技活动周、全国科普日这类大型科普活动，常规科技或科普讲座、公众科技讨论会这类小型科普活动以及大学、科研机构的公众开放日这类机构科普活动。探究性科普活动可以分为科普（技）竞赛、科技夏（冬）令营、由公众参与的科学考察、科技兴趣小组活动等。咨询推广类科普活动包括"科技下乡"这类影响广泛的大型活动以及可以在一些公共场所看到的专家现场咨询这类小型活动。示范引导类科普活动包括带有科技示范特点、带有政策引导特点的活动项目，前者如我国广泛开展的科普示范县、科普示范社区、科技示范基地工作，后者则如我国开展的"科普惠农兴村计划"项目等，"科普惠农兴村计划"通过评比、表彰、奖励在农村宣传与普及科学技术有突出贡献的、有较强区域示范作用的、辐射性强的先进集体和个人，激励他们通过"以点带面、榜样示范"的方式宣传和普及科学技术③。

2. 科普活动策划的基本问题

我国以往的许多科普活动，组织者比较缺乏策划意识，往往依靠过往的经验和模式，致使科普活动缺乏足够的新意和吸引力，并直接影响到科普教育效果的提升。事实上，科普活动策划对科普活动的组织开展具有导向和导引功能，是科普活动实施之前就要确定下来的"蓝图"，也是在科普活动实施过程的执行"依据"。成功的科普活动离不开高水平的策划，高水平的策划是科普活动成功的重要保证。从某种意义上说，科普活动的组织实施可以被看作是对策划方案的实际执行过程。

---

① 科学技术部政策法规司，中国科学技术信息研究所. 全国科普统计培训教材［EB/OL］.［2011 - 03 - 11］. http://www.istic.ac.cn/Portals/0/documents/sgdt/附件4：2010年度科普统计培训教材.doc.

② 任福君，张志敏，翟立原. 科普活动概论［M］. 北京：中国科学技术出版社，2013，14—26.

③ "科普惠农兴村计划"实施方案（试行）［EB/OL］.［2006 - 08 - 18］. http://kphn.cast.org.cn/n891871/n905971/n905979/33830.html.

科普活动策划是在充分调研与分析社会和公众科普需求的基础上，确立科普活动主题和任务目标，围绕主题和目标确定活动的内容、策略和步骤的过程，是在科普活动开展前对整个活动进行系统筹划、谋划、计划，并制订出可行性方案的过程。科普活动策划在内容上涉及主题的确定、内容的选择、目标的定位、活动步骤的细化以及分析目标公众科普需求、自身科普资源等多个方面。良好的方案策划需要计划好科普活动的工作内容，确定好明确而详细的实施步骤，并为组织者提供出解决实施过程中可能遇到的各种问题的对策方法。科普活动策划在程序上和社会其他领域的策划类似，可以分为方案的构思与计划的编制两个基本阶段。方案构思是对即将开展的科普活动进行通盘的策略性思考，确定出活动的整体方案。计划编制则是为确定的整体方案编制出具体的行动方案。

我国对"策划"概念的引进大约始于 20 世纪 80 年代中期的"广告策划"。现代广告运作强调"以调查为先导，以策划为基础，以创意为灵魂"的理念。随后，策划的概念被扩展到营销、管理以及其他社会领域，并受到国人的重视。科普活动虽然与市场营销在任务目标方面有本质区别，但在某些方面也有相似的特点，市场营销需要通过营销手段激发消费者的购买欲望，科普活动则需要利用特定手段激发公众的参与热情。因此，科普活动策划可以借鉴市场营销策划的一些基本方法与经验。

例如，"5W2H 分析法"就是策划的一种常用方法，该方法被广泛用于企业管理、技术、营销决策及其执行活动中。"5W2H"代表活动过程中有 7 个需要考虑的问题，分别是 why、what、who、when、where、how、how much。5W2H 分析法要求在制订活动方案时回答：

why——为什么？为什么要这么做？理由、原因、目的是什么？

what ——是什么？做什么工作？

who——谁？由谁来做？谁来完成？谁来负责？

when ——何时？什么时间完成？什么时机最适宜？

where——何处？在哪里做？从哪里入手？

how——怎么做？如何提高效率？如何实施？怎样的方法？

how much——做到什么程度？需要多少成本？

科普活动的策划可以运用 5W2H 分析法，逐项确定活动中需要注意的问题和可供使用的策略。例如，逐步回答科普活动的目的和目标、考察科普对象参与活动的目的与动机（"why"），确定科普活动的内容和任务、考察活动能给公众提供什么科普服务（"what"），确定参加活动的具体人员、考察面对的可能对象群体（"who"），确定活动的时间和地点、何时去做、从何处入手（"when"和"where"），回答活动实施的方法、程序和手段并考虑目标公众如何才会参与到活动中（"how"），分析科普活动的成本以及公众参与的成本（"how much"）等。

企业管理与营销常用的 SWOT 分析方法、需求分析、定位理论，也可以为科普活动策划提供有益的帮助。SWOT 分析方法的目标是通过分析企业的优势（strength）和劣势（weakness），找到企业的核心竞争力，找出企业的机会（opportunity）和威胁（threat），进而确定企业的竞争战略。对科普活动而言，尽管社会公众对许多科学技术知识信息有较高的兴趣，但并非所有的科普活动都能激起公众同样的强烈兴趣，吸引到足够数量的公众参与。因此，科普活动组织者需要有公众意识和竞争意识，发挥自己的优势和特长，克服和弥补自己的劣势，采取有吸引力的策略和措施，设计出有特色的科普活动，激发公众的科普需求，吸引更多的公众参与。

由美国著名营销专家艾·里斯（Al Ries）与杰克·特劳特（Jack Trout）于 20 世纪 70 年代提出的"定位理论"同样也可以给科普活动策划提供启示。在定位理论看来，科技进步和经济社会发展已经把消费者推到了几乎无所适从的境地，当代公众正面临媒体爆炸（各种媒体不断涌现）、产品爆炸（各种产品眼花缭乱）、广告爆炸（各种广告无孔不入），在广告泛滥、信息爆炸和传播渠道拥挤的时代，"定位"问题就显得非常重要，企业需要让产品显得与众不同，在潜在顾客的脑海里确定一个合理的位置。海尔冰箱强调自己的"高品质"，新飞宣传自己的冰箱节能，实际上都是在运用定位策略。

科普活动的策划与实施，同样需要清楚认识信息爆炸的时代背景，认识科普活动定位的重要性。在当代，公众可以利用大众媒体、互联网、科普设施等多种途径获取所需知识信息，科普活动如果要吸引足够多的公众、取得足够好的效果，必须充分发挥自己的特有优势，进行恰当的定位，并使公众在参与活动中得到特有的收获。科技类博物馆的科普展览要强化科学体验，大众媒体的科普要促进公众思考，青少年科学探究性活动要强调科学的探索，群众性科普活动要强调公众的参与。

科普活动策划也可以依照前面提到的传播学"七 W 模式"，逐步确定科普活动要针对什么背景、达到什么目的、选择什么内容、利用什么渠道、谁来做（传播主体）、面向谁（传播对象）、如何提高科普的效果等基本内容。但不管采用什么具体方法，科普活动策划都需要围绕这样一些基本问题展开。

（1）科普活动的原则和目标

任何科普活动都必须根据国家、社会和公众的科普需求，确定具体而明确的目标定位和活动原则，只有明确了这样的目标和原则之后，才能确立恰当的活动主题，确定合适的目标群体，选择合理的活动内容，从而保证科普活动最后能取得预期的效果。

（2）科普活动的独特性

任何科普活动都需要依靠其独特性吸引公众的参与、提升科普的效果、赢得公众的喜爱、树立良好的"品牌"。科普活动的独特性需要组织者深入了解目标群体的科普需求，认识自己的内在优势，作好全面的分析（例如，SWOT 分析），并具体落实到活动内容与活动方式的独特设计上。

（3）科普活动的参与者

科普活动策划必须明确活动的组织者、实施者和各类可能的参与者（例如，科技工作者等），确定他们在将来实施过程中具体承担和执行的任务。科普活动是面向公众并为了公众组织开展的活动，公众是科普活动的重要参与者，科普活动同时也必须明确目标公众群体。明确了这些参与者之后，才能有针对性地做好动员工作。

（4）科普活动的内容与方式

这是科普活动策划中最重要的内容，涉及科普活动做什么、怎么做的问题。活动内容与方式策划需要确定活动的主题、选定科普的内容、计划好活动的方式与形式以及各项工作及其步骤。策划中需要特别注意从"活动可以给参与者提供什么样的科普服务、让参与者得到什么样的独特收获"角度来进行策划。

（5）科普活动的吸引策略

科普活动需要制定吸引公众参与的系统策略，在诸如如何将活动信息送达公众、如何激发公众参与热情等方面有具体的措施。科普活动组织者需要有公众营销观念，需要项目推广渠道，吸引更多的公众参与到活动中来。鉴于科普活动的特殊性，"人气"是衡量是否成功的重要指标。

（6）科普活动的资源需要

科普活动策划需要根据活动的规模、条件等情况，测算出比较明确的资源需求（包括所需的人力、财力、物力资源等），列出已有的资源和还需要的新资源，确定出明确的经费预算，并针对所需要的新资源提出可行的解决方案，保证整个策划方案具有较强的可执行性和可操作性，能得到足够的资源支持。

3. 科普活动策划的基本原则

科普活动的策划设计需要遵循科学性、教育性、创新性等基本原则①。

---

① 任福君，张志敏，翟立原. 科普活动概论［M］. 北京：中国科学技术出版社，2013：35—48. 本部分借鉴了《科普活动概论》一书的相关内容，以下所引内容不再一一标注。

科学性要求策划设计要结合目标对象群体的受教育程度、心理生理特点、年龄特征和兴趣爱好等，选择合适的科普内容和科普形式，帮助他们掌握科学的知识和方法，增长运用科学的技能和能力。科普活动包括展示类、宣讲类、体验类、竞赛类、培训类等各种类型。不同类型的科普活动有不同的特点，需要策划设计者认真分析科普对象和科普内容的特点，选择合适的科普活动类型，满足因材施教和分类科普的需要。例如，位于北京市朝阳区小关街道社区安全馆的经验就表明，开展诸如交通安全知识的科普，以体验类活动方式效果最好。

科普是一种广义的教育，需要坚持教育性的原则。教育性要求科普活动要通过传播普及科学知识、科学方法、科学思想、科学精神，提升公众的科学素质和运用科技的能力，增加对科学知识的理解和对科学本质的认识，让公众能够受到启迪和教育。当然，坚持教育性原则并不意味着要将科普活动都搞成一个模式，都变成说教式。事实上，要提升科普活动的教育效果，最重要的是激发公众的科学兴趣，赋予活动更多的趣味性，调动公众的好奇心和求知欲，采用寓教于乐的方式。

创新性原则要求科普活动的策划设计者注意在科普活动内容主题、方式方法、手段运用等方面不断创新，使科普活动随时代发展而保持先进性、新颖性和实效性。在科普活动内容和主题方面要根据科技与社会的发展需要、根据公众的科普需求"热点"来策划设计，在方式方法和手段运用方面要围绕提高吸引力、趣味性、启发性来策划设计。例如，在巴黎发现宫，许多成年人和孩子对"动物之间是如何用特定的'语言'进行交流"这一主题就非常感兴趣，他们在这里可以观察了解蜘蛛是如何运用"网"传递信息的，而一种鱼又是如何通过放电进行"对话"的。

科普活动是面向公众、服务公众、为了公众而组织开展的活动，需要充分调动公众的主动性，让他们在参与活动的过程中勤于思考、乐于动手、勇于探究，有所收获、提升素质。传统科普活动往往是组织者根据科学技术知识体系本身的特点、组织者拥有的现有科普资源来设计科普活动的内容和方式，采用的是"以学科体系为中心"（学科中心式）、"以传播者为中心"（传播者中心式）的科普模式，重视的也往往是对科学技术基本知识（甚至是常识性知识）的传播普及，这类传播模式在当代仍有其重要的价值和意义，但科普模式带有很强的缺失模型色彩，已经很难适应媒体和信息"轰炸"背景下公众信息接收的行为特点，很难拉近科普内容与公众的心理距离。科普活动需要通过策划设计，让科普活动在内容上更好地满足公众的需求，让活动的形式更具有吸引力，吸引公众的关注和参与。

科普活动需要通过策划体现这样几个鲜明的特色：紧跟时代发展要求、满足社会科普需求、发挥自身科普优势、提升公众科学素质、服务社会全面发展。这是科普活动应该遵循的基本原则，也是科普活动策划应该坚持的基本方针。确立活动的主题、设定活动的目标、选择活动的内容、谋划活动的形式和方式，都应与这一方针相一致。

紧跟时代发展要求、满足社会科普需求，要求科普活动要以满足社会的各种科普需求为出发点和落脚点，贴近公众的实际需要、贴近科技发展的需要、贴近社会发展的需要。从公众层面的科普需求看，在已经高度科技化的社会和生活环境中，公众群体产生了越来越普遍化、多样化、分层化的科普需求，包括从理解自然现象到食品安全的多种知识性需求，包括从理解科学方法到理解科学的社会作用的理解性需求，包括运用科技解决生活问题和参与社会公共事务的能力性需求。从科技发展的需要看，科学技术研究范围加速扩展，研究深度不断加深，科学技术前沿快速推进，各种高新科技成果不断涌现、迅速应用，使各领域的基础知识和前沿知识都迫切需要及时而广泛的传播。而从社会发展的角度看，经济社会发展已经走上科技创新驱动的轨道，人与社会、人与自然的关系也越来越受到科学技术的影响，传统的发展观、自然观也越来越受到科学技术发展的冲击。当代科普活动需要根据公众的需要、科技的需要和社会的需要，确定活动的主题、定位和内容。

发挥自身科普优势，要求科普活动的组织者充分认识和分析自身拥有的优势，并充分利用和发挥这些优势的作用，通过组织开展有特色的活动项目，为科普事业做出贡献。事实上，每一类组织者都会拥有一些自己独有的优势。例如，政府部门拥有强大的社会动员能力，媒体组织拥有大众媒体这类功能强大的传播媒介，科普设施机构拥有丰富的科普教育资源，高等院校和科研院所则拥有丰富的科技人力、设备、成果资源，等等。科普活动的组织者在策划科普活动的时候，需要分析和认识自身的优势所在，充分利用并发挥自己的优势，这是科普活动取得成功、提高效益、提升效果的基础保证，同时也能较好地保证科普活动的可持续性。

提升公众科学素质、服务社会全面发展，涉及科普活动的目标问题，人们对传统科普的理解以及传统的科普实践都强调知识的普及，而在当代科学普及概念和当代科学普及实践中，科学普及并不仅仅局限于知识的普及，而是在知识普及的基础上，追求更为重要的社会价值目标，包括提升公众的科学素质，服务社会的全面发展。我国《科学素质纲要》就明确指出，科学素质是公民素质的重要组成部分，公民具备基本科学素质是指了解必要的科学技术知识，掌握基本的科学方法，树立科学思想，崇尚科学精神，并具有一定的应用它们处理实际问题、参与公共事务的能力；提高公民科学素质，对于增强公民获取和运用科技知识的能力、改善生活质量、实现全面发展，对于提高国家自主创新能力、建设创新型国家、实现经济社会全面协调可持续发展、构建社会主义和谐社会，都具有十分重要的意义。

4. 科普活动策划的关键内容

科普活动策划设计的关键内容主要包括科普需求调研以及确定活动主题、活动目标、活动内容、活动过程及步骤等几个方面。

（1）科普需求调研

科普活动策划需要以充分调查和全面分析社会和公众的科普需求为基础。由于不同对象可能在知识基础、接受能力、兴趣爱好、科普需求等方面存在差异，而且这些差异会影响科普活动的效果。科普活动策划因而在调查和分析公众科普需求基础上，根据对象不同选择不同的科普内容、科普方式、科普策略。例如，针对社区居民的科普活动要注意根据居民需要、选择居民感兴趣的内容，如环境、健康、保健、生活科技等。当然，科普活动不能仅仅局限于满足居民当下的具体需求，还要充分考虑社会发展的需要，激发人们对科技问题的思考，提升公众的科学素质。

（2）确定科普活动主题

科普活动的主题是对科普活动核心内容与目标的一个综合和概括，也可以用于传达某种理念和思想。当代科普活动策划越来越强调利用主题设计的策略和方法来整合科普活动内容，彰显科普活动的基本思想。在大型群众性科普活动（例如科技活动周）中，活动主题通常是贯穿在各种具体活动或具体内容中的一个"中心思想"；在科技类博物馆的科普展教活动中，展示主题通常是整合和组织展览展示内容的一个整体框架，可以给观众提供一个从整体上把握和理解展览内容的重要工具。

确定科普活动的主题可以有不同的方法，通常情况下需要策划者和组织者分析时代发展的要求和自身拥有的科普优势资源，根据时代发展要求确定能与自身科普优势结合起来的鲜明主题。主题可大可小，但应反映科普活动的鲜明特色和基本内容，表达活动要传达的基本思想。我国科技活动周、全国科普日这类大型科普活动近些年来基本上都围绕"节约能源资源、保护生态环境、保障安全健康、促进创新创造"这一主题开展，再根据当时的具体内容确定具体主题。中国科技馆常设展览采用的是结构化主题设计方法，首先分为"华夏之光"、"科学乐园"、"探索与发现"、"科技与生活"、"挑战与未来"五大主题展厅，然后再细分各展区内不同部分的展览主题。

（3）确立科普活动目标

目标定位包括对象群体定位以及效果目标定位等。尽管不同公众群体之间存在着共性科普需求，但不同公众群体之间的科普需求也存在差异。例如，少年儿童、青年学生、成年公众之间以及农村人口、城镇居民之间，在兴趣方向、科普需求方面可能就有很大差异。科普活动需要根据不同对象群体选择不同内容，采取不同的传播策略，定位于不同的效果目标，这样才有利于提高科普活动的针对性和实际效果。例如，对少年儿童来说，可以选择适合他们身心发展的科技内容，重在激发他们对科学现象的兴趣；对于青年学生来说，可以结合他们学过的科技内容，重在激发他们对科学过程的探索；对成年公众来说，则可以选择更多与科学的方法、思想、精神、社会作用相关的内容或是与生活相关的科技内容，提升他们的科学素质，促进他们对科学问题的思考。不同的目标定位会影响到科普内容和活动方式的选择。科普活动通常需要结合实际情况因地制宜、结合时事状况因材施教、结合社会需求因势利导[1]。

（4）规划活动内容和过程

规划科普活动的内容狭义地说主要指选择科普活动所要传播普及的内容，即选择哪一个方面的知识和内容、哪一个层次的内容（是科学的知识、方法，还是科学的思想和精神等）。广义地说还包括选择科普活动的项目内容，即科普活动在举办过程中要包括什么样的具体项目，有科普展览、科普讲座，还是有体验活动、竞赛活动？

科普活动的策划设计同时还要认真谋划活动的过程及步骤、考虑活动的保障条件。科普活动不同于单纯的课堂教学，要注意活动过程任务清晰，活动环节衔接紧密，活动内容新颖有趣，活动特色鲜明、安全有保障。特别是要考虑科普活动在实施中应该有哪些基本的环节和步骤、每个步骤的任务和要求是什么、由谁来完成各项不同的工作、需要提供什么样的人财物资源以及设施设备来支持、如何通过营造环境氛围增加活动的吸引力和趣味性等，同时还要考虑安全保障问题，预测可能会出现的问题，并提出相应的预案。

科普活动策划是一种创造性很强的工作，大型科普活动的策划也是一项复杂的系统工程，设计者需要根据社会的发展、公众的需求，确定活动的内容和形式、明确活动的目标和任务、设计活动的构成和步骤。景佳等学者所著《科普活动的策划与组织实施》一书、任福君等学者所著《科普活动概论》一书都比较

---

[1] 朱利荣. 科普活动策划的要素研究［C］//任福君. 中国科普理论与实践探索——2010 科普理论国际论坛暨第十七届全国科普理论研讨会论文集. 北京：科学普及出版社，2010.

详细地讲述了科普活动策划的基本程序。《科普活动概论》一书还提供了竞赛类科普活动（如青少年科技创新活动）、宣讲类科普活动（如社区居民科普沙龙活动）、体验类科普活动（如青少年环保科学体验活动）等科普活动策划设计的具体案例。

5. 科普活动策划设计方案的编制

科普活动策划一旦在一系列关键问题上形成了比较系统的思考之后，就可以进行策划方案的详细编制了。方案的编制应该充分反映和体现科普活动确立的基本原则，符合科普活动主题与定位的要求，很好地通过方案的实施全面实现科普活动的预定目标。在具体内容上应该包括从实践活动的准备、人员资源的配置到活动项目的启动、实施过程的执行与监控，再到活动结束后的全面总结、科普效果评估等各个环节的任务及目标进行详细的分解和计划；也包括从活动方式的设计、活动要求的明确到分解各个具体活动的程序步骤、预测执行中可能出现的问题、提出解决问题的应对方案，再到确定动员各类参与者、吸引更多公众参与、项目宣传推广的基本策略以及资源与预算的具体安排。方案编制需要对各方面工作进行系统的谋划和细化，要有良好的可操作性和可执行性。

大型多任务科普活动可能包括科普展览、科普讲座、科普研讨会、开闭幕式等多种不同的具体活动（可以称为科普活动的子项目），需要对这些具体活动（子项目）进行细致设计与计划。科普活动不论包括什么样的活动项目，都需要重视活动内容的丰富性、科学性、普及性、启发性，通过丰富的活动内容，让公众能够有所收获、受到启发；活动方式上需要重视创新性、趣味性、娱乐性、参与性、互动性，增加活动对公众的吸引力和新奇感，激发公众的兴趣和参与；科普效果上重视实效性、吸引性、提升性以及后续效应，提升公众对科学技术内容的认知和理解，并促动他们在思想观念与行为方式等方面发生改变。

科技传播与普及实践经过长期的发展，已经拥有了多样化的活动类型，例如科普展览、科普讲座（报告）、科技竞赛、科普咨询、科学影视展映、科学探究项目、科技兴趣小组、科技夏（冬）令营、科技周、科普日、公众开放日，等等。即使是同样的科普活动类型，可能也有不同的活动形式，例如科普展览可以是静态展示型的，也可以是动态演示型的，甚至是鼓励观众操作型的；科普讲座可以是单向传递式的，也可以是互动交流式的，甚至是问题研讨式的。科普活动方式的设计可以利用 SWOT 模型等方法对不同的活动形式进行比较分析，根据确立的活动目标、选定的内容，选择恰当的活动方式和活动形式。当然，科普活动策划者和组织者需要有创新的意识，设计更具创意、更有效果的创新活动形式和活动方式，即使是采用常规的活动形式，也要考虑在某些方面、某些环节上有所创新，以增加活动的新意和吸引力。

宣传、推广、营销方案设计是科普活动方案设计中需要注意的一个重要问题。科普活动是面向公众并为了公众而组织的活动，而公众在现实中却处于分散化的状态，活动的组织实施需要有宣传推广和"公众营销"的观念，系统设计和规划利用什么渠道和手段将活动信息送达公众，如何促进公众获得和知晓活动信息、了解活动内容。宣传推广方案设计的目标是通过设计激发公众参与的策略、手段、措施，让目标公众了解活动的独特性，对活动有所期待，能产生参与其中的兴趣和热情。大型群众性科普活动还需要考虑如何利用广泛的宣传推广，营造良好的社会氛围，吸引更多的社会组织与大众媒体的参与。例如，中国科协在举办全国科普日的过程中就非常注重活动的宣传工作，在举办全国科普日之前和举办过程中利用在公交车厢、社区居民楼电梯间张贴宣传图片、在社区居民中举办宣传活动 3 种渠道，进行科普日活动的宣传推广工作①。

科普活动的方案设计当然也要充分注意活动过程中可能涉及的各种细节问题，详细列出从活动准备、组织动员、实施过程、过程监控、活动结束各个环节的工作内容、任务要求、人财物配置，细化其中的程序步骤和关键节点，并对实施过程中可能出现的问题进行事先的预测，提出解决这些问题的对策方法。一个优秀的设计方案可以给组织者和实施者提供一个清晰的路径和程序，使他们能够按照方案设计的程序步骤逐项执行，并且能够让组织者、实施者按每个步骤上的任务要求自我监控过程的进展，评估执行的效果，及时发现执行中的偏离。

二、 科普活动的实施和评估

科普活动的成功取决于活动方案策划设计是否科学可行，也取决于活动的组织实施是否认真细致，活动是否取得了切实的效果。科普活动的组织实施同样也没有固定的模式或方法，需要组织者充分发挥创造性，根据科普活动对象的特点、科普活动的具体内容来确定活动实施的方式、策略、过程和步骤。通常要遵循的一般程序包括：先要进行活动实施方案的细化设计，然后按照实施方案的各项要求具体落实，最后是对活动进行总结评估。实施过程中要认真做好各项具体工作，对实施过程进行严密监控，遇到问题时能及时而有效地解决。

①　谭超 . 大型科普活动前期宣传效果评估的探讨［J］. 科普研究，2011（3）：81—83.

1. 科普活动的组织实施

科普活动的组织实施实际上是对策划设计方案的具体执行过程，组织实施过程中需要遵循计划性、创造性、节约性等基本原则，制定细化操作步骤的实施方案，规范、严格、认真地执行策划设计方案，同时也需要有遇到特殊问题时的灵活性。组织实施的成功取决于组织实施者的执行力和灵活性，也取决于活动过程中各个环节的良好衔接、各类条件的足够配备、各项工作任务的按时完成。实施过程中尤其需要重点关注组建得力的工作团队、营造活动现场氛围、进行严密的过程监控、及时收集各种反馈信息、认真全面的工作总结等几个关键方面。

（1）科普活动实施的基本原则

科普活动的组织实施要以前期的活动策划方案为依据，但也不是对策划方案的简单落实，需要组织实施团队具备创造性意识和创造性思维，进行创造性的工作，创造性地谋划各项具体任务和工作的落实，创造性地调动相关人员的积极性，创造性地激发科普对象的参与兴趣，并有效地预测和应对实施过程中可能遇到的各种问题，找到解决问题的有效对策。同时，从实际出发，厉行节约，减少铺张浪费，提高办事效率，减少不必要的形式化环节，力求使科普活动取得最大效益。

科普活动可能因规模的不同而在工作复杂程度上差别较大。对于那些规模较大、涉及面较广的科普活动，由于工作多、任务重、协调工作量大，为了便于协调落实，提升工作效率，组织者需要在细分和计划各阶段、各方面工作任务的基础上，编制实施工作手册，对各项工作任务进行科学分解，详细列出各方面工作内容及具体要求。工作手册既可以作为科普活动实施过程中的一个基本手册，也可以用于对相关人员的培训，是非常实用的一种管理工具。

（2）科普活动的实施准备

在科普活动的实施准备阶段，组织者和工作团队需要精心准备，认真负责，保证各项准备工作按时完成，特别是划分出几个界限相对比较清晰的工作流程，明确各类准备工作的内容、重点、要求，保证所需各种条件按时准备到位。工作的重点可能包括组建组织实施队伍、进行人员培训、做好宣传工作、发动观众参与、准备科普资源以及场地与设施设备等。

对于包括多任务和多环节的大型科普活动，由于工作浩繁、头绪众多，资源动用和人员调集量大，准备工作尤为重要，需要组建得力的工作团队，保证工作团队明确分工、各个环节良好衔接、各项工作任务按时完成。工作团队规模的大小主要取决于活动的规模，根据实际情况可大可小，但总的要求是训练有素、结构合理、优势互补、团结协作、合作良好，团队成员能够很好地适应各自工作岗位的要求。工作团队组建之后，需要进行必要的培训，使团队成员熟悉和理解科普活动的背景、目标、意义、流程、规范、纪律以及分工协作关系等，增强团队的内部凝聚力，提高团队的工作效率，从而做到思想统一、步调一致、目标明确、任务清楚。参与科普活动的全体工作人员的通力配合对保证活动成功至关重要。特别要使各个岗位上的团队成员、承担各类工作任务的成员，都能明确各自的工作任务和工作要求，都能很好地设想实施过程中可能遇到的各种问题，必要时还应对可能遇到的问题进行集中研讨，制定出应对预案和策略。

科普活动的宣传推广是从科普活动准备阶段就要予以重视的一项重要工作。科普活动的宣传与商业活动的宣传有相似之处，首先需要提高公众对活动的知晓度，其次需要采取策略激发公众的参与兴趣，可以利用或借助各种媒体工具（如电视、广播、报纸、网络等），也可以使用海报、条幅、标语等非媒体类的宣传手段，还可以亲自到学校、单位、社区等进行宣传。科普活动的宣传发动需要注意点面结合，面上的宣传主要依靠上面这类手段，点上的发动则要针对重点目标人群进行主动"营销"，甚至有针对性地邀请和组织社区、学校、机关、企事业单位的成员来参加。在国内外，组织特定公众参加科普活动都很普遍。理想情况下，既能吸引公众的自发参与，又能适当地组织部分观众来参加。科普活动准备阶段还应充分考虑邀请相关领导、专家等作为嘉宾参加现场活动，以提高科普活动的影响力。对于大型群众性科普活动，这一工作尤其重要。

在做好上述准备工作的同时，工作团队要分工协作地做好科普资源、活动场地、设施设备的准备。这里的科普资源主要指的是科普内容及载体资源，包括为公众提供科普服务的内容、信息以及承载这些信息和内容的产品、作品，如图书、期刊、挂图、影视作品、科普展示展览、数字化科普资源等。活动场地（无论是室内的还是室外的）的准备要充分考虑规模是否足够、是否安全和便利、能否满足活动的实际需要。设施设备的准备包括科普活动中使用的各种设施设备以及用于后勤保障服务方面的设施设备（如供电、音响、交通、安全方面的设施设备等）。

（3）科普活动的具体实施

在科普活动的具体实施阶段，组织者和工作团队要明确分工、工作到位、协调有序、保质保量、各项工作良好衔接。根据科普活动的内容、形式、规模等方面的特点，科普活动实施的具体工作内容也会各有不同，需要注意的关键问题包括活动的开幕与启动、现场的服务和管理等几个方面。大型科普活动还要做好来宾、媒体与公众的接待工作。科普活动现场实施阶段的来宾接待工作主要包括两项内容：一是确保来宾按时出席，不影响活动正常进行；二是确保接待迎送礼节、礼仪得体。如果参加活动的观众有比较大的规模，需要做好观众入场的引导和管理工作，保证现场安全、高效有序，提升活动效率和活动质量。

不少科普活动通常都会安排有开幕式或启动仪式，其目的是突出活动主题，营造氛围，并向来宾及公众表示欢迎和好意。科普活动开幕式和启动仪式或简单、或隆重，但都要节奏紧凑、突出主题，保证嘉宾准时就位，观众提前就位，现场秩序有序。从开始接待来宾、媒体与公众起，科普活动就进入正式实施阶段，实施工作团队要分工明确、工作到位、协调有序、保质保量地完成各项工作，同时注意维持现场的良好秩序。在科普活动的收尾阶段，要做好活动现场人员的妥善安排、物资的妥善处理等相关工作。

在一些展示类、体验类、大型综合类科普活动中，现场秩序管理是一项重要的基础工作，需要工作团队协力提供好现场引导服务，包括合理分配活动空间，合理规划参观路线，出现人流量大、拥挤、混乱场面时及时有效引导。在科普活动中，还要注意观众有可能会就某些知识和内容产生不解和疑问，需要配备专门的人员提供讲解和咨询服务，为公众答疑解问。对于近些年来颇受欢迎的互动类展项，要随时注意修复由于观众操作不当而导致的各种设备故障。在观众人数较多的科普活动实施过程中，需要有专门人员负责安全保卫和急救服务工作，确保紧急情况发生时能得到及时处理。活动过程中还要注意活动现场的资料收集工作（包括拍照、录像等），记录并留存相关活动资料，为将来的新闻报道或活动总结提供素材。

在组织实施过程中，营造良好的氛围对科普活动的成功也是至关重要的一个方面。氛围营造包括多个方面的重要工作，例如，现场环境氛围的营造、现场活动氛围的营造，等等。现场环境氛围的营造（如环境空间设计、展览展品布置等），要做到美观大方、赏心悦目、突出主题；现场活动氛围的营造，要让组织者、实施者、参与者之间良好互动，参与活动的公众能够热情、积极地参与到活动中来等。对于大型群众性科普活动而言，还要重视动员社会各界的积极参与，最好有各方面的专家学者和机构代表参加，使活动现场呈现出较为热烈的活动场面；重视吸引各类媒体的积极参与，提高媒体的宣传力度，引发社会的广泛关注，从而营造良好的社会氛围。包括公众在内的各类参与者的热情参与在其中尤为重要，组织者和实施者需要有调动参与者情绪的策略，让参与者能够真正参与进来，充分活跃现场气氛。

过程监控和收集反馈信息也是组织实施过程中值得重点关注的重要工作，组织者和实施者需要密切注意过程的进展状况，及时地进行过程监测，一旦出现特殊问题，应及时予以解决，必要时随时灵活地调整方案。过程监控包括随时收集各类参与者对活动组织的意见、建议以及各种反馈信息。这些意见、建议和反馈信息有助于及时对活动的组织做出可能的调整，也有助于在活动结束时，总结活动的经验、发现存在的问题，为今后举办类似的科普活动提供重要的借鉴和指导。最后则是要重视分析总结工作以及后期宣传方面的工作，以便为将来持续组织开展科普活动打下良好的基础。科普活动结束时都需要进行认真的工作总结，目的是总结经验、发现不足，以便今后不断提高科普实践工作的水平。工作总结实际上相当于简化形式的内部评估。

2. 科普活动的评估

举办任何科普活动都是为了达到某种特定的科普目的和目标，产生某种特定的科普影响和效果。但科普活动的组织实施情况是否符合这种预期目标和效果，达成目标的程度如何以及效果是否理想，组织实施过程中或结束后需要进行认真的分析和评估。特别是对于那些耗资巨大的科普项目或大型科普活动而言，要确定工作任务完成情况是否达到了既定目的，是否得到公众的认可，组织实施过程中有哪些值得总结的经验，还有哪些值得改进的地方，都需要通过专门的评估工作来进行系统的分析与总结。评估不仅是对既有的工作任务完成情况和活动项目实际效果的评价，对今后工作改进和提高也具有重要的指导价值。

（1）科普领域的监测评估问题

目前，关于科普监测评估的研究与实践中，"监测"和"评估"经常作为一组术语同时出现，但监测和评估既有区别又有联系。监测通常指的是通过系统收集和分析特定指标的数据，就正在进行的工作、正在采取的措施，向管理层或利益相关方提供工作进展情况、目标实现程度等方面的信息。监测的主要职能是对投入、产出、成效、影响进行经常性的动态跟踪。评估通常指的是系统和客观地评价一个正在实施的或已完成的项目、计划、行动或政策，包括其设计、实施和结果。评估的目的是确定项目、计划、行动或政策的完成（或执行）情况、效率、效果、影响和可持续性，是对项目、计划或行动、政策的阶段性与结果性执行情况的评价。例如，对《科学素质纲要》实施情况进行监测评估，就是要依据《科学素质纲要》提出的目标，通过收集、整理、分析实施过程的相关数据和信息，对《科学素质纲要》实施和执行情况进行动态跟踪、做出评价，总结和分析《科学素质纲要》执行中的经验与不足，从而更加有效地推动《科学素质纲要》的实施进程[①]。

---

① 田德录，方衍.《科学素质纲要》实施的监测评估理论框架研究［J］. 科普研究，2008（3）：18—23.

　　就对我国科普事业、科普工作、科普活动而言，监测可以主要针对科普事业、科普工作，通过监测，考察科普事业、科普工作的进展情况，做出全面的和总体的判断，分析存在的问题和不足并提出改进措施，以便更好地推进科普事业发展和科普工作进展[①]。

　　科普评估主要针对科普活动进行评价，即根据一定的原则、程序和指标体系，运用科学、公正、可行的方法，对正在实施的科普活动进行过程评价，对实施完成的科普活动进行效果评价。目的是通过评价，分析实施过程成效，检测实施效果，发现存在的不足，提出相关的建议，从而帮助组织者和实施者改进工作。科普评估更多的是针对科普工作中的微观具体对象，例如政府部门、研究机构、科技社团开展的群众性科普活动，科技类博物馆和科普基地实施组织的科普教育活动项目，等等。对需要承担（或参与）科普工作任务的科普组织所做的科普工作评价，也可以划入科普评估的范畴。

　　发达国家的政府机构和科学组织都非常重视科普评估工作，并通过评估工作不断改进科普活动的组织，推进科普工作的发展。在英国，政府资助的重大科普活动通常都会委托评估机构进行评估，例如，自1994年起举办的科学节每年都会进行效果评估。英国公众理解科学委员会为此还专门编写了关于如何评估科学节的小册子，指导科普执行机构开展项目评估工作。德国政府和科学界自2000年以来每年都举办不同主题的科学年，例如物理科学年、生命科学年、地球科学年、化学科学年、爱因斯坦年、技术年等，每年都有一份比较详尽的评估报告。我国科学普及出版社就组织翻译出版了德国Com. X传播分析评估研究所受德国联邦教育研究部委托，对2005年爱因斯坦年活动所做的评估报告。从这份评估报告中，我们可以清楚地看到德国是如何对这类大型科普活动进行评估的[②]。

　　科普监测评估具有重要的评价功能、激励功能、导向作用和指导作用，是强化科普工作科学化管理的一种重要工具和手段，近年来也受到科普管理部门和科普界的重视。国务院颁布实施的《科学素质纲要》就将监测评估工作列为纲要组织实施的一项重要措施，提出要建立公民科学素质状况和《科学素质纲要》实施的监测指标体系，对公民科学素质状况和《科学素质纲要》实施情况进行监测评估。中国科普研究所近年也先后组织开展了"科普效果评估理论与方法研

---

　　① 《科学素质纲要》提到的"监测"，实际上包括两方面的监测，一是对公民科学素质状况的监测，二是对《科学素质纲要》实施情况（进展情况）的监测。对前者提出的要求是：制定《中国公民科学素质基准》，建立公民科学素质状况的监测指标体系，对公民科学素质状况进行监测；对后者提出的要求是：建立"纲要"实施的监测指标体系，对"纲要"实施情况进行监测。

　　② ［德］加布里尔. 2005爱因斯坦年评估报告［M］. 北京：科学普及出版社，2008.

究"、"全国科普基础设施发展状况监测评估"等研究，取得了一些研究成果①。中国科普研究所从2007年开始还对全国科普日活动进行监测和评估。

（2）科普活动评估的基本类型

可以用不同的标准对科普活动评估进行分类。按照科普活动组织实施过程的时间顺序，可以分为可行性评估、形成性评估、总结性评估。所谓可行性评估，是指科普活动正式实施前针对项目的立项、策划、方案设计进行可行性评估。可行性评估需要依据活动项目的需求，分析项目的可行性，考察科普活动的目标定位、活动内容及其方案设计的科学性、合理性、可操作性，发现项目计划中可能存在的问题。所谓形成性评估，是指在项目开始实施后、完成前之间的某个时间节点上对项目实施情况进行评估，分析和考察的内容包括活动项目实施的基本情况、活动项目的执行情况、诊断实施过程中的困难和问题、找到解决问题的办法和措施、提出推进项目实施的对策建议。总结性评估是在项目结束后，根据原定活动目标和实际实施情况，进行全面和系统的评估。总结性评估要给出结论性的评价意见，评价的内容包括活动项目是否达到预期的目的和目标，达到的程度如何，科普活动的效果如何，对公众产生了什么影响，活动项目的优势特点，实施中出现的问题，并提出有参考价值的意见和建议。

根据评估的方式，科普活动评估可以分为内部评估（自我评估）、外部评估和参与式评估。内部评估由项目实施者自己进行评估，这种评估成本较低、简单易行，评估者就是项目实施成员，对项目实施各方面情况（过程、目标、内容、任务等）较为熟悉，有利于及时发现并解决问题，但内部评估需要注意客观公正性的问题。外部评估是由活动项目实施成员及其机构以外的评估专家来进行评估。外部专家评估比较容易保证客观公正性，专家的专业评估知识也能够很好地保证评估的科学性和规范性，但外部专家也可能存在对有关情况不甚熟悉的问题。因此，吸收活动项目组织者、实施者、参与者（特别是作为科普活动受益者的公众）参加到评估中来，对保证评估的客观性、科学性、规范性、深入性，提高评估的质量和针对性，是非常有价值的，这种评估便是参与式评估。

根据评估对象的属性，可以将科普评估区分为科普展览展示评估、科学教育项目评估、群众性科普活动评估等不同类别。这种分类还可以再进一步细分，例

① 中国科普研究所《中国科普效果研究》课题组. 科普效果评估理论和方法［M］. 北京：社会科学文献出版社，2003；郑念. 科普效果评估研究案例［M］. 北京：中国科学技术出版社，2005.

如科普展览展示评估可以再细分为常设展示、临时展览、科学巡展评估等，科学教育项目评估可以再细分为青少年探究性科学活动、兴趣小组、科技夏（冬）令营评估等，群众性科普活动评估可以再细分为科技活动周和公众科普日这类大型科普活动的评估、高等院校和科研机构公众开放日这类机构科普活动的评估、城乡社区各类科普讲座和科普咨询这类小型科普活动的评估等。现实中的科普活动具有类型多样的特点，不同类型的科普活动拥有不同的特点和优势，在目标定位、对象群体、内容层次、活动方式等方面也可能有较大差异，可以建立不同的评估评价标准和指标体系，形成不同类型的评估。

根据科普评估的内容范围，也可以区分为综合性评估和专题性评估。综合性评估要对科普活动从组织实施到科普效果进行全面评估，专题性评估则主要是针对科普活动的某个方面或某个部分进行评估。例如，针对影响广泛的大型群众性科普活动，可以专门就其组织实施、活动方式、宣传推广或公众参与情况、取得的科普效果、产生的社会影响等进行专门的深入评估。当然，综合评估和专题评估不是排斥性关系，两者可以形成互补关系。中国科普研究所对中国科协举办的全国科普日的评估，就既包括了对整个活动的全面评估，也包括了组织评估、公众评估、宣传评估等专题评估。

国内还有学者基于对我国科普评估体系建设的考虑，提出将科普评估分为战略规划评估、科普项目评估、组织能力评估。战略规划评估的目的在于通过科普外部环境因素评估、内部因素评估，明确组织的发展方向和发展战略。科普项目评估的目的在于促进科普活动的效率与产出效果，评估内容包括科普项目投入、项目组织实施、活动方式、产出效果等。组织能力评估的目的在于通过基本资源、管理能力、组织结构、社会资源网络等的评估，促使科普机构增强自身的能力建设①。这3类评估实际上构成组织机构科普工作评估的几个基本模块。根据这样一种思路，这些科普评估甚至可以提升到地方、区域或国家层面，针对地区、区域、国家的科普工作进行战略规划、科普能力评估。

（3）科普活动评估的基本内容

科普活动评估要保证评估的公正性、客观性、科学性、规范性，保证达到评估的目的，并对科普活动的组织实施产生良好的推进作用，必须确定较为合理的评估内容，使用规范的评估方法，遵循完善的评估程序，建立科学的评估指标。评估内容通常需要根据评估的目的和目标来确定，评估的目的和目标不同，评估

① 张风帆，李东松．我国科普评估体系探析［J］．中国科技论坛，2006（3）：69—73．

内容也会有所不同。如果评估的目的是分析项目的执行情况，则评估的主要内容是考察项目进展与预定目标的匹配情况，评估考察的主要对象是组织者和实施者完成的工作；如果评估的目的是评价是否取得了预期效果，评估内容则主要是项目实施所产生的效果和影响，评估考察的主要对象是公众。

就一般情况而言，科普活动的评估内容主要包括项目方案、活动内容、活动方式、组织实施、科普效果。在此基础上还可以进行绩效分析、社会影响评价等。

1）项目方案评估。科普活动正式实施之前需要进行立项论证、项目策划、方案设计，最后形成一个可执行的具体方案。项目方案评估就是针对这一方案进行评价，评价的内容涉及活动项目的主题是否鲜明、目标是否明确、定位是否恰当、活动能否满足公众需要、方案是否可行、设计是否科学、安排是否合理，等等。分析考察的主要内容是目标群体的科普需求、活动项目的设计方案、项目策划设计依据的理论。科普活动的需求评估、可行性评估通常都属于项目方案评估的范畴。

2）活动内容评估。活动内容评估是针对科普活动中开展的具体活动及其传播内容进行评估。科普活动需要利用一定的具体活动（如展览活动、讲座活动等）、借助于一定的途径和手段，将科学技术内容送达目标公众，并尝试获得科普教育效果。活动内容评估需要分析、考察、评价活动及其内容与主题是否相关、知识内容与公众需求是否匹配、知识层次与公众水平是否协调、科普活动内容是否丰富等。这些方面事实上会对参与活动的公众对活动内容能否认可、接受、理解产生重要的影响。

3）活动方式评估。活动方式评估是针对科普活动采取的活动方式进行评估。正如我们经常看到的，群众性科普活动、科技类博物馆科普展览、青少年科学探究活动项目等不同的活动项目，其活动方式存在巨大差异，不同的活动方式对科普对象会产生不同的影响和作用。活动方式评估需要考察和分析科普活动采取的活动方式是否切合活动主题的需要，是否有助于实现预期效果目标，活动方式本身是否有创新性和示范性，是否能有效激发参与者的兴趣和热情，是否能有效提升活动的互动性、参与性、娱乐性等。

4）组织实施评估。组织实施评估是对组织者、实施者的组织管理和执行情况进行评估。考察评价的主要内容涉及为活动的组织实施配备硬件条件情况，环境布置和氛围营造与活动主题的协调程度，活动项目承办者的管理执行工作的规范性、有序性、协调性情况，执行团队的整体工作效率及服务水平以及活动项目各方参与者对组织工作的整体满意度情况。组织实施评估还应注意对活动项目的宣传推广工作进行分析评价，科普活动需要通过宣传推广工作让更多公众知晓，扩大社会影响，吸引更多参与者。

5）科普效果评估。科普效果情况通常被认为是衡量活动项目成功程度的核心指标，科普效果评估因而通常是最受关注的评估内容。效果评估通常可以从参加活动项目的目标公众数量规模、目标公众参加活动后受到的实际影响程度、社会媒体对活动情况进行的宣传报道情况、社会各界对整个活动满意与否的评价等方面加以分析评价。鉴于科普活动的科普教育特性，参与活动的目标公众是否因为参加该项活动而更好地理解了活动宣传的主题思想、是否产生了更高的科学兴趣、是否受到了更多的科学启发，是效果评估需要依据的关键指标。

（4）科普活动评估的几个重要问题

科普活动评估是具有评价性特征的一项工作，首先要保证评估的严肃性、严格性、规范性、客观性、公正性、科学性，大型科普活动评估甚至还要强调全面性和深入性。其次还要强调评估的学习性、发展性、提升性，总结和发掘已有的经验和成功的做法，从中学习如何改进科普活动的组织工作，发挥评估对今后开展科普活动的示范、指导和引导作用。评价、学习、指导是科普评估工作应该特别强调的基本价值取向。英国科学节的评估工作就非常注意分析和诊断项目是否产生了效果、效果是如何产生的、还有哪些不足、为什么会存在这些不足，并有针对性地提出改进措施。

1）评估的角度。评估者不仅需要有客观、公正的立场，而且要注意从目标公众群体（对象）、项目主办方、组织实施者、同行领域专家、社会公共认知等不同的视角来进行分析和判断。特别是针对大型科普活动的评估，参与活动的各方在参与动机、目的、需求、期望等方面可能存在许多差异，即使仅就参与活动的公众而言，不同个体之间的需求和期望也不会完全相同，客观存在的这些差异可能会导致不同的参与者对同样的活动内容、组织形式、实施效果，出现认知和判断上的差异。因此，评估者在进行科普活动评估时，需要在广泛调查、深入访谈，广泛收集相关数据和各方意见、看法的基础上，进行全面地分析和判断，做出科学、客观、全面、有说服力的结论。甚至需要吸收主办方、承办方、相关专家以及作为受益方的公众参加到评估团队中，以便整合不同的意见，做出全面的评价。

2）评估程序。评估团队需要注意这样几个关键环节。

其一，对相关的科普理论和实践进展进行研究，熟悉相关的理论与实践背景，理解此类项目可能依据的基本理论，保证评估团队具有较高的专业水准。鉴于当代科普活动类型复杂多样的特点，不同活动项目会有不同的特点，对组织实施有不同的要求，预期的目标也会有很大的差异。例如，大型群众性科普活动与科普设施举办的展教活动在这些方面就有明显的区别，评估团队需要对这些差异有比较专业的了解。评估团队的理论学习可以利用文献调研和专家访谈的基本方法，广泛收集相关研究文献，分析专家访谈资料，理解相关理论与实践的发展，并总结此类活动可能依据的项目理论。同时，对前人进行的类似评估工作进行系统、全面的梳理，获得有价值的借鉴。

其二，对作为评估对象的科普活动进行全面研究，并在此基础上确定评估的目标、内容、重点等。上述理论研究阶段的主要任务涉及共性化问题（研究和了解被评估对象涉及的共性问题）。这一阶段的重要任务则是个性化研究，需要分析和研究所要评估的具体对象（科普活动）的个性特征，包括分析该项目的活动内容、活动方式、参与各方之间的关系、组织实施情况，了解参与活动的各方关于活动特点与成效的基本判断，初步形成关于项目特征和成效的整体描述。这是一个熟悉具体评估对象的过程，需要全面收集与项目实施相关的信息，包括访谈参与活动的各方，收集媒体的相关报道。在对项目充分熟悉的基础上，确定评估的目标、内容、重点，规划好评估的技术路线和行动路线。

其三，科学设计项目评估的指标体系，确立科学的评估标准。建立结构化的评估指标体系是目前评估中常用的一种方法，对全面分析和评价科普活动及其效果有重要的价值。科学设计科普项目评估的指标体系是科普评估工作极为关键的一环，也是一项科学性极强的研究性工作。当然，针对不同类型特点的科普活动评估，其评估指标也是不同的，需要充分依据科普活动的项目特性、构成因素、评估目的来确定。评估指标的选择需要遵循可测性、完备性、可行性、导向性等一些基本原则，指标体系的建立可以采用德尔斐法、层次分析法、主成分分析法、模糊综合评价法等。中国科普研究所出版的《科普效果评估理论和方法》一书就系统地研究了科普效果评估的指标体系和方法，总结了多种用于评估的数学模型，国内许多关于科普评估实践研究的文章也都针对不同类型的科普活动构建了相应的评估指标体系[1]。

其四，进行全面深入的项目调研，获取项目的全面信息，科学处理相关数据，最后得出科学客观的分析结论。如果说建立科学的评估指标体系是保证科学评估的前提，那么，获取全面的信息与数据并进行深入系统的分析，就是保证科

---

[1] 例如，郑念，廖红. 科技馆常设展览科普效果评估初探 [J]. 科普研究，2007（1）：43—46；张志敏. 科普展览巡展的社会效益评估指标体系研究 [J]. 科普研究，2010（6）：45—49；张志敏. 对科普讲座开展评估的一般方法研究 [C] //任福君. 中国科普理论与实践探索——2008《全民科学素质行动计划纲要》论坛暨第十五届全国科普理论研讨会文集. 北京：科学普及出版社，2008；张锋. 对我国"科普惠农兴村计划"效果评估的探索 [C] //任福君. 中国科普理论与实践探索——2010科普理论国际论坛暨第十七届全国科普理论研讨会论文集. 北京：科学普及出版社，2010；黄小勇. 大型科普活动评估方法研究 [D]. 哈尔滨工业大学，2006；任福君，张志敏，等. 全国科普日北京主场活动评估报告（2007—2010）[R]. 中国科普研究所，2011；等。

学评估的基础。评估者可以利用针对参与活动的公众以及相关参与各方的统计调查、问卷调查、深度访谈、现场观察等方法获取活动的全面信息和数据，通过针对数据的统计分析、针对访谈内容和媒体报道的内容分析，客观求实地得出分析评价结论。当然，在得出初步分析结论之后，可能还要通过专家咨询等过程对分析结论进行检验和评价，甚至有时可能需要重新调整指标体系，进行相关的补充调研，以保证评估的科学性、可靠性、准确性。

任福君、张志敏、翟立原所著《科普活动概论》一书详细介绍了如何构建科普活动效果评估的指标体系、科普活动效果评估有哪些常用的角度和方法，并提供了大型科普活动效果评估、小型科普讲座活动效果评估的案例。表11-2是中国科普研究所在评估中国科协"全国科普日"活动的过程中使用的科普活动效果评估的指标体系、角度与方法。这一指标体系可以给我们建立科普活动效果评估的指标体系提供很好的借鉴。

表11-2 科普活动效果评估的指标体系、角度与方法

评估指标			评估角度	评估方法
一级指标	二级指标	三级指标		
策划与设计	主 题	时代性	专 家	访 谈 专家打分
		感召力		
	内 容	科学性	公 众 组织与服务者 专 家	问卷调查 访 谈
		贴近公众性		
		丰富性		
		通俗性		
		兴 趣		
		公众偏好		
	形 式	多样性		
		吸引力		
		适合性		
		公众偏好		
宣传与知晓	媒体报道	渠 道	宣 传	统 计 媒体报道监测 问卷调查 访 谈
		数 量		
		深 度		
	非媒体宣传	渠 道		
		数 量		

续表

评估指标			评估角度	评估方法
一级指标	二级指标	三级指标		
组织与实施	安 保	设 施	专 家 公 众 组织与服务者	数据分析 问卷调查 访 谈 座 谈 专家打分 观 察
		人 员		
	讲解咨询	态 度		
		能 力		
		充足性		
	展项与活动	展项完好率		
		活动正常开展率		
	现场秩序	布局合理性		
		有序参与性		
	场地与时间	交通便利性		
		设施便利性		
		时间便利性		
影响与效果	社会影响	社会知晓度	公 众	问卷调查 访 谈
		公众满意度		
	科学传播效果	知识影响	公 众	问卷调查 访 谈
		情感影响		
		态度影响		
	科普能力提升效果	社会动员 队伍建设	组织与服务者	问卷调查 访 谈

第十二章　我国当代科技传播与普及
的发展和研究课题

　　新中国成立以来，国家和政府将科学技术普及纳入国家科学技术事业发展之中，普及科学技术知识也被写入国家宪法，科普工作受到社会各界的重视。改革开放以后，基于实施科教兴国战略、发展科学技术、提高全民科学文化素质的需要，国家和政府先后出台《关于加强科学技术普及工作的若干意见》《科普法》《科学素质纲要》等若干纲领性文件，推出促进科普工作发展的一系列重要措施，也促进我国科普事业在科普理念、科普内容、科普队伍、科普方式等方面发生了重要转变。特别是近年来，随着《科学素质纲要》的全面实施，科普事业发展迅速，科普理念有所提升，科普政策环境不断优化，科普实践取得丰富硕果，公民科学素质建设成效显著。

　　当然，我们也应该清醒地看到，我国科技传播与普及领域还存在许多亟待解决的问题，科普政策法规体系需要进一步完善，科普投入需要进一步加大，科普资源建设需要进一步加强，科普能力尚待进一步提高，适应新媒体时代的科普方式方法亟待更进一步创新，科普理论与实践研究也需要在深度广度上进一步拓展。目前，我国经济社会发展正在实现重大转型，科学技术事业和科学技术创新也正在迈入新的发展阶段。面对经济社会和科技创新发展提出的新要求，面向经济社会和科技创新发展的未来趋势，科技传播与普及工作、科技传播与普及实践、科技传播与普及研究都需要更加系统全面地分析和总结已经取得的成绩，科学判断未来发展的趋势，对将来的重要方向和任务做出预先的规划[①]。

一、　我国当代科技传播与普及的发展

　　我国传统科普工作重视面向广大人民群众普及科学技术知识，期望人民群众

---

　　① 任福君，翟杰全. 我国科普的新发展和需要研究的重要课题［J］. 科普研究，2011（5）：8—17. 本章借鉴了该文章的部分相关内容，以下所引内容不再一一标注。

在掌握科学技术知识之后，能够更好地改造客观世界和主观世界；科普工作也更多依靠群众性科普活动、媒体科技宣传、出版科普读物等手段和形式。近些年来，随着科学技术的迅猛发展和广泛应用，以及我国科普工作的不断推进，公民科学素质建设工作的不断深化，科普领域中外交流的不断加强，我国对科普工作的任务目标和社会作用有了新认识和新理解，科普工作中融入了更多新的传播理念，公平普惠原则得到强化，手段和形式不断创新，渠道和途径得到拓展，细分化、体系化程度明显提高，科普政策法规体系初步形成，科普研究和学科建设也取得重要突破。我国当代科普事业已迈入一个新的发展阶段，在彰显中国特色的同时，时代特征愈发突出。

1. 科技传播与普及理念的突破与提升

考察我国近些年来的科技传播与普及发展和变化，最引人注目的当属科普观念和理念的提升。这种提升包括并体现在许多方面，例如形成了对当代科普发展阶段的新认识，有了对科普作用的新理解；体现在所确立的科普任务目标和方针原则，也体现在科普内容、手段、形式、渠道、途径等方面出现的一系列新变化。当然，科普观念和理念提升是科技传播与普及领域一个永恒的主题和常新的任务，科普工作管理者、研究者和实际工作者需要根据国内外当代科技传播与普及的发展，持续不断、与时俱进地提升科技传播与普及的观念和理念。

（1）对科技传播与普及发展的新认识

20 世纪 80 年代之后，国际科技传播与普及发展到一个重要的新阶段，突破了人们对科普的传统理解，"公众理解科学"、"科学传播"这些术语因而也逐渐流行起来。在我国，自 90 年代以来（特别是近些年来），随着科普工作本身的发展、科普研究的深化以及国内外交流的不断拓展，基于我国实际国情和公众科普需求，学习、借鉴、融合国际先进理念，继承我国以往积累的成功经验，发挥我国科普推进方式的特有优势（譬如政府大力推动），已成为我国当前科普工作中的一种基本特征。

我国当前的科普工作既强调向公众普及科学技术知识，也强调公众对科学方法、科学思想、科学精神、科学社会作用的理解以及对公共事务的参与。《科学素质纲要》就将"公民具备基本科学素质"明确界定为"了解必要的科学技术知识，掌握基本的科学方法，树立科学思想，崇尚科学精神，并具有一定的应用它们处理实际问题、参与公共事务的能力"。我国当代的科普实践正在根据我国国情的客观需要和公众的现实需求，吸取国际科技传播的新理论、新理念和新经验，不断推进科普工作的实践变革。

科技部、中宣部、国家发展改革委发布的《关于加强国家科普能力建设的若干意见》也强调，在国家重大工程项目、科技计划项目和重大科技专项实施过程中，逐步建立健全面向公众的科技信息发布机制，让社会公众及时了解、掌握有关科技知识和信息；建立公众参与政府科技决策的有效机制，建立通畅的沟通渠道，听取公众对科技规划和政策研究制定的意见和建议，提高决策透明度，完善政府与社会的沟通机制；对于涉及公共安全、社会伦理等与公众利益密切相关的科研项目，要逐步建立听证制度，扩大公众对重大科技决策的知情权和参与能力。

我国科普工作已经从过去传统理解的知识普及发展到"大科普"阶段，既有知识普及目标的科学技术普及，也有素质目标的公众理解科学，保障公众在科学技术方面的知情权和参与权也受到关注和重视。这种特征符合我国当前国情的现实需要，也符合当代国际科技传播实践多样化、任务分层化的基本趋势。传统意义上的"科学普及"被拓展成"科学技术传播与普及"，"科普"、"科学普及"、"科学技术普及"这些术语虽然仍在使用，但已不再是传统意义上的传统科普，而是包含了新含义和新内容的"现代科普"。

（2）对科技传播与普及作用的新理解

科技传播与普及工作在传统上强调引导人民群众学习科学知识、学会科学思维、抵制愚昧迷信、养成科学的生活方式。而在今天，科技传播与普及已经被视为科技工作中与科学技术创新同等重要的方面，事关经济增长、科技进步和社会发展的全局，是科技创新、素质教育和文化建设的重要环节，是国家基础建设和基础教育的重要组成部分，是一项意义深远的宏大社会工程和意义重大的战略性任务。2008年，胡锦涛在纪念中国科协成立50周年大会上就明确指出，科技工作包括创新科学技术和普及科学技术这两个相辅相成的重要方面。普及科学技术，提高全民科学素质，既是激励科技创新、建设创新型国家的内在要求，也是营造创新环境、培育创新人才的基础工程，必须作为国家的长期任务和全社会的共同任务切实抓紧抓好，为科技进步和创新打下最深厚最持久的基础①。

在当代科学技术和经济社会发展的背景下，面向社会和公众广泛普及科学技术、提高全民科学素质、增强公民获取和运用科技知识的能力，具有多方面的重要作用和重大意义，既有助于公民及时获取生活和工作所需的各种知识和信息，改善生活质量、实现全面发展，也有助于在社会中培育良好的科学文化，营造激

---

① 胡锦涛. 在纪念中国科协成立50周年大会上的讲话 ［EB/ OL］. ［2008 - 12 - 15］. http：// news. xinhuanet. com/newscenter/2008 - 12/15/content_ 10509648. htm.

励创新的社会环境，服务于建设创新型国家，促进经济社会全面协调可持续发展。《科学素质纲要》就特别指出，科学素质是公民素质的重要组成部分，发展科学技术教育、传播与普及、大幅度提高公民科学素质，对于增强公民获取和运用科技知识的能力、改善生活质量、实现全面发展，对于提高国家自主创新能力、建设创新型国家、实现经济社会全面协调可持续发展、构建社会主义和谐社会，都具有十分重要的意义。

科技传播与普及在当代具有多重重要的价值。我国经济社会发展从整体上看仍然处于发展中阶段，公民科学素质水平与发达国家相比差距甚大，劳动适龄人口科学素质整体上仍然不高，地区之间、城乡之间、不同群体之间差异明显，一些不科学的观念和行为仍然普遍存在，充分普及科学技术知识、提高全民科学素质的任务依然相当艰巨，需要继续强调普及科学技术知识的基础作用。与此同时，需要探索利用更为多样化的途径和手段，帮助公众掌握科学方法和精神，理解和认识科学技术的作用，更好地参与公共事务，从而提升科技传播在当代社会发展进程中的作用。

（3）科技传播与普及工作的新变化

我国科技传播与普及领域近些年来发生的一系列重要变化事实上都体现着科普理念的变革与提升。例如，政府部门和地方政府在《科普法》和《科学素质纲要》的指导下，出台了一系列科普政策法规，采取了一系列科普推进措施，营造了良好的科普环境，优化了社会的科普环境，促进了科普投入的增加、科普资源的建设、科普能力的提升、科普形式和手段的创新，科普产业近年来也在兴起与发展，大联合、大协作的社会化科普工作机制正在形成，科普活动更加贴近民生和国家发展需求、更加注重实际效果。"大科普"观念和格局正在形成。

随着《科学素质纲要》的全面实施，我国已经确立了政府推动、全民参与、提升素质、促进和谐的公民科学素质建设工作方针，明确了落实科学发展观、以人为本、公平普惠等重要原则，科普工作中也强化了发挥政府主导作用、调动社会力量共同参与的工作机制，在工作内容上强调了宣传普及节约资源、保护生态、改善环境、安全生产、应急避险、健康生活、合理消费、循环经济等观念和知识，在提升未成年人、农村农民、城镇居民、领导干部和公务员等重点群体的科学素质方面做了许多扎扎实实的工作，促进了整体工作水平的提升。

我国近些年来的科普工作也更加强调对象的细分化，科普工作分层次和多样化成为我国科普工作中一个重要特征。我国科学技术发展及应用水平与西方发达国家相比总体上还相对落后，不同地区（特别是东部与西部）之间科技发展水平也存在较大差异，不同人群之间对科技的掌握程度不同，社会的科普需求呈现出明显的差异化和层次性特征，科普工作需要对科普对象进行细化和分层，并利用分层化和多样化的科普工作来满足多样的科普需求。分层化的科普工作包括面向普通公众的科学知识普及，也包含促进公众参与公共事务的科学传播；既要有促进公众学习科学的传统科普形式，也要有强调提升公众科学体验、认知、理解的科普新形式，还要有促进公众参与科学事务的高级科普工作。

2. 科普政策法规体系的形成和完善

我国目前已经初步形成了以《关于加强科学技术普及工作的若干意见》《科普法》和《科学素质纲要》为核心的科普政策法规体系雏形，在内容上涵盖了科学普及工作和公民科学素质建设的方针、目标、任务以及科普工作推进的原则、方法、措施，在范围上涵盖了加强科普资源、科普渠道、科普人才队伍、科普保障条件建设等多个方面，在对象群体上包括了面向未成年人、农村农民、城镇劳动人口、领导干部和公务员、社区居民等多个重点群体。全国各地近些年来也给予科普工作以高度重视，根据本地具体情况，结合当地实际需求，制定了许多旨在推动地方科普工作发展的政策法规，建立了面向地方科普工作的法规政策体系雏形，采取了许多面向地方科普需求的重要措施，推动了地方科普工作的发展。

科普法律法规体系的不断健全为科技传播与普及发展提供了法规政策和制度保障，也推动了政府推动、多元投入、社会各界参与的科普工作局面的初步形成。近些年来，我国尽管仍然存在科普社会化程度不足的问题，但科普工作的管理机制、组织方式正在发生转变。科普工作组织模式正在由政府"包办"、"行政"推进向政府推动、政策激励、资源引导的方向转变；科普工作组织形式正在从政府主导向政府动员、社会参与的方向转变；科普工作正在从以专业科普人员、科技人员业余科普为主，向建立专业化的科普队伍、社会各界力量分工协作的方向转变；科普渠道也已经由过去的群众性科普活动、科普读物出版、媒体科技宣传手段扩展成设施传播、媒体传播、科技教育、科普活动等多种渠道。

国务院 2005 年颁布的《中长期科技规划纲要》，明确提出加强国家科普能力建设、建立科普良性运行机制问题。2011 年颁布的《中华人民共和国国民经济和社会发展第十二个五年规划纲要》，在"加强科技基础设施建设"部分又明确提出，"深入实施全民科学素质行动计划，加强科普基础设施建设，强化面向公众的科学普及"①。在此背景下，继续健全和完善科普法规政策体系，利用科普法规政策手段，推进科普工作管理机制深化改革，推进科普工作全面发展，将是我国科技传播与普及工作今后一个时期的重要任务之一。

目前，《科普法》的实施细则和修订方案正在研究和讨论之中，我国需要以《科普法》的修订、实施细则的制定以及全面落实《科学素质纲要》"十二五"实施方案为契机，进一步健全和完善科普法规政策体系，在科普领域强化法规政策手段的运用，深化科普工作管理的改革。特别是针对科研和产业资源科普化、科研与科普相结合、科普资源共建共享、科技传播体系建设、科普产业发展、科普人才队伍建设、重点人群科学素质建设等工作，研究制定相关的法规政策，促进公益性科学普及与经营性科普产业并举的发展体制，全面推进科技传播与普及事业的发展。

3. 科技传播与普及事业的全面拓展

自 20 世纪下半叶特别是 80 年代以来，科学技术迅猛发展和广泛应用，推动经济发展方式、社会生产方式、社会生活方式发生深刻变革，科学技术创新成为推动经济增长的基本动力和引领社会进步的重要引擎，科学技术知识创造、传播、应用的规模和速度不断提高，许多发达国家都把推动科技创新作为国家战略。我国政府同样也做出了增强自主创新能力、建设创新型国家、创新驱动发展等战略决策，把科学技术摆在优先发展的战略地位，把增强自主创新能力作为支撑发展的战略基点，把建设创新型国家作为面向未来的重大战略。时代的发展背景与国家战略的实施，给我国科技传播与普及工作提出了一系列新的要求和需求，推动了我国科技传播与普及事业的发展，使科技传播与普及发展的时代背景特征更加突出。

（1）科技传播与普及需求拉动更加明显

我国当代科技传播与普及事业发展的显著特征之一是需求拉动作用明显增强，来自国家、社会和公众的科普需求成为拉动科技传播与普及发展的根本动力。最大限度地满足国家、社会，特别是公众的科普需求既是发展科技传播与普及事业的出发点，也是发展科技传播与普及事业的根本目的和归宿。在科技传播与普及领域，尽管这些需求之间存在一定的差异（例如，公众科普需求可能包含更多功利性的成分，国家科普需求可能包含更强的引导性特征），但这些需求从

---

① 中华人民共和国国民经济和社会发展第十二个五年规划纲要［EB/OL］.［2011-03-16］. http://www.gov.cn/2011lh/content_1825838_8.htm.

根本上说都是相辅相成的，根本目标一致。国家科普需求的根本目标指向经济社会的全面协调和可持续发展，指向全体公众的共性科普需求，而满足公众科普需求也理所当然地包含在国家和社会科普需求之中，公众科普需求在总体上决定着国家科普需求的基本方向。

（2）科技传播与普及任务目标得到拓展

需求拉动成为我国当代科技传播与普及发展的根本动力，目标牵引则决定着我国科普服务的基本方向。基于当代科技、经济、社会的发展要求，科技传播与普及已经不能仅仅局限于科学具体知识的普及，而是要承担多个层面的重要任务。包括促进科学技术创新、服务国家发展战略，包括培育社会的科学文化、提升公民的科学素质，也包括促进科学决策领域民主机制的建立、使公众有机会参与科技政策制定，还包括服务广大人民群众学习和运用科学技术、提高物质生活和精神生活质量。

（3）科技传播与普及工作内容不断丰富

近年来，在国家、社会和公众科普需求的拉动下，我国逐步确立了"节约能源资源、保护生态环境、保障安全健康、促进创新创造"的科技传播与普及工作和全民科学素质建设工作主题。这一工作主题的确立既充分体现了科技传播与普及为经济社会发展服务、为提高全民科学文化素质服务的宗旨，时代特征更加明显，同时也突出了科技传播与普及服务民生的根本要求，凸显了科技传播与普及在公共服务中的特殊作用。正是在这一主题的推动之下，我国科技传播与普及在内容上更加丰富多彩，针对公众的科学发展观科普、绿色科普、民生科普等科普工作也取得比较丰富的成果。

（4）科技传播与普及普惠原则得到明确

科学技术研究需要利用规模庞大的公共资源，科技成果应用也会对公共利益产生广泛影响，科学技术的发展成果需要惠及全体公民，公众也需要对科学技术决策拥有必要的知情权、表达权、参与权和监督权。科技传播与普及是促进科学技术惠及全民的重要基础之一，也是促进公民参与科技事务的重要途径之一。因此，坚持公平普惠的原则对科技传播与普及来说极其重要、十分关键。《科学素质纲要》就强调了"实现科学技术教育、传播与普及等公共服务的公平普惠，促进社会主义物质文明、政治文明、精神文明建设与和谐社会建设全面发展"的重要性，在实施过程中也通过制定政策法规、加大公共投入、推进重点人群科学素质行动和基础建设工程，增加公民提高科学素质的机会与途径。

尽管由于各种复杂的历史和现实原因，我国针对不同人群的科技传播与普及工作以及不同地区之间的科技传播与普及工作还极不平衡，科技传播与普及公共服务的资源分配还存在不均，但科技传播与普及工作的公平普惠原则已经得到明确和强化，并在科技传播与普及工作中得到了实际贯彻。未来的科技传播与普及工作需要在公平普惠的前提下，继续通过针对各类群体开展的科普工作，带动全民科学文化素质的提高，服务全民物质和精神生活的改善，增强公民参与公共事务的能力，促进公民对公共事务的参与；同时在公平普惠的基础上，利用发展科普产业等手段，满足社会多样化、多层次的科普需求，建立公益性科普与经营性科普并举的发展格局，推进科技传播与普及事业全面发展。

4. 科技传播与普及工作的创新与发展

随着我国近年来科普理念的突破和提升，科普工作的不断深化和认识提高，科普工作在手段、形式、渠道等方面都有了重要发展。综合利用科普基础设施、大众媒体、科技教育与培训、群众性科普活动等多种渠道的作用，根据科普目标和任务的具体要求、科普对象和内容的具体特点、传播技术和手段的优势特性探索科普的创新模式，结合现实情况因地制宜、结合实际需求（包括社会热点问题等）因势利导地采取灵活多样的各种科普形式，不断提高科普实践活动的综合效能和效果，已成为我国当代科技传播与普及工作的重要特点和发展趋势。

（1）科技传播与普及手段、形式、渠道的创新和拓展

根据我国科普工作发展的现实需要以及不同群体的科普需求，我国各级政府、中国科协系统、科研和教育机构、大众媒体和科普基础设施等，面向不同公众群体开展了各种类型、各种形式的丰富多彩的科普活动，推动了科普手段、形式、渠道的创新，活跃了科普工作局面，拓宽了科普工作渠道。例如，近些年来面向青少年学生群体就组织了许多带有科学探究性质的科技创新竞赛、科学调查体验活动；围绕各地农业优势产业和特色农业发展需要，针对农民进行了各种形式的知识和技能培训；许多科技类博物馆也积极引进交互式展览模式，更加强调促进观众获得科学体验；电视等媒体也制作或引进了许多有助于提升观众科学素质的科普节目和纪录片等。科普形式和手段的创新，使科普水平有了实质性提升。

科技传播与普及领域近些年来也出现了许多科普新载体和科普新形态。例如，面向边远地区公众的科普大篷车，面向城镇社区居民的科普画廊，面向农村地区村镇的"一站、一栏、一员"（科普活动站、科普宣传栏、科普宣传员），等等。在实施《科学素质纲要》过程中，各级政府部门动员社会各界力量，针对不同重点人群，组织开展了许多别具一格的科普活动，社区科普、热点科普以及电视科普、网络科普近些年都变得更为活跃。即使是那些比较传统的科普活动（如科普讲座等），也由于多媒体等新技术的应用，在科学内容传达方面更显灵

活多样、丰富多彩，更容易引起受众的注意和兴趣。科普活动载体、形态、手段、形式的创新，提升了科普实践活动的效果，也促进了科普的公平普惠。

尤其值得我们注意的是，信息技术的飞速发展、广泛普及以及在科普工作中的应用，为科普工作提供了新的技术手段、新的渠道和新的平台。目前，以应用新媒体技术为特征的新的科普资源（科普数字电视、科普网站、科普动漫、科普短信、科普博客，等等）不断丰富，基于互联网的网络科普不断活跃，极大地拓展了科普渠道，甚至引起了科普工作思维模式和科普理念的变化。以信息技术为核心的现代传播技术在科普工作中越来越普遍的应用，不仅会在未来为科学知识普及，公众理解科学，科学对话的手段、形式、渠道创新提供更多的可能性，而且会在许多方面深刻影响并推动科普实践的发展，提升科普活动的效果，提高科普服务的能力，扩展科普服务的范围。

（2）更加注重科普资源建设和科普实效的提升

在我国近年科技传播与普及工作中，作为"基础条件"的科普资源以及作为"目标追求"的科普效果受到更多关注，科普工作因而也有了更多求真务实的作风和风格。科普资源是科普能力的载体，也是开展科普工作的基础条件。如果没有丰富的科普资源，科普工作就成了无源之水、无本之木。随着《科学素质纲要》的颁布实施，各类科普活动的蓬勃开展，科普资源的实际需求日益增长，引发了新一轮科普资源建设高潮，科普资源共建共享问题也受到各方关注。全国各地近年来建设了多座特大型、大型科技馆和科学技术类博物馆，科普教育基地、流动科普设施、科普站栏、科普网站、科教频道等各类基础设施建设蓬勃发展。同时，促进科普创作繁荣也成为丰富科普资源的重要突破口。

我国近年来各项科普工作紧紧围绕国家、社会和公众需求展开，计划性、针对性、实效性进一步加强，注重实效成为科普工作的显著特征之一。面向未成年人的科普工作强化了对科学兴趣和爱好的培养、对科学探究过程和方法的体验、对运用科学知识技能的提高；面向农民群体的科普工作更关注提高农民获取科学知识的能力和生产生活的实际技能；面向城镇居民的科普工作强调了如何使城镇居民更好地适应经济发展方式转变和形成科学文明健康的生活方式；面向领导干部和公务员的科普工作则强调了提升领导干部和公务员的科学决策与管理能力。在组织开展各类科普活动过程中，组织者也都更加重视提高参与者的科学兴趣、科学意识、科学体验、科学素质，促进参与者了解更多科技知识、掌握科学方法，提升科普活动的综合效果。

（3）科技传播与普及工作细分化、体系化程度明显提高

随着我国科技传播与普及工作不断深化，科普对象细分化、科普工作体系化

程度明显提高。在当代科学技术与社会发展背景下，公众群体的共性科普需求和不同群体的多样化科普需求都在增长，依据科普需求的差异性对科普对象进行细分，并在此基础上采取更有针对性的科普行动，提高科普工作的实际效果，已成为当代科技传播与普及的重要特点和基本趋势。我国《科学素质纲要》细分了未成年人、农民、城镇劳动者、领导干部和公务员、社区居民等重点人群，确立了以重点人群科学素质行动引领全民科学素质建设的思路。在实施过程中，不仅面向重点人群组织开展了有针对性的科普工作，还积极开展针对某些特殊人群（如妇女、少数民族地区居民等）的科普工作。

针对传统科普手段、形式、渠道相对比较单一的问题，综合利用各种不同的手段和形式，拓展科技传播与普及的渠道和途径，服务多样化的科普需求，推进科普工作"体系化"建设，也是我国近年来科普工作发展中初见端倪的一个重要趋势。近年来，在国家投入、政府推动、政策引导之下，科学教育与培训、科普基础设施、大众媒体科技传播、大型群众性科普活动相互配合，已经初步形成一个"体系化"雏形。在科技传播的微观层面上，"体系化"建设同样也得到了较好发展。例如，大众媒体科技传播包括了科技知识普及、科技进展报道、科技问题讨论等不同层次，科技类博物馆的科技传播包括了展览展示、科普讲座、青少年科学探究活动等不同形式。

5. 与公民科学素质建设互动关系的新发展

科技传播与普及工作和公民科学素质建设工作具有相辅相成、互相促进的关系。科技传播与普及是提升全民科学素质的主要途径和手段，推进公民科学素质建设需要依赖科技传播与普及工作。就我国现阶段科技传播与普及和公民科学素质建设的关系而言，科技传播与普及现阶段核心的和主要的工作就是服务全民科学素质建设、服务提高全民科学素质。而国家和社会对公民科学素质问题与公民科学素质建设工作的高度重视，也极大地推动了科技传播与普及工作的发展。

自颁布《科学素质纲要》以来，我国科技传播与普及的主要工作被纳入到《科学素质纲要》的框架中，科技传播与普及工作也成为全民科学素质建设的组成部分，成为提升全民科学素质的基本手段。随着《科学素质纲要》的全面实施和各项任务的具体落实，我国科学素质建设工作取得了显著的成绩，推动了科技传播与普及各项工作的快速发展。随着《科学素质纲要》在今后的全面和深化实施，我国科技传播与普及事业的各个方面会得到更全面的发展。

科技传播与普及是提升全民科学素质的主要途径和手段，对公民科学素质建设具有重要的服务功能，公民科学素质的变化也是科技传播与普及实效的重要结果和体现。但科技传播与普及工作并不完全等同于公民科学素质建设工作。服务公民科学素质建设不是、也不可能是科技传播与普及工作的全部，科技传播与普及工作有比科学素质建设工作更广阔的范围和目标。除服务公民科学素质建设、提升全民科学素质外，科技传播与普及工作还要服务科学技术知识的社会扩散，服务科学技术的创新创造，服务科学文化和创新文化建设，等等。

6. 科技传播与普及领域的国际化新趋势

就目前经济社会发展的整体水平而言，我国仍然是一个发展中国家，而且作为一个发展中的大国，不同地区之间发展水平极不平衡，不同群体之间掌握科学的程度也存在巨大差异。与世界发达国家相比，我国科技传播与普及工作和公民科学素质建设工作，既面临许多与发达国家科普工作相同的共性问题，又面临着许多与我国国情相关的特殊任务。因此，积极学习并借鉴国际先进理论和实践经验，深入研究我国面临的问题和任务，寻找中国问题的解决之道，是我国科技传播与普及工作以及科学素质建设的基本主题。

近年来，我国科技传播与普及工作者积极开展与国际的交流合作，借鉴国外的先进经验和成功做法，学习国外的新理论和新理念，在科普国际化方面迈出了重要步伐，国内外科普工作者也在许多方面达成了共识。未来，随着中外科普领域的进一步交流，科普理念的相互融合、科普理论的相互学习、科普实践经验的相互借鉴，会得到进一步提高。

（1）中外学术交流进一步加强

近些年来，中国科普研究所、国内高等院校和科研院所主办或与国外机构联合主办了多次在国际科技传播与普及领域有影响的国际会议，如"2005 北京公众科技传播国际研讨会"、"2007 科学探索与人类福祉国际研讨会"、"2010 科普理论国际论坛"、"中日韩科学传播圆桌会议（2011）"等，为中外科普领域的专家学者提供了良好的交流平台，促进了中外科普理论与实践经验的交流。国际许多知名学者如 Martin W. Bauer，Joe D. Miller，Ilan Chabay，Bernard Schiele，Toss Gascoigne，Michel Classens 等也都多次来华参加会议并开展学术交流与合作。国内许多专家学者也多次参加 AAAS、PCST 网络、PICMET 等组织的相关国际学术会议[①]，应邀做大会报告、会议主持人或报告人。国内外机构之间的学者互访近

---

① AAAS（American Association for the Advancement of Science），美国科学促进会（简称"美国科促会"）。美国科促会通常每年都举办大规模的学术年会。PCST（Public Communication of Science & Technology），科技公共传播。国际科技公共传播网络通常每两年举办一次 PCST 国际会议。PICMET（Portland International conference for Management of Engineering and Technology），美国波特兰工程和技术管理国际会议，由美国波特兰工程和技术管理研究中心（Portland International Center for Management of Engineering and Technology）举办。

年来也逐渐活跃起来，中国科普研究所等机构已经和国际许多知名机构建立了研究项目合作、学者互访关系。中国的实践和学者的研究受到国际同行的重视，国际发展动向也能通过交流及时传递到国内。

（2）研究与项目合作不断加深

近年来，中国科普研究所以及国内高校、科研院所的学者与国外学者也联合开展了多项科普理论研究项目，共同资助和组织了多项双方感兴趣的研究课题。中外学者合作撰写出版了一些有影响的论文和著作，如程东红博士、石顺科研究员与国际知名学者合作出版了 *Communicating Science in Social Contexts—New models, new practices*（Springer Press，2008）等 3 本重要著作，被国内外同行认定为本领域近年来最有代表性的学术著作的一部分。印度学者 Gauhar Raza，Hasan Jawaid khan 和中国学者任福君、何薇等联合主编了 *Constructing Culture of Science：Communication of Science in India and China*（A CSIR publication，2011）。任福君和翟杰全的学术专著 *Communication and Popularization of Science and Technology in China*（英文版）也于 2014 年年初由著名的斯普林格出版社（Springer Press）出版。国内近年来还有多名学者独立或与国外学者联合发表了多篇有影响的学术论文。这些成果标志着我国科普领域的国际交流与合作不断深化，也表明我国科普研究成果得到国际学术界的重视与认可。国内科普学术期刊的国际合作也取得初步成效，中国科普研究所主办的《科普研究》就与著名的 *Public Understanding of Science*（PUS）建立了全面合作关系，每年为 PUS 提供一些有影响的文章，由 PUS 择优刊登。同时，《科普研究》也翻译刊登了 PUS 的一些重要文章。

（3）科技传播与普及实践领域的互相学习

科技传播与普及研究领域中外学术交流的进一步加强、研究与项目合作的不断加深，促进了我国科技传播与普及工作者对国际理论研究进展和成果的了解和学习，也为我国科普实践工作借鉴和引进国外先进经验和做法奠定了重要基础，促进了我国科普实践观念和理念的变革，同时也促进了国外科技传播学者和机构更多地了解了我国科技传播与普及理论研究与实践工作的进展，促进了科技传播与普及实践领域的中外相互学习。目前，国外科学传播的许多成功做法和经验被引入国内并在实践中得以借鉴，如"科学咖啡馆"、"科学商店"、科学家与媒体面对面交流等不仅在国内得到应用，而且呈现出良好的发展势头。国内科技传播与普及方面的一些做法和经验也被国外所学习和借鉴，例如，英国就在积极学习和借鉴中国的做法，在全英实施与中国《科学素质纲要》类似的科学素质建设计划。

7. 科技传播与普及理论研究和学科建设的新突破

我国科技传播与普及理论研究近年来在研究深度、研究广度上有了重要突破，发现了许多新问题，提出了许多新概念，初步得到了有重要价值的理论成果。特别是与10余年前的科技传播与普及理论研究相比，研究范围得到极大拓展，研究深度不断深化，已经初步形成了中外科普历史、中外科普比较、公民科学素质、科普资源、科普政策、科普效果、科普创作、科普产业、科普人才、科普监测评估、科普实践研究等重要研究领域或研究方向，特别是通过对科技传播与普及的背景、对象、内容、目的、手段、方式方法、过程、效果等方面的研究，理论体系雏形已经初步形成，理论研究的发展和成果也对我国科普理念的更新与变革产生了重要作用，给国家和政府制定相关政策提供了有力的研究支撑，同时也推动了科技传播与普及学科建设的发展，使学科建设初步迈入体制化的新阶段。

（1）科技传播与普及理论发展开始进入体系化阶段

我国科技传播与普及工作者近10余年来积极借鉴和汲取国外科技传播新理论和新理念，积极引进和运用传播学、教育学、科技哲学、科技史、社会学等学科的理论和方法，深入分析影响科技传播与普及实践的关键要素，拓展科普研究的领域和范围，深化科普基础问题的研究，科普研究领域的基本问题目前已经初步明确，研究框架体系初见端倪，重要研究方向初步形成，科普研究初步迈入体系化发展的重要阶段。例如，在科普工作发展、中外科普史、中外科普比较、科普目的和目标、科普内容体系、政策法规体系、公民科学素质测度、科普监测评估、科普资源及其共建共享、科普基础设施发展等方面已取得许多有价值的成果，在以信息技术为依托的科普手段与方法、科普创作的理论与方法、科普效果、科普产业、科普人才、科技资源等相关资源科普化等方面也有了重要的进展。

近年来的科普研究为国家和政府各级部门制订科普政策提供了有力支撑，给相关部门和机构的决策提供了重要服务。《中长期科技规划纲要》《全民科学素质行动计划纲要实施方案（2011—2015年）》《中华人民共和国国民经济和社会发展第十二个五年规划纲要》《国家科学技术普及十二五发展规划》《关于加强少数民族和民族地区科技工作的若干意见》《中国科学技术协会事业发展"十二五"规划》等一系列文件的制定，都曾得到科普研究工作的重要支持。为科普事业发展提供理论研究支撑、建设科普事业发展"智库"已经成为我国科普研究工作最为重要的任务之一。

（2）科技传播与普及学科建设初步迈入体制化阶段

基于我国科普理论研究的推动和科技传播与普及发展需求的牵动，面向科普人才培养的科普学科建设近年来得到较快发展，包括专科教育、本科教育、研究生教育以及博士后教育在内的科普专门人才培养体系正在初步形成，并呈现出快速发展之势。例如，中国科学技术大学设立科技传播系已经多年，形成了科技传播方向本科、硕士和博士几个层次的培养体系；贵阳学院等高校创办了科学教育的专科和本科专业；清华大学、北京大学、中国科学院大学、北京师范大学等院校也设立了科技传播与普及方向的硕士学位和博士学位；中国科普研究所联合北京师范大学等高校创办了我国第一个科技传播与普及领域的博士后工作站。

国务院颁布的《中长期科技规划纲要》在强调加强国家科普能力建设中，明确提出"在高校设立科技传播专业，加强对科普的基础性理论研究，培养专业化科普人才"。为了积极推进科普人才队伍建设工作，2012年，教育部与中国科协联合开展了培养高层次科普专门人才试点工作，首批在清华大学、浙江大学、华中科技大学、北京航空航天大学、北京师范大学、华东师范大学6所高校设立了科普硕士专业，第一届共招录了150名科普硕士研究生，包括科普教育、科普产品创意与设计、科普传媒3个重点方向。

中国科协近几年还委托中国科普研究所设立"研究生科普研究能力提升项目"，每年择优资助100项左右的硕士和博士研究生开展科普项目研究，通过项目资助方式强化科普研究人才的培养工作。全国各地各级科协和科技行政等部门近年来也举办了多层次的科技传播与普及培训班，并通过项目带动方式，培养了一批懂科技、熟科普的一线科普人才。目前，在中国科协与国家人事和社会保障部的支持下，中国科普研究所联合中国劳动科学保障研究院，正在研究推进"科普职业认定"工作。科普研究、人才培养、学科建设对科技传播与普及事业的发展有重要的支撑作用，虽然目前科普理论研究体系化和科普学科建设体制化还处于初级阶段，但已为未来发展奠定了良好的基础。

二、 推进我国科技传播与普及研究的发展

我国科普研究和科普实践在进入21世纪以后逐渐形成良好的互动关系，科普实践工作越来越倚重理论研究的全面指导，科普理论研究也越来越面向科普事业中迫切需要解决的重大现实问题。当代中国正处于日新月异和飞速发展的阶段，国家的战略发展需求对科普事业提出了更高要求，科普运行方式和实践模式

也处于重大变化之中。未来科普研究需要在借鉴国际研究成果和先进理念的同时，继续根据中国科普事业和科普实践提出的新命题，深入探索中国特色的科普模式，推动科普实践和理论研究工作共同前行①。其中，既包括对科技传播与普及基础理论、公民科学素质建设等重大问题进行系统研究，对科普领域诸多重要关系、关键问题进行深入分析，也包括利用个案调查、案例分析等方式方法开展各种实践研究②。

1. 我国科技传播与普及研究的简单回顾

国际科技传播与普及研究可以追溯到英国科学社会学家贝尔纳对科技传播（scientific communication）的研究③，之后的发展大体上可分为 3 个阶段：在 20 世纪 80 年代之前，科技传播与普及是被作为科学技术领域的一个特殊问题来研究的，尽管科学家之间的交流、技术的社会扩散以及公众科学素质问题受到不同学科的关注与重视，甚至出现了科技情报学这样的学科，但科技传播与普及基本上没有得到系统而全面的研究；20 世纪 80 年代之后，公民科学素质、公众理解科学问题在发达国家受到学者和社会的普遍重视，科技传播研究逐渐发展成为一个专门的"研究领域"，学者们对与提升公众科学素质、增进公众理解科学相关的一些科技传播理论与实践问题进行了研究，提出了一些新的理论和模型④；进入 21 世纪之后，科技传播与普及研究正在朝向建立一门学科的方向发展，进入创建科技传播学科的发展阶段。

2012 年 5 月和 2013 年 9 月，美国科学院邀请国际科技传播研究学者先后举办了两次关于"The Science of Science Communication"的学术论坛。论坛的目标是考察科技传播研究的现状，促进科技传播研究领域的学科（如心理学、决策科学、传播学、风险传播、健康传播、政治学、社会学等）融合，推进科技传播研究的发展。会议讨论的主题十分广泛，既有科学传播学发展状况、微观层面的个人反应、宏观层面的科学传播、社会政治背景中的科学传播、作为"新政治"民主的科学传播这类内容，也有科学传播发展策略、有效传播的方法、科学传播基础设施建设等内容。这可以被视为科学界和学术界尝试推进科技传播学学科的标志性事件。

---

① 尹传红. 回眸中国科普研究三十年——访中国科普研究所所长任福君教授 [N]. 大众科技报，2010 - 05 - 18. http：//www. stdaily. com/other/dzkj/2010/0518/B2 - 1. htm.

② 朱效民. 30 年来中国科普政策与科普研究 [J]. 中国科技论坛，2008（12）：9—13；李大光. 中国科普研究历史回顾 [J]. 科普研究，2008（4）：15—21.

③ 参见本书第二章。

④ 例如本书第五章提及的一些模型。

　　我国的科普研究实际上也有不短的历史，但在很长时期内，科普研究主要是围绕科普创作展开的（尽管有学者曾在 20 世纪 80 年代前后呼吁建立"科普学"）。在著名科学家和科普作家高士其建议下，中国科协于 1980 年建立的国家级科普专门研究机构就定名为"中国科普创作研究所"（1987 年更名为"中国科普研究所"），确定的基本职责包括科普理论研究、科普工作研究、科普创作研究、科普作品研究和中外科普比较研究，最初的研究方向主要集中在科普创作领域①。我国科普研究实际上在 20 世纪 90 年代之后才真正从科普创作领域扩展到更广阔的领域，扩展性、深化性、提升性研究在进入 21 世纪之后的这 10 余年间才真正繁荣起来，并逐步形成独具特色的科普研究格局。

　　科技传播研究在我国起始于 20 世纪 80 年代中期。翟杰全曾在 1985—1990 年发表数篇文章讨论"科学传播学"问题②，在国内最早提出"科学传播学"这一名称并对这一学科进行论证。但直到 90 年代中期，有关科技传播的研究一直分散在有关科技写作、科技新闻、科学普及、科技情报等研究领域。1989 年，袁清林的《科普学引论》一书认为，科普学有 3 个来源：科学学、教育学和传播学，并尝试利用传播学来研究科学普及问题。1995 年，清华大学召开了国内首届"科技传播研讨会"，参加会议的学者围绕科技传播研究的主题，讨论了科技传播的概念与定义、科学普及与科技传播的关系、科技宣传与报道、科技传播人才培养等方面的内容，会后出版了我国第一部科技传播研究文集《科技传播研究》（清华大学出版社，1996 年）。

　　在此后的几年中，国内学者陆续出版了一些与科技传播相关的著作和教材，如郭冶的《科技传播学引论》（天津科技翻译出版公司，1996 年）、孙宝寅主编的教材《科技传播导论》（清华大学出版社，1997 年）、胡钰的《科技新闻传播导论》（中国财政经济出版社，1999 年）、刘健明的《科技新闻理论与写作》（中国广播电视出版社，1998 年）、汤书昆主编的《当代科技传播丛书》（科学出版社，2001 年）、翟杰全的《让科技跨越时空：科技传播与科技传播学》（北京理工大学出版社，2002 年）等，也有大量科技传播论文在学术期刊上公开发表。21 世纪初，科技传播研究已经逐渐引起国内科学普及、科技新闻、科学社会学、科学技术哲学界的关注，成为颇受关注的一个新兴研究领域。

　　经过 20 多年的发展，我国科技传播与普及研究已经积累了一定的研究成果，

---

　　① 大众科技报. 有益的探索 积极的贡献——中国科普研究所建所 30 周年巡礼［N］. 大众科技报，2010 - 05 - 18. http：//www. stdaily. com/other/dzkj/2010/0518/B1 - 1. htm.
　　② 例如，莫夫（翟杰全）. 科学传播学浅谈［J］. 科学管理研究，1985（5）：74—75；翟杰全. 科学传播学［J］. 科学学研究，1986（3）：11—18；翟杰全. 科学传播学：一个亟待开拓的研究领域［J］. 未来与发展，1990（5）：34—37；等.

形成了一支有一定规模的研究队伍，也在一些重要领域取得了有价值的成果。正如程东红博士在 2010 年中国科普研究所建所 30 周年庆祝会上所指出的，30 年来，我国科普研究队伍逐渐壮大，研究平台日益扩展，初步形成了研究对象明确、理论需求强劲、理论体系初具脉络、学术交流国际化的科普研究格局，科普理论工作者在公民科学素质建设、科技传播机制、科普监测和评估、科普创作、科普基础设施建设、科普资源建设和使用等方面取得了丰硕成果，科普研究也为《科普法》的颁布和《科学素质纲要》的出台提供了重要的理论服务①。

2. 推进科技传播与普及基础理论研究

科学技术在社会中的传播、扩散和普及正如社会的其他现象一样受其内在规律的制约，只有当我们认识和把握了这种现象的特性和规律，才有可能驾驭这种现象，我们的实践才会有正确的方向，我们的努力才会富有成效，作出的决策才会富有远见。科技传播与普及实践的良好发展依赖基础理论研究对科技传播与普及规律的科学揭示，科技传播与普及政策的制定也需要科技传播与普及理论研究的科学指导。因此，持续深化科技传播与普及基础理论研究，建立科技传播与普及理论体系，对促进我国科技传播与普及事业的发展、政策的制定、工作的推进等方面都具有极其重要的和基础性的价值和作用。

目前，我国科技传播与普及研究已经提出了一些重要概念，发现了一些重要问题，得到了一些重要的理论成果，形成了一些重要的研究方向，但仍然需要继续深化研究，积极运用和借鉴传播学、教育学、社会学、科技哲学等学科的基本理论和方法，对科技传播与普及的过程、结构、手段、方式、效果因素、作用机制等问题进行深入研究，对当代科技传播与普及的背景、需求、目标、任务、对象、方法等方面进行全面分析，建立能够科学解释科技传播与普及现象、指导科技传播与普及实践的独特理论，早日完善我国科技传播与普及理论体系。

科普基础理论研究需要在基础研究、现实分析、历史总结、中外比较等方面做出巨大努力。通过对科技传播与普及现象中复杂因素之间相互作用关系的全面分析，对科技传播与普及实践成功案例的深入研究，建立科技传播与普及的效果机制模型；通过对当代社会发展、科学技术、公众需求及其相互关系的现实分析，对当代科技传播与普及时代背景和目标任务的客观刻画，为科技传播与普及实践措施和政策制定确立科学的系统框架；通过继续加强中外科普史研究、中外理论与实践比较研究，总结历史发展的经验，汲取国际理论研究的长处，梳理我

---

① 陈瑜. 我国科普研究格局已初步形成 [N]. 科技日报，2010 – 05 – 17. http：//www. stdaily. com/kjrb/content/2010 – 05/17/content_ 187849. htm.

国理论研究成果，形成一批对决策有支撑作用的研究成果或学术论著。

科技传播与普及基础理论研究的基本目标是在全面、深入、系统研究的基础上，科学把握科技传播与普及领域的重要规律，明确科技传播与普及领域的发展大势，把握时代发展特征，回答时代发展课题，总结历史与当代经验，融合国际先进理念，研究探索并逐渐建立反映中国认识成果、适合中国国情、具有中国气派的科技传播与普及理论体系。同时，科技传播与普及研究工作者也要在科技传播与普及事业发展中发挥"智库"作用，通过科技传播与普及研究，为我国科普事业发展和提升公众科学素质服务。

科技传播与普及基础理论研究可以被划分为微观和宏观两个基本方面。微观层面的科技传播研究集中于科技传播与普及实践中的基础问题，揭示科技传播与普及实践中的效果影响因素与效果产生机制，为组织和个人的科技传播与普及实践提供理论、方法和技术。宏观层面的科技传播研究基于科技传播与普及的社会功能，关注社会和国家层面的科技传播发展问题，重点揭示国家科技传播体制、科技传播政策、国家科技传播能力建设等相关方面的理论问题①，为国家和社会建立良好的科技传播体制、制定支持科技传播发展的政策、提升国家科技传播能力提供理论上的指导。

3. 推进我国公民科学素质建设研究

提升公民科学素质是科技传播与普及的核心目标之一，公民科学素质问题在当代已成为科技传播与普及研究重点关注的核心问题之一。公民科学素质的基本概念、构成要素、测度方法、监测评估的理论与方法以及提升公民科学素质的策略和方法、加强公民科学素质建设的政策和措施等问题依然是今后科技传播与普及研究的重点方向之一。在我国，如何根据并适应经济社会发展、创新型国家建设的需要和公众科学素质提升的需求，建立体现时代特征的公民科学素质理论和监测评估方法，完善科技传播与普及政策体系，采取更为有效的公民科学素质建设推进措施，将是科技传播与普及和公民科学素质研究的基础课题。公民科学素质研究既要对影响全民科学素质建设的共性问题进行深入研究，也要高度关注公民科学素质建设中的差异性，针对不同的科学技术内容、不同的公众群体、不同的基础建设内容进行更有针对性的研究。

我国目前实施的《科学素质纲要》采取的是利用重点人群科学素质行动带动全民科学素质建设、提升全民科学素质的策略。随着《科学素质纲要》实施的不

---

① 翟杰全.宏观科技传播研究：体制、政策与能力建设［J］.北京理工大学学报（社会科学版），
2004（3）：22—25.

断深化，科普工作对象将会进一步细分化。未来在持续推进重点人群科学素质行动的同时，还会进一步加强针对特殊人群（例如，民族地区和少数民族、妇女、教师、军人等）的科学素质建设工作。科普领域存在巨大差异性，居住城乡不同地区、所受教育程度不同以及年龄、性别、职业、收入等诸多方面的差异，会使不同群体的科普需求产生差异，也会使科普方式方法、渠道途径在不同情形下产生效果差异。研究科普领域中存在的这类差异，区分不同人群，探索有效的科普方式，可以为有的放矢地做好科普工作、提高科普效果提供重要的研究支撑。

公民科学素质建设是一项复杂的系统工程，科学素质建设领域基础建设内容之间具有相互支撑的关系，并在科普能力建设的框架下形成一个"体系"，其整体能力如何则取决于其中的"短板"。我国目前的《科学素质纲要》包括了科学教育与培训、科普资源开发与共享、大众传媒科技传播能力建设、科普基础设施、科普人才队伍"五大工程"，涉及资源要素开发与共享、科普基础设施、科普渠道建设、科普人才支撑，每一方面都影响着科普能力的整体提升。全面深入地揭示其中的规律和机制、建立有效的发展策略、探索能力提升的有效途径、探寻五大工程之外的重要建设工作，将对推进公民科学素质建设工作有重大意义。

4. 深化科技传播与普及基本关系研究

（1）科普和经济社会发展的关系

经济社会发展拉动和推动科技传播与普及的发展，是科技传播与普及发展的背景需求因素；科技传播与普及也在满足经济社会需求、服务经济社会发展的过程中获得自身的价值。科技传播与普及和经济社会发展的关系是科技传播与普及领域最基础的关系。任福君等学者编著的《中国公民科学素质报告（第一辑）》在第二篇《公民科学素质与经济社会可持续发展》中，从提升公民科学素质的视角对科普和经济社会发展的关系进行了研究，分析了提升公民科学素质对经济社会可持续发展的作用[①]。科技传播与普及研究需要在借鉴国外研究成果、总结现有研究成果的基础上，进一步开展科技传播与普及和经济社会发展关系的深度研究，定性和定量地揭示科技传播与普及和经济社会发展之间的互动机制。

（2）科普和科学素质建设的关系

2008 年，在纪念中国科协成立 50 周年大会上，胡锦涛指出："要以贯彻实施全民科学素质行动计划纲要为抓手，以未成年人、农民、城镇劳动人口、领导干部和公务员为重点，以科普资源共建共享为突破口，广泛开展群众性、基础

---

① 任福君，等. 中国公民科学素质报告（第一辑）[M]. 北京：科学普及出版社. 2010：113—194.

性、社会性科普活动，不断增强科普服务能力和水平，推动形成社会化科普工作
格局，加大科技知识在全社会的传播速度和覆盖广度。①"2006年，时任中国科
协党组书记的邓楠在全民科学素质工作座谈会上曾提出，提高全民科学素质与科
普工作之间是目的与手段的关系②。科技传播与普及研究需要进一步开展全民科
学素质建设和科普工作的关系研究，从根本上厘清二者相辅相成、相互促进的内
在关系，以便更有针对性、更有效地推动全民科学素质建设和科技传播与普及的
共同发展。

（3）科普和社会文化建设的关系

科技传播与普及具有重要的文化功能，对社会文化建设具有重要的作用。近
年来，科学文化传播、创新文化建设问题成为科普理论界讨论的热点话题之一，
中国科普研究所等机构也曾专门组织过与此相关的专题讨论③。科技传播与普及
是科学文化传播的重要途径，是推进创新文化建设的重要手段。在当代科学技术
与经济社会发展的背景下，科学文化和创新文化不仅是社会文化的重要组成部
分，而且对社会文化的其他部分也具有重要作用和影响，国家的文化发展战略应
将科学文化、创新文化提升到更为重要的位置，给予科技传播与普及的文化建设
功能以高度的重视。科技传播与普及研究需要继续深入研究科技传播与普及和文
化建设的关系，明确科技传播与普及对文化建设的作用及其机理，开展科普文化
产业以及利用科普促进社会文化建设的研究。

（4）科研和科普相结合的问题

当代科学技术研究资源源于社会公共资源，科学技术应用也会影响公共利
益，科学技术研究公共性的增长使向社会和公众传播普及科学研究信息和成果内
容成为科研人员和科研机构应尽的责任和义务。从国家发展的层面看，促进自主
创新能力的提升、推进科学技术的应用，不仅靠科学家在科学研究上的努力，更
需要社会各界的理解和支持。因此，促进科研与科普的有机结合是国家创新能力
持续发展的必要机制，是创新型国家建设的重要内容，科技传播与普及研究需要
在综合分析国内外科研与科普结合机制现状与问题的基础上，对其中包含的许多
基本关系和重要问题进行系统分析和研究④。

① 胡锦涛.在纪念中国科协成立50周年大会上的讲话［EB/OL］.［2008-12-15］.http：//news.xinhuanet.com/newscenter/2008-12/15/content_10509648.htm.
② 邓楠.在省级全民科学素质工作领导小组办公室主任工作座谈会上的讲话［EB/OL］.［2006-12-08］.http：//www.cast.org.cn/n35081/n35488/10030224_1.html.
③ 参阅《科普研究》2007年第4期等.
④ 徐延豪.全民科普堵在哪里？［N］.光明日报，2011-09-26.

就我国目前科研与科普结合的机制建设而言，首先，需要建设并完善科技报告公开发布制度，推动"中国科技报告"数字化平台建设，让公众能够有机会及时了解科研的最新进展和科技创新的最新成果。欧美科技发达国家都有系统的科技报告公开制度，把国家和政府资助支持的科研活动产生的资料（甚至是中间数据）制度化地向公众开放共享。到目前为止，我国尚未建立科研成果及科技项目进展的公开发布制度，科技投入产生的大量科技信息和数据基本上处于分散、搁置甚至流失的状态。

其次，科技管理部门和科研资助机构应明确要求科研项目立项的科普任务及其资助经费额度，在科研项目立项审批中增加科普任务要求，设置"科研与科普结合"工作经费，用于支持科研项目开展科普工作，从而从项目任务和经费配置上保证科研与科普的有机结合。欧美科技发达国家许多科研资助机构都通过单列科普专项或科普经费、要求科研项目"强制"列支科普任务经费等方式，推进科研项目的科普工作。而在我国目前，即使是那些重大科技计划也很少有对科普任务的基本要求，科研经费也难以用于支持科普活动。

最后，科技管理部门、科研资助机构以及科研单位应将科普工作明确为科研人员科研活动的重要组成部分，将科普工作绩效评估纳入科研工作评价，实现科研与科普在科技评价体系中的结合。欧美科技发达国家不仅在科研项目的立项、执行、验收及成果发布等各环节形成完备的科普工作绩效评价标准，而且许多科研机构都设有专门的科技传播部门，负责本机构的科技传播管理工作，为科研人员提供科技传播服务。这些做法非常值得我们借鉴，并在我国科研工作制度中实行。

5. 深化科技传播与普及关键问题研究

（1）持续完善科普法规政策体系化的问题

我国目前的科普法规政策已初步形成了体系雏形，但法规政策仍需要进一步细化，提高法规政策的可操作性；需要根据新的认识和新的发展，制定新的相关法规政策；需要确立法规政策执行的相应制度和措施，提高法规政策的执行力。科技传播与普及研究需要持续关注和重视政策法规体系研究，在研究内容上既要包括对现有法规政策内容、实施、绩效的分析评价和评估监测研究，也要包括对《科普法》等法规政策修订方案和实施细则的研究，还要包括对科普产业、科普组织、科普人才队伍建设、科普职业认定、社会各类资源（如科技资源、教育资源、文化资源、产业资源等）科普化、科研与科普相结合、重大经济社会工程项目科普等方面的相关政策措施的研究，为国家决策提供研究成果支持。

（2）科普服务均等化和运行机制创新的问题

在当代科学技术与社会关系复杂化的背景下，源于国家发展、社会组织、公民群体的科普需求虽然在根本目标上是一致的，但不同需求之间客观上也会存在立场差异，不同需求之间在资源有限背景下的博弈也是客观存在的。科技传播与普及工作需要坚持公平普惠的原则，实现公共服务均等化，促进科学技术发展成果惠及全民，服务于改善公众的生存质量和生活质量；也需要利用发展科普产业等手段，满足社会多样化、多层次的科普需求，促进科技传播与普及形成公益事业与产业经营双驱动发展机制。科普工作需要有政府部门、科学团体、私营机构的积极参与，也需要积极发展各类公民科普团体、发展社会化科普组织、科普 NGO 和 NPO，健全科普工作的政府推动、全民参与机制，推进科技传播与普及领域的民主机制，创新科技传播与普及的运行机制。推进科普工作的机制创新是我国未来科普事业发展的重大任务之一，机制创新研究也是科普研究未来的重大课题之一。

（3）传播普及科学思想和科学精神的问题

基于当代科学技术发展要求和我国公众科学素质的发展状况，科技传播与普及在内容上需要传播普及基本的科学知识和方法，满足普通公众的基本知识需求，更需要积极传播普及科学思想和科学精神，激发公众的科学探索精神，促进公众思维方式的变革，提高公众的科学辨识力。科学思想和科学精神是更能反映科学本质的"高级"科学要素，其传播普及也具有更大的复杂性，科技传播与普及研究需要开展科学思想和科学精神传播普及的基础研究，并探索如何针对不同群域和不同年龄人群的实际情况，有针对性地开展科学思想和科学精神传播普及的问题（例如，如何培养青少年的探索精神，如何提高老年人科学生活的意识等），以提高他们的科学意识、科学思维、科学生活以及"防伪破迷"的能力。

（4）科普作品创作和产品研发的问题

科普作品和科普产品是科普资源的重要组成部分，科普资源建设的首要问题就是创作更多优秀科普作品，研发更多受欢迎的科普产品。科技传播与普及事业的快速发展和《科学素质纲要》的全面实施，带动了科普作品和科普产品需求不断增长，给科普作品创作和科普产品研发提出了更高的要求。科技传播与普及研究需要通过对中外科普作家、作品、创作的研究及其比较，考察科普产品及国际科普产业的发展，深入研究科普作品创作、科普产品研发的方法、规律、标准、手法、技巧以及科普创作研发的激励机制、资助制度、支持政策等。同时，在全面分析新技术、新媒体提供的新手段、新优势的基础上，积极探索基于互联网和新媒体的科普作品和产品创新模式，探寻科普作品和产品及其载体创新问题。另外，还需要继续开展科普作品与产品资源的共建共享机制研究，开展科普作品与产品资源集成创新研究，开展面向不同重点人群、不同科普设施、不同科普任务（如应急科普等）所需科普作品与产品资源类型的研究等。

（5）科技等相关资源科普化的问题

科技资源科普化的重要性已经引起科普界的高度重视，科技资源科普化研究也已取得初步成果[①]，但相关研究还需要进一步深化和拓展，特别是要深入研究科技资源科普化需要采用什么的标准和方法、科技资源的哪些内容和类型可以科普化、科普化后的资源如何使用并进行效果评价等。在重点关注科技资源科普化问题的同时，科技传播与普及研究也需要重视教育资源、产业资源、文化资源、旅游资源等社会资源的科普化问题，深入研究这些资源科普化的方法和途径。另外，科技传播与普及研究还需要加强研究重大经济、社会、工程项目与科普相结合的问题，这些重大项目不仅本身包含着丰富的科普资源内容，而且结合这些重大项目进行科普，有助于提高公众对这些重大项目的了解和支持，服务项目本身的顺利实施。

（6）科普人才队伍建设的问题

科普人才队伍建设是促进科技传播与普及发展、推进科学素质建设的基础工程，发挥科普人才队伍的作用、提高公民科学素质也是建设创新型国家的重要保障。随着《科学素质纲要》将"科普人才工程"列为"十二五"期间的重要工程之一，有关科普人才的许多问题亟须进行全面深入研究，例如科普人才的概念、科普人才的分类、科普人才的认定、科普职业的认证以及科普人才队伍建设的激励机制和相关政策等。特别是需要开展科普人员的职业认证工作研究，促进科普职业早日列入《中华人民共和国职业分类大典》。科普人才队伍建设在未来需要建立专业科普人员职业化、科普志愿者队伍规模化的机制，同时促进科技人员科普工作常规化、社会机构科普工作经常化，并将社会各界专业人士（如大众媒体工作人员、各类技能人才等）纳入广义的科普队伍中来。与之相关的许多政策、机制问题都需要在科普研究中得到解决。

（7）科普监测评估的发展问题

科技传播与普及领域的监测评估包括两大方面：一是公民科学素质的调查与测量，二是科普事业和科普工作发展的监测与评估。针对前者，需要深化研究的问题包括：建立反映我国国情的科学素质基准（包括针对不同人群的素质基准），素质调查问卷设计的本土化问题，针对不同人群制定调查指标体系的问题，探索适合国情（人口众多、流动性强、区域差异大等）的测度方法和过程控制的问题，调查数据处理方法、数据结果表达和指数表达方法问题，定量分析我国

----

① 任福君．关于科技资源科普化的思考［J］．科普研究，2009，（3）：60—65．亦可参阅本书第九章。

科学素质变化规律的问题，国际间素质调查结果的比较问题等。针对后者，需要深化研究的问题包括：总结"全国科普日"、"科技活动周"等大型科普活动监测评估的经验，完善科普活动监测评估的方式方法，建立《科学素质纲要》实施情况和科普各项工作进展情况的监测评估方法，针对各类科普组织和科普实践活动（例如科普展览、科普讲座等）的效果评估方法，等等。

（8）建设国家科技传播与普及体系的问题

科技传播与普及在国家科技创新发展战略中占有重要位置，并对国家创新体系的高质量运行产生重要影响。欧盟以及英国、美国等科技发达国家和地区在其科技发展战略和政策中，都将科学普及作为国家科技创新发展战略的重要内容。近年来，科技传播与普及工作在我国受到国家和政府的重视，但科技传播与普及和科学技术创新尚未作为有机整体在国家科技发展战略中得到充分体现。例如，国家《中长期科技规划纲要》提出重点建设国家创新体系建设的"五大体系"①，但并没有对建设国家科技传播与普及体系提出明确要求。加强国家科普能力建设、建立科普良性运行机制、提高全民族科学素质、营造有利于科技创新的社会环境，仍然只是作为促进科技创新的"若干重要政策和措施"之一。

事实上，国家科技传播体系的运行效率可以从多个方面直接影响和制约国家创新体系的运行质量和绩效，国家创新体系的高质量运行需要一个与之配套的高效的国家科技传播体系。将科技传播与普及问题置于科技创新的背景之下、将科技传播与普及体系纳入国家创新体系建设的框架之中，是当代科技传播与普及研究应有的一种视野②；建立国家科技传播体系，为国家创新体系提供良好服务，提升国家创新系统的运行效率，应是科技传播与普及研究关注的核心问题之一③。

除此以外，有关科普产业发展、科普能力理论、科普组织建设、"热点焦点"科普、企业科普、高校科普、科普学科建设等问题都应该是科技传播与普及研究今后持续探讨的重要课题。科普产业发展研究包括产业发展政策、准入制度、行业规范、质量标准、促进措施等内容；科普能力理论研究包括国家、区域、机构以及各类科技传播渠道的能力构成及评价方法等内容；"热点焦点"科

---

① 这"五大体系"分别是：以企业为主体、产学研结合的技术创新体系，科学研究与高等教育有机结合的知识创新体系，军民结合、寓军于民的国防科技创新体系，各具特色和优势的区域创新体系，社会化、网络化的科技中介服务体系。

② 曾国屏. 国家创新系统视野中的科学传播与普及 [J]. 科普研究，2006（1）：13—18；翟杰全. 国内科技传播研究：三大方向与三大问题 [J]. 自然辩证法研究，2007（8）：68—71；翟杰全，张丛丛. 科技传播研究："普及范式"和"创新范式" [J]. 北京理工大学学报（社会科学版），2008（1）：9—11.

③ 翟杰全. 构建面向知识经济的国家科技传播体系 [J]. 科研管理，2001，（1）：8—13；翟杰全. 国家科技传播体系内的知识交流研究 [J]. 科研管理，2002（2）：5—12.

普研究包括面对突发事件、热点问题时应急科普的方式方法和普及策略等内容；科普学科建设研究需要借鉴国际先进经验，面向学科交叉融合背景，面对复杂科普任务，研究我国科普学科体系及其发展策略、科普人才培养体系及其推进措施等。

我国科技传播与普及研究经过 30 余年来的积累，特别是 10 余年来的快速发展，已经发展到一个全新阶段，为建立科技传播与普及理论体系奠定了良好基础。但就整体上而言，科技传播与普及研究仍然面临艰巨而复杂的任务，理论体系建设仍然任重道远。目前，我国的科技传播与普及事业发展和科技传播与普及研究已迎来最好的发展机遇，经济社会快速发展，创新型国家战略积极推动，科学技术事业全面发展，全民科学素质建设也受到全社会的高度重视，科技传播与普及拥有良好的政策和社会环境，现代传播新技术也提供了新手段和新平台，旺盛的社会科普需求更是给科普提供了用武之地和广阔舞台。我们有理由相信，经过科技传播与普及工作者的集体协作和共同努力，在不远的将来一定能够建立起适应时代发展要求、反映中国认识成果、适合中国国情、具有中国气派的科技传播与普及理论体系，为推进国际科技传播与普及理论与实践的发展做出我们特有的贡献。

参 考 文 献

［1］ 胡锦涛. 坚持走中国特色自主创新道路 为建设创新型国家而努力奋斗——在全国科学技术大会上的讲话 ［EB/ OL］. ［2006 – 01 – 09］. http：//news. xinhuanet. com/st/2006 – 01/09/content_ 4030855. htm.

［2］ 胡锦涛. 在纪念中国科协成立 50 周年大会上的讲话 ［EB/ OL］. ［2008 – 12 – 15］. http：//news. xinhuanet. com/newscenter/2008 – 12/15/content_ 10509648. htm.

［3］ 胡锦涛. 在中国科学院第十五次院士大会、中国工程院第十次院士大会上的讲话 ［EB/OL］. ［2010 – 06 – 07］. http：//www. gov. cn/ldhd/2010 – 06/07/content_ 1622343. htm.

［4］ 邓楠. 在省级全民科学素质工作领导小组办公室主任工作座谈会上的讲话 ［EB/ OL］. ［2006 – 12 – 08］. http：//www. cast. org. cn/n35081/n35488/10030224_ 1. html.

［5］ 国家统计局. 中华人民共和国 2010 年国民经济和社会发展统计公报 ［EB/OL］. ［2011 – 02 – 28］. http：//www. stats. gov. cn/tjgb/ndtjgb/qgndtjgb/t20110228_ 402705692. htm.

［6］ 国家中长期科学和技术发展规划纲要 （2006—2020 年） ［EB/ OL］. ［2006 – 02 – 09］. http：//www. gov. cn/jrzg/2006 – 02/09/content_ 183787. htm.

［7］ 国务院办公厅印发《全民科学素质行动计划纲要实施方案 （2011—2015）》 ［EB/ OL］. ［2011 – 07 – 04］. http：//www. cast. org. cn/n35081/n35668/n35743/n36659/n39195/13079119. html.

［8］ 科普人才规划课题组 （执笔人郑念）. 实施科普人才工程服务经济社会发展 ［EB/OL］. ［2010 – 10 – 12］. http：//www. cast. org. cn/n35081/n12030994/n12031026/12292344. html.

［9］ 科学技术部政策法规司，中国科学技术信息研究所. 全国科普统计培训教材 ［EB/OL］. ［2011 – 3］. http：//www. istic. ac. cn/Portals/0/documents/sgdt/附件 4：2010 年度科普统计培训教材. doc.

［10］ 全民科学素质行动计划纲要 （2006—2010—2020 年） ［EB/ OL］. ［2006 – 3 – 20］. http：//www. gov. cn/jrzg/2006 – 03/20/content_ 231502. htm.

［11］ 中华人民共和国国家统计局. 2005 年全国 1% 人口抽样调查主要数据公报 ［EB/OL］. ［2011 – 02 – 20］. http：//www. stats. gov. cn/tjgb/rkpcgb/qgrkpcgb/t20060316_ 402310923. htm.

［12］ 中华人民共和国国民经济和社会发展第十二个五年规划纲要 ［EB/ OL］. ［2011 – 03 – 16］. http：//www. gov. cn/2011lh/content_ 1825838. htm.

［13］ 中国科学技术协会. "科普惠农兴村计划" 实施方案 （试行） ［EB/OL］. ［2006 – 08 – 18］. http：//kphn. cast. org. cn/n891871/n905971/n905979/33830. html.

［14］ ［美］埃弗雷特·M·罗杰斯. 创新的扩散 ［M］. 辛欣，译. 北京：中央编译出版社，2002.

[15] 樊春良.全球化时代的科技政策［M］.北京：北京理工大学出版社，2005.

[16] 郭治.科技传播学引论［M］.天津：天津科技翻译出版公司，1996.

[17] 郭庆光.传播学教程［M］.北京：中国人民大学出版社，1999.

[18] 华林，梅杨.二十世纪科学技术的进展［M］.北京：科学普及出版社，1981.

[19] 黄时进.科学传播导论［M］.上海：华东理工大学出版社，2010.

[20] ［英］J. D. 贝尔纳.科学的社会功能［M］.陈体芳，译.北京：商务印书馆，1982.

[21] ［英］柯林·罗南.中华科学文明史（卷一）［M］.上海交通大学科学史系，译.上海：上海人民出版社，2001.

[22] ［英］李约瑟.中国古代科学思想史［M］.陈立夫，译.南昌：江西人民出版社，2001.

[23] 刘光磊.网络传播导论［M］.北京：经济日报出版社，2001.

[24] 刘华杰.科学传播读本［C］.上海：上海交通大学出版社，2007.

[25] ［德］马尔库斯·加布里尔.2005爱因斯坦年评估报告［M］.王保华，译.北京：科学普及出版社，2008.

[26] ［德］迈诺尔夫·迪克尔斯，等.在理解与信赖之间：公众、科学与技术［C］.田松，等，译.北京：北京理工大学出版社，2006.

[27] 任福君.第十三届中国科协年会系列访谈：科普人才的培养与发展［EB/OL］.［2011 - 09 - 16］.http：//www. cast. org. cn/n35081/n35623/index. html.

[28] 任福君，保罗·库尔茨.提升科学精神与建设和谐社会（论文集）［C］.北京：中国科学技术出版社，2010.

[29] 任福君，陈玲，等.中国科普研究进展报告（2002—2007）［M］.北京:科学普及出版社.2009.

[30] 任福君,等.科普资源建设的理论与实践研究总报告[R].中国科普研究所，2008.

[31] 任福君，等.中国公民科学素质报告（第一辑）［M］.北京：科学普及出版社，2010.

[32] 任福君，等.中国公民科学素质报告（第二辑）——第八次中国公民科学素养调查［M］.北京：科学普及出版社，2011.

[33] 任福君，等.中国科普基础设施发展报告（2009）［M］.北京：社会科学文献出版社，2010.

[34] 任福君，等.中国科普基础设施发展报告（2010）［M］.北京：社会科学文献出版社，2011.

[35] 任福君，等.中国科普基础设施发展报告（2011）［M］.北京：社会科学文献出版社，2011.

[36] 任福君，等.中国科普基础设施发展报告（2012—2013）［M］.北京：中国科学技术出版社，2013.

[37] 任福君，高宏斌，等.中国科技传播与普及报告——中国科普研究进展报告［M］.北京：中国科学技术出版社，2013.

[38] 任福君，谢小军，等.科普资源理论与实践研究报告［R］.中国科普研究所，2011.

[39] 任福君，张晓梅，等 . 全国少数民族科普状况调查报告 ［R］. 中国科普研究所，2007.

[40] 任福君，张义忠 . 科普产业概论 ［M］. 北京：中国科学技术出版社，2014.

[41] 任福君，张义忠，尹霖，等 . 国家软科学研究计划项目（2011GXS5K099）促进科普产业发展的政策体系研究 ［R］. 北京：中国科普研究所，2012.

[42] 任福君，张志敏，等 . 全国科普日北京主场活动评估报告（2007—2010）［R］. 中国科普研究所，2011.

[43] 任福君，张志敏，翟立原 . 科普活动概论 ［M］. 北京：中国科学技术出版社，2013.

[44] 任福君，郑念，等 . 科普资源调查总报告 ［R］. 中国科普研究所，2007.

[45] 任福君，郑念，等 . 中国科普资源报告（第一辑）［M］. 北京：中国科学技术出版社，2012.

[46] 任福君，周建强，张义忠，等 . 科普产业发展"十二五"规划研究报告 ［R］. 中国科学技术协会，2010.

[47] 孙宝寅 . 科技传播研究（论文集）［C］. 北京：清华大学出版社，1996.

[48] 孙宝寅 . 科技传播导论 ［M］. 北京：清华大学出版社，1997.

[49] ［美］施拉姆，波特 . 传播学概论 ［M］. 陈亮，等，译 . 北京：新华出版社，1984.

[50] 王伦信，等 . 中国近代民众科普史 ［M］. 北京：科学普及出版社，2007.

[51] ［美］希拉贾撒诺夫等 . 科学技术论手册 ［C］. 盛晓明，等，译 . 北京：北京理工大学出版社，2004.

[52] 熊月之 . 西学东渐与晚清社会（修订版）［M］. 北京：中国人民大学出版社，2011.

[53] ［英］亚·沃尔夫 . 十八世纪科学、技术和哲学史 ［M］. 周昌忠，等，译 . 商务印书馆，1997.

[54] ［英］英国皇家学会 . 公众理解科学 ［M］. 唐英英，译 . 北京：北京理工大学出版社，2004.

[55] 袁清林 . 科普学概论 ［M］. 北京：中国科学技术出版社，2002.

[56] 曾国屏，刘立 . 科技传播普及与公民科学素质建设的理论实 ［C］. 呼和浩特：内蒙古人民出版社，2007.

[57] 翟杰全 . 让科技跨越时空：科技传播与科技传播学 ［M］. 北京：北京理工大学出版社，2002.

[58] 翟杰全 . 技术的转移与扩散 ［M］. 北京：北京理工大学出版社，2009.

[59] 张义芳 . 科普评估理论初探与案例指南 ［M］. 北京：科学技术文献出版社，2004.

[60] 张仲梁 . 中国公众的科学技术素养 ［M］. 北京：中国科学技术出版社，1991.

[61] 张仲梁 . 中国公众对科学技术的态度 ［M］. 北京：中国科学技术出版社，1991.

[62] 郑念 . 科普效果评估研究案例 ［M］. 北京：中国科学技术出版社，2005.

[63] 郑念 . 科普资源建设的基础理论研究报告 ［R］. 中国科普研究所，2007.

[64] 郑念，任福君，等 . 科普监测评估理论与实务 ［M］. 北京：中国科学技术出版社，2013.

[65] 周寄中，梁捷．科技教育谈［M］．北京：科学出版社，1992.

[66] 周孟璞，松鹰．科普学［M］．成都：四川科学技术出版社，2007.

[67] 科学技术部政策法规司．中国科普法律法规与政策汇编［M］．北京：科学技术文献出版社，2013.

[68] 科学技术普及概论编写组．科学技术普及概论［M］．北京：科学普及出版社，2002.

[69] ［美］美国科学促进协会．科学素养的基准［M］．中国科学技术协会，译．北京：科学普及出版社，2001.

[70] 全民科学素质行动计划制定工作领导小组办公室．全民科学素质行动计划课题研究论文集［C］．北京：科学普及出版社，2005.

[71] 全民科学素质纲要实施办公室，中国科普研究所．2009 全民科学素质行动计划纲要年报——中国科普报告［M］．北京：科学普及出版社，2009.

[72] 全民科学素质纲要实施办公室，中国科普研究所．2010 全民科学素质行动计划纲要年报——中国科普报告［M］．北京：科学普及出版社，2010.

[73] 全民科学素质纲要实施办公室，中国科普研究所．全民科学素质行动发展报告（2006—2010）［M］．北京：科学普及出版社，2011.

[74] 全民科学素质纲要实施办公室，中国科普研究所．2012 全民科学素质行动计划纲要年报——中国科普报告［M］．北京：科学普及出版社，2013.

[75] 全民科学素质纲要实施办公室，中国科普研究所．2013 全民科学素质行动计划纲要年报——中国科普报告［M］．北京：科学普及出版社，2014.

[76] ［英］英国上议院科学技术特别委员会．科学与社会［M］．张卜天，张东林，译．北京：北京理工大学出版社，2004.

[77] 中国科普研究所．中国科普报告（2007）［M］．北京：科学普及出版社．2007.

[78] 中国科普研究所．中国科普报告（2008）［M］．北京：科学普及出版社．2008.

[79] 中国科普研究所《中国科普效果研究》课题组．科普效果评估理论和方法［M］．北京：社会科学文献出版社，2003.

[80] 中华人民共和国科学技术部政策法规与体制改革司．中国科普统计 2008 年版［M］．北京：科学技术文献出版社，2008.

[81] 边晓岚．关于我国自然科学类博物馆展览选题的前置性研究［D］．东北师范大学，2007.

[82] 曹建东，潘杰义，司公奇．组织内隐性知识传播的影响因素及其量化研究［J］．情报杂志，2007（8）：69—72.

[83] 程东红．科普——可持续发展的重要支柱［J］．科学决策，2005（9）：25.

[84] 程东红．关于科学素质概念的几点讨论［J］．科普研究，2007（3）：5—10.

[85] 郭瑜桥，和金生，王咏源．隐性知识与显性知识的界定研究［J］．西南交通大学学报（社会科学版），2007（3）：118—121.

[86] 侯强，刘兵．科学传播的媒体转向［J］．科学对社会的影响，2003（4）：45—49.

[87] 黄小勇. 大型科普活动评估方法研究 [D]. 哈尔滨工业大学，2006.

[88] [美] 简·贝德诺，爱德华·贝德诺. 博物馆展览：过去与未来 [J]. 宋向光，译. 中国博物馆通讯，2000（5）：18—21.

[89] 江兵，耿江波，周建强. 科普产业生态模型研究 [J]. 中国科技论坛，2009（11）：43—47.

[90] 劳汉生. 我国科普文化产业发展战略框架研究 [J]. 科学学研究，2005（2）：213—219.

[91] 李伯聪. 科学技术工程三元论 [C] // "工程科技论坛" 暨首届中国自然辩证法研究会工程哲学委员会学术年会工程哲学与科学发展观论文集，2004：24—26.

[92] 李大光. 中国科普研究历史回顾 [J]. 科普研究，2008（4）：15—21.

[93] 李大光. 科学素养：不同的概念和内容 [J]. 科学对社会的影响，2000（1）：45—49.

[94] 李大光. "公众理解科学" 进入中国 15 年回顾与思考 [J]. 科普研究，2006（1）：24—32.

[95] 李大光. 中国公众科学素养研究 20 年 [J]. 科技导报，2009（7）：104—105.

[96] 李红林，曾国屏. 米勒体系的结构演变及其理念解析 [J]. 科普研究，2010（2）：11—17.

[97] 李健民，刘小玲，张仁开. 国外科普场馆的运行机制对中国的启示和借鉴意义 [J]. 科普研究，2009（3）：23—29.

[98] 李正伟，刘兵. 公众理解科学的理论研究：约翰·杜兰特的缺失模型 [J]. 科学对社会的影响，2003（3）：12—15.

[99] 李正伟，刘兵. 对英国有关 "公众理解科学" 的三份重要报告的简要考察与分析 [J]. 自然辩证法研究，2003（5）：70—74.

[100] 林坚. 科技传播的结构和模式探析 [J]. 科学技术与辩证法，2001（4）：49—53.

[101] 刘兵，侯强. 国内科学传播研究：理论与问题 [J]. 自然辩证法研究，2004（5）：80—85.

[102] 刘兵，侯强. 科学传播中的议程设置 [J]. 科技导报，2005（10）：76—78.

[103] 刘兵，江洋. 日本公众理解科学实践的一个案例：关于 "转基因农作物" 的 "共识会议" [J]. 科普研究，2006（1）：41—46.

[104] 刘兵，李正伟. 布赖恩·温的公众理解科学理论研究：内省模型 [J]. 科学学研究，2003（6）：581—585.

[105] 刘华杰. 整合两大传统：兼谈我们所理解的科学传播 [J]. 南京社会科学，2002（10）：15—20.

[106] 刘华杰. 论科普的立场与科学传播的信条 [J]. 自然辩证法研究，2004（8）：76—80.

[107] 刘华杰. 科学传播的四个典型模型 [J]. 博览群书，2007（10）：32—35.

[108] 刘华杰. 科学传播的三种模型与三个阶段 [J]. 科普研究，2009（2）：10—18.

[109] 刘锦春. 公众理解科学的新模式：欧洲共识会议的起源及研究 [J]. 自然辩证法研究，2007（2）：84—88.

[110] 刘立．我国公民科学素质的基本内涵与结构［C］//全民科学素质行动计划课题研究论文集，科学普及出版社，2005：55.

[111] 刘立，常静．中国科普政策及科普政策文化初探［J］．河池学院学报，2010（4）：1—5.

[112] 刘立，刘玉仙．低碳概念在中国的传播与普及初探——对《人民日报》和《新民晚报》的计量分析［C］//中国科普理论与实践探索——2010《全民科学素质行动计划纲要》论坛暨第十七届全国科普理论研讨会，2010 - 5 - 16.

[113] 刘为民．试论"科普"的源流发展及其接受主体［J］．科学学研究，2000（1）：75—78.

[114] 刘小毛．中央苏区科普工作特点及其启示［J］．党史文苑（学术版），2008（24）：13—14.

[115] 刘彦君，等．英国科学节效果评估模式分析及思考［J］．科普研究，2010（2）：60—66.

[116] 莫扬．我国科技馆建设理念发展研究［J］．社会科学研究，2009（6）：188—190.

[117] 莫扬．我国科普资源共享发展战略研究［J］．科普研究，2010（1）：12—16.

[118] 莫扬，甘晓．中美科技类博物馆科学传播的若干对比研究［J］．自然辩证法研究，2011（3）：89—95.

[119] 莫扬，孙昊牧，曾琴．科普资源共享基础理论问题初探［J］．科普研究，2008（5）：23—28.

[120] 潘文，陈飞．浅论我国科普产业的现状与发展．科学咨询，2014（1）：11—12.

[121] 彭炳忠．论科学精神［J］．自然辩证法研究，1998（10）：25—29.

[122] 任定成．《全民科学素质行动计划纲要》解读［J］．科普研究，2006（1）：19—23.

[123] 任定成．公共科学服务体系的框架［J］．科普研究，2007（4）：11—12.

[124] 任福君．搭建科普研究资源平台，促进科普事业发展［J］．科普研究，2006（3）：8—13.

[125] 任福君．加强科普资源建设，提高全民科学素质［J］．科技中国，2006（10）：46—47.

[126] 任福君．"公共科学服务体系"建设的理论研究框架设想［J］．科普研究，2007（4）：13—14.

[127] 任福君．关于科普资源研究的思考［C］//任福军．中国科普理论与实践探索——2008《全民科学素质行动计划纲要》论坛暨第十五届全国科普理论研讨会文集．北京：科学普及出版社，2008.

[128] 任福君．我国少数民族地区科普状况调查研究初探［J］．科普研究，2008（12）：36—43.

[129] 任福君．关于科技资源科普化的思考［J］．科普研究，2009（3）：60—65.

[130] 任福君．科学就在你身边——谈谈我国的科普政策与科普事业［M］//周立军,等．名家讲科普．北京：中国出版集团中国对外翻译出版公司，2009：124—142.

［131］任福君，任伟宏，张义忠．促进科普产业发展的政策体系研究［J］．科普研究，2013（1）：5—8.

［132］任福君，任伟宏，张义忠．科普产业的界定及统计分类［J］．科技导报，2013（3）：67—70.

［133］任福君，张香平．基础科学与科学传播相互作用探析［J］．科普研究，2012（5）：10—16.

［134］任福君，张义忠．科普人才培养体系建设面临的主要问题及对策［J］．科普研究，2012（1）：11—18.

［135］任福君，张义忠，刘萱．科普产业发展若干问题的研究［J］．科普研究，2011（3）：5—13.

［136］任福君，翟杰全．我国科普的新发展和需要研究的重要课题［J］．科普研究，2011（5）：8—17.

［137］任伟宏，刘广斌，任福君．科普产业统计指标与分析方法探讨［J］．科普研究，2013（5）：1—8.

［138］任伟宏，刘广斌，任福君．我国科普产业统计指标体系构建初探［J］．科普研究，2013（5）：14—22.

［139］石顺科．英文"科普"称谓探识［J］．科普研究，2007（4）：63—66.

［140］谭超．大型科普活动前期宣传效果评估的探讨［J］．科普研究，2011（3）：81—83.

［141］汤超颖，周寄中，刘腾．企业隐性技术知识吸收模型研究［J］．科研管理，2004（4）：41—50.

［142］田德录，方衍．《科学素质纲要》实施的监测评估理论框架研究［J］．科普研究，2008（3）：18—23.

［143］佟贺丰．公众理解科学中的"公众"身份辨析［J］．科学技术与辩证法，2006（1）：97—98.

［144］［澳大利亚］T. W. 伯恩斯，D. J. 奥康纳，S. M. 斯托克麦耶．科学传播的一种当代定义［J］．李曦，译．科普研究，2007（6）：19—33.

［145］徐善衍．科学文化的传播普及与国民素质［J］．自然辩证法研究，2005（12）：67—71.

［146］徐善衍．关于我国公众科学技术普及的文化反思［J］．科普研究，2006（3）：5—7.

［147］徐善衍．最有效的科学传播是适应需求服务——再谈公民科学服务体系建设［J］．科普研究，2007（4）：5—6.

［148］徐善衍，雷润琴．试论公众理解科学在中国的理解与实践［J］．科普研究，2008（3）：9—13.

［149］徐善衍．关于当代科普的人文思考［J］．科普研究，2010（3）：5—7.

［150］尹霖，张平淡．科普资源的概念和内涵［J］．科普研究，2007（5）：34—41.

［151］曾国屏．国家创新系统视野中的科学传播与普及［J］．科普研究，2006（1）：13—18.

［152］曾国屏．公共文化服务体系建设与公共科学服务体系建设的互动［J］．科普研究，2007（4）：6—7.

［153］曾国屏．关注科普与文化产业发展的结合［J］．新华文摘，2007（10）：122.

［154］曾国屏，古荒．关于科普文化产业几个问题的思考［J］．科普研究，2010（1）：5—11.

［155］翟杰全．构建面向知识经济的国家科技传播体系［J］．科研管理，2001（1）：8—13.

［156］翟杰全．国家科技传播体系内的知识交流研究［J］．科研管理，2002（2）：5—12.

［157］翟杰全．科技传播事业建设与发展机制研究［J］．科学学研究，2002（2）：167—171.

［158］翟杰全．科技传播研究：疆域的扩张［J］．科学学研究，2005（1）：19—23.

［159］翟杰全：科技公共传播的传播主体及其参与动机［J］．北京理工大学学报（社会科学版），2005（5）：13—16.

［160］翟杰全．国家科技传播能力：影响因素与评价指标［J］．北京理工大学学报（社会科学版），2006（4）：3—6.

［161］翟杰全．国内科技传播研究：三大方向与三大问题［J］．自然辩证法研究，2007（8）：68—71.

［162］翟杰全．科技传播政策：框架与目标［J］．北京理工大学学报（社会科学版），2009（2）：10—12.

［163］翟杰全．科学传播和技术传播［J］．科普研究，2009（6）：5—9.

［164］翟杰全．科技公共传播：知识普及、科学理解、公众参与［J］．北京理工大学学报（社会科学版），2008（6）：29—32.

［165］翟杰全．当代科技传播的任务分层［J］．北京理工大学学报（社会科学版），2013（2）：139—145.

［166］翟杰全．科技公共传播的当代图景和内在特性［J］．北京理工大学学报（社会科学版），2014（1）：139—142.

［167］翟杰全，张丛丛．科技传播研究："普及范式"和"创新范式"［J］．北京理工大学学报（社会科学版），2008（1）：9—11.

［168］翟杰全，郑爽．网络时代的科技传播［J］．北京理工大学学报（社会科学版），2000（3）：48—50.

［169］张锋．对我国"科普惠农兴村计划"效果评估的探索［C］//任福君．中国科普理论与实践探索——2010科普理论国际论坛暨第十七届全国科普理论研讨会论文集．北京：科学普及出版社，2010.

［170］张凤帆，李东松．我国科普评估体系探析［J］．中国科技论坛，2006（3）：69—73.

［171］张晶．科普项目评估：理论模式、指标框架及相关问题研究［D］．中国科学技术信息研究所，2003.

［172］张瑞山．欧洲公众理解科学的历史考察［J］．世界科学，2007（6）：41—43.

［173］张晓芳．论Miller的PUS研究思路：热心公众理论—科学素养概念—公众科学素养测

量［J］. 科学学与科学技术管理，2003（11）：57—60.

［174］张晓芳. PUS研究的两种思路［J］. 自然辩证法研究，2004（7）：55—60.

［175］张义忠，任福君. 科普税收优惠制度实施中我国科普出版认定制度审视［J］. 科普研究. 2010（3）：63—67.

［176］张义忠，汤书昆. 我国公民科学素质建设的法律保障体系分析［J］. 科普研究，2007（5）：14—18.

［177］张玉玲. 科学文化：当代中国科学传播的核心内容［J］. 河南大学学报（自然科学版），2005（3）：123—126.

［178］张增一. 提升科学素质，促进经济发展方式转变［J］. 科普研究，2011（1）：7—8.

［179］张增一，李亚宁. 科学素质概念的演变［J］. 贵州社会科学，2008（8）：11—15.

［180］张增一，李亚宁. 把科技传播给公众：MIT案例分析［J］. 科普研究，2009（3）：5—11.

［181］张志敏. 对科普讲座开展评估的一般方法研究［C］//任福君. 中国科普理论与实践探索——2008《全民科学素质行动计划纲要》论坛暨第十五届全国科普理论研讨会文集. 北京：科学普及出版社，2008.

［182］张志敏. 科普展览巡展的社会效益评估指标体系研究［J］. 科普研究，2010（6）：45—49.

［183］张志敏，雷绮虹. 对大型科普活动进行综合评估的角度及相关探讨［C］//任福君. 中国科普理论与实践探索——2009《全民科学素质行动计划纲要》论坛暨第十六届全国科普理论研讨会文集. 北京：科学普及出版社，2009.

［184］郑念. 我国科普人才队伍存在的问题及对策研究［J］. 科普研究，2009（2）：19—29.

［185］郑念. 我国科普人才队伍发展的历程和取得的成绩［J］. 科普研究，2009（4）：5—15.

［186］郑念. 全国科技馆现状与发展对策研究［J］. 科普研究，2010（6）：68—74.

［187］郑念. 重视科普工作，增强转变经济发展方式的内生动力［J］. 科普研究，2011（1）：10.

［188］郑念，廖红. 科技馆常设展览科普效果评估初探［J］. 科普研究，2007（1）：43—46.

［189］郑念，杨光. 简论经济增长方式转变与提高公民科学素质的关系［J］. 科普研究，2010（2）：5—10.

［190］郑念，张利梅. 科普对经济增长贡献率的估算［J］. 技术经济，2010（12）：102—106.

［191］郑念，张义忠，孟凡刚. 实施科普人才队伍建设工程的理论思考［J］. 科普研究，2011（3）：20—26.

［192］周城雄. 隐性知识与显性知识的概念辨析［J］. 情报理论与实践，2004（3）：127—129.

［193］朱利荣. 科普活动策划的要素研究［C］//中国科普理论与实践探索——2010科普理论国际论坛暨第十七届全国科普理论研讨会论文集. 北京：科学普及出版社，2010.

［194］朱效民.30 年来中国科普政策与科普研究［J］.中国科技论坛，2008（12）：9—13.

［195］陈瑜.我国科普研究格局已初步形成［N］.科技日报，2010 – 05 – 17.

［196］李大光.对"公众理解科学"的理解［N］.中华读书报，2005 – 04 – 13.

［197］李大光.理解科学是否就能信赖科学［N］.中华读书报，2006 – 01 – 25.

［198］刘华杰.面对国家利益与民众需求的科学传播［N］.光明日报，2003 – 05 – 13.

［199］任福君.新中国科普政策的简要回顾［N］.大众科技，2008 – 12 – 16.

［200］任福君，谢小军.应高度重视科普资源建设［N］.学习时报，2010 – 07 – 25.

［201］任福君，谢小军.发展科普产业的三个"不能忽视"［N］.学习时报，2011 – 02 – 21.

［202］任福君，张义忠.科普人才的内涵亟需界定［N］.学习时报，2011 – 07 – 25.

［203］申振钰.中国科普历史考察（连载）［N］.大众科技报，2003 – 02 – 18—2003 – 03 – 20.

［204］申振钰.新中国迎来第二次科普高潮［N］.大众科技报，2003 – 06 – 12.

［205］吴国盛.从科学普及到科学传播［N］.科技日报，2000 – 09 – 22.

［206］吴国盛.科学传播与科学文化再思考［N］.中华读书报，2003 – 10 – 29.

［207］徐善衍.科学传播与普及的走向［N］.学习时报，2010 – 06 – 22.

［208］徐善衍.在"大科普"时代中探索［N］.大众科技报，2010 – 03 – 09.

［209］徐延豪.全民科普堵在哪里［N］.光明日报，2011 – 09 – 26.

［210］尹传红.回眸中国科普研究三十年——访中国科普研究所所长任福君教授［N］.大众科技报，2010 – 05 – 18.

［211］翟杰全.论科技传播［N］.光明日报，1998 – 09 – 04.

［212］郑念.科普资源开发的几个理论问题［N］.大众科技报，2010 – 08 – 10.

［213］大众科技报.有益的探索 积极的贡献——中国科普研究所建所 30 周年巡礼［N］.大众科技报，2010 – 05 – 18.

［214］Office of Science and Technology and Wellcome Trust. *Science and the public：A review of science communication and public attitudes to science in Britain*［J］. Public Understanding of Science，2001（10）：315—330.

［215］Office of Science and Technology and Wellcome Trust. *Science and the public：A review of science communication and public attitudes to science in Britain*［R］. London：2000.［EB/OL］. http：//www. wellcome. ac. uk/stellent/groups/corporatesite/@ msh ＿ peda/documents/web ＿ document/wtd003419. pdf.

［216］Research International. *Science and the Public：Mapping Science Communication Activities*［R］.［EB/OL］. http://www. wellcome. ac. uk/stellent/groups/corporatesite/.../wtd003418. pdf，1999.

［217］Sir Arnold Wolfendale. *Report of the Committee to Review the Contribution of Scientists and Engineers to Public Understanding of Science，Engineering and Technology*［R］.［EB/OL］. London：Her Majesty's Stationary Office，1995. http：//collections. europarchive. org/tna/20060215164354/http：/www. dti. gov. uk/ost/ostbusiness/puset/report. htm.

[218] The Select Committee appointed to consider Science and Technology. *Third Report: Science and Society* [R]. House of Lords. 2000. [EB/OL]. http://www.publications.parliament.uk/pa/ld199900/ldselect/ldsctech/38/3805.htm.

[219] Bruce V. Lewenstein. *Models of Public Communication of Science and Technology* [EB/OL]. Version: 16 June 2003, http://www.dgdc.unam.mx/Assets/pdfs/sem_feb04.pdf.

[220] *Danish – style, citizen – based deliberative consensus conferences on science & technology policy worldwide* [EB/OL]. http://www.loka.org/TrackingConsensus.html.

[221] Dong Hongcheng, Michel Claessens, Toss Gascoigne, Jenni Metcailf, Bernard Schiele, Shunke Shi. *Communicating Science in Social Contexts: New models, new practices* [C]. Springer Press, 2008.

[222] Gauhar Raza, REN Fujun, Hasan Jawaid khan, HE Wei. *Constructing Culture of Science: Communication of Science in India and China* [M]. A CSIR publication, 2011.

[223] Ren Fujun, Li Chaohui. *Institutionalization and Infrastructure of Science popularization in China* [M]. Constructing Culture of Science: Communication of Science in India and China, 2011 (9): 67—84.

[224] Ren, F. J, Zhai, J. Q. *Communication and Popularization of Science and Technology in China* [M]. Heidelberg: Springer Press & China Science and Technolgy Press, 2014.

[225] D Treise, M Weigold. *Advancing science communication: a survey of science communicators* [J]. Science Communication, 2002 (3): 310—322.

[226] Fujun Ren, Xiuju Li, Huiliang Zhang & Lihui Wang. *Progression of Chinese Students'Creative Imagination from Elementary Through High School* [J]. International Journal of Science Education. Vol.34, No.13, September 2012: 2043—2059.

[227] Ren Fujun. *Science Communication in China—Current status and effects* [M]//Patrick Baranger and Bernard Schielke. Science Communication Today. Nancy: CNRS EDITIONS, 2012: 282—301.

[228] Ren Fujun. *The Connotation and Goal of Science Popularisation in Modern China* [J]. Journal of Science Temper. Vol.1, 2013 (1): 29—45.

[229] Ren Fujun, He Wei, Zhang Chao. *Channels and Ways for Chinese Public to Obtain Information about Science and Technology* [J]. PICMET'08, VOLS 1—5: 2305—2311, 2008.

[230] Ren Fujun, LiuXuan, Dang Weilong. *A Study on the Science Communication Models of Response to Disaster Threats with Examples from China* [J]. PICMET'13, VOLS 1—5: 139—142, 2013.

[231] Ren Fujun, Li Zhaohui, Zheng Nian. *Study on Popularization of Science and Technology Infrastructure Development in China* [J]. PICMET'11, VOLS 1—5:321—327, 2011.

[232] Ren Fujun, Zhang Xiaomei. *Development Strategies of Science Popularization in the Minority Area of China* [J]. PICMET'09, VOLS 1—5: 230 237, 2009.

［233］ Ren Fujun, Xie Xiaojun. *Characteristics of Chinese Public Demands on Science Communication* ［J］. PICMET'12, VOLS 1—5：72—79,2012.

［234］ Ren Fujun, Zhang Zhimein. *Analysis on Science Communication Effect of the Exhibition of China Adolescents Science & Technology Innovation Contest* ［J］ . International Journal on Science on Hands, Volume 4, Number 1：4—9, April 2011.

［235］ T. W. Burns, D. J. O'Connor, S. M. Stocklmayer. *Science communication：a contemporary definition* ［J］. Public Understanding of Science, 2003（12）：183 – 202.

［236］ Walter E. Massey. *Science Education in the United States ：What the Scientific Community Can Do* ［J］. Science, 1989（245）：915.

索　引

科学传播的"AEIOU 定义"　33，37—39，
43—45，143

public communication of science and technology
32，126—127，129，132，134

Public Understanding of Science　32，35，
37，42，48，289，312—313

science and technology communication
32，35

Science Communication　30，32—37，42，
44，112，133，145—155，292，312—314

The Science of Science Communication　293

阿基米德　5，30，32—37，72，126，270，
304，330

爱因斯坦　9

百科全书派　8

百万中专生计划　195

柏拉图　3

布鲁诺　6，103

参与模型　130—131

产业革命　5，84，92

城镇技能再就业计划　199—200

城镇劳动人口科学素质　197

城镇劳动人口科学素质行动　31，176，
198—199，204

程东红　166，289，294，307

创新的扩散　127，303

创新文化　49—51，119，121—122，138，
288，297

创新型国家　52，96，110，119—120，
122，140，164，167—168，172—174，

198，206，212，240，262，280—281，
283—284，296，298，300，302—303

大众传播　19，40，57—58，62，75—76，
81，107

大众传媒科技传播能力建设工程　31，77，
108，175，177，182，212，221，225—
226，235

《大众科技报》　227

大众媒体传播　151

《当代科技传播丛书》　294

狄德罗　7—8

地方知识模型　78，125—126，128—
130，133

第一届全国青少年发明创造比赛和科学讨
论会　186

电视革命　19

杜兰特　81，118，133，147，307

对话模型　130—131，144

二阶科学传播　74—75

非正式交流　6

弗兰克·奥本海默　97

伽利略　3，6—8，26，103

高中学生奥林匹克学科竞赛活动　186，190

哥白尼　6—7，103

公民科学素质建设　30，113，139—140，
146，148—149，151—153，157—158，
161，163—164，167，170，172—174，
178—183，185，187，192，194，203，
206，215，217，222，232，235—236，
239—241，243，245，251，253—254，

278—279，281—282，287—292，294—296，305，311

公益性科普事业　157，161—162，246，249—251，253

公众参与（public participation，PP）　50

公众科学素养　17，31，65—66，99—100，125，307，311

公众科学素质调查　76—77，83，125，139，146—148，164，170

公众科学意识　37，39，47，49，52，143

公众理解科学　17—18，20，32—35，37—39，41—42，44，47—49，51，53，65，68，81，87，109，110，117—118，123—128，131—133，135，137—139，142—144，148—149，151，153，166—167，211，213，230—231，270，279—280，286，292，305，307—309，311—312

公众主体论　64

共识会议　44，51，64，131—135，137，307—308

《关于加强国家科普能力建设的若干意见》　29，90，140，153，159，212，238—239，250，280

《关于两种世界体系的对话》　6，103

国家创新体系　17，119—121，143—144，168，172，301—302

国家科技传播体系　143，302，310

国家科普工作联席会议制度　30，238

国家科普能力　30，90，172，176，206，212，214，239—240，245，247，282，291，301

《国家中长期科学和技术发展规划纲要（2006—2020 年）》　30，239，291

何薇　289

互联网革命　19

基层科普设施　156，178，232，234，247—249

基层科普行动计划　197，205

《几何原本》　3—4，22

技术革命　5，16，29，171

经营性科普产业　157，159，161—162，246，249—251，283

卡尔·萨根　71

开普勒　7

《考工记》　4

科技　78，81，108，146，209，211，214，221，236，287，292

《科技博览》　226—227，229

科技传播　1—5，7，9，12—13，15—17，19—24，26，28—29，31—35，37，39—53，59—83，86，89—91，93—106，108—109，111，113—114，117—119，121—122，124—127，130—146，148—157，161—164，173，175—177，179—180，182—183，195，206—215，218，221，225—233，235—237，241，243，245，246—247，252—254，264，278—305，307，310—312

《科技传播导论》　294

科技传播普及　108，111，305

《科技传播学引论》　40，294

科技传播与普及的整合模型　132—133

科技公共传播　32，60—61，63—64，134，138，142—144，289，310

科技类博物馆　67—68，70，77，81，89—97，150，155—156，178，187，232—234，247—249，258，262，270，273，285，287，308

《科技日报》　104，227

科技下乡　30，31，78，112，141，175，193，195，255，256

《科技新闻传播导论》　294

科普　7—8，14—15，17—19，23—100，103—105，108—113，118，126，132—

135, 139—143, 145—146, 148—163, 166, 171, 173, 175—179, 182—193, 195—199, 201—229, 232—312

科普产业 154—155, 157—163, 221—221, 236, 241—243, 246, 249—253, 281, 283, 285, 290, 299—300, 302, 305, 307—309, 312

《科普创作概论》 40

科普大篷车 93, 96, 156, 193, 219, 234, 247—248, 286

科普工作

科普工作 15, 24—31, 34, 40, 43, 63, 93, 96, 112, 126, 139—141, 148, 152—155, 157—158, 162, 171—172, 176, 184, 186—187, 191—194, 196, 204—205, 207—208, 210—214, 216, 219—220, 233, 236—243, 247, 250, 254, 269—270, 272, 278—290, 293, 296—299, 301, 308, 311

科普画廊 91, 93, 96, 100, 156, 160, 176, 178, 199, 204, 233—234, 247—248, 286

科普惠农兴村计划 196—197, 205, 256, 275, 303, 310

科普活动的策划 214, 245—246, 257—260, 263

科普基础设施 17, 31, 76—77, 80, 90—91, 93—94, 100, 145, 149, 152, 155, 158, 176, 178, 182—183, 204—205, 207—208—210, 212—213, 221, 231—232, 239, 245—249, 251, 270, 282, 285, 287, 290, 294, 296, 304

《科普基础设施发展规划（2008—2010—2015）》 156, 245, 248

科普基础设施工程 31, 77, 175, 178, 179, 182, 212, 221, 231, 233, 235

科普基础设施 17, 31, 77, 89, 90—91,

93, 99, 144, 147, 151, 153, 155—156, 171, 173—175, 178—179, 200—201, 203—204, 208—209, 217, 227—229, 231, 235, 240, 242—244, 265, 276, 279, 281, 284, 288, 290

科普监测评估 210, 269—270, 290, 301, 306

科普教育基地 77, 90—93, 96, 140, 156, 178, 187, 212, 214, 220, 232, 240, 247—249, 286

科普列车 93, 156, 193

科普人才队伍培养工程 245

《科普人才发展规划纲要》 241—242, 245—246

科普人才建设工程 154, 180, 203, 241—242, 245—246

科普设施传播 83

科普实践活动 92, 94, 141, 150, 236, 285—286, 301

科普事业 , 27—28, 30—31, 139—141, 150, 152—154, 157, 159, 161—163, 172, 195, 206—207, 210—212, 214, 216, 236—243, 247, 250, 253—254, 261, 269, 278—279, 291—292, 295, 299, 301, 304, 308

"科普乡（村）"创建活动 193

《科普学》 40—41, 84

《科普学概论》 39—40

《科普研究》 289, 297

科普资源开发与共享工程 31, 77, 175, 177, 182, 212, 215, 217, 219—221, 235

《科学》 24, 104

科学传播 3, 8—9, 21—22, 26, 32—33, 34—48, 50—52, 74—75, 82, 102—103, 109, 123—125, 128, 130, 132, 143, 151, 155, 225, 227, 277, 279, 282, 288, 290, 293, 302, 307—312

《科学传播：当代定义》 37，42，47

《科学传播导论》 43

科学传播 3，8—9，21—22，26，32—33，34—48，50—52，74—75，82，102—103，109，123—125，128，130，132，143，151，155，225，227，277，279，282，288，290，293，302，307—312

科学大众化 24—25

《科学的社会功能》 15，33—34

科学对话（scientific dialogue，SD） 50

科学方法 4，6，14，18，24，31，34—35，38，40—41，43—44，48，50，52，60，62，68，70—71，75，84—85，95，129—130，137，149，168，173，176，203，215，227，249，255，260—261，279，281，287

科学革命 1，4，6，9，14，72

科学共同体 6，10—11，18，20，37，43，49—50，63，73，98，102，109，118，123，133—134，136—137，142—143，148，228

科学技术教育 5，29，60，70，76—77，83—84，140，145—156，164，166，173—174，178—179，182，186，203，221—222，232，281，284

科学技术类博物馆 91，286

科学技术普及 21，23，25，30—32，39—41，44，68，84，91，94，103，105，108，138，143，148，171—172，191，193—194，215，232，237—240，251，278，280，291，306，309

科学教育与培训基础工程 31，77，175，177，182，212，221—235，239

科学精神 24，31，40—41，43—44，52，60，68，72—75，84，93，103，141，168—169，173，176，201，203，215，227，255，260—261，279，284，299，

304，308

科学普及 1，2，7，9—10，13，14—15，18—19，21，23—35，39—45，49，60，62—63，67—68，72—73，77，80—82，87，89，92，95，97—99，103，105—106，108，118，120，122—126，135，149，153，155，169，184，191—194，202，207，210—211，215，218，224—225，236—238，240，247，256，261，263，270，275，280，282—283，293—294，297，301，304—306，308，310—312

科学思想 3，4，23，31，40—41，43—44，50，52，60，62，68，71—73，84，100，104，141，173，176，203，215，227，232，255，260—261，279，299，304

科学态度 35，84，133，143，147—148，176，185—186

科学文化 25，26，29—30，37—41，46，49—52，75，84，85，94，138，140，143，148，168，171—172，192，195—196，202—203，205—206，237，239，278，280，284—285，288，297，309，311，312

《科学与公众》 33，35—37，44，109

《科学与社会》 18，35，42，51，131，153，230

空间跨越模式 78—79

孔子 3

劳汉生 159—160，307

历时性传播模式 78—79

林坚 60，78—79，307

领导干部和公务员科学素质行动 31，174，176，181，201

刘华杰 48，74—75，304，307—308，312

《论无限性、宇宙和世界》 103

马莱兹克（G. Maletzke） 57

媒介革命 19

美国国家地理频道 106

美国科学促进协会 42，87，300

《科学素养的基准》 42，87，147，300

美国探索频道 106

米勒 49，65，147，169—170，307

《面向全体美国人的科学》 42

民主模型 81—82，125—126，130—133，135

莫里尔联邦赠地法案 12，84

《墨经》 4

默顿 72—73

能力促创业计划 199—200

牛顿 3—6，8，24，26，103

农村劳动力技能就业计划 195，199—200

农村实用技术培训 195，174—175，181，183，193—194

农民科学素质行动 31

农业科技入户示范工程 197

欧几里得 3，5

培根 21

七W模式 54，61，258

"千校百万"进城务工青年培训计划 200

青少年科技传播行动 186，190

全国科技活动周 31，112，184

全国科普教育基地标准 93

全国科普教育基地认定办法 93，248

全国科普日 31，78，110—111，141，184，202，219，256，262，265，271—272，275—276，301，305

全国科普示范县（市、区）创建活动 196

全国科学大会 29，120，186，237

全国科学普及工作会议 238

全国青少年科技创新大赛 186，188—189

全国青少年生物和环境科学实践活动 186，188—189

全国少年儿童科学技术和工艺品展览会 186

全国职工职业技能大赛 200

全民科学素质纲要实施工作机制 180

《全民科学素质行动计划纲要（2006—2010—2020年）》 164，239，30

《全民科学素质行动计划纲要实施方案（2011—2015年）》 180，185，203，291

缺失模型 81—82，124—128，133，144，260

群体传播 56，75—76

群众性科普活动 109，111，142，150—151，204，219，221，232—233，256，258，262，265，267—268，270—274，279，282，285，287

群众性科普活动 60，76，78，83，93，95

《让科技跨越时空：科技传播与科技传播学》 294

热心公众 62，65—66，132，311

人际传播 40，56，75—76

《人体的构造》 6，103

任福君 27—28，30—31，33，41，44，49，67—68，73，77，80，91，93，94，99，150，154—155，157—163，206—211，215，220，238，240，242—243，247，250—251，256，259，263—264，275—276，278，289，292，296，—297，300，304—306，308—312

社区居民科学素质行动 180，185，203—205

十一届三中全会 29，192

石顺科 14，39，289，309

首届全国青少年科技作品展览 186

斯蒂文·夏平 81

四要素模型 58—59，61

陶行知 24

《天体运行论》 6，103

外行知识模型 128—129

完善公民科学素质建设长效机制建设 180，203

网络科普联盟 219

维萨里 6，103

未成年人科学 174

未成年人科学素质行动 31，175，181，183，185—188，191，239

无形学院 6—7

吴国盛 43，312

五W模式 53—54，60

五四运动 20—21，23，26

西部科普工程 193

系统模式 55—59，61

香农—韦弗模式 55

新大学运动 11，84

《新工具》 21

新技师培养带动计划 199—200

新科技革命 16，115，146

新文化运动 20—21，23—26，39

新型农民科技培训 194—195

学园 3，12，24—25，84

循环互动模式 55—56，59

亚里士多德 3，8

延安自然科学研究会 25

阳光工程 195

一阶科学传播 74

语境模型 125—127，133

曾国屏 159，302，305，307，310

赠地大学 12

翟杰全 4，19，41，43—44，46，60—61，63，79，115，138，142—144，163，278—289，293—295，302，305，309—310，312

翟立原 94，256，259，276，305

张义忠 157—163，243，250—251，305，309，311—312

张志敏 94，256，259，275—276，305，311

张仲梁 169，306

郑念 150，154，208，210，215，241—

243，270，275，303，305—306，311—312

知识经济 16，17，114，119，121，302，310

职工技术创新工程 200

中国动物学会 23，190

中国公民科学素质调查 170，182，194

中国公众科技网 108，219，229

中国科技馆 155，219，262

中国科普研究所 169，202，206—208，210，215，218，224—225，237，241，243，270，272，275—276，288—289，291—294，297，304—306，312

中国科协 28—29，31，51，76，90，93，94，109—111，120，153—156，158，160，164，167，169—172，180—182，186，188—196，204，210，212，217—219，223—226，228，234，237—243，245，248，251，265，272，276，280，285，291，294，297，303—304

《中国科学报》 104，227

中国科学技术协会 42，87，93，110，157—161，237，250—251，291，293，303，305—306

中国科学社 23—24

中国青少年机器人竞赛 188，190

《中国人民政治协商会议共同纲领》27，236

中国数学会 23，190

中国数字科技馆 218—219

中国天文学会 23—24

中国（芜湖）科普产品博览交易会 160，251

中国物理学会 23，190

中华农学会 23

中华全国科学技术普及协会 27—28，40，237

中华全国自然科学专门学会联合会 27—

28，237

《中华人民共和国科学技术进步法》
237，239

《中华人民共和国科学技术普及法》　30，
172，238，240

中华人民共和国科学技术协会　28

《中华人民共和国宪法》　27，237

中华自然科学社　23

周建强　157—161，250—251，305，307

主体多元论　64

《自然哲学的数学原理》　3，6，103

《走近科学》　227，229

组织传播　40，75—76